AF532957

lehmanns
media

Emer. Univ.-Prof. Dr.-Ing. habil. *Fevzi Belli*
belli@upb.de, http://ivknet.de, info@ivknet.de
Institut für Elektrotechnik und Informationstechnik
Universität Paderborn

Prof. i. R. Dr. rer. publ. *Hinrich E. G. Bonin*
hinrich@hegb.de
Leuphana Universität Lüneburg

Dipl.-Inform. *Michael Schlüter*
ms@michael-schlueter.de
Selbstständiger Unternehmensberater und Dozent
für Softwaretechnik und Datenbanksysteme
Schlüter Unternehmensberatung, Kiel-Schilksee
http://www.michael-schlueter.de

Michael Schlüter

Einführung in die Programmierung mit Natural & Adabas

3., korrigierte und ergänzte Auflage

Programmierung komplexer Systeme 4

Herausgegeben von
Fevzi Belli und Hinrich E. G. Bonin

(∞) Gedruckt auf FSC-zertifiziertem Papier

Bibliografische Information der Deutschen Nationalbibliothek
Die Deutsche Nationalbibliothek verzeichnet diese Publikation in der Deutschen Nationalbibliografie; detaillierte bibliografische Daten sind im Internet über https://www.dnb.de abrufbar.

Textillustrationen:
David Andersen, davidandersen@yahoo.com
https://de.linkedin.com/in/david-andersen-21378b33
https://tanja-stern.de/works-in-english/149-david-andersen-uebersetzer

Druck und Bindung:
TOTEM.COM.PL, ul. Jacewska 89, 88-100 Inowrocław, Polen, https://www.totem.com.pl

ISBN 978-3-86541-994-1

https://www.lehmanns.de

Dem Gedenken
an meinen Hochschullehrer
Herrn Prof. Dr. Bodo Schlender
(1931–1987)
gewidmet

Vorwort der Herausgeber

Unstreitig, Innovationen braucht jede Disziplin, so auch die Softwaretechnik. Diese sind besonders wertvoll, wenn sie auf Bewährtem aufbauen. Die Innovationen bei einem der „Klassiker für interaktive Programmierung im Mainframe-Bereich" hat Herr Schlüter in die vorliegende Neuauflage gelungen integriert.

In der heute von kurzfristigen Moden geprägten Zeit ist es erfreulich, wenn ein produktorientiertes Werk zur Softwareentwicklung durch eine langjährige Rückkopplung mit seinen Lesern und dem Produkthersteller weiterhin den „State of the Art" vermittelt. Wir sind sicher, dass Ihnen diese konsequente Fortschreibung bei Ihrer Arbeit mit Natural von großem Nutzen ist.

Paderborn/Lüneburg, Frühjahr 2019

Fevzi Belli
Hinrich E. G. Bonin

Vorwort der Herausgeber zur ersten Auflage

Die Reihe „Programmierung komplexer Systeme“ wendet sich mit diesem Band an Entwickler von Software hauptsächlich im administrativen Einsatzbereich, der als „kommerzielle Datenverarbeitung“ die klassischen Applikationen wie zum Beispiel Buchungsprogramme, Stammdatenpflege oder Bilanzierungen zum Gegenstand hat. Charakteristisch für diesen Bereich ist die Uniformität der Entwicklungs- und Anwendungsumgebung der Applikationen zur Erzielung einer einheitlichen Benutzungsoberfläche. Natural ist eine solche weit verbreitete Umgebung, die viele sinnvolle Dienstleistungen in Form interaktiver Rechnernutzung bietet.

„User“ großer Rechenzentren kommen häufig mit Natural erstmalig zum Schreiben von eigenen Programmen. Mehr oder weniger intuitiv sammeln sie dann mit Natural ihre Anfangserfahrungen in der „Kunst des Programmierens“. Das Buch möchte auch diesem Leserkreis zu einem fachgerechten Programmieren verhelfen. Es vermittelt daher neben den Sprachkonstrukten von Natural praxisbezogen die Erkenntnisse der modernen Softwaretechnik. Prinzipien, Methoden und Handlungsempfehlungen zur Konstruktion leicht validierbarer, zuverlässiger Software werden (bezogen auf Natural) erklärt. Das Buch entspricht damit der Tradition dieser Reihe, Programmiersprachen und Softwaretechnik in engem Zusammenhang zu betrachten.

Das Buch vermag sowohl Anfängern als auch Neugierigen mit Erfahrungen in anderen Programmiersprachen (z. B. in COBOL) die Welt der interaktiven kommerziellen Programmierung zu erschließen. Der Autor geht mit ihnen behutsam und humorvoll, jedoch zielstrebig um. Er hat gegenüber Natural eine durchaus kritische Einstellung und macht konsequent auf Besonderheiten aufmerksam.

Die Zusammenarbeit mit dem Autor war sehr informativ und hat uns viel Freude gemacht. Beides wünschen wir Ihnen beim Arbeiten mit diesem Buch.

Paderborn/Lüneburg, Frühjahr 1992

Fevzi Belli
Hinrich E. G. Bonin

Geleitwort des Produktmanagers für Natural bei der Software AG

Zunächst vielen Dank an den Autor, der sich wiederum zu einer Neuauflage entschlossen hat.

Aber der Zeitpunkt ist gut gewählt, denn Natural ist heute so populär wie eh und je. Dieses System und insbesondere die von ihm unterstützte Programmiersprache NPL (Natural Programming Language) sind im Kern abwärtskompatibel. Diese Eigenschaft ist den Nutzern sehr wichtig: Sie wissen zu schätzen, dass sogar Programme, die sie mit Natural vor Jahrzehnten entwickelt haben, heute noch genauso zuverlässig ablaufen wie schon immer.

Die so gegebene Investitionssicherheit wurde jedoch nicht durch schlichtes „Einfrieren“ von Natural erkauft – im Gegenteil: Dieses System wurde während der Jahre stetig weiterentwickelt und verbessert, um das Lösen von geschäftskritischen Problemen noch einfacher und zuverlässiger zu machen.

Auch wurden technologische Trends wie XML (Extensible Markup Language) aufgenommen und berücksichtigt. Dafür wurden entsprechende Erweiterungen von NPL entwickelt, um das Arbeiten mit XML-Dokumenten für die Programmierer einfacher zu machen.

Weiterhin ist es möglich, Programme in einem Browser ablaufen zu lassen. In diesem Falle wird anstatt einer Map (Maske) eine Page (Seite) definiert, die dann analog einer Map gesteuert wird. Diese Möglichkeit wird heute von vielen Betreibern benutzt, um Anwendungen zu modernisieren; das Ein/Ausgabemedium ist nun ein Browser anstatt eines Bildschirmterminals oder einer Terminalemulation vorher.

Ein bedeutender Schritt in die Zukunft war NaturalONE, eine neue Entwicklungsumgebung auf der Basis des Frameworks Eclipse. Dazu gibt es auf der Community-Seite für Natural die Möglichkeit, sich die kostenfreie Community-Edition von NaturalONE herunterzuladen.

Allgemein gibt es jetzt die Möglichkeit, Natural in einer Containerumgebung (z. B. Docker) oder in der Cloud ablaufen zu lassen.

Jetzt sei noch ein Haupt-Vorteil von Natural erwähnt: die Portabilität der entwickelten NPL-Programme über die verschiedenen Betriebssysteme, wodurch ein gleichzeitiger Einsatz auf den unterschiedlichsten Plattformen und damit auch eine Migration wesentlich vereinfacht wird.

Ich möchte die Leser anregen, beim Durcharbeiten des Buches die vorhandenen Beispiele gleich auszuprobieren. Nun viel Spaß beim Lesen des Buches und Ausprobieren von Natural!

Darmstadt, Frühjahr 2019 — Karlheinz Kronauer

Vorwort

Seit dem Erscheinen der zweiten Auflage der *Einführung in die Programmierung mit Natural* hat sich wiederum einiges getan:

- Da dieses Werk hauptsächlich das Zusammenspiel des Programmiersystems Natural mit dem „klassischen“ Datenbankverwaltungssystem Adabas behandelt, erschien es angezeigt, dies auch im Titel auszudrücken.
- Trotz aller Sorgfalt tauchten in der zweiten Auflage ein paar kleinere Fehler und Ungenauigkeiten auf. Diese wurden in der dritten Auflage bereinigt.
- Einige Ergänzungen wurden eingefügt, etwa weitere Beispiele, eine ausführliche Diskussion von Problemen mit Sonderzeichen oder eine vollständige Liste aller Systemkommandos.

Der Verfasser dankt wieder dem Verlag, seinen beiden Herausgebern und dem Produktmanager für Natural bei der Software AG, Herrn Dipl.-Math. K. Kronauer, für die großzügige Unterstützung sowie erstmals dem amtierenden *Product Owner Natural Mainframe* bei der Software AG, Herrn Dipl.-Inform. U. Henker, für zahlreiche Anregungen.

Der Verfasser dankt wieder einmal auch der *D*eutschen *An*wendervereinigung *T*e*X* e. V. (`https://www.dante.de`), welche für die Satzarbeiten die hervorragende ***TeX-Distribution*** TeXstudio auf der Basis MiKTeX kostenfrei zur Verfügung gestellt hat.

Der Verfasser, die Herausgeber und der Verlag wünschen auch mit dieser Neuauflage den Lesern eine erfolgreiche Arbeit mit Natural in Kombination mit Adabas oder anderen Datenhaltungssystemen.

Kiel, Frühjahr 2019 — Michael Schlüter

Vorwort zur zweiten Auflage

Inzwischen sind mehr als zwei Jahrzehnte seit dem Erscheinen der ersten Auflage dieses Buches vergangen. In diesem Zeitraum hat sich einiges getan:

- So manche **Programmiersysteme** haben sich bis zur Unkenntlichkeit verändert oder sind ganz verschwunden.
- Natural und die von ihm unterstützte **Programmiersprache** *NPL* (Abkürzung von ***N**atural **P**rogramming **L**anguage*) jedoch wurden stetig weiterentwickelt, wobei man den ursprünglichen Design-Prinzipien treu geblieben ist.
- Etliche **Schwächen** wurden beseitigt; manche andere blieben erhalten. Letztere beruhen teilweise auf „Geburtsfehlern", die nicht so leicht zu beheben sind, ohne das „Kind" zu gefährden.
- Neue **Anbindungen** sind hinzugekommen, wie etwa an andere *Datenhaltungssysteme*, z. B. DB2 oder weitere SQL-Datenbankverwaltungssysteme.
- Die Menge der **Plattformen**, auf denen Natural verfügbar ist, hat sich vergrößert. So sind Natural-Varianten für die **Betriebssystemfamilien** *Linux*, *Unix* allgemein und Windows™ hinzugekommen. Diese Varianten werden auch gern unter dem Namen Natural für LUW (Abkürzung von Linux, Unix, Windows) zusammengefasst.
- Während früher in der Regel die NPL-Programme auf derselben Plattform abliefen, auf der sie vorher entwickelt worden sind, ist dies heutzutage nicht mehr zwangsläufig so. Beispielsweise werden die Programme auf einer Plattform entwickelt und werden anschließend auf diverse Plattformen verteilt, auf denen sie dann ablaufen. Dazu kann auch die Entwicklungs-Plattform selbst gehören.
- Heutzutage geht man oft noch einen Schritt weiter: Eine komfortable Entwicklungsumgebung, z. B. Eclipse oder SPoD (Abkürzung von *S*ingle *P*oint *o*f *D*evelopment) befindet sich im PC auf dem Schreibtisch und ist mit dem eigentlichen Entwicklungs-Server verbunden.
- Seit einiger Zeit sind auch Varianten, z. B. Natural für Ajax oder NaturalONE, verfügbar, welche direkt die Entwicklung von Programmen mit grafischer Oberfläche gestatten.

So empfand der Verfasser, dass es die richtige Zeit sei, eine Überarbeitung in Angriff zu nehmen.

Das Ergebnis liegt hiermit vor. Dieses Buch bezieht sich genau auf die Natural-**Variante** für *Großrechner*, ist jedoch im Kern auch für **andere Varianten** gültig.

Zur **Schreibweise**: Früher wurde oft NATURAL in Großbuchstaben geschrieben. Nach heutiger Auffassung sollte eine derartige Schreibweise jedoch Namen vorbehalten sein, die Abkürzungen darstellen, z. B. NPL. Sie sollte nicht verwendet werden für aus der natürlichen

Sprache entlehnte Namen wie z. B. *Java* oder *Ada*. Deshalb wird im Folgenden Natural konsequent in Groß-/Kleinschrift notiert.

Dank

Allen, die durch Anregungen, Verbesserungsvorschläge oder auf andere Weise zum Entstehen dieses Buches beigetragen haben, danke ich hiermit. Ganz besonders danke ich dem **Verlag** Lehmanns Media (`www.lehmanns.de`), vertreten durch Herrn B. Bönisch, sowie den beiden **Herausgebern** Herrn Prof. Dr.-Ing. F. Belli (`www.uni-paderborn.de`) und Herrn Prof. Dr. H. Bonin (`www.leuphana.de`), die das Erscheinen des Buches letzten Endes ermöglicht haben. Mein Dank gilt weiterhin dem **Hersteller** (`www.softwareag.com`) von Natural für die freundliche Unterstützung, im Besonderen Herrn Dipl.-Math. K. Kronauer für sein Geleitwort. Ihm und seinem Kollegen aus der Entwicklungsabteilung, Herrn Dipl.-Inform. T. Frischmann, danke ich auch für zahlreiche nützliche Anregungen. Für viele weitere nützliche Anregungen danke ich meinen **Freunden** und **Kollegen** Herrn J. Batalia (`www.batalia-it-gmbh.de`) und vor allem Herrn Dipl.-Inform. W. Ente (`www.ifw-kiel.de`).

Die **Reprovorlage** des gesamten Buches wurde auf der Grundlage des Satzsystems TeX™ von Prof. D. E. Knuth (`www.stanford.edu`) mit der Erweiterung LaTeX von Dr. L. Lamport (`research.microsoft.com`) und der KOMA-Script-Dokumentklasse `scrbook` von M. Kohm (`www.komascript.de`) gesetzt.

Die *D*eutsche *An*wendervereinigung *Te*X e. V. (`www.dante.de`) hat dafür die hervorragende ***TeX-Distribution*** proTeXt dankenswerterweise kostenfrei zur Verfügung gestellt.

Kiel, April 2013 Michael Schlüter

Vorwort zur ersten Auflage

Das vorliegende Buch bietet eine Einführung in die Programmierung mit NATURAL, einem Programmiersystem, das von der Software AG (Darmstadt) ab 1973 entwickelt wurde, seit 1979 verfügbar ist und immer mehr Verwendung findet. Zunächst gab es Varianten für große Datenverarbeitungsanlagen der Hersteller IBM und Siemens. Später gesellten sich auch Varianten für mittelgroße Datenverarbeitungsanlagen der Hersteller DEC und Wang hinzu. In jüngster Zeit wurden auch Varianten von NATURAL für kleine Datenverarbeitungsanlagen entwickelt. Dabei handelt es sich um den „PC" (Abkürzung von „*P*ersonal *C*omputer", englisch für „persönliche Datenverarbeitungsanlage") unter den Betriebssystemen OS/2® und Windows™. Dieses Buch bezieht sich genau auf die Version 2.2 der Variante für große Datenverarbeitungsanlagen, ist jedoch im Kern auch für die Varianten auf mittelgroßen und kleinen Datenverarbeitungsanlagen gültig.

Es handelt sich bei NATURAL um eine integrierte Programmierunterstützungsumgebung, welche u. a. die „Programmiersprache" NPL (*N*ATURAL *P*rogramming *L*anguage) unterstützt. NPL ist eine Vielzweckprogrammiersprache der „4. Generation". Im Vergleich zu Programmiersprachen der 1. Generation (Maschinensprachen), der 2. Generation (maschinenorientierte Programmiersprachen) und der 3. Generation (nicht-maschinenorientierte Programmiersprachen) bieten Programmiersprachen der 4. Generation zusätzliche Erleichterungen. So besitzt NPL zusätzliche Sprachelemente zum bequemen Zugriff auf Datenbanken. Im Falle von NATURAL wird zur Verwaltung solcher Datenbanken vorzugsweise das „Datenbank-Verwaltungssystem" ADABAS eingesetzt, welches ab 1970 ebenfalls von der Software AG entwickelt wurde.

Unter Beachtung des heutigen Standes der Softwaretechnik behandelt dieses Buch sowohl die Bedienung von NATURAL im allgemeinen als auch die Sprache NPL im besonderen. Es unterscheidet demnach zwischen der Programmiersprache NPL und ihrem Programmiersystem NATURAL, obwohl in der Praxis sehr oft mit NATURAL auch die Programmiersprache gemeint ist.

Das Buch setzt keine besonderen Vorkenntnisse auf dem Gebiet der Datenverarbeitung voraus und ist als Begleitmaterial für Schulungen unter Anleitung von Dozenten, jedoch auch für ein Selbststudium geeignet. Es wendet sich zum einen an Programmieranfänger ohne Vorkenntnisse (auch an Umschüler) und will ihnen an Hand zahlreicher Beispiele einen leichten Zugang zur Programmierung und damit zum *computer*, d. h. zur Datenverarbeitungsanlage, vermitteln. Das Werk ist zum anderen ebenfalls für Praktiker („alte Hasen", d. h. erfahrene Programmierer), Informatiker, Studenten, aber auch Kenner der alten NATURAL-Version 1 gedacht, die sich fortbilden möchten. Sogar langjährige Anwender von NATURAL 2 werden viel Interessantes finden, z. B. Präzisierungen von bisher nur ungenau verstandenen Sachverhalten oder neue methodische Ansätze.

Das Ziel dieser Einführung ist, die Leser nach und nach sowohl mit Prinzipien der Programmierung als auch mit den Bedienungs- und Sprachelementen von NATURAL vertraut zu machen. Etwas bildhaft ausgedrückt, sollen sie in die Fahrschule gehen, wobei sie die Kunst des Fahrens (Programmierung) und auch die Bedienung eines bestimmten Fahrzeuges (NATURAL) erlernen. Dabei ist selbstverständlich, daß die einschlägigen Straßenverkehrsvorschriften (DIN-Normen) beachtet werden.

Der Lernstoff in diesem Buch ist so angeordnet, daß möglichst viele allgemeingültige, d. h. nicht auf NATURAL beschränkte, Inhalte in den ersten Kapiteln erscheinen. So bekommen auch die Leser, die eher allgemein an Grundlagen der Programmierung interessiert sind, einen guten Einblick, ohne sich primär mit allzu vielen Details von NATURAL befassen zu müssen.

Die wesentlichen Elemente von NATURAL werden hinreichend exakt, aber dennoch leicht verständlich (u. a. durch viele Bilder) vermittelt. Ein Anhang enthält zusammengefaßt die Syntax der behandelten Teilmenge von NPL. Enthalten sind auch zahlreiche Übungsaufgaben, zu denen in einem Anhang Musterlösungen erklärt werden. Dies ermöglicht den Lesern, ihre Lösungen zu überprüfen.

Alle Programme in den Fallbeispielen und den Übungen wurden auf Datenverarbeitungsanlagen tatsächlich ausprobiert. Dies stellt sicher, daß die angegebenen Programme auch wirklich ablauffähig sind.

Das Buch entstand im Rahmen von Schulungs- und Beratungstätigkeiten des Verfassers in Großprojekten bei diversen Industrieunternehmen und öffentlichen Institutionen.

Danksagung

Allen, die durch Anregungen, Verbesserungsvorschläge oder auf andere Weise zum Entstehen dieses Buches beigetragen haben, danke ich hiermit, besonders meiner Schwester Frau stud. rer. pol. J. Schlüter (Universität Kiel) und meinen Freunden und (ehemaligen) Kollegen Herrn Dipl.-Inform. W. Ente (Institut für Weltwirtschaft, Kiel), Herrn Dipl.-Phys. A. Plöger (Universität Kiel) und Herrn Dipl.-Inform. M. Woidt (Fa. Cap-Gemini, Antwerpen). Ferner danke ich vielen ehemaligen Kollegen von der Krupp MaK Maschinenbau GmbH (Kiel) für technische Unterstützung. Mein Dank gilt auch der Fa. Software AG (Darmstadt) für die freundliche Unterstützung, im besonderen Frau M. Neumann und Herrn Dipl.-Ing. P. Pagé für ihr Geleitwort sowie Herrn Dipl.-Math. K. Kronauer für zahlreiche nützliche Anregungen. Ganz besonders danke ich dem Verlag, vertreten durch die Lektorin Frau Dr. B. Ralle, und den beiden Herausgebern Herrn Prof. Dr.-Ing. F. Belli (Universität Paderborn) und Herrn Prof. Dr. H. Bonin (Fachhochschule Nordostniedersachsen, Lüneburg), die das Erscheinen des Buches letzten Endes ermöglicht haben.

Das gesamte Buch wurde mit dem System LaTeX von L. Lamport (Fa. DEC) auf der Grundlage des Satzsystems TeX von D. E. Knuth (Universität Stanford) gesetzt. E. Mattes (Universität Stuttgart) hat seine hervorragende TeX-Implementation emTeX großzügigerweise kostenlos zur Verfügung gestellt. Der Verfasser hofft, daß sein Buch diesem vorzüglichen Satzsystem keine Schande macht, zumal Herr H. Weimar (Verlag Kieler Nachrichten GmbH) ihn freundlicherweise bezüglich satztechnischer Feinheiten beraten hat.

Kiel, Frühjahr 1992 — Michael Schlüter

Notation

In diesem Buch gelten die folgenden **Notationsvereinbarungen**:

- Wenn im Folgenden von ***Lesern*** die Rede ist, sind damit selbstverständlich allgemein die geschätzten *Leserinnen* und *Leser* gemeint. Dies gilt sinngemäß auch für *Programmierer*, *Administratoren* usw. Der Verfasser verkneift sich, stattdessen Binnenmajuskel wie z. B. in *LeserInnen* zu verwenden oder über *Lesende*, *Programmierende* und *Administrierende* zu schreiben.
- Zur Verdeutlichung wird teilweise auf Bildschirmmasken der jeweilige „Aufenthaltsort" der ***Positionsmarke*** (englisch: *cursor*) durch eine gestrichelte senkrechte Linie (⁝) dargestellt.
- **Anwendereingaben** sind stets `eingerahmt`.
- Zur Verdeutlichung werden **Tastendrücke** oft grafisch dargestellt, z. B. die Tabulator-Taste durch das grafische Symbol [⇥].
- Das durch Drücken der **Leer-Taste** zu erzeugende *Leerzeichen* wird – da ja eigentlich unsichtbar – nötigenfalls durch eine „Wanne" (␣) dargestellt.
- **Literaturangaben** haben die Form [64], wobei die eingeklammerte Nummer auf den entsprechenden Eintrag im Literaturverzeichnis verweist.
- **Exkurse** sind mit der Überschrift **Exkurs** gekennzeichnet und in einer kleineren Schrift gesetzt.
- Bestimmte Stellen in Schaubildern sind zur leichteren **Bezugnahme** oder zur Verdeutlichung von **Reihenfolgen** durch eingekringelte Zahlen, z. B. ①, gekennzeichnet.
- Zur **Platzersparnis** werden **in Bildschirmmasken** oft unwichtige Zeilen nicht dargestellt. Dies ist jeweils an gestrichelten senkrechten Rahmenlinien erkennbar.

Bemerkenswerte Besonderheiten sind am Rand mit einem dem Verkehrszeichen 357 (Sackgasse) der deutschen Straßenverkehrsordnung nachempfundenen Piktogramm gekennzeichet. Derartige Besonderheiten sind meist unerwartete Einschränkungen. Bei Nichtbeachtung wird man auf diese im Allgemeinen durch Syntaxfehlermeldungen hingewiesen. Dann sind die Folgen nicht dramatisch.

Gefährliche Besonderheiten sind am Rand mit einem dem Verkehrszeichen 113 (Schnee- oder Eisglätte) der deutschen Straßenverkehrsordnung nachempfundenen Piktogramm gekennzeichet. Derartige – teilweise sinngemäß auch in anderen Systemen vorkommende – Besonderheiten können zu unerwarteten und schlimmstenfalls nicht sofort zu entdeckenden Fehlfunktionen der entwickelten Software führen.

☞ **Empfehlungen** sind am Rand mit einem Handsymbol gekennzeichet.

Bezugsnachweis und Kontaktadressen zu Benutzergruppen

Für Informationen über **Bezugsmöglichkeiten** von Natural-Systemen und -Handbüchern sowie über aktive **Benutzergruppen** schlage man generell nach beim Internet-Angebot des Herstellers `https://www.softwareag.com`.

In `https://empower.softwareag.com` finden sich Verweise auf eine umfangreiche **Dokumentation** über Natural.

Inhalt

Ausführliche Inhaltsverzeichnisse finden sich jeweils an den Anfängen der einzelnen Teile.

Tabellen

Bilder

Teil I

Die ersten Schritte

Inhalt

1 Einleitung

Die Fähigkeit zur Nutzung der ***IT*** (Abkürzung von ***Informationstechnik*** oder ***Informationstechnologie***) bzw. ***DV*** (Abkürzung von ***Datenverarbeitung***) durch Umgang mit dem *computer* (englisch für *Rechenanlage*, *Datenverarbeitungsanlage*) wird in der heutigen Gesellschaft im beruflichen und zunehmend auch im privaten Alltag immer wichtiger. Dabei existieren durchaus mehrere Nutzungs- und Umgangsformen. Grob kann man die beiden Bereiche ***Hardware*** (englisch wörtlich für *harte Ware*; d. h. *materielle*, z. B. mechanische, elektrische oder elektronische Funktionseinheiten) und ***Software*** (englisch wörtlich für *weiche Ware*; d. h. *immaterielle* Funktionseinheiten, z. B. Programme oder Dokumentation) unterscheiden. In einem Beispiel aus dem täglichen Leben wäre ein Rundfunk*gerät* reine Hardware, das Rundfunk*programm* hingegen Software. Der Inhalt dieses Buches ist übrigens ebenfalls Software, während im Gegensatz zur Intuition die Druckerschwärze, das Papier und der Einband Hardware sind. In und zwischen den beiden genannten Bereichen lassen sich etwa die folgenden Tätigkeitsfelder differenzieren:

- Der ***Hardwareentwurf* und *-bau*** beschäftigt sich mit Entwicklung und Produktion der zur DV erforderlichen apparativen Ausstattung von Datenverarbeitungsanlagen wie z. B. Verarbeitungs- und Datenträgereinheiten usw. sowie deren Zusammenstellung zu funktionsfähigen Datenverarbeitungssystemen. Entsprechende Beispiele aus dem Bereich der Unterhaltungselektronik sind Konstruktion und Bau von Hörfunk- und Fernsehgeräten, Rundfunksendern usw.

- Die ***Systemprogrammierung*** ist für die Entwicklung von *System-* oder *Betriebssoftware* zuständig. Beispiele:

  - *Betriebssystem*, z. B. Windows oder Linux: Macht die Hardware überhaupt erst „lebensfähig", indem es die Ausführung von Programmen steuert und überwacht.

  - *Datenbankverwaltungssystem*, z. B. Adabas: gestattet die dauerhafte und effiziente Speicherung von großen Datenmengen.

  - *Programmiersystem*, z. B. Natural: Ermöglicht die Entwicklung von *Anwendungssoftware*.

  Entsprechende Beispiele aus dem Hörfunk-/Fernsehbereich sind die Entwicklung von Synchronisationssignalen, Testbildern oder Betriebssystemen für Fernsehgeräte.

- Die ***Bedienung*** (englisch: *operating*) hat die Aufgabe, auf unterer Ebene die Hardware und Betriebssoftware zu bedienen und zu verwalten. Ein entsprechendes Beispiel wäre die Abstimmung eines Rundfunkgeräts auf einen Sender.

- Die ***Anwendungsprogrammierung*** soll durch Erstellung von *Anwendungssoftware* aus einer sehr allgemein verwendbaren Maschine (Datenverarbeitungsanlage mit Betriebssystem) eine oder mehrere Spezialmaschinen machen. So wird aus einer Datenverarbeitungsanlage durch Einsatz geeigneter Anwendungssoftware beispielsweise ein

Textsystem, eine Buchungsmaschine oder auch eine Walzstraßensteuerungsmaschine. Entsprechend wird in der Hörfunk- und Fernsehwelt durch die Programmgestaltung aus einem Fernsehgerät etwa ein Spielfilmvorführungs-, ein Nachrichtenübermittlungs-, ein Videotextanzeige- oder ein Konzertübertragungsgerät. Da universell verwendbare Hardware bereits existiert, ist der Programmieraufwand i. Allg. verhältnismäßig niedrig, besonders gegenüber dem Aufwand, der für die Entwicklung von spezieller Hardware zu treiben wäre. An der Anwendungsprogrammierung können *Systemanalytiker*, *Programmierer* und *Codierer* (zu vergleichen mit Architekten, Polieren und Maurern beim Hausbau) beteiligt sein.

- Die ***Anwendung*** ist schließlich die Handhabung von Ergebnissen der oben vorgestellten Tätigkeiten, z. B. durch Sachbearbeiter. Dies entspricht beispielsweise in etwa der Konsumierung des Hörfunk- oder Fernsehprogramms durch die Teilnehmer.

Es kann durchaus sein, dass mehrere der oben aufgeführten Tätigkeiten von derselben Person ausgeübt werden. Dies ist besonders bei einem PC keine Seltenheit. Ferner überschneiden sich die Bereiche. Beispielsweise kann die Anwendung oft als Anwendungsprogrammierung auf höherer Ebene aufgefasst werden, wenn sich etwa der Benutzer eines Textverarbeitungs- oder eines Tabellenkalkulationsprogramms eigene Makros schreibt. Ebenfalls sind die Grenzen zwischen System- und Anwendungsprogrammierung fließend.

Analog zum Bereich der *elektronischen Medien*, in dem die Programmgestaltung nach Überwindung der hauptsächlichen technischen Schwierigkeiten das große verbliebene und voraussichtlich bis in alle Zukunft bleibende Problem sein wird, beschäftigt sich dieses Buch im Folgenden mit einer der faszinierendsten der oben vorgestellten Tätigkeiten in der IT, nämlich der ***Anwendungsprogrammierung***.

Was ist nun zur Anwendungsprogrammierung, d. h. zum Dokumentieren, Abfassen, Testen und Ändern von Anwendungsprogrammbausteinen und deren Zusammenstellung zu vollständigen Anwendungsprogrammen erforderlich?

Analog zu Hardwarearbeiten benötigt man hier eine Art Software-„Werkbank“, ein sogenanntes ***Programmiersystem***. Ein solches besteht nach [20] u. a. aus einer digitalen Datenverarbeitungsanlage, einer oder mehreren Programmiersprachen und allen erforderlichen (System-) Programmen. Der Kern eines Programmiersystems wird auch *PSE* (Abkürzung von ***P****rogramming* ***S****upport* ***E****nvironment*, englisch für *Programmierunterstützungsumgebung*) genannt.

Gut ist es, wenn die erforderlichen „Werkzeuge“ alle direkt an der Werkbank verfügbar sind, sodass man diese nicht ständig verlassen und die Werkzeuge irgendwo suchen muss. Ferner sollten die Werkzeuge nach außen hin einheitliche Erscheinungsbilder bieten, damit ihre Handhabung möglichst leicht erlernbar ist. Auf ein Programmiersystem übertragen heißt das, es sollte alle für die Programmierung wesentlichen Funktionseinheiten auf ähnliche Weise bereitstellen, sodass man sehr schnell arbeiten kann, da man sich beispielsweise nicht dauernd auf unterschiedliche Bedienungen umstellen muss.

Die abgefassten Programme sind normalerweise nicht nur innerhalb des Programmiersystems, in dem sie entwickelt wurden, ausführbar, sondern können auch in andere Umgebungen, z. B. auf andere Datenverarbeitungsanlagen, *portiert* (*übertragen*) und dort ausgeführt werden.

Die Programme enthalten Verarbeitungsvorschriften für Datenverarbeitungsanlagen. Diese Verarbeitungsvorschriften müssen in einer speziellen Sprache, einer sogenannten ***Programmiersprache***, abgefasst sein.

Eine Programmiersprache ist eine *formale* (*künstliche*) *Sprache* mit genau definierter ***Syntax*** (*Aufbauregeln*) und ***Semantik*** (*Bedeutungsregeln*) zur ***Implementation***, d. h. zum Abfassen von Programmen. Man unterscheidet grob zwischen ***maschinenorientierten*** und ***nicht-maschinenorientierten*** Programmiersprachen. Die letzteren werden etwas ungenau auch *problemorientierte* oder *höhere* Programmiersprachen genannt. Im Gegensatz zu maschinenorientierten setzen nicht-maschinenorientierte Programmiersprachen i. Allg. keine Detailkenntnisse der verwendeten Hardware voraus und sind damit relativ leicht erlernbar. Allerdings müssen Programme, die vom menschlichen Programmierer in einer nicht-maschinenorientierten Programmiersprache geschrieben worden sind, i. Allg. von einem komplexen Systemprogramm, einem sogenannten *Compiler* (englisch für *Kompilierer* oder *Kompiler*) in die ***Maschinensprache*** der verwendeten Datenverarbeitungsanlage *übersetzt* werden, bevor sie ausgeführt werden können. Die bei dieser Umwandlung ablaufenden internen technischen Prozesse sind nicht Gegenstand dieses Buches. Für Grundlagen derartiger Vorgänge sowie der IT im Allgemeinen muss hier auf Einführungen in die IT und ihrer Wissenschaft, der *Informatik*, verwiesen werden, z. B. auf [2] oder [40].

Natural – auch im deutschen Sprachraum meist englisch ausgesprochen (in internationaler Lautschrift ['nætʃərəl]) – welches seit 1973 von der Software AG (Darmstadt) (weiter)entwickelt wird, war anfangs ein einzelnes Programmiersystem wie oben beschrieben. Seit geraumer Zeit steht dieser Name jedoch für eine ganze Familie von Programmiersystemen, deren Mitglieder noch laufend verbessert werden. Dabei werden die Charakteristiken der unterschiedlichen *Hardwareplattformen* berücksichtigt.

Natural stellt die nicht-maschinenorientierte Programmiersprache ***NPL*** (Abkürzung von ***N****atural* ***P****rogramming* ***L****anguage*, englisch für *natürliche Programmiersprache*) zur Verfügung. Es handelt sich dabei um eine ***4GL*** (Abkürzung von ***4****th* ***G****eneration* ***L****anguage*, englisch für *Sprache der 4. Generation*). Charakteristisch für derartige Programmiersprachen sind z. B.

Integrierter Datenbankzugriff: *Sprachkonstrukte*, d. h. *Sprachelemente*, zum bequemen *Zugriff auf Datenbanken* sind bereits „serienmäßig eingebaut". Eine Datenbank ist dabei eine (globale) Datenstruktur zur zentralen und einheitlichen Speicherung von Informationen eines bestimmten Gebietes.

Reportfähigkeit: Die Fähigkeit, mit verhältnismäßig geringem Aufwand *Auswertungen* – besonders von Informationen aus Datenbanken – erstellen zu können.

Nicht-prozedurale Sprachkonstrukte: Verfügbarkeit von sprachlichen Mitteln, mit denen es möglich ist, auszudrücken, *was* man gerne haben möchte, ohne spezifizieren zu müssen, *wie* das Ergebnis zustande kommen soll.

Ursprünglich als nicht-maschinenorientierte *Datenbank-Abfragesprache* konzipiert, hat sich NPL schnell zu einer echten Vielzweckprogrammiersprache „gemausert". Sie besitzt jedoch nach wie vor Sprachkonstrukte zum bequemen Zugriff auf Daten, die in Datenbanken abgelegt sind. Eine Datenbank wird gewöhnlich von einem komplexen Systemprogramm verwaltet, einem sogenannten ***DBMS*** (Abkürzung von ***D****ata* ***B****ase* ***M****anagement* ***S****ystem*), englisch für ***DBVS*** (Abkürzung von ***D****atenbank-****V****erwaltungs****s****ystem*). Im Zusammenhang mit Natural wird oft das DBMS Adabas (Abkürzung von ***Ada****ptierbares* ***Da****ten****b****ank****s****ystem*), welches ebenfalls von der Software AG entwickelt wurde, benutzt. Aber es gibt auch Anbindungen an eine Vielzahl von anderen Datenhaltungssystemen wie z. B. verschiedene SQL-DBMS oder VSAM-Dateien.

Eine Anmerkung zur Benennung: NPL ist viel weiter von natürlicher (englischer) Sprache entfernt, als ihr Name vorgibt. Es handelt sich letzten Endes doch um eine formale Sprache mit einer genau einzuhaltenden Grammatik. Man mache sich demnach keine übertriebenen Hoffnungen, in NPL so mit einer Datenverarbeitungsanlage zu kommunizieren, „wie einem der Schnabel gewachsen ist“. Fairerweise sei aber erwähnt, dass die Informatik bezüglich der Interpretation echter natürlicher Sprache auch heute noch in den Kinderschuhen steckt.

Ab Natural-Version 2 gibt es zwei ***Sprachmodi*** von NPL, nämlich den zur ersten Version weitestgehend *kompatiblen*, d. h. *verträglichen*, *Reporting Mode* (englisch für *Berichts-Modus*) für relativ kleine, schnell zu schreibende Programme und den *Structured Mode* (englisch für *strukturierter Modus*), der für die strukturierte Entwicklung großer, komplexer Programmsysteme gedacht ist. In diesem Buch wird ausschließlich der *Structured Mode* behandelt, da der *Reporting Mode* keine saubere Strukturierung nahelegt und damit mindestens bei größeren Programmen das Einschleichen von Fehlern bestimmter Typen begünstigt. Berücksichtigt wird hier neben der Programmiersprache NPL im Besonderen auch die Bedienung des Programmiersystems Natural im Allgemeinen. Dabei wird an vielen Stellen die aufgrund ihrer historischen Entwicklung aufgeblähte NPL bewusst vereinfacht dargestellt, da so manche Merkwürdigkeiten und Ausnahmeregelungen weder für Anfänger verständlich noch für Fortgeschrittene einsehbar sind.

1.1 Übersicht

Das vorliegende Buch behandelt allgemeine Grundlagen. Es soll lehren, wie man Software, im Besonderen NPL-Programme, entwickelt. Der Schwerpunkt des Buches liegt dabei nicht auf einer vollständigen Beschreibung des Systems mit all seinen Eigenarten, sondern auf der Behandlung wesentlicher Elemente. Oft wird ein Sachverhalt zunächst vereinfacht dargestellt, um die Leser nicht gleich am Anfang eines neuen Gebietes mit einer Vielzahl von Details zu überschütten. Erst später folgen dann nötige Präzisierungen. Anhand eines Stichwortverzeichnisses kann man stets die für den augenblicklichen Wissensstand angemessenen Erläuterungen nachschlagen.

Es folgt ein Überblick der Teile dieses Buches:

Teil I: Die ersten Schritte skizziert die erforderliche *Hardware* des Programmiersystems Natural, d. h. die von ihm benötigte apparative Ausstattung. Ferner führt er in die *Bedienung* des Programmiersystems ein. Er beschreibt die „Handgriffe“, die nötig sind, um eine Natural-Sitzung zu beginnen und zu beenden.

Teil II: Einfache Programme und ihre Bestandteile demonstriert die vollständige Entwicklung *eines einfachen Programms* und befasst sich danach u. a. mit dem Konzept der *Variablen*, welches die Verarbeitung unterschiedlicher Daten erlaubt. Weiterhin zeigt er auf, welche Vorteile *symbolische Konstanten* für die Verständlichkeit und *Wartbarkeit* von Software haben können.

Teil III: Elementare Konstrukte und Datenstrukturen beschäftigt sich mit der Einbeziehung von *Alternativen* in den Verarbeitungsablauf und zeigt, wie man eine Datenverarbeitungsanlage dazu bringt, Verarbeitungen in *Wiederholungen* mehrfach durchzuführen. Ferner demonstriert er, wie man auf bequeme Art und Weise Tabellen, Folgen, Vektoren, Matrizen usw. durch *Reihungen* darstellen kann. Weiterhin stellt er *Verbunde*, d. h. hierarchische Datenstrukturen vor.

Teil IV: Prozeduren und abstrakte Datenstrukturen zeigt, wie *Prozeduren* die modulare Struktur von Software verbessern können. Er beschäftigt sich speziell mit *rekursiven Prozeduren* und stellt elegante Problemlösungen unter Nutzung dieser Technik vor. Schließlich zeigt er auf, wie man in Natural *abstrakte Datenstrukturen*, d. h. Datenstrukturen mit zugehörigen Operationen, unter Verschleierung der konkreten Realisierung nach außen, darstellen kann.

Teil V: Dialogführung und Datenbankzugriffe behandelt eine etwas aufwendigere *Dialogführung über Bildschirmgerät* und stellt *Datenbankzugriffe* dar. Damit wird die Speicherung und Wiederfindung von Informationen in Datenbanken abgehandelt.

Teil VI: Anhänge liefert Ideen, teilweise auch vollständige *Lösungen* zu vielen Übungsaufgaben. Er enthält weiterhin Verzeichnisse aller *reservierten Wörter* von NPL und aller *Systemkommandos* von Natural sowie – zusammengefasst – die exakten *Syntaxdiagramme* für die behandelte Untermenge von NPL. Enthalten ist auch ein *Glossar*. Dieses erklärt Begriffe und Abkürzungen, die im Buch Verwendung finden. Ein *Literaturverzeichnis* führt alle Bücher, Zeitschriftenartikel und Internet-Quellen, auf die in diesem Buch Bezug genommen wird, auf. Es sind zusätzlich Werke aufgenommen, die der Verfasser allgemein als Lektüre empfiehlt. Ein *Stichwortverzeichnis* erleichtert das Auffinden von Stellen, an denen etwas zu einem bestimmten Begriff gesagt wird.

Die Kapitel der Hauptteile enthalten jeweils die **Abschnitte**

1. Problem
2. Entwurf
3. Implementation
4. Test
5. Syntax und Semantik
6. Übungen

Es folgen **Hinweise zum weiteren Lesen** dieses Buches:

Anfänger dürfen gern beim ersten Durchlesen die Exkurse überschlagen.

Leser mit Grundkenntnissen der IT können Kapitel 2 auslassen.

Leser mit Grundkenntnissen der Bedienung von Natural dürfen Kapitel 3 überschlagen.

Erfahrene Programmierer, die schnell einen Überblick über die Besonderheiten der Programmiersprache NPL gewinnen möchten, können sich auf die Abschnitte *Syntax und Semantik* beschränken.

Interessenten für Dialogführung und Datenbankzugriffe – die besonderen Stärken von Natural – seien speziell auf Teil V verwiesen.

1.2 Übungen

Der Verfasser empfiehlt allen Lesern, parallel zur Lektüre praktisch zu üben, d. h. möglichst viele der angegebenen Übungsaufgaben selbstständig zu lösen sowie Beispiele und Aufgabenlösungen auf einer Datenverarbeitungsanlage zum Ablauf zu bringen. Im „Trockenkurs" ist die Kunst des Programmierens leider nur sehr schwer zu erlernen.

Für eine Einführung in die Anwendung der vorhandenen Systeme sowie für Unterstützung bei später eventuell auftretenden Problemen kann ein *Mentor* sehr hilfreich sein.

Falls dieses Buch Begleitmaterial für eine Schulung ist, wird i. Allg. der Dozent diese Rolle übernehmen.

Falls es jedoch für ein Selbststudium benutzt wird, bitte man einen erfahrenen Kollegen um die Übernahme der Mentorenschaft, so man nicht bereits einen zugeteilt bekommen hat.

1.2.1 Begriffe

Was könnte der Grund dafür sein, dass in diesem Buch die Bezeichnung ***EDV*** (Abkürzung von ***E****lektronische* ***D****aten****v****erarbeitung*) gar nicht benutzt wird?

1.2.2 Tätigkeiten

Welchen Tätigkeiten beim Analogbeispiel des Hausbaus könnten die eines Systemverwalters und die eines anwendenden Sachbearbeiters entsprechen?

2 Hardware

Hier wird gezeigt, mit welcher **apparativen Ausstattung** man es bei der Benutzung des Programmiersystems zu tun hat, jedoch ohne dabei tief in logische und physikalische Details einzusteigen. Bild 2.1 illustriert – stark vereinfacht – die typische ***Konfiguration*** (Zusammenstellung) der benutzten Hardware eines Natural-Programmiersystems.

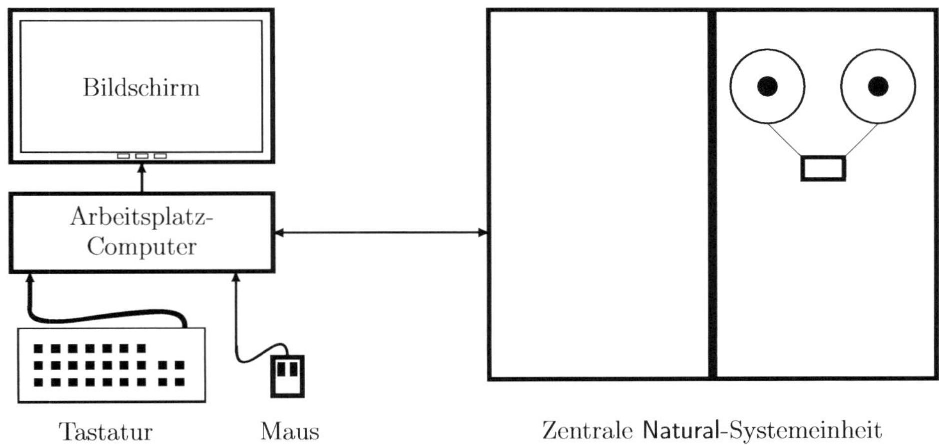

Bild 2.1 — Hardwarekonfiguration des Programmiersystems (vereinfacht)

Es wird hier vereinfachend angenommen, dass das *Programmiersystem*, normalerweise zusammen mit anderen Systemen, in einer *Zentralen* Natural-*Systemeinheit* abläuft, die als „schwarzer Kasten" aufgefasst werden soll. Demnach möge es keine Rolle spielen, inwieweit das Programmiersystem durch Hardware und in welchem Umfang durch Software realisiert ist. Die Entwicklung *dedizierter*, d. h. *speziell diesem Zweck gewidmeter*, Hardware war wohl anfangs von den Schöpfern von Natural angedacht gewesen, ist jedoch nie umgesetzt worden. Die stilisierte Magnetband-Einheit mit frei laufenden Spulen ist natürlich ein genauso historischer Anachronismus wie das Diskettensymbol, das immer noch in den meisten Anwendungssystemen die Schaltfläche für das Speichern der Daten schmückt. Die Natural-Systemeinheit ist übrigens nicht zwangsläufig ein externes System, wie es in Bild 2.1 dargestellt ist. Sie kann sich auch – rein durch Software realisiert – im Arbeitsplatz-Computer befinden.

Welche apparative Ausstattung benötigt man nun für die **Kommunikation** mit der Natural-Systemeinheit? Während man früher für diesen Zweck Spezial-Bildschirmgeräte mit recht schlichter Funktionalität als *Datenendgeräte* (englisch: *terminal*) einsetzte, genügt heutzutage ein handelsüblicher PC als Arbeitsplatz-Computer, auf dem ein sogenanntes *Terminal-Emulations-Programm* abläuft. Dieses bildet ein Spezial-Bildschirmgerät nach, *emuliert* es also. Darüber hinaus ist es i. Allg. viel flexibler, was z. B. Fenstergröße oder Schriftauswahl betrifft, und hat Zusatzfunktionen, etwa zum Drucken oder zum Hoch-/Herunterladen von

Daten. Der Bildschirm des PC dient zur Anzeige sowohl der auf der Tastatur eingegebenen als auch der durch die Systemeinheit ausgegebenen Daten. Dabei sollen unter Daten im weiteren Sinne auch Programme verstanden werden.

Aber Vorsicht: Wenn das Terminal-Emulations-Programm oder seine Parameter, z. B. die Fenstergröße, von denen im Produktivbetrieb abweichen, können Probleme beim Einsatz der entwickelten Anwendungsprogramme auftreten.

Noch komfortabler gestaltet sich die Entwicklungsarbeit, wenn auf dem PC nicht nur ein relativ „dummes" Terminal-Emulations-Programm, sondern eine eigenständige Entwicklungsumgebung, z. B. SPoD (Abkürzung von *Single Point of Development*, englisch für *einzige Entwicklungsstelle*), verfügbar ist, von der aus diverse, auch unterschiedliche, Zielsysteme mit gleichartiger Software versorgt werden können. SPoD ist hier jedoch nicht Gegenstand.

Wenn im Folgenden vom *Bildschirmgerät* die Rede ist, wird ganz allgemein das Datenendgerät zur Kommunikation mit dem Programmiersystem gemeint, unabhängig davon, ob

- es sich um ein altmodisches Spezial-Bildschirmgerät oder um einen Arbeitsplatz-Computer mit Terminal-Emulation handelt.
- der Arbeitsplatz-Computer stationär oder transportabel (*Notebook*) ist.
- der Arbeitsplatz-Computer unter dem Betriebssystem Linux oder einem Betriebssystem aus den Häusern Apple oder Microsoft® läuft.

2.1 Konfigurationsplan

Es ist i. Allg. recht mühsam, Hardwarekonfigurationen durch verhältnismäßig realistische Grafiken wie die in Bild 2.1 zu veranschaulichen. Stattdessen kann man eine abstraktere Darstellung nach [21] wählen, die stark vereinfachte, stilisierte Sinnbilder benutzt. Danach sähe die Konfiguration z. B. aus wie in Bild 2.2.

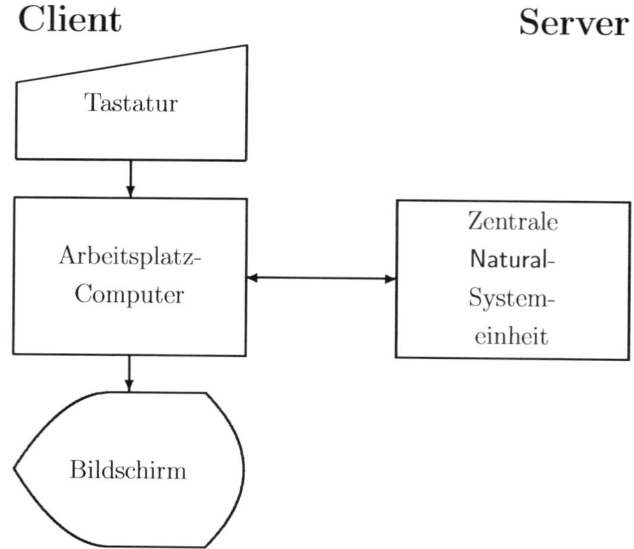

Bild 2.2 — Konfigurationsplan DIN 66 001 – KP

Es handelt sich hier im weitesten Sinne um eine *client server architecture* (englisch für *Kunde-Dienstleister-Architektur*). Auf der rechten Seite der Grafik ist die Zentrale Natural-Systemeinheit in der Rolle des *server* zu sehen. Dieser ist für Verarbeitung und Speicherung der benötigten Daten zuständig. Auf der linken Seite ist das Bildschirmgerät in der Rolle des *client* zu sehen. Dieser ist für die Präsentation von Daten auf dem Bildschirm und ihre Erfassung per Tastatur und Maus zuständig.

Wenn es wie in der Grafik nur die 2 Stufen *Präsentation* und *Verarbeitung / Speicherung* gibt, spricht man von einer *2-tier client server architecture* (englisch für *2-stufige Kunde-Dienstleister-Architektur*). Oft hingegen ist es so, dass der für die Verarbeitung zuständige *server* für die Speicherung auf einen separaten Datenbank-*server* zurückgreift. Dann spricht man von einer *3-tier client server architecture* (englisch für *3-stufige Kunde-Dienstleister-Architektur*).

Die für die hier in Frage kommenden Konfigurationspläne wichtigsten Sinnbilder nach der Norm [21] sind in Bild 2.3 zusammengestellt. Für Konfigurationspläne trifft stets nur die

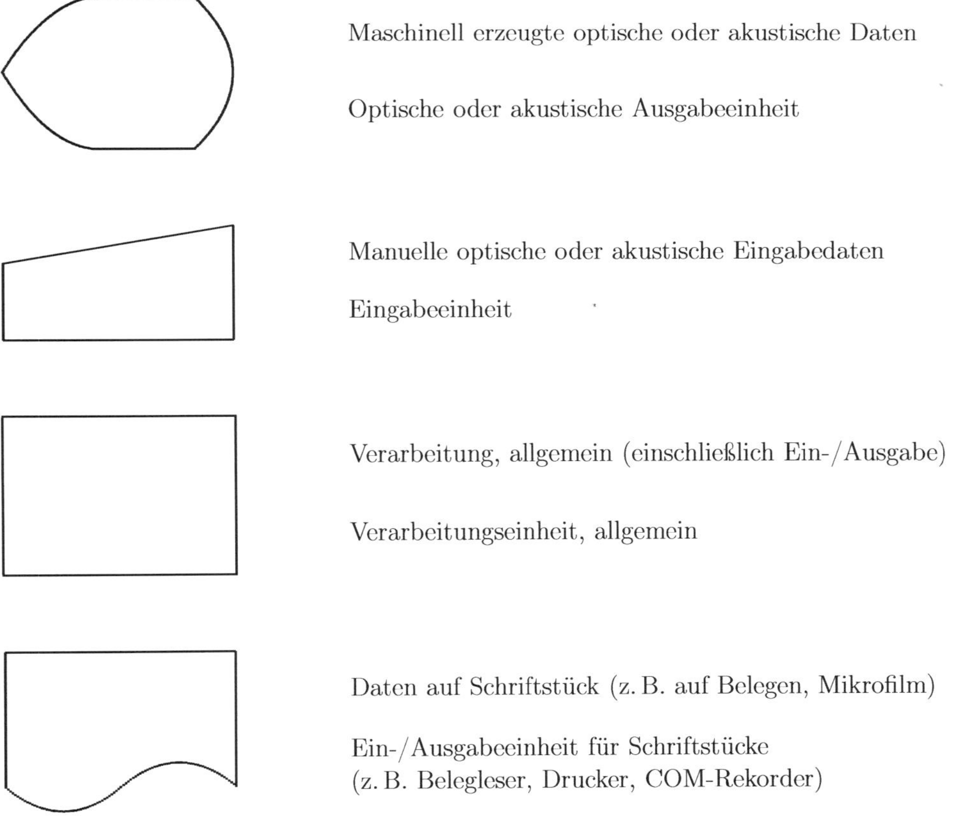

Bild 2.3 — Sinnbilder nach DIN 66 001 (Auswahl)

untere der jeweils zwei angegebenen Benennungen zu. Da jedoch dieselben Sinnbilder in späteren Kapiteln auch in Plänen anderer Art Verwendung finden, wurden die dafür zutreffenden Benennungen gleich mit angegeben.

Die **tatsächliche Hardwarekonfiguration** sieht übrigens meist sehr viel komplizierter aus. Beispielsweise bedient eine Systemeinheit in der Regel mehrere Bildschirmgeräte. Ferner sind oft Bildschirmgeräte nicht direkt mit der Natural-Systemeinheit verbunden, sondern kommunizieren mit dieser über Intra- oder Internetverbindungen. Auf die daraus resultierenden Konsequenzen wird das nächste Kapitel eingehen.

2.2 Übungen

2.2.1 „Beschnuppern" des verwendeten Arbeitsplatzes

Erkunden Sie bitte durch Ausprobieren, Befragung Ihres *Mentors* oder Nachlesen in Dokumentationen Ihren Arbeitsplatz, d. h. Ihren PC bzw. Notebook-Computer und eventuelle zusätzliche Geräte.

2.2.2 Tatsächliche Hardwarekonfiguration des Programmiersystems

Versuchen Sie bitte, Einzelheiten über den von Ihnen nutzbaren Teil der tatsächlichen Hardwarekonfiguration Ihres Programmiersystems Natural herauszufinden, z. B. über angeschlossene Drucker, auch wenn diese sich nicht direkt an Ihrem Arbeitsplatz befinden. Stellen Sie diesen Konfigurationsausschnitt in einem Konfigurationsplan DIN 66 001 – KP grafisch dar.

3 Bedienung

Nach aller grauen Theorie werden in diesem Kapitel die grundlegenden *Handgriffe* erklärt, die zur **Bedienung** des Programmiersystems Natural notwendig sind. Diese Lektion würde man in der Fahrschule als *erste Fahrstunde* bezeichnen. Dort braucht man für die Ausbildung einen Fahrlehrer. Entsprechend bitte man seinen *Mentor* um Unterstützung.

3.1 Aufruf

Größere Datenverarbeitungsanlagen – in zunehmendem Maße aber auch mittelgroße und kleinere – führen vor einer eigentlichen Anwendung eine ***Zugangskontrolle*** durch. In einem solchen Fall werden zunächst entsprechende *Zugangsberechtigungen* benötigt.

Dazu wende man sich vermittelt durch den Mentor an die zuständigen *Systemverwalter* – unter ihnen sicherlich ein Natural-Administrator – und bitte sie um die Zulassungen, welche für die Benutzung des Programmiersystems Natural nötig sind. Sie werden dann eine Reihe von ***Kennungen***, d. h. *Benutzer-* und *Bibliothekskennungen*, sowie gegebenenfalls dazugehörige ***Kennwörter*** (englisch: *password*) zuteilen. Im Gegensatz zu sonst üblichen Bedeutungen wird dabei im Sprachgebrauch von Natural unter einer *Bibliothek* (englisch: *library*) ein Speicherbereich für Softwarebausteine eines Projektes oder Teilprojektes verstanden.

Es wird im Allgemeinen neben Kennungen für Natural (z. B. Bibliothekskennung `UEBNG_1`) auch solche für das Betriebssystem und seine Untersysteme geben, falls das Programmiersystem nicht das einzige System auf der Datenverarbeitungsanlage ist, sondern lediglich ein Untersystem oder vielleicht gar ein Unter-Unter-Untersystem.

Diese Situation ist in etwa vergleichbar mit einem Werkgelände als Hauptsystem, einem Gebäude als Untersystem, einem Stockwerk als Unter-Untersystem und einem Raum als Unter-Unter-Untersystem. Der Natural-Anwender in spe muss sich von den vorgelagerten Systemen bis nach Natural vorarbeiten. Dieser Vorgang ist vergleichbar mit dem Durchfragen auf dem Werkgelände. Beim Übergang auf ein nachgeordnetes System muss man sich normalerweise jedesmal mit einer Benutzerkennung vorstellen. Dieser Autorisierungs-Vorgang entspricht der Vorstellung beim jeweiligen Pförtner. Zusätzlich muss bei manchen, sicherheitsorientierten Systemen ein Kennwort eingegeben werden. Dieser Authentisierungs-Prozess ist vergleichbar mit der Vorlage eines Ausweises. Die Einzelheiten des gesamten Vorgangs sind leider nicht von Natural, sondern von der verwendeten Datenverarbeitungsanlage und den auf ihr geltenden lokalen Gegebenheiten abhängig und daher nicht einheitlich.

In das Programmiersystem Natural kann das – in diesem Buch nicht dargestellte – Sicherheitssystem Natural Security (englisch für *Natural-Sicherheit*) integriert sein. In diesem Fall kann man erst dann mit Natural arbeiten, wenn man sich vorher in Natural Security korrekt mit Benutzer- und Bibliothekskennung *autorisiert* sowie mit Kennwort *authentisiert* hat.

Jetzt soll am Bildschirmgerät ein Natural-*Job*[1] begonnen und ordnungsgemäß abgeschlossen werden. Ein Natural-Job ist dabei die gesamte Datenverarbeitungsleistung, die zur Durchführung einer Natural-*Sitzung* erforderlich ist. Wie schon angedeutet, gibt es sowohl bei der Hardware- als auch bei der Softwareausstattung der verschiedenen Datenverarbeitungsanlagen erhebliche Unterschiede, die dieses Buch unmöglich berücksichtigen kann. Deshalb bitte man den Mentor um Unterstützung und mache eifrig Notizen.

Zunächst sollte der Mentor erklären, wie man den Arbeitsplatz-Computer in Betrieb nimmt und auf diesem das Terminal-Emulations-Programm startet. Dann erfolgt die Anmeldung beim ersten vorgelagerten System, danach gegebenenfalls beim zweiten usw. Jedoch sollte bei der Eingabe der Kennwörter der Mentor einem nicht auf die Finger schauen.

Teilweise sind Systeme für ***single sign-on*** (englisch für *Einmalanmeldung*) verfügbar. Dann gibt man beispielsweise auf seinem Arbeitsplatz-Computer nur einmal eine Benutzerkennung mit zugehörigem Kennwort ein; und alle weiteren Anmeldungen erfolgen dann automatisch. Der größeren Bequemlichkeit steht der Nachteil gegenüber, dass man teilweise bei Störungen nicht genau erkennt, wo es „hakt" und dass man eventuell nie gelernt hat, auf diese adäquat zu reagieren.

Das Programmiersystem kommuniziert mit seinen Anwendern über ***Masken***. Eine Maske ist ein auf dem Bildschirm dargestelltes Schema zur Anzeige und Eingabe von Daten, d. h. eine Art „elektronisches Formular", das gegebenenfalls vom jeweiligen Anwender ausgefüllt werden soll.[2] Zusätzlich können sich am Rand des Bildschirmfensters noch ***Statusanzeigen*** befinden, deren Anzahl, Aussehen und Anordnung vom verwendeten Terminal-Emulations-Programm abhängen. Deshalb werden solche Anzeigen hier nur exemplarisch dargestellt.

Ein Wort zur auf vielen Masken angezeigten Uhrzeit: Früher war man gut beraten, an die Genauigkeit der Zeitangabe keine übertriebenen Ansprüche zu stellen, da die internen Uhren selbst in teuren Datenverarbeitungsanlagen oft sehr nachlässig nach (billigen) Armbanduhren der Bediener (*Operateure*) gestellt wurden. Heutzutage ist die Genauigkeit i. Allg. recht gut, wenn z. B. die Uhr regelmäßig von einem Zeit*server* gestellt wird. Allerdings kann es durchaus sein, dass die Uhrzeit eines zentralen Entwicklungs*servers* angezeigt wird, der sich in einer anderen Zeitzone befindet. Wenn man sehen will, wann es Zeit ist, zum Bus zu eilen, vertraue man im Zweifelsfall lieber auf andere Zeitmesser!

Nun erscheint eine Maske mit dem `Main Menu` (englisch für *Hauptmenü*) des Programmiersystems. Siehe Bild 3.1. *Menü* deshalb, weil man wie auf einer Speisekarte (englisch: *menu*) unter mehreren Möglichkeiten wählen kann. Dies wird gleich erläutert. Zunächst ist aber zu erklären, was angezeigt wird.

In der **ersten Zeile** finden sich die jeweilige Uhrzeit, der abgekürzte Name (`NATURAL`) des Programmiersystems sowie das jeweilige Tagesdatum[3].

[1] Der Begriff *Job* soll hier allgemein verstanden werden: Er wird auch für Dialogverarbeitung, nicht nur für Stapelverarbeitung (*Batch-Job*) angewendet.

[2] Je nachdem, wie der Natural-Administrator das Programmiersystem eingerichtet hat, kann es hierbei und im Folgenden Abweichungen von der Darstellung in diesem Buch geben. Das ist besonders dann der Fall, wenn das System Natural Security aktiv ist.

[3] Je nachdem, mit welchen Natural-Parametern (z. B. `DTFORM`) das Programmiersystem gestartet wurde, kann es hierbei und im Folgenden Abweichungen von der Darstellung in diesem Buch geben. Die Natural-Parameter werden gewöhnlich vom Natural-Administrator gesetzt, können teilweise aber auch vom Anwender modifiziert werden. Auskunft erteilt der Mentor oder der Administrator.

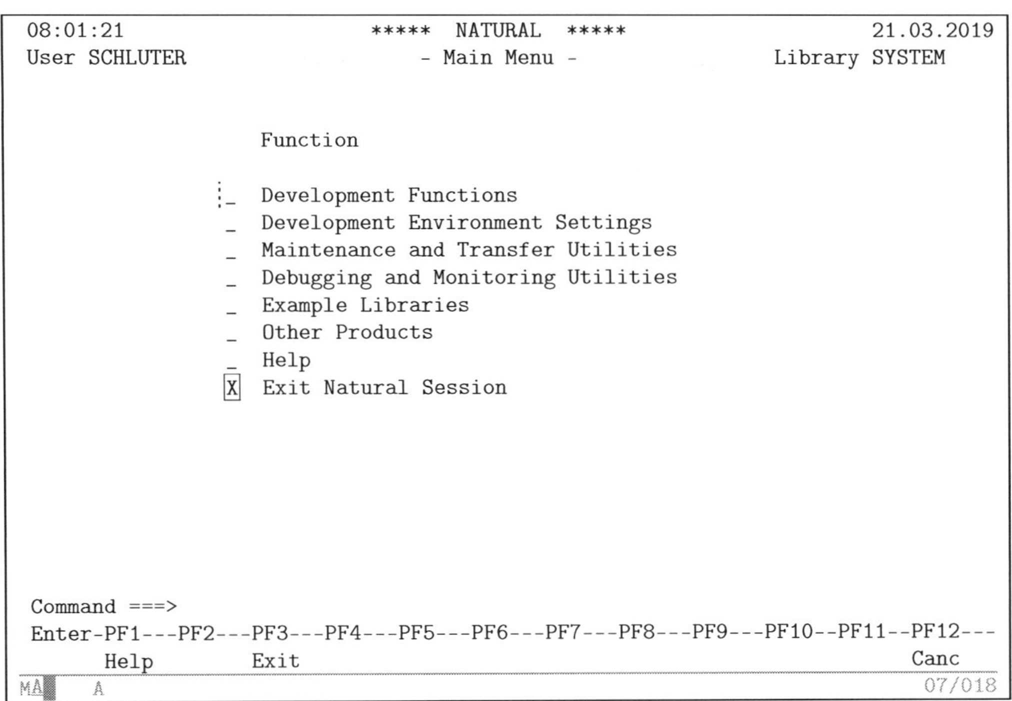

```
08:01:21                    ***** NATURAL *****                    21.03.2019
User SCHLUTER                 - Main Menu -                   Library SYSTEM


                         Function

                       _ Development Functions
                       _ Development Environment Settings
                       _ Maintenance and Transfer Utilities
                       _ Debugging and Monitoring Utilities
                       _ Example Libraries
                       _ Other Products
                       _ Help
                       X Exit Natural Session






 Command ===>
 Enter-PF1---PF2---PF3---PF4---PF5---PF6---PF7---PF8---PF9---PF10--PF11--PF12---
       Help        Exit                                                  Canc
MA    A                                                                07/018
```

Bild 3.1 — Hauptmenü mit Beendigung eines Natural-Jobs

In der **zweiten Zeile** wird in einem Feld hinter der Beschriftung `User` die Benutzerkennung (z. B. `SCHLUTER`) aus dem direkt übergeordneten System angezeigt. Im Folgenden soll gelegentlich z. B. das „Feld bei der Beschriftung `User`" (Beispiel) etwas ungenau, dafür aber kürzer als „Feld `User`" bezeichnet werden. Dazu kommt die Bezeichnung des augenblicklichen Menüs (`Main Menu`) und im Feld `Library` die Natural-Bibliothek, in der man sich gerade befindet. Standardmäßig ist bisweilen die allgemeine Bibliothek `SYSTEM` voreingestellt. Diese sollte jedoch für Software, die von allgemeinem Interesse ist, reserviert sein.

Dann kommt **in der Mitte** der Maske eine Tabelle mit Funktionsbenennungen. Hinter fast jeder verbirgt sich ein *Untermenü*. Zur Auswahl einer Funktion kann die *Positionsmarke* (englisch: *cursor*) des Bildschirmgerätes auf das einstellige Eingabefeld links neben der Benennung der gewünschten Funktion platziert werden. Derartige Eingabefelder werden gern mit einem vom Leerzeichen verschiedenen Zeichen vorbelegt, damit sie als solche erkennbar sind. Die Software AG zieht dafür den Grundstrich (_) vor. In dieses Eingabefeld *kann* jetzt noch ein von Leerzeichen und Grundstrich verschiedenes Zeichen eingegeben werden, *muss* aber nicht. Wenn die Tastatur dabei „klemmt", kann es daran liegen, dass sie sich im Einfüge-Modus befindet. Dann drücke man einfach die Einfüge-Taste [Einfg], um sie in den Überschreib-Modus zu versetzen. Bevor die Eingabe mit der Eingabe-Taste [↵] abgeschlossen wird, passiert im Programmiersystem jedoch noch gar nichts.

Die Situation bezüglich der Menüs ist vergleichbar mit der in einem gut sortierten Restaurant, in dem das „Hauptmenü" durch die Frage des Kellners, welche Karte man denn gerne hätte, dargestellt wird. Die Untermenüs sind dann z. B. die normale Speisekarte, die Tageskarte, die Weinkarte und die Dessertkarte. Ein Unter-Untermenü könnte die Eiskarte sein.

In der **vorvorletzten Zeile** gibt es eine alternative Eingabeaufforderung `Command ===>` (englisch für *Kommando* ===>), gefolgt von einem längeren Feld, welches schlicht mit Leerzeichen vorbelegt ist. In diesem Feld können erfahrene Anwender *formatfrei* ein Kommando eingeben, statt sich mit Hilfe von Funktionscodes durch die verschiedenen Menüs zu „hangeln". Eine solche Form der Bedienung ist auch im Zeitalter der Menüführungen noch sinnvoll und effizient, da man die gewünschten Funktionen relativ schnell direkt „ansteuern" kann.

In den beiden **letzten Zeilen** wird eine Übersicht aller erlaubten *Funktions-Tasten* und ihrer Bedeutungen gegeben. Funktions-Tasten sind Sondertasten, die einfache Anwahlen von Systemfunktionen mit jeweils nur einem Tastendruck ermöglichen. Mit `Enter` ist die bereits bekannte Eingabe-Taste [↵] gemeint. Die Bedienung der übrigen (eigentlichen) Funktions-Tasten ist vom verwendeten Bildschirmgerät, besonders der Tastatur, abhängig. Man lasse sie sich am besten vom Mentor erklären. Die Benutzung der Funktions-Tasten spart Tastendrücke und damit Zeit und kann – je nach individueller Arbeitsweise – effizienter als die Eingabe von Funktionscodes mit jeweils anschließenden Betätigungen der Eingabe-Taste [↵] sein.

Darunter befindet sich i. Allg. noch ein Bereich mit Statusinformationen, z. B. dem augenblicklichen Aufenthaltsort der Positionsmarke (*Cursor*), angegeben durch Nummer der Zeile und Nummer der Spalte. In diesem Buch wird exemplarisch das Design des Terminal-Emulations-Programms **Personal Communications** des Herstellers IBM Corp. gezeigt.

Man rufe jetzt einen Menüpunkt, in diesem Fall die Funktion `Exit Natural Session` (englisch für *beenden* Natural-*Sitzung*) durch „Ankreuzen" mit dem Buchstaben `X` im Feld links neben `Exit Natural Session` des Hauptmenüs und Betätigung der Eingabe-Taste [↵] auf.[4] Siehe noch einmal Bild 3.1. Ein Eintastfehler, also z. B. ein `X` zwei Zeilen darüber, ist überhaupt nicht schlimm, da er anfangs ganz lokal im Bildschirmgerät geschieht und das Programmiersystem davon zunächst gar nichts merkt. Man kann in solchen Fällen die fehlerhafte Eingabe einfach korrigieren. Erst wenn die Eingabe-Taste [↵] betätigt worden ist, werden die eingetasteten Zeichen zum Programmiersystem übertragen. Aber sogar, wenn dies mit einer fehlerhaften Eingabe geschehen ist, besteht kein Grund zur Panik: Man kann sofort von dem irrtümlich angewählten Untermenü in das Hauptmenü zurückkehren.

Will man Feierabend machen, muss man sich nach Beendigung des Natural-Jobs ebenfalls von den vorgelagerten Systemen verabschieden. Damit ist der kleine Streifzug beendet, und der Leser hat einen Überblick über den Aufruf eines Natural-Jobs und seine ordnungsgemäße Beendigung gewonnen.

Zum Abschluss soll der gesamte Vorgang noch einmal zusammengefasst dargestellt werden:

1. Anmeldung bei eventuellen vorgelagerten Systemen, gegebenenfalls mit Eingabe von Benutzerkennungen und Kennwörtern
2. Aufruf des Programmiersystems: Beginn des Natural-Jobs
3. Beendigung des Natural-Jobs
4. Verabschiedung von den eventuellen vorgelagerten Systemen

[4] Es könnte auch ein anderes druckbares Zeichen sein. Statt Ankreuzen mit einem Zeichen genügt auch die entsprechende Platzierung der Positionsmarke. Falls ein Menüpunkt angekreuzt ist und die Positionsmarke vor einem anderen steht, hat die Ankreuzung Vorrang. Falls mehrere Menüpunkte angekreuzt sind, erfolgt eine Fehlermeldung.

3.2 Bibliothek

Nachdem nun bekannt ist, wie man – um beim Bild vom Führerschein zu bleiben – zum Auto gelangt sowie ein- und aussteigt, soll jetzt gezeigt werden, wie man den Stauraum für den Wochenend-Einkauf festlegt, etwa den Kofferraum, die Rückbank oder den Beifahrersitz. Dies bedeutet hier, die zu benutzende Bibliothek zu setzen. Dazu ruft man das Programmiersystem auf und erhält dessen Hauptmenü. Siehe Bild 3.2. Wie bereits bekannt, wird

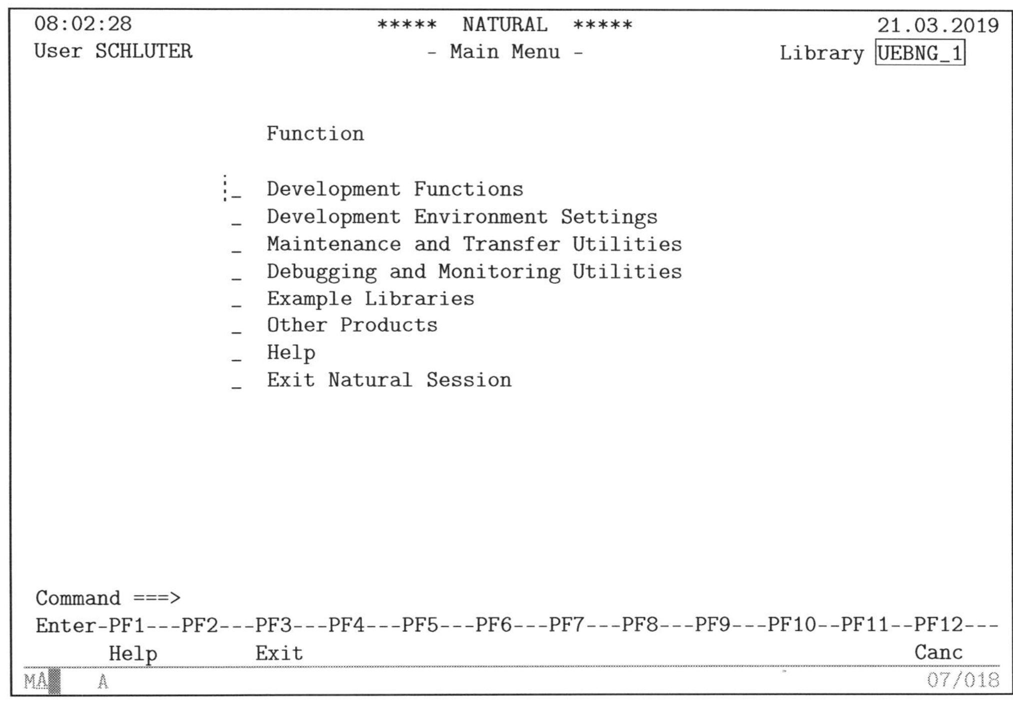

```
08:02:28                  *****  NATURAL  *****                  21.03.2019
User SCHLUTER                 - Main Menu -              Library UEBNG_1

                    Function

                  _ Development Functions
                  _ Development Environment Settings
                  _ Maintenance and Transfer Utilities
                  _ Debugging and Monitoring Utilities
                  _ Example Libraries
                  _ Other Products
                  _ Help
                  _ Exit Natural Session

Command ===>
Enter-PF1---PF2---PF3---PF4---PF5---PF6---PF7---PF8---PF9---PF10--PF11--PF12---
      Help      Exit                                                   Canc
MA   A                                                               07/018
```

Bild 3.2 — Einstellung der zugewiesenen Natural-Bibliothek

rechts oben hinter `Library` die Kennung der augenblicklich eingestellten Natural-Bibliothek angezeigt.

Wie aber ist eine **Bibliothekskennung** aufgebaut? Diese muss die Form eines sogenannten *Bezeichners* (englisch: *identifier*) haben. Und für Bezeichner gilt üblicherweise die Regel, dass sie mit einem Buchstaben anfangen und mit beliebigen weiteren Buchstaben und Ziffern fortgesetzt werden dürfen. Als (signifikantes) Gliederungszeichen darf der *Grundstrich* (_), auch *Unterstreichungssymbol* genannt, benutzt werden.

Wenn die vom Natural-Administrator zugewiesene Natural-Bibliothek bereits der angezeigten entspricht, ist nichts zu tun; und man verinnerliche das folgende Prozedere lediglich „für den Fall der Fälle".

Sonst bewege man die Positionsmarke in das Feld direkt hinter `Library` und überschreibe es mit dem Namen der zugewiesenen Natural-Bibliothek (im Beispiel `UEBNG_1`). Siehe noch einmal Bild 3.2.

Wenn der Natural-Administrator hingegen angeboten hat, selbst eine Bibliothekskennung auszusuchen, steht man vor der Qual der Wahl. Allerdings muss der Formalismus des Bezeichners eingehalten werden. Auf jeden Fall ist ein solcher Bezeichner (z. B. `UEBNG_1`) hinter `Library` einzugeben.

Nach Verabschiedung der Maske erscheint wiederum das Hauptmenü, jedoch mit der Bestätigung `Logon accepted to library UEBNG_1.` (englisch für *Anmeldung für Bibliothek* `UEBNG_1` *angenommen.*), gegebenenfalls mit dem Hinweis `This library is empty.` (englisch für *Diese Bibliothek ist leer.*). Siehe Bild 3.3.

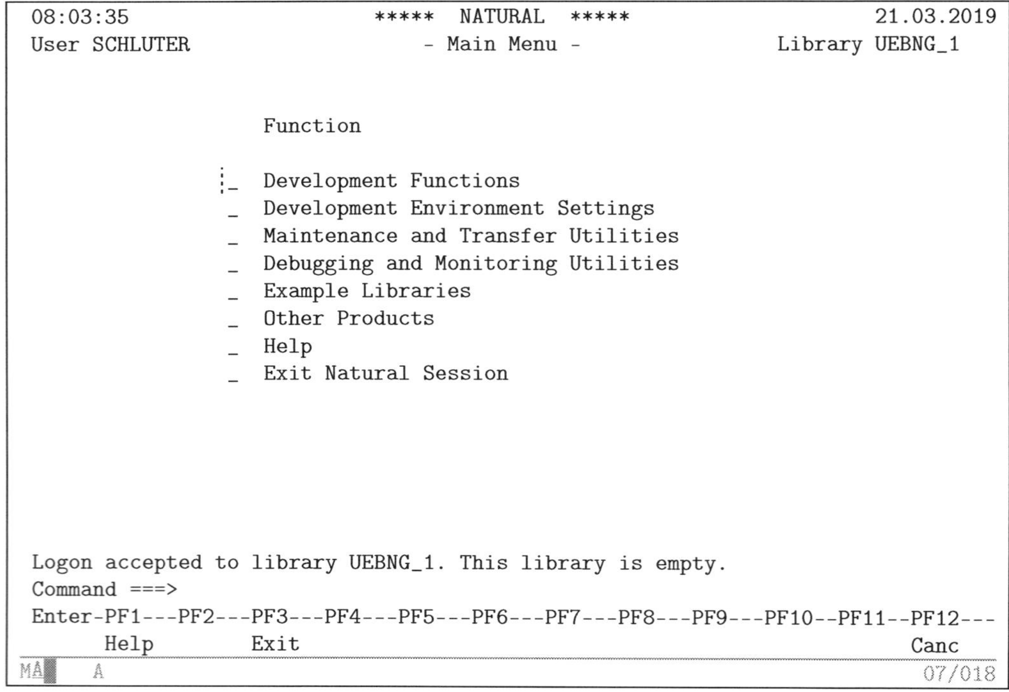
```
08:03:35                   *****  NATURAL  *****                 21.03.2019
User SCHLUTER                  - Main Menu -                 Library UEBNG_1


                   Function

                 _  Development Functions
                 _  Development Environment Settings
                 _  Maintenance and Transfer Utilities
                 _  Debugging and Monitoring Utilities
                 _  Example Libraries
                 _  Other Products
                 _  Help
                 _  Exit Natural Session






Logon accepted to library UEBNG_1. This library is empty.
Command ===>
Enter-PF1---PF2---PF3---PF4---PF5---PF6---PF7---PF8---PF9---PF10--PF11--PF12---
      Help        Exit                                                   Canc
MA    A                                                                 07/018
```

Bild 3.3 — Quittung der eingestellten Natural-Bibliothek

Damit ist das Programmiersystem Natural so eingestellt, dass man im Prinzip losarbeiten kann.

Auch für das Setzen der Bibliothek soll noch einmal der gesamte Ablauf kurz zusammengefasst werden:

1. Anmeldung bei eventuellen vorgelagerten Systemen, gegebenenfalls mit Eingabe von Benutzerkennungen und Kennwörtern
2. Aufruf des Programmiersystems: Beginn des Natural-Jobs
3. Setzen der zugewiesenen Natural-Bibliothek
4. Beendigung des Natural-Jobs
5. Verabschiedung von den eventuellen vorgelagerten Systemen

3.3 Syntax und Semantik

Abschnitte wie dieser sollen sich ab jetzt genauer mit der *Syntax* (*Aufbauregeln*) und der *Semantik* (*Bedeutungsregeln*) neuer Begriffe beschäftigen.

Zunächst soll eine Darstellungsform vorgestellt werden, die im Folgenden gute Dienste leisten wird. Oben wurde die Syntax für Bezeichner informell, nämlich durch natürlichsprachigen (deutschen) Text, dargestellt. Diese Methode lässt leider großen Raum für Mehrdeutigkeiten und versagt i. Allg. bei komplizierteren Konstruktionen ganz.

Wie kann man eine komplizierte Syntax aber exakt und trotzdem leicht lesbar hinschreiben? Letzten Endes sollen doch Begriffe wie *Bezeichner* (z. B. `UEBNG_1`) auf elementare Symbole (z. B. `U`) zurückgeführt werden, die sich direkt auf der Tastatur befinden. Die letzteren nennt man *Terminalsymbole*. Allerdings zählt man auch sogenannte *Wortsymbole* (z. B. `END`) zu den Terminalsymbolen, da sie konstant sind und keiner Zerlegung bedürfen. Die Bezeichnung *Terminalsymbol* bedeutet *Endsymbol*, d. h. *nicht weiter zerlegbares Symbol*. Sie hängt *nicht* damit zusammen, dass ein Bildschirmgerät auch *Terminal* (englisch für *Datenendgerät*) genannt wird. Nichtelementare Begriffe wie z. B. *Bezeichner*, die letzten Endes mit Hilfe von Terminalsymbolen definiert werden können, nennt man entsprechend *Nichtterminalsymbole*.

Für die Definition bieten sich ***Syntaxdiagramme*** an. Bild 3.4 zeigt ein Beispiel aus dem

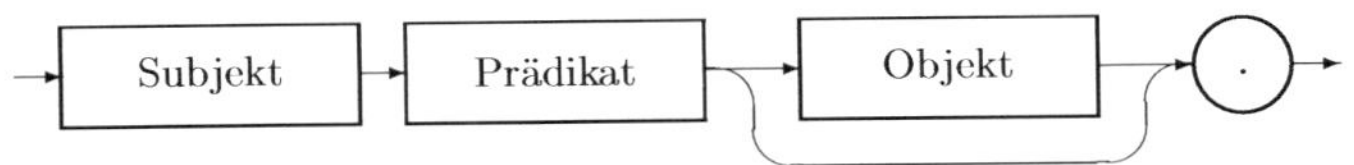

Bild 3.4 — Syntaxdiagramm für *Satz* (vereinfacht)

„täglichen Leben“: Eine stark vereinfachte Syntax für deutsche Sätze. Ein vollständiger deutscher Satz soll aus einem Subjekt (z. B. *Ich*), einem Prädikat (z. B. *lese*), nur eventuell einem Objekt (z. B. *ein Buch*) und einem abschließenden Punkt (.) bestehen.

Symbole werden in Syntaxdiagrammen durch geeignet beschriftete Sinnbilder dargestellt. Im Besonderen werden Terminalsymbole durch Kreise bzw. Ovale, Nichtterminalsymbole hingegen durch Rechtecke repräsentiert. Solche Sinnbilder können durch Pfeile miteinander verbunden werden und bilden auf diese Weise Syntaxgraphen.

Die Regel zum Lesen eines Syntaxdiagramms ist sehr einfach: Zu jedem syntaktisch richtigen Exemplar des zu definierenden Begriffes muss es einen Pfad durch den entsprechenden Syntaxgraphen im Syntaxdiagramm geben.

Anders ausgedrückt: Man folgt den angegebenen Pfaden nach dem Einbahnstraßenprinzip in Pfeilrichtung.

Man kann sich einen Syntaxgraphen auch als System von Eisenbahngleisen vorstellen. Dann fährt ein Zug oben links in den Syntaxgraphen ein. Er darf nie die Fahrtrichtung wechseln. Die Weichen seien jeweils passend gestellt. Jedoch sei stets notfalls ein „Auffahren“ oder „Aufschneiden“ der Weichen erlaubt. Jedes Nichtterminalsymbol stellt ein Bahnhofsgelände mit einem eigenen Gleissystem dar.

Generell sind alle Symbolfolgen, die man auf diese Weise erhält, korrekte Ausprägungen des zu definierenden Begriffes.

3.3.1 Ziffer

Eine Ziffer ist eine Null (`0`) oder eine Eins (`1`) ... oder eine Neun (`9`). In Bild 3.5 sind

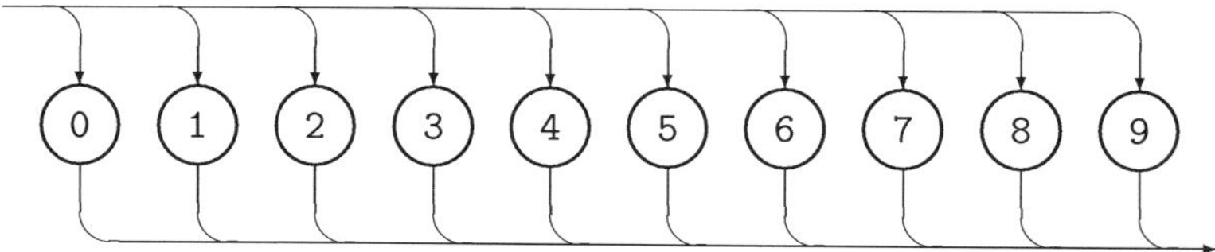

Bild 3.5 — Syntaxdiagramm für *Ziffer*

dementsprechend 10 Terminalsymbole (die Ziffern `0` bis 9) zu beobachten. Von denen wird genau eins von einem imaginären Güterzug durchfahren.

Streng genommen sind bei derartigen „Gleisbild-Darstellungen" von Syntaxgraphen die Pfeilspitzen entbehrlich. Die „Verkehrsregeln" (Einfahrt oben links; keine Richtungsumkehr) genügen ja eigentlich.

So verzichten auch manche Publikationen auf Pfeilspitzen in ihren Syntaxgraphen. In diesem Buch werden sie jedoch stellenweise zur Verdeutlichung benutzt.

Die Tabelle 3.1 enthält in Spalte „richtig" einige **Beispiele** für *Ziffer* und in Spalte „falsch"

Tabelle 3.1 — Beispiele für *Ziffer*

Nr	richtig	falsch	Erläuterung des falschen Beispiels
1	`1`	`l`	Kleinbuchstabe (`l`) ist kein Ersatz für Ziffer (`1`).
2	`0`	`O`	Großbuchstabe (`O`) ist kein Ersatz für Ziffer (`0`).
3	`0`	␣	Leerzeichen (␣) ist kein Ersatz für Ziffer (`0`).
4	`1`	`I`	Römische Ziffer (`I`) ist kein Ersatz für arabische Ziffer (`1`).
5	`5`	`V`	Römische Ziffer (`V`) ist kein Ersatz für arabische Ziffer (`5`).
6	`7`	`77`	Ziffernfolge (`77`) ist keine (einzelne) Ziffer.
7	`8`	`08`	Ziffernfolge (`08`) ist keine (einzelne) Ziffer.
8	`9`	␣`9`	Zeichenfolge (␣`9`) ist keine Ziffer.

auch entsprechende **Gegenbeispiele** (andere Zeichen oder Zeichenfolgen). Die Gegenbeispiele sind *nicht* so zu verstehen, dass sie keinesfalls in NPL-Programmen vorkommen dürfen. Sie sind jedoch keine syntaktisch richtigen Beispiele für das definierte Symbol.

So ist gemäß Beispiel Nr. 5 das `V` keine korrekte Ziffer, wohl aber – wie bald definiert wird – ein korrekter Großbuchstabe.

Für einen menschlichen Leser ist klar, wie eine Ziffer aussieht; da aber die meisten anderen Sprachelemente von NPL für Demonstrationszwecke unnötig kompliziert sind, soll die Anwendung von Syntaxdiagrammen an diesem einfachen Beispiel noch einmal kurz gezeigt werden.

Wie schon erwähnt, ist ein Sprachelement erlaubt, wenn es einen Pfad (in Pfeilrichtung) durch seinen Syntaxgraphen gibt. Die Ziffer `5` im Beispiel Nr. 5 wird als richtig erkannt, d. h. es gibt einen Pfad durch den Graphen, der die `5` enthält. Dieser Pfad ist in Bild 3.6 durch zusätzliche gestrichelte Linien verdeutlicht.

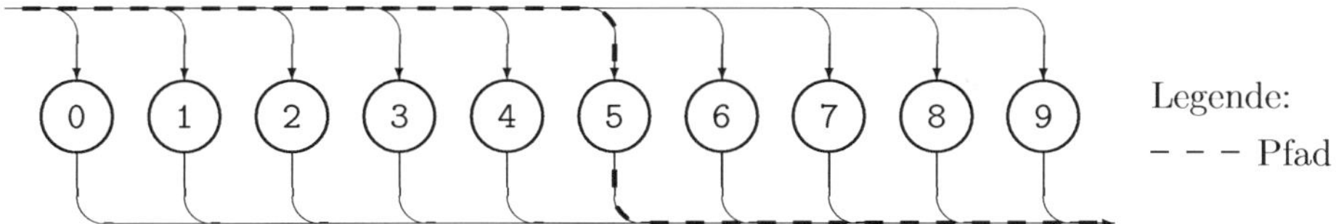

Bild 3.6 — Pfad für *Ziffer* durch Syntaxgraph

Der imaginäre Güterzug – wegen der Reihenfolge der Terminalsymbole entgegen seiner eigentlichen Fahrtrichtung stets von seiner linken Seite gezeigt – hätte hier das Terminalsymbol 5 aufgesammelt. Siehe Bild 3.7.

Bild 3.7 — Zug mit aufgesammelter Ziffer

Demgegenüber gibt es für die römische Ziffer bzw. den Großbuchstaben V keinen Pfad. Dieses Zeichen ist damit als syntaktisch falsche Ziffer erkannt.

Möchte man umgekehrt eine beliebige Ziffer *erzeugen*, so läuft man oben links in den Syntaxgraphen hinein. Auf dieser „oberen Schiene" kann man sich nun frei entscheiden, an welcher Weiche man abbiegt, also welchem der 10 Pfeile nach unten (↓) man folgt, d. h. in welchen Fall man hineinläuft.

Aus diesem Grund wird eine derartige Verästelung in einem Syntaxgraphen eine *mehrfache Alternative* genannt.

In allen folgenden Syntaxdiagrammen wird jedes Vorkommen des Nichtterminalsymbols *Ziffer* durch ein entsprechend beschriftetes Rechteck [Ziffer] dargestellt, welches dort als „schwarzer Kasten" aufgefasst werden kann, dessen „Innenleben" zunächst vernachlässigt werden soll.

Siehe das (vergrößerte) Sinnbild in Bild 3.8.

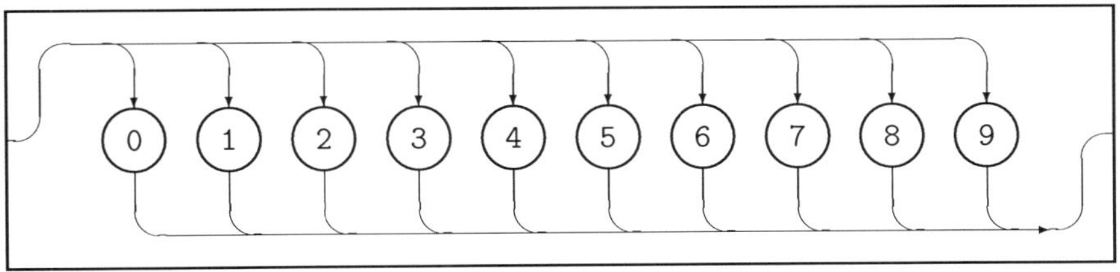

Bild 3.8 — „Innenleben" des Nichtterminalsymbols *Ziffer*

Anders ausgedrückt:
Überall dort, wo in Zukunft ein derart beschriftetes Rechteck in einem Syntaxdiagramm auftaucht, kann man es sich durch den Syntaxgraphen für *Ziffer* ersetzt denken, d. h. tatsächlich kann der Syntaxgraph für *Ziffer* anstelle des Rechtecks einkopiert werden (*Kopierregel*).

Man kann sich demnach vorstellen, dass der „Schwarze Kasten" des Nichtterminalsymbols *Ziffer* ein Innenleben gemäß Bild 3.8 hat.

3.3.2 Großbuchstabe

Ein Großbuchstabe ist ein A oder ein B ... oder ein Z. Siehe Bild 3.9.

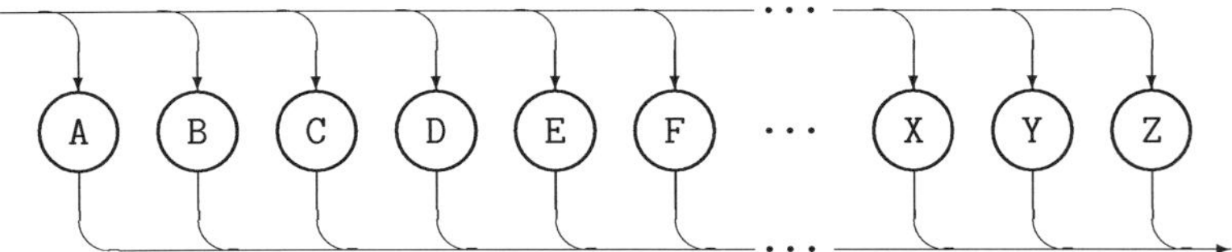

Bild 3.9 — Syntaxdiagramm für *Großbuchstabe*

Für **Beispiele** siehe Tabelle 3.2.

Tabelle 3.2 — Beispiele für *Großbuchstabe*

Nr	richtig	falsch	Erläuterung des falschen Beispiels
1	O	0	Ziffer (0) ist kein Ersatz für Großbuchstabe (O).
2	I	1	Ziffer (1) ist kein Ersatz für Großbuchstabe (I).
3	C	c	Kleinbuchstabe (c) ist kein Ersatz für Großbuchstabe (C).
4	U	Ü	Umlaut (Ü) ist hier nicht erlaubt.

Es ist Folgendes zu **beachten**:

1. In der IT müssen Ziffern und Buchstaben strikt unterschieden werden. Dies ist bisweilen schwierig, wenn sich etwa die *Glyphe* (*graphische Darstellung*) der Ziffer 0 kaum von der des Großbuchstabens O unterscheidet. Dann ist Vorsicht geboten, damit sich nicht schwer zu findende Fehler einschleichen.

3. Die Definitionen von *Kleinbuchstabe* und *Buchstabe* sind den Übungen vorbehalten.

4. Natural ist für den internationalen Einsatz vorgesehen. Und da könnte es massive Portabilitätsprobleme geben, wenn etwa Bezeichner deutsche Umlaute enthalten dürften. Deswegen sind diese – wie in fast allen anderen Programmiersprachen auch – bei den Buchstaben ausgespart. Stattdessen sind sie hier zu den *anderen Sonderzeichen* (siehe Abschnitt 4.5.3 auf Seite 41) „verbannt". Damit können Umlaute in *Kommentaren* und *Textkonstanten* verwendet werden, was vollkommen ausreichend ist.

Bild 3.10 stellt zu Demonstrationszwecken den Pfad für den Großbuchstaben F durch den Syntaxgraphen dar.

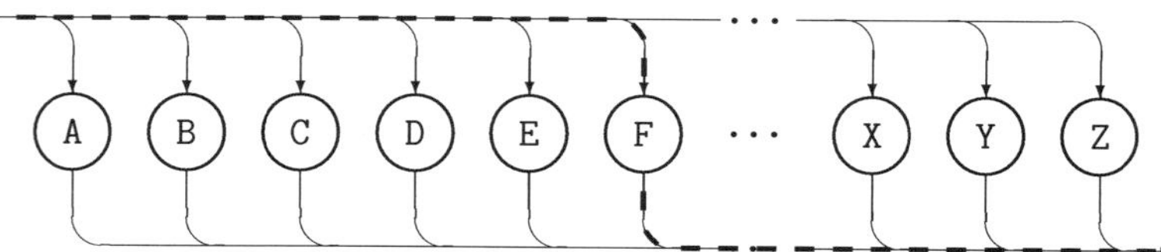

Bild 3.10 — Pfad für *Großbuchstabe* durch Syntaxgraph

3.3.3 Bezeichner

Ein Bezeichner ist ein Großbuchstabe, gefolgt von einer beliebig langen (möglicherweise auch leeren!) Folge aus weiteren Großbuchstaben, Ziffern und Grundstrichen (_). Ein Bezeichner darf jedoch nicht mit einem Grundstrich enden. Ebensowenig dürfen mehrere Grundstriche direkt hintereinander stehen. Siehe Bild 3.11.

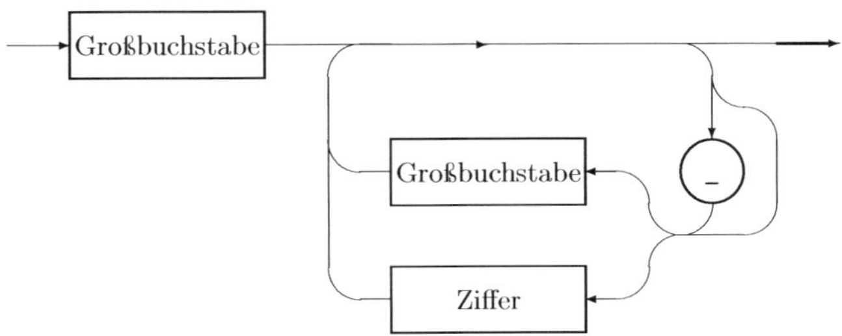

Bild 3.11 — Syntaxdiagramm für *Bezeichner* (vereinfacht)

In diesem Syntaxdiagramm kommen erstmals *Nichtterminalsymbole*, nämlich Großbuchstabe und Ziffer, vor. Ferner enthält der Syntaxgraph in seinem rechten Teil eine Schleife, die das beliebig häufige Anfügen von weiteren Großbuchstaben und Ziffern mit optionalen (wahlfreien) Grundstrichen darstellt. Der Grundstrich ist dabei im Gegensatz zu anderen Systemen ein *signifikantes* Gliederungszeichen und nicht nur eine Lesehilfe, d. h. es ist von Bedeutung, ob man ihn benutzt oder nicht. Die beiden Bezeichner `X_2` und `X2` bezeichnen demnach stets zwei *verschiedene* Objekte. Welche Bewandtnis es mit der Verdickung des Ausgangspfeiles (⟶) rechts oben im Syntaxdiagramm hat, wird in Kapitel 4 erklärt.

Alle Positionen eines Bezeichners sind *signifikant*, werden also unterschieden. Dies ist nicht selbstverständlich: Es gibt durchaus Systeme, die zwar sehr lange Bezeichner zulassen, in diesen jedoch nur die ersten n Positionen unterscheiden und den Rest jeweils ignorieren. Mit $n = 2$ wie in manchen alten Dialekten der Programmiersprache Basic werden z. B. die Bezeichner `FUHRPARK` und `FUNKTION` nicht unterschieden, da sie in ihren ersten 2 Positionen übereinstimmen (`FU`).

Eine weitere Zusatzregel besagt, dass ein Bezeichner in der Rolle einer Bibliothekskennung eine Länge von 8 Zeichen nicht überschreiten darf.

Bild 3.12 stellt zu Demonstrationszwecken den Pfad für den Bezeichner `X_2` durch den Syntaxgraphen dar.

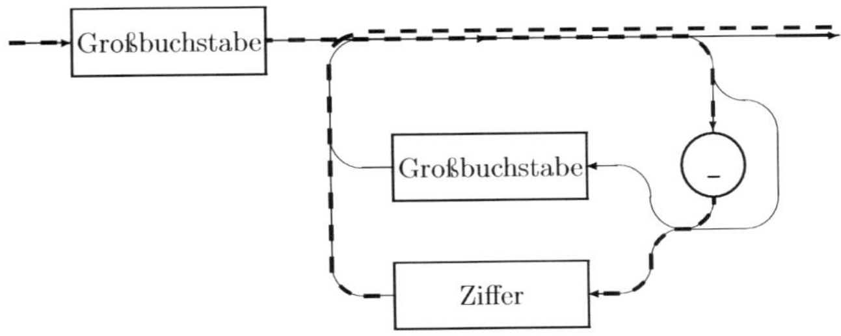

Bild 3.12 — Pfad für *Bezeichner* durch Syntaxgraph

Der imaginäre Güterzug hätte hier die Terminalsymbole `X`, Grundstrich (`_`) und `2` aufgesammelt. Siehe Bild 3.13.

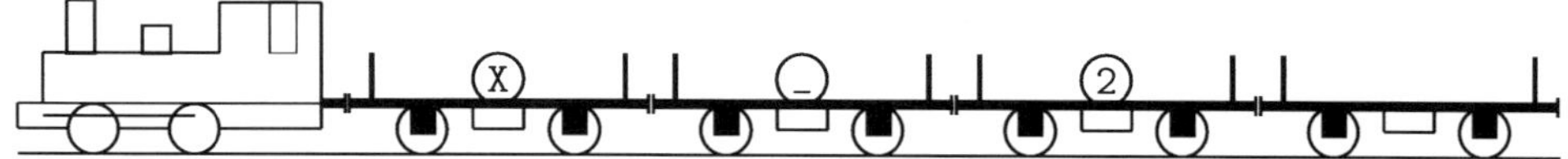

Bild 3.13 — Zug mit aufgesammeltem Bezeichner

Für **Beispiele** siehe Tabelle 3.3.

Tabelle 3.3 — Beispiele für *Bezeichner*

Nr	richtig	falsch	Erläuterung des falschen Beispiels
1	`X_2`	`2_X`	Ziffer (`2`) darf nicht am Anfang stehen.
2	`I`	`_I`	Grundstrich (`_`) darf nicht am Anfang stehen.
3	`J`	`J_`	Grundstrich (`_`) darf nicht am Ende stehen.
4	`K_1_2`	`K__12`	Grundstriche (`__`) dürfen nicht direkt hintereinander stehen.
5	`UEBG_1`	`UEBG(1)`	Grundstrich (`_`) ist das einzige zulässige Sonderzeichen.
6	`BFA`	`BfA`	Kleinbuchstabe (`f`) ist nicht erlaubt.

Es ist Folgendes zu **beachten**:

- Generell ist jeder Bezeichner nach der vorgestellten, bewusst vereinfachten Syntax gleichzeitig ein syntaktisch korrekter Bezeichner in anderen modernen Programmiersprachen, z. B. Java, auch wenn er nicht unbedingt den dort üblichen Namenskonventionen entspricht. Und wenn man sich mit einer Länge von maximal 30 Zeichen begnügt, erhält man einen gültigen Variablennamen in der Programmiersprache COBOL, indem man systematisch jeden Grundstrich (`_`) durch einen Mittestrich (`-`) ersetzt. Die Verwendung einer derart eingeschränkten Syntax kann das Zusammenspiel mit Bausteinen, die in anderen Programmiersprachen geschrieben werden, wesentlich erleichtern, da beispielsweise Programmgeneratoren sehr geradlinig arbeiten können.

☞ 3. Tatsächlich lässt Natural auch einen Grundstrich (`_`) am Ende eines Bezeichners zu. Dennoch rät der Verfasser dringend davon ab, dies auszunutzen. Wie bald zu sehen sein wird, gibt es nämlich Funktionen, die einen Bezeichner in einem Eingabefeld abfragen, das mit Grundstrichen *vorbelegt* ist. Und dann werden alle hinteren Grundstriche wie Leerzeichen behandelt, und es ist unmöglich, einen Bezeichner anzugeben, der mit einem Grundstrich endet.

☞ 4. Tatsächlich lässt Natural auch längere Folgen von Grundstrichen (`_`) in Bezeichnern zu. Dennoch rät der Verfasser davon ab, dies auszunutzen. Wenn es überhaupt einen Gewinn an Lesbarkeit gibt, wird der mit einer Inkompatibilität zu anderen Programmiersprachen erkauft.

5. Tatsächlich lässt Natural je nach Verwendungszweck noch eine schwer zu merkende Reihe weiterer *Sonderzeichen* (`-@/$&#+`) innerhalb von Bezeichnern zu. Besonders beliebt war (und ist teilweise immer noch) das Nummernzeichen (`#`) als Präfix von sogenannten *Hilfsvariablen* zur Unterscheidung von *Datenbank-Attributen*. Dabei kann man mit Hilfe der *Dewey-* oder *Punkt*-Notation auch sehr leicht diese Differenzierung

bewirken (Beispiel: Hilfsvariable `HLF.NACHNAME` gegenüber einem Datenbank-Attribut `PERSONALSTAMM.NACHNAME`). Spätere Kapitel werden darauf eingehen. Beispielsweise aus Gründen der Verwechselungsgefahr mit *arithmetischen Operatoren* (z. B. Schrägstrich), oder der nicht vorhandenen Einheitlichkeit vergesse man die vielfältigen Möglichkeiten für die Gestaltung von Bezeichnern jedoch ganz schnell wieder. Der Grundstrich ist nach Meinung von Designern moderner Programmiersprachen für die Aufgliederung von längeren Bezeichnern völlig ausreichend. ☞

6. An manchen Stellen in der aktuellen Natural-Variante und in manchen Natural-Varianten, z. B. Natural for UNIX i. Allg., sind Kleinbuchstaben in Bezeichnern doch erlaubt. Aus Gründen der *Portabilität*, d. h. der *Übertragbarkeit* von einer Variante zu einer anderen, empfiehlt der Verfasser jedoch, auf diese in Bezeichnern zu verzichten. Generell ist Natural im Gegensatz zu anderen Systemen **nicht** *case sensitive* (englisch für *groß-/kleinschreibungsempfindlich*), unterscheidet also mit wenigen Ausnahmen (z. B. Literale) *nicht* zwischen Groß- und Kleinbuchstaben. So bezeichnen etwa `UEBNG_2`, `Uebng_2` und `uebng_2` dieselbe Natural-Bibliothek. Insofern ist es kein Systemfehler, wenn eine Bibliothekskennung, obwohl mit Kleinbuchstaben eingegeben, anschließend mit Großbuchstaben angezeigt wird. Auch ist es gleichgültig, ob man für die Auswahl eines Menüpunktes oder einer Bestätigung die jeweiligen Buchstaben als Großbuchstaben oder Kleinbuchstaben eingibt. ☞ ☞

3.4 Übungen

3.4.1 Selbstständiger Aufruf

Versuchen Sie bitte einmal, selbstständig (und nach Möglichkeit auswendig) einen Natural-Job zu beginnen und zu beenden.

3.4.2 „Wanderung" im Programmiersystem

Rufen Sie bitte das Programmiersystem auf und gehen Sie ein wenig darin spazieren, indem Sie zunächst die Funktion `Development Functions` auswählen und die Maske mit der Eingabe-Taste [↵] verabschieden. Sie erhalten wiederum ein Menü, ein sogenanntes *Untermenü* des Hauptmenüs. Kehren Sie von diesem Menü durch Eingabe eines Punktes (`.`) hinter dem Feld `Code ..` in das Hauptmenü zurück. Rufen Sie dann die Funktion `Help` (englisch für *Hilfe*) im Hauptmenü auf. Folgen Sie den Anleitungen in den angezeigten Hilfetexten. Beenden Sie den Job schließlich.

3.4.3 Benutzung der Funktions-Tasten

Beginnen Sie einen Natural-Job und versuchen Sie sich einmal an den Funktions-Tasten. Wenn es dabei Probleme geben sollte, wenden Sie sich bitte an Ihren Mentor. Beenden Sie den Job schließlich mit Hilfe der Funktions-Taste 3 [F3].

3.4.4 Syntax für *Kleinbuchstabe*

Wie würde eine Syntax für *Kleinbuchstabe* aussehen?

3.4.5 Syntax für *Buchstabe*

Bitte geben Sie eine möglichst einfache Syntax für *Buchstabe* unter Einbeziehung der bereits vorhandenen Definitionen (für *Großbuchstabe* und *Kleinbuchstabe*) an.

3.4.6 Syntax für *Ziffernfolge*

Bitte geben Sie eine Syntax für *Ziffernfolge* an. Eine Ziffernfolge soll eine (nichtleere) Folge von Ziffern, z. B. `0`, `123` oder `00123`, sein. *Führende* Nullen sind also erlaubt. Eine Ziffernfolge kann z. B. zur Darstellung einer *natürlichen Zahl*, d. h. einer *nichtnegativen ganzen Zahl* (weder mit Vorzeichen noch mit gebrochenem Anteil) dienen.

Teil II

Einfache Programme und ihre Bestandteile

Inhalt

4 Ein einfaches Programm

Nun soll es aber darum gehen, ein ***Programm*** zu **entwickeln** und von der Datenverarbeitungsanlage ausführen zu lassen. Dabei wird hier und in den nächsten Kapiteln wie folgt vorgegangen:

1. Zunächst gibt es eine kurze, informelle Beschreibung und Analyse eines beispielhaften ***Problems***.
2. Sodann werden im ***Entwurf*** einer Lösung *Programmstrukturen* und *-abläufe* sowie bei Bedarf auch *Datenstrukturen*, welche das gestellte Problem lösen, skizziert. Zur Darstellung der Programmabläufe werden dabei *Struktogramme* verwendet.
3. Darauf folgt die ***Implementation*** des Programms, d. h. die Umsetzung des Entwurfsergebnisses in ein lauffähiges NPL-Programm.
4. In einem kurzen ***Test*** wird die tatsächliche Funktionsfähigkeit des abgefassten Programms überprüft.

Eine Vorgehensmethode wie die obige wird als ***Phasenmodell*** bezeichnet. Da gemäß dieses Modells die Ausgangsdokumente einer Phase, d. h. ihre Ergebnisse, jeweils als Eingangsdokumente, d. h. Vorgaben, gewissermaßen in ihre jeweilige Nachfolgephase „träufeln", zählt man es zu den *Wasserfallmodellen*. Siehe Bild 4.1.

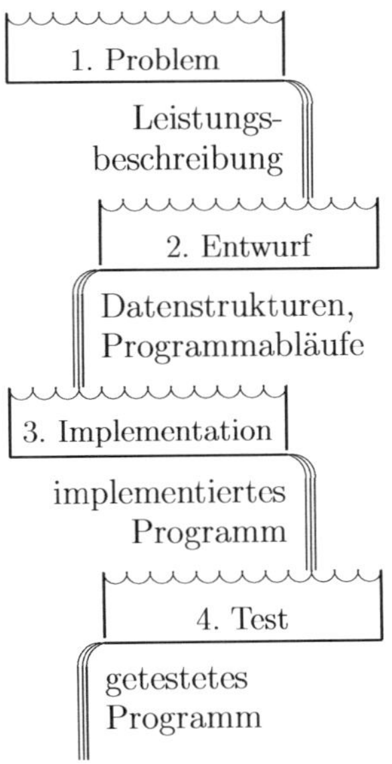

Bild 4.1 — Wasserfallmodell

Das hier angegebene Modell ist nur für den Zweck dieses Lehrbuches gedacht.

Beispielsweise wird man in realen Projekten in der Entwurfsphase i. Allg. noch keine konkreten Programmabläufe festlegen, sondern sich auf eine sehr abstrakte Spezifikation der Funktionalität beschränken. Die Festlegung der konkreten Programmabläufe gehört eigentlich eher zur Phase der Programmimplementation.

In größeren Projekten kommen auch typischerweise komplexere Phasenmodelle wie z. B. das *Spiralmodell* oder gar das sehr schwergewichtige *V-Modell* zur Anwendung. In jüngerer Zeit ist in manchen Bereichen das Pendel zurückgeschlagen zu leichtergewichtigen *agilen* Vorgehensweisen, z. B. *XP* (Abkürzung von *Extreme* ***P****rogramming*, englisch für *extreme Programmierung*) oder *Scrum* (englisch für *Gedränge*).

Die teilweise glaubenskriegsartige Diskussion über das „richtige" Phasenmodell soll hier allerdings nicht fortgesetzt werden. Der interessierte Leser findet jedoch genug Material zu diesem Thema in der einschlägigen Literatur über Softwaretechnik, z. B. in [66]. Doch nun zum ersten Beispielproblem.

4.1 Problem

Ein zu entwickelndes Programm soll die beiden Zeilen „Hallo" und „Hier spricht Dein erstes NPL-Programm" auf dem Bildschirm ausgeben. Dies ist natürlich kein Problem aus der täglichen Arbeit eines durchschnittlichen Programmierers. Vielmehr soll es als Anschauungsobjekt dienen. Übrigens wird ein „Lebenszeichenprogrämmchen" dieser Art, im angelsächsischen Sprachraum typischerweise mit der Ausgabe „Hello World!", gern genommen, wenn es gilt, ein neues Programmiersystem zum ersten Mal auszuprobieren.

4.2 Entwurf

Für die gewünschte Wirkung muss die Datenverarbeitungsanlage zwei *Verarbeitungen* durchführen, und zwar die Ausgabe der ersten und die der zweiten Zeile. Im Vertrauen: Dies ließe sich auch durch nur *eine* Verarbeitung ausdrücken; jedoch könnte man dann am Beispiel manches nicht zeigen. Der Programmablauf kann durch ein *Struktogramm* ausgedrückt werden. Siehe Bild 4.2.

① Schreiben auf Bildschirm: 'Hallo'
② Schreiben auf Bildschirm: 'Hier spricht Dein erstes NPL-Programm'

Bild 4.2 — Struktogramm DIN 66 261 – A

Struktogramme sind eine in [23] genormte grafische Darstellungsform, die es gestattet, Programmstrukturen und -abläufe auf übersichtliche Weise durch Sinnbilder darzustellen. Man ist auf dieser Ebene von einer bestimmten Programmiersprache (z. B. NPL) unabhängig. Damit erlernt der Leser hier sozusagen eine Technik „für's Leben".

Struktogramme wurden übrigens von I. Nassi und B. Shneiderman in [45] vorgeschlagen und werden ihren Erfindern zu Ehren auch *Nassi-Shneiderman-Diagramme* genannt.

Zum ersten Mal im vorliegenden Buch taucht mit dieser Diagrammtechnik die ***strukturierte Programmierung*** im engeren Sinne auf. Sie wurde von E. W. Dijkstra propagiert (siehe [15]), um die hohe Fehleranfälligkeit *sprungorientierter Programmierung*, die bis dahin üblich war, zu reduzieren.

Doch nun zurück zum Fallbeispiel: Das Struktogramm in Bild 4.2 demonstriert die Verwendung der einfachsten ***Programmkonstrukte*** der strukturierten Programmierung, nämlich der *Verarbeitung* und der *Folge*.

Eine einzelne ***Verarbeitung*** wird in einem Struktogramm stets durch ein Sinnbild in Gestalt eines Rechtecks symbolisiert, in welchem eine auszuführende Tätigkeit vergleichsweise informell, zum Teil in natürlicher Sprache, beschrieben ist. Eine Verarbeitung hat demnach ein allgemeines Aussehen wie in Bild 4.3. Das V in der Mitte des Rechtecks steht für die Beschreibung der Verarbeitung.

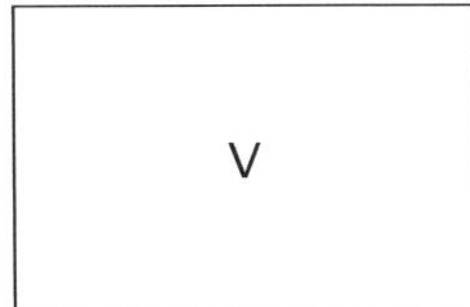

Bild 4.3 — Allgemeines Struktogramm der Verarbeitung

Ein allgemeines Bildungsprinzip besagt, dass eine ***Folge*** von nacheinander auszuführenden Verarbeitungen durch einen *Stapel von Rechtecken* dargestellt wird, wobei das Rechteck mit der ersten Verarbeitung obenauf und das Rechteck mit der letzten Verarbeitung ganz unten liegt.

Eine Folge aus zwei Verarbeitungen beispielsweise hat ein allgemeines Aussehen wie in Bild 4.4. V_1 und V_2 in den Mitten der Rechtecke stehen für die Beschreibungen der Verarbeitungen.

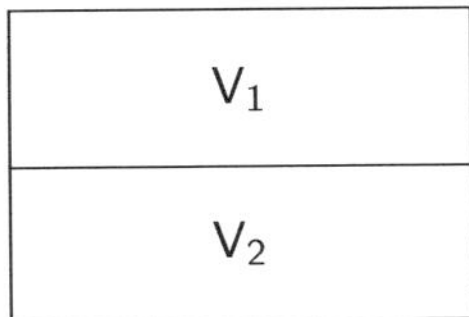

Bild 4.4 — Allgemeines Struktogramm der Folge

Besonders zu beachten ist bei Folgen von Verarbeitungen bzw. Stapeln von Rechtecken demnach nur die **Reihenfolge**. Nach Vertauschen der beiden Verarbeitungen im aktuellen Beispiel würde also „Hallo" erst als zweite Textzeile auf dem Bildschirm erscheinen.

Eine **Nummerierung** der Verarbeitungsbeschreibungen wie im Beispielstruktogramm ist aber normalerweise nicht üblich und soll in diesem Buch lediglich eine Bezugnahme im Text erleichtern.

4.3 Implementation

Jetzt ist das Struktogramm in ein lauffähiges Programm umzusetzen. Dieser Vorgang wird im vorliegenden Buch ***Implementation*** *des Programms* genannt. Es kann direkt in das Programmiersystem eingegeben werden.

Dazu rufe man das Programmiersystem auf und setze die gewünschte Bibliothek. Das Hauptmenü sollte etwa so aussehen wie in Bild 4.5. Darin wähle man – z. B. durch Ankreuzen –

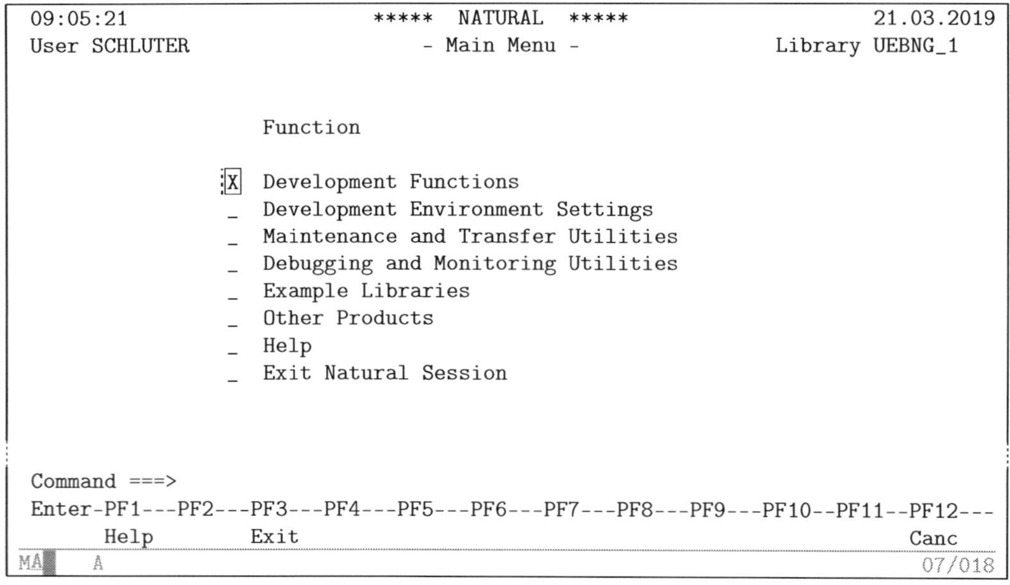

Bild 4.5 — Anwahl eines Untermenüs

die Funktion `Development Functions` (englisch wörtlich für *Entwicklungsfunktionen*) an.

Dadurch wird das gleichnamige Untermenü angewählt. Siehe Bild 4.6.

Falls oben rechts `Mode Reporting` steht, ist der Sprachmodus noch auf *Berichtsmodus* gesetzt. In diesem Fall sollte er geändert werden, da – wie bereits in Kapitel 1 angedeutet – das saubere Strukturieren von komplexen Programmsystemen erlernt werden soll. Dazu kann `Reporting` im Feld hinter `Mode` mit `Structured` überschrieben werden. Es genügt allerdings auch, wie hier das `R` am Anfang von `Reporting` durch ein `S` zu überschreiben und die Maske abzuschicken.

Jetzt kommt das Untermenü `Development Functions` mit einem auf `Structured` geänderten `Mode` zurück. Siehe Bild 4.7.

Es sieht u. a. Funktionen zum Erzeugen (Abfassen), Edieren, Umbenennen, Löschen, und Auflisten eines `Object` (englisch für *Objekt*), d. h. eines Programmbausteins oder eines ganzen Programms, vor.

Um ein **neues Programm** zu erzeugen, gibt man hinter `Code ..` den Funktionscode `C` (Abkürzung von `Create Object`, englisch für *Erzeuge Objekt*) ein. Die Felder `Type ..` (englisch für *Typ*) und `Name ..` können zunächst unversorgt bleiben, da die unterschiedlichen Typen

```
09:06:28                    *****  NATURAL  *****                   21.03.2019
User SCHLUTER            - Development Functions -           Library UEBNG_1
                                                                Mode Seporting
                                                            Work area empty

            Code  Function              Code  Function

             C    Create Object          L    List Objects or Single Source
             E    Edit Object            O    List Source with Expanded Sources
             X    Execute Program        N    List Extended Object Names
             R    Rename Object          I    List Directory Information
             D    Delete Objects         U    List Used Subroutines, etc.
             S    Scan Objects           ?    Help
                                         .    Exit


      Code .. _     Type .. _    Name .. ________________________________

Command ===>
Enter-PF1---PF2---PF3---PF4---PF5---PF6---PF7---PF8---PF9---PF10--PF11--PF12---
      Help  Menu  Exit                                                    Canc
MA     A                                                                17/015
```

Bild 4.6 — Setzen *Structured Mode*

```
09:07:35                    *****  NATURAL  *****                   21.03.2019
User SCHLUTER            - Development Functions -           Library UEBNG_1
                                                                Mode Structured
                                                            Work area empty

            Code  Function              Code  Function

             C    Create Object          L    List Objects or Single Source
             E    Edit Object            O    List Source with Expanded Sources
             X    Execute Program        N    List Extended Object Names
             R    Rename Object          I    List Directory Information
             D    Delete Objects         U    List Used Subroutines, etc.
             S    Scan Objects           ?    Help
                                         .    Exit


      Code .. C     Type .. _    Name .. ________________________________

Command ===>
Enter-PF1---PF2---PF3---PF4---PF5---PF6---PF7---PF8---PF9---PF10--PF11--PF12---
      Help  Menu  Exit                                                    Canc
MA     A                                                                17/015
```

Bild 4.7 — Anwahl einer Funktion

von Programmbausteinen bisher noch nicht besprochen wurden und der Name für das Programm auch erst im nächsten Schritt festgelegt werden kann. Auch diese Maske kann laut Bild 4.7 verabschiedet werden.[1]

[1] Ab Version 9 ist hier der *Source-Editor* von NaturalONE vorgesehen.

Nun erscheint wiederum das Untermenü `Development Functions`, diesmal jedoch teilweise von einem tieferen Untermenü, einem sogenannten ***Aufklapp-*** oder ***Pop-up-Menü*** (*pop-up*: englisch für *plötzlich erscheinen* oder *auftauchen*) überdeckt, das noch einmal nachdrücklich um die Eingabe von Typ und Name bittet. Siehe Bild 4.8. Da ein **Programm** zu erzeugen

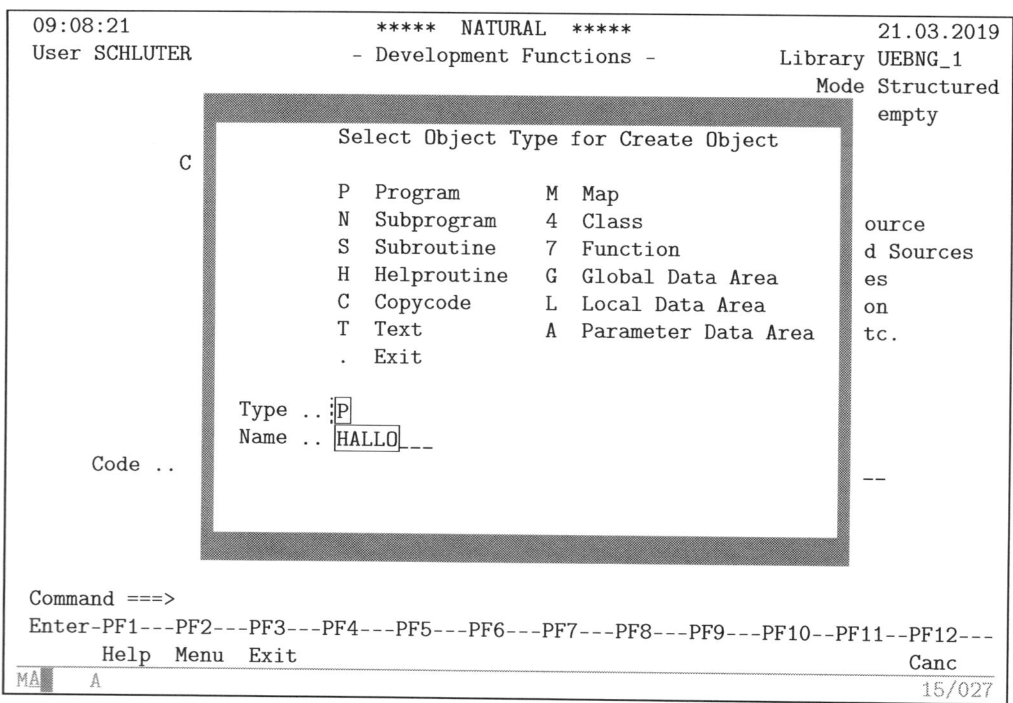

Bild 4.8 — Spezifikation von Programmbausteintyp und -name

ist, gebe man im Feld `Type ..` den Typ `P` (Abkürzung von `Program`, englisch für *Programm*) ein.

Das Feld `Name ..` ist mit 8 Grundstrichen (`________`) vorbelegt, um anzuzeigen, dass die Eingabe eines bis zu 8-stelligen Namens erwartet wird. In Natural fehlt bisher eine Vereinheitlichung der Formalismen von Namen. Deshalb wende man sicherheitshalber die Syntax von *Bezeichner* an. Zur Erhöhung des Bedienungskomforts ist es nicht notwendig, hintere Vorbelegungszeichen – in diesem Fall Grundstriche – zu löschen, falls der Name eine Länge von weniger als 8 hat: Sie werden wie Leerzeichen behandelt. Genau genommen wird von hinten nach vorn die längste ununterbrochene Kette aus Leerzeichen und Grundstrichen in eine gleichlange Kette aus Leerzeichen umgesetzt. Man sieht deutlich, wie gut hier die syntaktische Regel passt, dass ein Bezeichner nicht mit einem Grundstrich (`_`) enden darf: Man hätte keine Chance, etwa ein Programm namens `HALLO_` anzulegen.

Weiterhin sollten Namen vermieden werden, die gleich einem Systemkommando sind. Auf die sich sonst potenziell ergebenden Probleme wird später eingegangen. Eine Aufzählung dieser Kommandos findet sich in Anhang C auf Seite 313.

Eine gute Wahl ist allemal der schlichte Name `HALLO`.

Man verabschiede die Maske.

Daraufhin erscheint der ***Programmeditor***. Siehe Bild 4.9. Ein ***Editor*** ist ein Systempro-

```
> CHECK                                          > +  Program     HALLO    Lib UEBNG_1
All       ....+....1....+....2....+....3....+....4....+....5....+....6....+....7..
  0010  WRITE 'Hallo' ;
  0020  WRITE 'Hier spricht Dein erstes NPL-Programm ;
  0030  END
  0040
  0050
   :
  0190
  0200
        ....+....1....+....2....+....3....+....4....+....5....+... S 0     L 1
MA   A                                                                    02/004
```

Bild 4.9 — Erfassung und Syntaxcheck eines Programms

gramm, das zur Bearbeitung von Programm- und sonstigen Texten *im Kleinen* gedacht ist. Bearbeitung *im Großen* wäre z. B. das Kopieren, Umbenennen oder Löschen von ganzen Bausteinen. Bemerkenswert ist dabei, dass man ein Programm, z. B. einen Editor, benutzt, um wiederum (andere) Programme zu bearbeiten.

Die Editormaske enthält oben links hinter dem Zeichen > ein Kommandofeld und im Besonderen 20 Felder, von 0010 bis 0200 durchnummeriert, die zur Eingabe der Programmzeilen vorgesehen sind. Die Durchnummerierung erfolgt in Zehnerschritten, damit bei eventuellen späteren Einfügungen sofort Nummern für neue Zeilen vorhanden sind.

Die Folge von Verarbeitungen aus dem Struktogramm ist in eine Folge von sogenannten ***Anweisungen*** oder speziell ***Befehlen*** für das NPL-Programm umzusetzen. Ein Befehl ist nach [20] eine *elementare Anweisung*, d. h. eine Anweisung, die sich in der benutzten Sprache nicht mehr in Teile zerlegen lässt, die selbst Anweisungen sind. Das Ergebnis dieser Umsetzung kann in den Feldern 0010 bis 0030 gemäß Bild 4.9 eingegeben werden. Ferner kann im Kommandofeld das Kommando CHECK gegeben werden, damit das frisch eingegebene Programm gleich auf syntaktische Korrektheit geprüft wird.

Es ist Folgendes zu **beachten**:

In Zeile 0010 findet sich die Umsetzung der Verarbeitung ①, in Zeile 0020 die der Verarbeitung ② des vorgegebenen Struktogramms. Man beachte, dass als halbes Anführungszeichen das *Hochkomma* (') benutzt wird. Der zweite Befehl enthält absichtlich einen kleinen Fehler – ein Hochkomma (') fehlt – damit zu sehen ist, wie das Programmiersystem auf solche *Syntaxfehler* reagiert. In Zeile 0030 steht das *reservierte Wort* END, welches keine direkte Entsprechung im Struktogramm hat. Es zeigt lediglich das Ende des Programms an.

Was ist nun ein **reserviertes Wort**? Normalerweise werden in Programmiersprachen Symbole gern durch einfache Sonderzeichen wie z. B. +, -, * oder / (Operatoren für die 4 Grundrechenarten) oder zusammengesetzte Sonderzeichen wie z. B. := (Zuweisungs-Operator) dargestellt. Da die Anzahl einfacher Sonderzeichen auf gewöhnlichen Tastaturen aber sehr begrenzt ist und kompliziert zusammengesetzte Sonderzeichen nur schwer zu merken wären, sind in NPL wie in vielen anderen Programmiersprachen eine Reihe von Wörtern wie z. B. WRITE, READ oder END als Symbole für spezielle Zwecke reserviert. Diese Wörter heißen deshalb meist *reservierte Wörter*, gelegentlich aber auch *Wortsymbole* oder *Schlüsselwörter*.

Das Schreiben auf den Bildschirm wird in NPL durch einen `WRITE`-**Befehl** ausgedrückt. Ein solcher Befehl besteht aus dem reservierten Wort `WRITE`, einer Angabe dessen, was geschrieben werden soll (sogenannten *Argumenten*), und einem abschließenden Semikolon bzw. *Strichpunkt* (`;`).

Was hat es aber mit den Argumenten der `WRITE`-Befehle auf sich? Diese sind in dem angegebenen kleinen Programmbeispiel sogenannte ***Textkonstanten***. Eine Textkonstante ist ein links und rechts durch das Schriftzeichen *Hochkomma* (`'`) begrenztes *Literal*, d. h. ein derart begrenztes *Wort* aus Ziffern, Buchstaben und Sonderzeichen.

Die Anweisungen sind jeweils durch ***Semikolon*** (`;`) abgeschlossen. Dies ermöglicht, Programme *formatfrei* einzugeben, d. h. ihre Bestandteile beliebig auf Zeilen zu verteilen. So könnten z. B. alle Befehle auf Zeile `0010` stehen. Genausogut hätten die Befehle je auf mehrere Zeilen aufgeteilt sein können. Aus Gründen der besseren Übersichtlichkeit soll jedoch nach Möglichkeit nicht mehr als ein Befehl in einer Zeile stehen.

Hinter `END` steht kein Semikolon, da es keine Anweisung ist, sondern lediglich ein reserviertes Wort zur Markierung des Programmendes.

Exkurs

Der Abschluss einer jeden Anweisung durch ein Semikolon wurde früher und wird teilweise immer noch von Kollegen als Marotte des Verfassers belächelt, wird aber inzwischen vom Hersteller in [53] empfohlen:

> Um das Ende eines Statements explizit zu markieren, fügen Sie ein Semikolon (;) zwischen diesem Statement und dem nächsten Statement ein. Dies dient dazu, die Programm-Struktur klarer zu gestalten, ist aber nicht erforderlich.

Also ist dies leider nur optional. Dadurch ergeben sich Mehrdeutigkeiten, die auch der Hersteller anhand von Beispielen (etwa `WRITE-TITLE`-Befehl oder Funktionsaufruf nach `WRITE`-Befehl) in [53] und [55] einräumt. Um diese wenigstens zu mildern, sollte man dankend auf den „Komfort“ der möglichen Einsparung von jeweils 2 Tastendrücken auf Kosten der Zuverlässigkeit und Lesbarkeit verzichten. Dies ergibt folgende

Vorteile

- Programme sind besser lesbar, speziell in Fällen von langen, mehrzeiligen Befehlen.
- Werkzeuge zur Programm-Analyse oder -Generierung, Vor-Übersetzung usw. können zuverlässiger arbeiten.
- Für Programmierer, die mehrsprachig programmieren, z. B. abwechselnd in NPL und Java, gibt es eine Stelle weniger, an der sie geistig umschalten müssen.

Empfehlungen

- bei Neuentwicklungen oder Änderungen es den Entwicklern zu gestatten oder sogar nahezulegen, jede Anweisung mit einem Semikolon abzuschließen
- nicht in Gewaltaktionen alle Programme in dieser Hinsicht zu überarbeiten, wenn keine besonderen Gründe dafür vorliegen

4.4 Test

Jetzt soll schließlich das gerade entwickelte Programm ausprobiert werden. Dieser Vorgang soll hier ***Test*** heißen. Aber erst einmal hat das Programmiersystem aufgrund des Kommandos `CHECK` im Feld > wegen des ***Syntaxfehlers*** (fehlendes rechtes Hochkomma in Zeile `0020`; siehe noch einmal Bild 4.9) eine Fehlerbehandlung eingeleitet. Siehe Bild 4.10.

```
NAT0305 Text string must begin and end on the same line.
> RUN                                > +  Program     HALLO     Lib UEBNG_1
All    ....+....1....+....2....+....3....+....4....+....5....+....6....+....7..
  0010 WRITE 'Hallo' ;
E 0020 WRITE 'Hier spricht Dein erstes NPL-Programm' ;
  0030 END
  0040
  0050

  0200
       ....+....1....+....2....+....3....+....4....+....5....+... S 3    L 1
MA   A                                                                  05/009
```

Bild 4.10 — Syntaxfehleranzeige und -korrektur

In der ersten Zeile stehen die Nummer `NAT0305` des Fehlers und die dazugehörige Fehlermeldung im Klartext. Vier Zeilen darunter ist die Zeile mit dem ersten (und in diesem Fall einzigen) Fehler durch ein `E` (Abkürzung von `E`*rror*, englisch für *Fehler*) in der ersten Spalte gekennzeichnet worden. Das Programmiersystem hätte nun idealerweise die Positionsmarke direkt vor die fehlerhafte Stelle innerhalb dieser Zeile gesetzt. Stattdessen steht sie in Zeile `0020` vor dem ersten Buchstaben `W` des reservierten Wortes `WRITE`. Aber es hätte schlimmer kommen können: Das Programmiersystem zeigt stets die Zeile an, in der es eine Verletzung der Syntax *findet*. Nun kann es aber geschehen, dass die eigentliche Fehlerursache bereits in einer früheren Zeile liegt. In solchen Fällen bleibt einem nichts anderes übrig, als zunächst „zurückzublättern" und dann die fehlerhafte Zeile zu korrigieren. Hier jedoch gibt es Glück im Unglück: Man kann die Positionsmarke direkt hinter das letzte `m` von `NPL-Programm` setzen, die Einfüge-Taste [Einfg] drücken und das bisher fehlende Hochkomma (`'`) einfügen.

Nach erfolgter Korrektur mit (optimistischer) Eingabe des Kommandos `RUN` (englisch für „laufe") und Verabschiedung der Maske erhält der Leser tatsächlich das **Lebenszeichen** seines ersten NPL-Programms auf dem Bildschirm. Siehe Bild 4.11. Dieses kann mit der Eingabe-Taste [↵] verabschiedet werden.

```
MORE [↵]
Page       1                                          21.03.2019  09:11:21

Hallo
Hier spricht Dein erstes NPL-Programm


MA   A                                                                01/007
```

Bild 4.11 — Einfache Bildschirmausgabe

Daraufhin kommt wieder der Editor zurück. Siehe Bild 4.12.

```
> SAVE                                   > +  Program     HALLO     Lib UEBNG_1
All    ....+....1....+....2....+....3....+....4....+....5....+....6....+....7..
  0010 WRITE 'Hallo' ;
  0020 WRITE 'Hier spricht Dein erstes NPL-Programm' ;
  0030 END
  0040
  0050
  0060
  0070
  0080
  0090
  0100
  0110
  0120
  0130
  0140
  0150
  0160
  0170
  0180
  0190
  0200
       ....+....1....+....2....+....3....+....4....+....5....+... S 3     L 1
MA     A                                                                02/004
```

Bild 4.12 — Aufbewahren eines Quellprogramms

Im Kommandofeld > gebe man jetzt das Kommando `SAVE` (englisch für *bewahre auf*) ein. Damit wird das Programm sozusagen im „**Langzeitgedächtnis**" des Programmiersystems, und zwar in der Bibliothek `UEBNG_1` unter dem Namen `HALLO`, dauerhaft gespeichert.

Andernfalls wäre es spätestens nach Beendigung des Natural-Jobs verloren, da es bis jetzt nur im (flüchtigen) „Kurzzeitgedächtnis", d. h. Arbeitsbereich des Editors, abgelegt gewesen ist.

Wiederum erscheint der Editor mit seiner Maske. Siehe Bild 4.13.

Nun kann man im Kommandofeld einen Punkt (`.`) eingeben, um den **Editor** zu **verlassen**.

Aber Vorsicht: Wenn man vergessen haben sollte, das Programm nach der letzten Änderung aufzubewahren (`SAVE`-Kommando), gibt es hier unter Umständen keine Warnung! Im aktuellen Fall jedoch kann der sorgfältige Leser beruhigt sein.

Damit erfolgt die **Rückkehr** in das Untermenü `Development Functions`. Siehe Bild 4.14.

Übrigens ist jetzt oben rechts die Anzeige `Program HALLO` zu sehen, die andeutet, dass sich gerade das Programm `HALLO` im Arbeitsbereich des Editors befindet.

Man kann durch Eingabe eines Punktes (`.`) im Feld `Code ..` auch dieses **Untermenü verlassen**, worauf wieder das Hauptmenü erscheint.

```
>:.                                    > +  Program     HALLO     Lib UEBNG_1
All     ....+....1....+....2....+....3....+....4....+....5....+....6....+....7..
  0010 WRITE 'Hallo' ;
  0020 WRITE 'Hier spricht Dein erstes NPL-Programm' ;
  0030 END
  0040
  0050
  0060
  0070
  0080
  0090
  0100
  0110
  0120
  0130
  0140
  0150
  0160
  0170
  0180
  0190
  0200
        ....+....1....+....2....+....3....+....4....+....5....+... S 3    L 1
MA    A                                                                  02/004
```

Bild 4.13 — Verlassen eines Editors

```
09:14:21                     ***** NATURAL *****                    21.03.2019
User SCHLUTER              - Development Functions -          Library UEBNG_1
                                                                 Mode Structured
                                                              Program HALLO

              Code  Function               Code  Function

               C    Create Object           L    List Objects or Single Source
               E    Edit Object             O    List Source with Expanded Sources
               X    Execute Program         N    List Extended Object Names
               R    Rename Object           I    List Directory Information
               D    Delete Objects          U    List Used Subroutines, etc.
               S    Scan Objects            ?    Help
                                            .    Exit


          Code ..:.    Type .. _    Name .. ________________________________




Command ===>
Enter-PF1---PF2---PF3---PF4---PF5---PF6---PF7---PF8---PF9---PF10--PF11--PF12---
      Help  Menu  Exit                                                Canc
MA    A                                                                  17/015
```

Bild 4.14 — Verlassen eines Untermenüs

4.5 Syntax und Semantik

In diesem Abschnitt sollen hauptsächlich ***Textkonstanten***, wie sie in den `WRITE`-Befehlen des Beispielprogramms vorkamen, definiert werden.

Zunächst jedoch ist etwas allgemeine **Vorarbeit** zu leisten, um zu sehen, mit welchem Hilfsmittel in NPL Symbole, d. h. reservierte Wörter, andere Bezeichner usw., zu Befehlen und Anweisungen zusammengefügt werden. Auf natürliche Sprache übertragen, wurden bisher lediglich Zeichen und Worte definiert. Wenn man aus diesen Worten Sätze bilden will, müssen *Trennzeichen* (*Separatoren*) zwischen den Worten stehen, damit die Sätze verständlich sind. Dies zurück auf NPL übertragen bedeutet, dass Trennzeichen zwischen den Symbolen stehen müssen, damit die Anweisungen eindeutig interpretierbar sind. Dementsprechend wird zunächst das Nichtterminalsymbol *Trennzeichen* definiert.

Daran schließen sich die Definitionen zweier Vorräte von Sonderzeichen und endlich die Definition des Nichtterminalsymbols *Textkonstante* an.

4.5.1 Trennzeichen

Als *einzelnes* ***Trennzeichen*** (englisch: *separator*) kann wie in natürlicher Sprache das normale Leerzeichen dienen – in der IT bei Verdeutlichungsbedarf durch eine „Wanne“ (␣) oder einen tiefgestellten, durchgestrichenen Kleinbuchstaben b (␢) (Abkürzung von ***blank symbol***, englisch für *Leerzeichen*) symbolisiert.

Ferner hat auch das Zeilenende – in der IT bei Verdeutlichungsbedarf gern durch einen gebogenen Pfeil (⤸) symbolisiert – diese Funktion. Es soll hier abstrakt ebenfalls als Zeichen aufgefasst werden. In vielen Typen von Datenverarbeitungsanlagen und beim altertümlichen Fernschreibbetrieb wird das Zeilenende *explizit* durch ein Zeichen bzw. eine Zeichenfolge dargestellt. Im Falle von ebenso altertümlichen Lochkartenstapeln oder anderen sequentiellen Dateien mit fester Satzlänge hingegen ist das Zeilenende nur *implizit* gegeben, z. B. nach jeweils 80 Zeichen. Bisweilen ist die Darstellung des Zeilenendes gänzlich unsichtbar, z. B. im Falle der Natural-Editoren: Man hat hier keinerlei Sicht auf die interne Darstellung.

Es gilt nun die allgemeine Regel, dass überall da, wo *ein* Trennzeichen vorgesehen ist, auch *mehrere* Trennzeichen stehen können. Entsprechend lautet die Definition für eine *Folge von Trennzeichen*, hier schlicht *Trennzeichen* genannt, wie die in Bild 4.15.

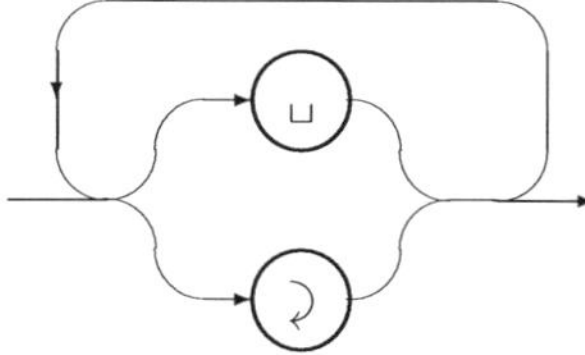

Bild 4.15 — Syntaxdiagramm für *Trennzeichen*

Da das Sprachkonstrukt *Trennzeichen* sehr häufig vorkommt, soll es abgekürzt dargestellt werden: Es wird lediglich durch eine dicke Verbindungslinie (**——**) symbolisiert. Ein Beispiel ist bereits aus dem Syntaxdiagramm für *Bezeichner* (Bild 3.11, Seite 23) bekannt.

4.5.2 Sonderzeichen

Für die Benutzung des Programmiersystems Natural ist ein minimaler Vorrat von ***Sonderzeichen*** vorgesehen. Siehe Bild 4.16. Man beachte, dass ein Hochkomma hier *kein* Sonderzeichen sein soll. Dieses wird später separat behandelt.

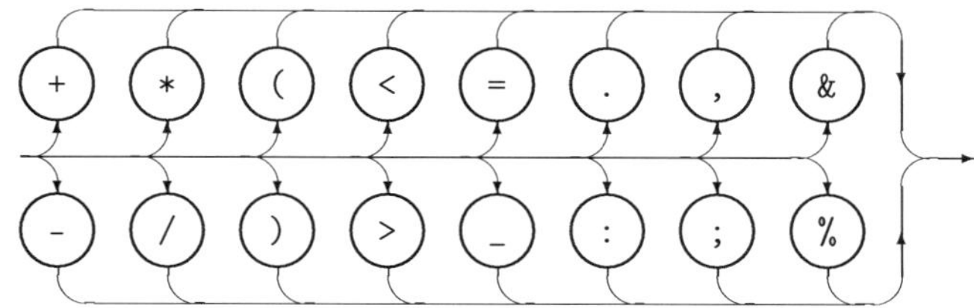

Bild 4.16 — Syntaxdiagramm für *Sonderzeichen*

Für **Beispiele** siehe Tabelle 4.1.

Tabelle 4.1 — Beispiele für *Sonderzeichen*

Nr	richtig	falsch	Erläuterung des falschen Beispiels
1	*	X	Großbuchstabe (X) ist kein Sonderzeichen.
2	<	'	Hochkomma (') gilt nicht als Sonderzeichen.

4.5.3 Anderes Sonderzeichen

In Textkonstanten können noch weitere ***andere Sonderzeichen*** vorkommen. Deren Verfügbarkeit ist allerdings von Datenverarbeitungsanlage zu Datenverarbeitungsanlage unterschiedlich. Das Syntaxdiagramm in Bild 4.17 sollte demnach lediglich als Muster aufgefasst werden. Für **Beispiele** siehe Tabelle 4.2.

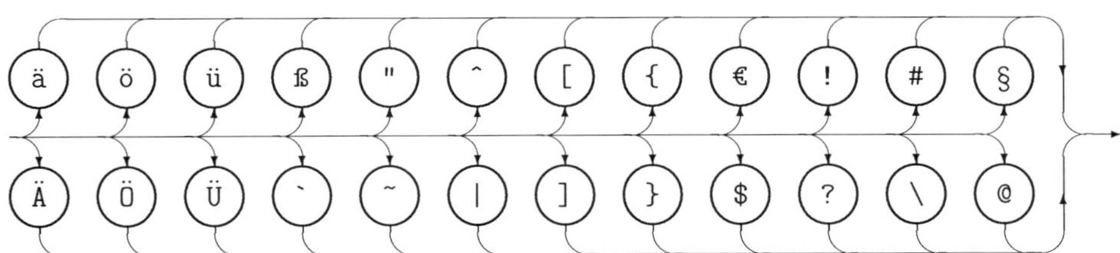

Bild 4.17 — Syntaxdiagramm für *anderes Sonderzeichen*

Tabelle 4.2 — Beispiele für *anderes Sonderzeichen*

Nr	richtig	falsch	Erläuterung des falschen Beispiels
1	$	S	Großbuchstabe (S) ist kein *anderes Sonderzeichen.*
2	"	'	Hochkomma (') ist kein *anderes Sonderzeichen.*

4.5.4 Textkonstante

Eine ***Textkonstante*** ist ein *alphanumerisches Literal* mit zwei (links und rechts) begrenzenden Hochkommata ('). Siehe Bild 4.18.

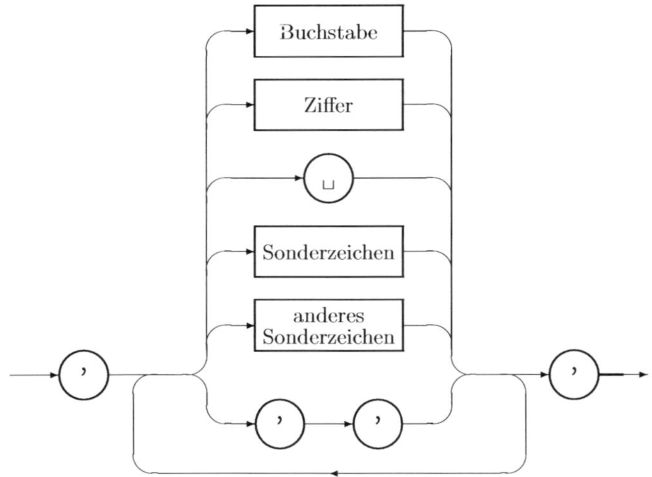

Bild 4.18 — Syntaxdiagramm für *Textkonstante*

Das Syntaxdiagramm verdeutlicht die Besonderheit, dass dieses Literal in NPL nicht leer sein darf, d. h. es muss mindestens ein Zeichen enthalten.

Es gibt im Syntaxdiagramm noch eine weitere **Besonderheit** zu beobachten, nämlich die zwei unmittelbar aufeinander folgenden Hochkommata ('').

Damit hat es Folgendes auf sich:

Ein kleines Problem entsteht, wenn das Literal selbst ein Hochkomma enthalten soll. Dies ist dann der Fall, wenn im Literal ein Apostroph oder halbes Anführungszeichen vorkommen soll. Zur Darstellung beider Symbole müssen nämlich alle gängigen Programmiersysteme mit nur einem Zeichen, dem Hochkomma ('), auskommen.

Erschiene für diesen Zweck innerhalb eines Literals einfach ein einzelnes Hochkomma, so wäre nicht eindeutig klar, ob es sich um ein Bestandteil des Literals oder um seinen rechten Begrenzer handeln soll.

Das Problem wird nun durch die jeweilige Verdoppelung des darzustellenden Hochkommas gelöst, da es dann keine Verwechselung mit den Begrenzern der Textkonstanten geben kann.

Dies ist eine in sehr vielen Programmiersprachen übliche Konvention.

Beispiel:

```
WRITE '''NPL'' ist Hans'' Lieblingsprogrammiersprache.' ;
```

Der obige Befehl gibt auf dem Bildschirm den folgenden Text aus:

```
'NPL' ist Hans' Lieblingsprogrammiersprache.
```

Exkurs

Ganz früher beherrschte das Programmiersystem offensichtlich noch nicht die Behandlung von verdoppelten Hochkommata in Textkonstanten. Um dennoch Hochkommata erhalten zu können, wurde damals die Regel eingeführt, dass der Compiler jedes (doppelte) Anführungzeichen (`"`) innerhalb eines Literals als Hochkomma (`'`) auffasst. Diese scheinbar elegante Lösung verschiebt in Wirklichkeit jedoch nur das Problem: Es sind „Klimmzüge" erforderlich, um ein wirkliches doppeltes Anführungszeichen zu erhalten.

- Einer der möglichen Klimmzüge besteht darin, die interne Darstellung des doppelten Anführungszeichens *hexadezimal* anzugeben. Beispiel: Das Programm
  `WRITE H'7F' - 'Die Glocke' - H'7F' - ' von Schiller' ; END`
  gibt die Zeile `"Die Glocke" von Schiller` aus. Hier ist der Mittestrich (`-`) ein Verkettungsoperator für Textkonstanten. Dieser wurde noch nicht in einer Syntax-Definition berücksichtigt. Man kann sich bei Anwendung der oben dargestellten Technik bei einer Portierung auf eine andere Plattform mit anderen internen Darstellungen der Zeichen ein Riesen-Problem einhandeln, da man unter Umständen an vielen versteckten Stellen hexadezimale Konstanten ersetzen muss, z. B. `7F` durch `22`. Abgemildert wird dieses Problem höchstens durch Definition einer symbolischen Konstanten, etwa `ANFUEHRUNG`, in einer *Local Data Area* und deren konsequente Nutzung. Dann muss man bei einem Wechsel der Plattform nur diese eine symbolische Konstante ändern. Symbolische Konstanten werden in Kapitel 6 behandelt.

- Bei einem alternativen Klimmzug schaltet man die Umwandlung von doppelten Anführungszeichen aus. Dafür gibt es inzwischen eine *Compiler Option* (englisch etwa für *Compiler-Einstellungsmöglichkeit*) namens `TQMARK` (Abkürzung von ***T**ranslate **Q**uotation **Mark***, englisch für „umwandeln Anführungszeichen"), die auf mehreren Ebenen gesetzt werden kann:

  1. Man kann innerhalb eines Programms mit Hilfe von *Compiler-Anweisungen*, auch *Pragmas* genannt, die Umwandlung ein- oder ausschalten. Eine solche Anweisung wird stets mit dem reservierten Wort `OPTIONS` eingeleitet und mit gewünschten Setzungen von Compiler-Einstellungen fortgesetzt. Beispiel: Das Programm
     `OPTIONS TQMARK = ON ; WRITE '"' ; OPTIONS TQMARK = OFF ; WRITE '"' ; END`
     erzeugt zwei Ausgabezeilen, die erste mit einem einfachen Anführungszeichen (`'`) und die zweite mit einem doppelten (`"`). `OPTIONS`-Anweisungen haben ausschließlich Auswirkungen auf die Kompilation des Programmbausteins, in dem sie sich befinden. Leider ist diese Anweisung nicht in oben erwähnten *Local Data Areas* verfügbar. Sie würde einem an dieser Stelle die Notwendigkeit der Angabe einer internen Darstellung ersparen.

  2. Man kann in seiner eigenen Sitzung die Umwandlung von doppelten Anführungszeichen generell ausschalten. Dies erfolgt durch Änderung eines *Sitzungsparameters* mit Hilfe eines `COMPOPT`-Kommandos. Der hier zuständige Sitzungsparameter hat ebenfalls den Namen `TQMARK`.
     Mit dem Kommando `COMPOPT TQMARK = OFF` lässt sich die Umwandlung aussschalten.
     Mit dem Kommando `COMPOPT TQMARK = ON` lässt sich die Umwandlung einschalten.
     Etwaige `OPTIONS`-Anweisungen in Programmen haben jedoch in jedem Fall Vorrang. Ein `COMPOPT`-Kommando wirkt nur bis zum Ende der jeweiligen Sitzung.
  3. Man kann beim Natural-Administrator anregen, den Sitzungsparameter `TQMARK` standardmäßig auf `OFF` zu setzen. Dies kann natürlich daran scheitern, dass mittlerweile zu viele Programmbausteine unter der Annahme der beschriebenen Umwandlung erzeugt worden sind und ein entsprechender Umstellungsaufwand als zu groß angesehen wird. Die Geister, die ich rief... Etwaige `COMPOPT`-Kommandos und erst recht `OPTIONS`-Befehle haben in jedem Fall Vorrang vor dem Wert des Standard-Sitzungsparameters.

Falls man gemeinsam mit Kollegen an einem Anwendungssystem arbeitet, stimme man sich diesbezüglich mit diesen ab, um spätere böse Überraschungen zu vermeiden.

Für **Beispiele** siehe Tabelle 4.3.

Tabelle 4.3 — Beispiele für *Textkonstante*

Nr	richtig	falsch	Erläuterung des falschen Beispiels
1	`'ABC'`	`ABC`	Hochkommata (') fehlen.
2	`'AB''C'`	`'AB'C'`	Hochkomma (') in der Textkonstanten ist nicht verdoppelt.
3	`' '`	`''`	Leere Textkonstante ist verboten.
4	`''''`	`'''`	Hochkomma (') in der Textkonstanten ist nicht verdoppelt.

In manchen Programmiersprachen, z. B. Ada, wird unterschieden zwischen einer *Zeichenkonstanten*, z. B. `'A'`, die immer genau ein Zeichen enthalten muss, und einer *Textkonstanten*, z. B. `"A"`, die „zufällig" genau ein Zeichen enthält. In NPL wird dieser Unterschied nicht gemacht. Jedoch kann man auch hier eine Textkonstante mit einem (doppelten) Anführungszeichen ein- und ausleiten, z. B. `"ABC"`. Man darf die Begrenzungszeichen jedoch nicht mischen. Beispielsweise wird `"ABC'` mit einer Syntaxfehlermeldung zurückgewiesen. Die Verdoppelungs- und gegebenenfalls auch die Umwandlungsregel (*Compiler Option* `TQMARK`) gelten analog: Beispielsweise gibt der Befehl `WRITE "AB""C" ;` den Text `AB'C` aus. Da diese alternative Notation ohne irgendeinen Gewinn an Ausdruckskraft nur die Syntax aufbläht, wurde sie im Syntaxdiagramm nicht berücksichtigt. Sie wird auch im Folgenden nicht angewendet. Von ihrer Anwendung wird allgemein abgeraten.

4.6 Übungen

4.6.1 Alternative Syntax für *Textkonstante*

Wie könnte ein Syntaxdiagramm für *Textkonstante* aussehen, wenn – wie in anderen Programmiersprachen üblich – in NPL auch **leere Textkonstanten** der Form `''` zugelassen wären?

4.6.2 Eigenschaften von Textkonstanten

Entwickeln Sie bitte ein Programm `HALLO2`, das dem Beispielprogramm `HALLO` ähnlich ist, jedoch **zusätzlich** zu den bereits vorhandenen `WRITE`-Befehlen die folgenden Befehle enthält:

```
WRITE␣'Hier'␣'spricht'␣'Dein'␣'erstes'␣'NPL-'␣'Programm'␣;
WRITE␣'Hier␣'␣'spricht␣␣'␣'Dein␣␣'␣'␣erstes'␣'NPL-'␣'Programm␣'␣;
```

Wie unterscheiden sich die letzten drei ausgegebenen Zeilen?

4.6.3 Syntax für `WRITE`-*Befehl*

Geben Sie bitte ein **vorläufiges** Syntaxdiagramm für `WRITE`-*Befehl* nach Ihrem jetzigen Erkenntnisstand an.

4.6.4 Rahmen für Mehrwertsteuerberechnung

Entwickeln Sie bitte ein Struktogramm MEHRWERTSTEUERBERECHNUNG, das zunächst nur den unterstrichenen Text „Mehrwertsteuerberechnung“ auf dem Bildschirm ausgibt. Dies soll als Vorbereitung auf ein etwas umfassenderes Struktogramm im nächsten Kapitel dienen, in dem eine kleine Berechnung durchgeführt wird. Das abgefasste NPL-Programm soll dabei den Namen `MWST_R` bekommen. Hinweis: Die Unterstreichung kann durch Ausgabe eines Literals aus lauter *Mittestrichen* (-) erreicht werden.

5 Variablen

Nur sehr selten besteht Bedarf nach einem Programm, das so starr und konstant in seiner Wirkung ist wie das Fallbeispiel des vorigen Kapitels. Meist kommt es vielmehr darauf an, flexibel die unterschiedlichsten, **variablen Daten** verarbeiten zu können. Dieses Kapitel wird dafür nötiges Rüstzeug vermitteln. Dabei wird ein *syntaxorientierter* Editor vorgestellt. Außerdem kommen *intermodulare Beziehungen*, hier speziell *Programmbausteinnetze*, zur Sprache.

5.1 Problem

Es soll ein Programm entwickelt werden, das vom Bildschirmgerät einen Nettobetrag von weniger als 100 000 € einliest, die Mehrwertsteuer und den Bruttobetrag ausrechnet und anschließend alle drei Beträge auf dem Bildschirm anzeigt.

5.2 Entwurf

Das **Struktogramm** einer Lösung des Problems könnte eine Erweiterung des Struktogramms der Lösung von Übung 4.6.4 auf Seite 45 sein und aussehen wie das in Bild 5.1.

① Lesen von Bildschirmgerät: Nettobetrag
② Mehrwertsteuer $\longleftarrow$ Nettobetrag $\cdot \dfrac{19}{100}$
③ Bruttobetrag $\longleftarrow$ Nettobetrag + Mehrwertsteuer
Schreiben auf Bildschirm: ④ 'Mehrwertsteuerberechnung' unterstrichen
Schreiben auf Bildschirm: ⑤ Nettobetrag, Mehrwertsteuer, Bruttobetrag

Bild 5.1 — Struktogramm mit Zuweisungen

Es ist Folgendes zu **beachten**:

① Hier gibt es eine Neuerung, und zwar den Begriff „Nettobetrag".

Im Gegensatz zu den bereits bekannten Konstanten – man denke an die in Kapitel 4 eingeführten Textkonstanten – bezeichnet dieser eine ***Variable***, d. h. eine *Speicherzelle* innerhalb der verwendeten Datenverarbeitungsanlage, die während des Verarbeitungsablaufes verschiedene Inhalte annehmen kann.

Wie in späteren Kapiteln zu sehen sein wird, vereinfacht die hier aufgeführte Definition (*eine* Speicherzelle) gegenüber der Wirklichkeit ein wenig.

Erhalten bleibt jedoch stets der *Name* (z. B. „Nettobetrag") der Variablen. Anders wäre es auch gar nicht möglich, immer wieder auf dieselbe Variable (Nettobetrag) von verschiedenen Stellen des Struktogramms (z. B. Verarbeitungen ①, ②, ③ und ⑤) zuzugreifen.

Durch Verarbeitung ① wird konkret ein vom Bildschirmgerät eingelesener Wert in der Variablen „Nettobetrag“ gespeichert.

Ein anderes, bekanntes Beispiel solcher Variablen sind die Register eines Taschenrechners. Deren mögliche Inhalte sind oft ausschließlich Zahlen. Ihre Namen sind meist Ziffernfolgen.

Ein weiteres Beispiel aus dem Nicht-IT-Bereich sind Postfächer. Deren mögliche Inhalte sind Postsendungen. Ihre Namen sind Postfachnummern.

② Die Verarbeitung ② – gesprochen „Mehrwertsteuer ergibt sich zu Nettobetrag ...“ – ist eine ***Zuweisung***, die einen (rechts vom Pfeil stehenden) Ausdruck auswertet und das Ergebnis einer (links vom Pfeil stehenden) Variablen *zuweist*, dieses also in die Variable *transportiert*. Der Transport wird durch eben diesen Pfeil nach links ($\longleftarrow$) symbolisiert.

Konkret wird hier der (in Verarbeitung ① eingelesene) Inhalt der Variablen „Nettobetrag“ mit $\frac{19}{100}$ (wegen des angenommenen Mehrwertsteuersatzes von 19 Prozent) multipliziert und das Ergebnis der weiteren Variablen „Mehrwertsteuer“ zugewiesen.

Wenn sich übrigens der Mehrwertsteuersatz seit Erscheinen dieses Buches geändert haben sollte, steht es dem Leser frei, den aktuell gültigen Steuersatz zu nehmen und das durchgehende Beispiel entsprechend anzupassen.

③ Mit Verarbeitung ③ wird der Bruttobetrag berechnet, indem die Summe von Nettobetrag und Mehrwertsteuer der Variablen „Bruttobetrag“ zugewiesen wird.

④ Die bereits bekannte Verarbeitung ④ schreibt eine unterstrichene Überschrift auf den Bildschirm.

⑤ Mit der Verarbeitung ⑤ schließlich werden die Inhalte aller drei Variablen auf den Bildschirm geschrieben, damit die Ergebnisse auch nach außen dringen.

Man sieht an diesem Beispiel deutlich, wie wichtig die **Reihenfolge** der Verarbeitungen sein kann.

Wenn auch nur eine einzige Verarbeitung (außer ④) an einer anderen Stelle stände, würde die Berechnung falsch werden.

Es käme kein richtiges Ergebnis heraus, da dann lesend auf Variablen zugegriffen würde, die noch gar nicht den notwendigen Inhalt bekommen hätten.

Aber sogar bei Verarbeitung ④ muss man aufpassen: Setzt man sie an den Anfang des Struktogramms, erscheint die unterstrichene Überschrift fälschlicherweise vor dem Einlesen des Nettobetrages und nicht vor der Ausgabe der Ergebnisse.

5.3 Implementation

In Struktogrammen werden Variablen ohne Weiteres verwendet, da dort der Schwerpunkt auf dem Programm*ablauf*, d. h. den *Aktionen*, liegt und nicht auf den beteiligten *Daten*.

Wenn man ein Struktogramm aber in ein lauffähiges NPL-Programm umsetzt, müssen alle benutzten **Variablen** zunächst ***vereinbart***, d. h. *genau spezifiziert* werden. Dieses Erfordernis dient dem Vermeiden von schwer zu findenden Fehlern in den Programmen. In Programmiersprachen wie BASIC oder FORTRAN, die eine ausdrückliche Vereinbarung aller benutzten Variablen nicht verlangen, ist dieser zweifelhafte „Komfort“ tatsächlich eine der „beliebtesten“ Fehlerquellen.

In Kapitel 4 entfiel der Vorgang der Variablenvereinbarung lediglich „mangels Masse“: Es wurde keine Variable benötigt. Hier jedoch wird im nächsten Unterabschnitt zunächst die Variablenvereinbarung besorgt und anschließend der sogenannte *Rumpf* des Programms, d. h. die Anweisungen, abgefasst. Das Beispielprogramm in Kapitel 4 bestand demnach lediglich aus einem Rumpf.

Für die Variablenvereinbarung wird ein Programmbaustein eines speziellen neuen Typs erzeugt, und zwar eine sogenannte **LDA** (Abkürzung von ***L**ocal **D**ata **A**rea*, englisch für *Bereich lokaler Daten*), z. B. mit dem Namen MWST_H (für *Mehrwertsteuer – Hilfsdaten*). MWST_H wird dann von einem Programmrumpf – er soll MWST_R (für *Mehrwertsteuer – Rumpf*) heißen – benutzt. Das gesamte Programm möge dann (etwas abstrakt) MWST heißen. Diese Regelung soll auch im Folgenden gelten. Sie ist ein Beispiel für eine sogenannte ***Namenskonvention***. Derartige Namenskonventionen werden i. Allg. nicht vom verwendeten Programmiersystem verlangt, sondern in konkreten Projekten – wie diesem Buch – vereinbart, um die Übersichtlichkeit zu verbessern.

Die hier geltende *Benutzt-Beziehung* zwischen dem Programmrumpf MWST_R und der von ihm benutzten LDA MWST_H wird durch das *Programmbausteinnetz* in Bild 5.2 verdeutlicht.

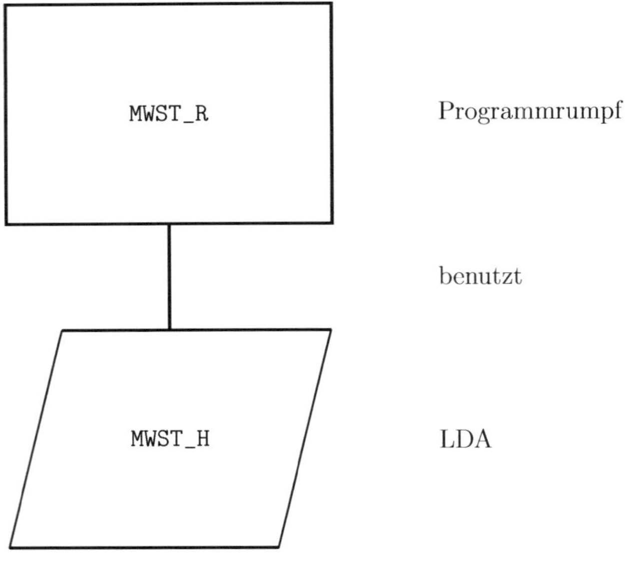

Bild 5.2 — Programmbausteinnetz

Eine derartige Benutzt-Beziehung ist ein Beispiel für eine sogenannte ***intermodulare Beziehung***.

Das bereits von den Konfigurationsplänen in Kapitel 2 bekannte Sinnbild ***Rechteck*** stellt auch *Verarbeitung, allgemein* dar. In Programmbausteinnetzen soll es speziell Programmrümpfe repräsentieren.

Das neue Sinnbild ***Parallelogramm*** stellt laut [21] u. a. *Daten, allgemein* dar. In Programmbausteinnetzen soll es speziell Datenbereiche (z. B. LDAs) repräsentieren.

Weitere Typen intermodularer Beziehungen werden später eingeführt.

5.3.1 Datenvereinbarung

Auch für die **Abfassung einer LDA** ist das Untermenü `Development Functions` zuständig.

Siehe Bild 5.3.

```
 10:03:28                  ***** NATURAL *****                21.03.2019
 User SCHLUTER           - Development Functions -        Library UEBNG_1
                                                             Mode Structured
                                                          Program MWST_R

              Code  Function                 Code  Function

               C    Create Object             L    List Objects or Single Source
               E    Edit Object               O    List Source with Expanded Sources
               X    Execute Program           N    List Extended Object Names
               R    Rename Object             I    List Directory Information
               D    Delete Objects            U    List Used Subroutines, etc.
               S    Scan Objects              ?    Help
                                              .    Exit

        Code .. C     Type .. L    Name .. MWST_H__________________________

 Command ===>
 Enter-PF1---PF2---PF3---PF4---PF5---PF6---PF7---PF8---PF9---PF10--PF11--PF12---
       Help  Menu  Exit                                                   Canc
 MA    A                                                                17/015
```

Bild 5.3 — Direkte Anwahl eines Editors

Darin wird das Feld `Code` mit einem `C` (für `Create Object`) gefüllt.

Um den Dialog abzukürzen, wird diesmal gleich das Feld `Type ..` mit einem `L` (für `Local Data`) und das Feld `Name ..` mit dem ausgedachten Namen `MWST_H` versorgt.

Die Maske kann jetzt verabschiedet werden.[1]

[1] Ab Version 9 ist hier der *Source-Editor* von NaturalONE vorgesehen.

Nun erscheint ein nach Kenntnis des Verfassers in dieser Form einzigartiger Spezialeditor für Datenvereinbarungen, ein sogenannter ***Datenbereichseditor***. Siehe Bild 5.4. Er meldet

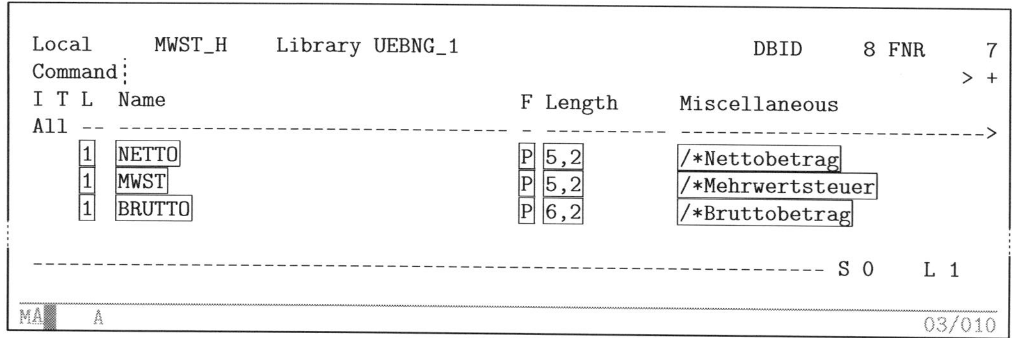

Bild 5.4 — Datenbereichseditor

sich mit einer Maske, die eine Tabelle zur Vereinbarung aller benötigten Variablen enthält. Da dieser Editor am formalen Aufbau von Variablenvereinbarungen orientiert ist und bereits während der *Edierung* – auch *Editierung* genannt – in gewissem Umfang formale Korrektheit sicherstellt, kann man ihn im weiteren Sinne als *syntaxorientiert* bezeichnen. Zur Zeit sind nur die folgenden Spalten der Tabelle von Interesse:

- `L` (Abkürzung von Level, englisch für *Ebene*): Die *Stufennummer* der Variablen.
- `Name`: Der *Name* der Variablen; dies ist ein Bezeichner, mit dem die Variable stets angesprochen werden muss.
- `F` (Abkürzung von Format): Die *Datentypklasse*, im Natural-Jargon *Format* genannt.
- `Length` (englisch für *Länge*): Die *Datentyplänge*.
- `Miscellaneous` (englisch für *Verschiedenes*): Z. Zt. nur kurzer, informeller *Kommentar*.

Jetzt können gemäß Bild 5.4 die Vereinbarungen der Variablen aus dem Entwurf in die Tabelle eingetragen werden und mit der Eingabe-Taste abgeschickt werden.

Es ist Folgendes zu **beachten**:

- Die Spalte `L` erhält hier stets eine `1` als Eintrag. Der tiefere Sinn der Stufennummer wird ab Kapitel 10 im Zusammenhang mit Verbunden erkennbar werden.
- In Spalte `Name` kommen die ausgedachten Variablennamen. Da die Variablen hier gerade vereinbart werden, spricht man von *vereinbarenden Vorkommen* ihrer Namen. Man sollte sinnvoll abkürzen (z. B. `NETTO` statt `NETTOBETRAG`), um später im Programmrumpf bei den entsprechenden *angewandten Vorkommen* nicht dauernd allzu arge „Bandwurmnamen“ eintasten zu müssen. Allerdings sollten die Namen auch nicht zu kurz sein, damit später das Programm nicht nur von seinem Autor, sondern auch dessen Kollegen verstanden werden kann. Ausführlichere Beschreibungen können in Spalte `Miscellaneous` oder notfalls in separaten Kommentarzeilen (s. u.) eingetragen werden. Jeder Variablenname muss aber auf jeden Fall ein *Bezeichner* sein. Dessen exakte Syntax ist bereits aus Kapitel 3 bekannt. Ein **Problem** soll hier noch einmal angesprochen werden: Gemäß Syntaxdiagramm in Bild 3.11 auf Seite 23 wären auch z. B. `WRITE` oder `END` gültige Bezeichner und damit Variablennamen. Die Verwendung solcher Variablennamen könnte aber Programme ergeben, die sich nicht eindeutig interpretieren lassen.

Gelöst wäre das Problem durch Verwendung verschiedener Zeichenvorräte für Wortsymbole und andere Bezeichner (z. B. Wortsymbol `WRITE` und Bezeichner *WRITE*). Auch könnte man Wortsymbole zur Unterscheidung unterstreichen (z. B. write). Diese Notation wird übrigens in der Informatikliteratur gern benutzt. Leider jedoch bieten nicht alle heute gängigen Bildschirmgeräte die technischen Voraussetzungen für die obigen Darstellungen. Auch generelle Kennzeichnungen von Variablennamen, etwa durch begrenzende Anführungszeichen (`"`), wären zu umständlich. Deshalb gilt in NPL die übliche Zusatzregel, dass Wortsymbole nicht als Variablennamen benutzt werden dürfen. Leider wird die Einhaltung dieser Regel nicht konsequent vom Compiler überprüft. Beispielsweise kann man in einer LDA ungestraft eine Variable namens `WRITE` vereinbaren. Im Rumpf eines Hauptprogramms, das diese LDA referenziert, wird dann aber ein Befehl `WRITE WRITE ;` beanstandet! Allerdings kann das Programmiersystem so eingerichtet werden, dass wenigstens einige Wortsymbole zurückgewiesen werden. Man wende sich gegebenenfalls an den Natural-Administrator.

Wie bereits bekannt, werden Wortsymbole meist *reservierte Wörter* genannt. Eine Liste aller reservierten Wörter von NPL findet sich in Anhang B. Ein kleiner Trick, mit großer Wahrscheinlichkeit reservierte Wörter als Variablennamen zu vermeiden, ohne andauernd in diesem Anhang nachschauen zu müssen, besteht einfach darin, deutsche Wörter zu nehmen. Auch wenn ein Variablenname einen Grundstrich (`_`) enthält, gibt es mit ziemlicher Sicherheit keinen Konflikt mit einem gleichnamigen reservierten Wort, da nur ein einziges (`WITH_CTE`) einen solchen enthält.

- In Spalte `F` muss jeweils die Datentypklasse angeben werden. Da die drei im Programm benötigten Variablen numerische Daten speichern sollen, wähle man `P` (Abkürzung von *Numeric Packed*, englisch für *numerisch gepackt*). Diese Bezeichnung hängt mit der internen Darstellung der Datentypklasse `P` zusammen.
- Nun muss für die Einträge der Datentyplängen in Spalte `Length` die Größenordnung der zu verarbeitenden Zahlen abgeschätzt werden. Das Programm soll ja nur für Nettobeträge unter 100 000 € benutzt werden. Die Mehrwertsteuer liegt dann mit Sicherheit ebenfalls unter 100 000 €, hoffentlich auch in Zukunft! Der Bruttobetrag hingegen kann größer sein; er liegt jedoch auf jeden Fall unter 1 000 000 €. Für den ganzzahligen €-Teil benötigt man demnach bei `NETTO` und `MWST` jeweils 5 Stellen, bei `BRUTTO` hingegen 6 Stellen. Und: *Wer den Pfennig bzw. Cent nicht ehrt, ...*

  Da die Cent nicht unter den Tisch fallen sollen, sind stets 2 Stellen für den gebrochenen Teil erforderlich. Die Längenangaben lauten entsprechend `5,2` bzw. `6,2` (5 bzw. 6 Ziffern für den ganzzahligen €- und 2 Ziffern für den gebrochenen Cent-Teil). Die gesamten Datentypen werden im Folgenden kurz `P5,2` bzw. `P6,2` genannt. Ein *Radixzeichen* trennt allgemein den ganzzahligen vom gebrochenen Teil einer Zahl oder einer Datendefinition. Der Begriff ist im doppelten Sinne eine Verallgemeinerung von *Dezimalkomma*:
  - Es gibt neben dem im Alltag meistgebräuchlichen Dezimalsystem auch Zahlensysteme zu einer anderen *Basis* (*Radix*). Gerade im Bereich der IT weitverbreitet sind z. B. das *Dualsystem* (Radix 2), das *Oktalsystem* (Radix 8) oder das im Exkurs auf S. 43 kurz angerissene *Hexadezimalsystem* (Radix 16).
  - Im angelsächsischen Sprachraum wird der Punkt, im deutschen jedoch meist das Komma benutzt. Darum hält der Verfasser den in [20], Teil 2 geprägten Begriff **Radixpunkt** für unangebracht und bevorzugt stattdessen den Begriff ***Radixzeichen***.

  Die Datentypklasse bezeichnet zusammen mit der Datentyplänge den *Datentyp* der vereinbarten Variablen.

- Die Spalte `Miscellaneous` kann einen kurzen Kommentar (z. B. `/*Nettobetrag`) aufnehmen. Ein solcher ist nur für die Erleuchtung des (menschlichen) Lesers der LDA bestimmt und hat keinerlei Einfluss auf ihre Bedeutung. In diesem Buch enthält der Kommentar stets die entsprechende Bezeichnung aus dem jeweiligen Abschnitt **Entwurf**, um z. B. den Zusammenhang mit den Struktogrammen zu verdeutlichen. Auch in realen Projekten kann eine derartige *Richtlinie* sinnvoll sein, um Wildwuchs und damit einhergehende Verwirrung zu vermeiden.

  Ein Kommentar muss mit dem zusammengesetzten Symbol *Schrägstrich-Stern* (`/*`) eingeleitet werden und endet dann automatisch am Ende der Zeile. Zusammengesetzte Symbole werden – wie auch Wortsymbole – in Programmiersprachen gern benutzt, da die Anzahl verfügbarer Einzelsymbole begrenzt ist.

Daraufhin kann laut Bild 5.5 im Feld `Command` das Kommando `STOW` (englisch für *ver-*

```
Local      MWST_H     Library UEBNG_1                         DBID     8 FNR     7
Command :STOW                                                                  > +
I T L  Name                           F Length     Miscellaneous
All -- ------------------------------ - ---------- ------------------------->
     1 NETTO                          P        5,2 /*Nettobetrag
     1 MWST                           P        5,2 /*Mehrwertsteuer
     1 BRUTTO                         P        6,2 /*Bruttobetrag

------------------------------------------------------------ S 3     L 1
MA    A                                                                  03/010
```

Bild 5.5 — Kompilierung einer LDA

staue) gegeben werden. Dadurch wird die notwendige *Kompilierung* des *Quellprogramms*, d. h. die Übersetzung der gerade eingetasteten Vereinbarungen in eine für eine spätere Verwendung nutzbare Form, ein sogenanntes *Zielprogramm*[2], angestoßen. Auch LDAs mögen in diesem Zusammenhang als *Programme* bezeichnet werden, obwohl sie eigentlich eher Programm*bausteine* sind.

[2] Die Herstellerdokumentation [53] und [55] benutzt den englischen Begriff *object* sowohl für *Quell-*, als auch für *Zielprogramm*. Das englische Wort *module* wird hingegen allein in der Bedeutung *Zielprogramm* verwendet. Der Verfasser hält sich im Folgenden an die genormte Nomenklatur [20] und hofft, dass dadurch keine allzu große Verwirrung entsteht.

Falls nun die Meldung `NAT4435 Invalid length or format specification.` erscheint, liegt dies höchstwahrscheinlich daran, dass für die aktuelle Sitzung der Punkt (.) als Radixzeichen eingestellt ist. Im Gegensatz zu allen andern dem Verfasser bekannten Programmiersystemen hat das eingestellte Radixzeichen in Natural nicht nur Einfluss auf Zahlendarstellungen nach außen, sondern auch auf Zahlen- und Datentypdarstellungen in Programmbausteintexten. Gegebenenfalls stehen zwei Möglichkeiten zur Verfügung:

- ab hier in Abweichung vom folgenden Text konsequent mit dem Radixzeichen Punkt (.) statt Komma (,) arbeiten, z. B. `5.2` statt `5,2`
- die Kommandos `GLOBALS ID=;` und `GLOBALS DC=,` geben und das `STOW`-Kommando wiederholen. Das erste `GLOBALS`-Kommando ist dann normalerweise erforderlich, um einen Konflikt mit dem *Input Delimiter* zu vermeiden, der standardmäßig auf Komma (,) gesetzt ist. Man kann nach den beiden `GLOBALS`-Kommandos das Radixzeichen wieder zurückändern. Jedoch sollte man dann vor dem nächsten `STOW`-Kommando sicherstellen, dass eingestelltes Radixzeichen und die Inhalte der Programmbausteine zusammenpassen. Falls man gemeinsam mit Kollegen an einem Anwendungssystem arbeitet, stimme man sich mit diesen ab, um spätere Überraschungen zu vermeiden.

Nur wenn ein Quellprogramm fehlerfrei ist und die Übersetzung demnach erfolgreich beendet werden kann, wird es in übersetzter Form als Zielprogramm abgespeichert. Nach erfolgreicher Übersetzung wird durch das `STOW`-Kommando ferner das Quellprogramm gespeichert. Dieser Effekt ist bereits vom `SAVE`-Kommando her bekannt. Ein separates `SAVE`-Kommando ist also nach einem erfolgreich abgearbeiteten `STOW`-Kommando überflüssig.

Nach Verabschiedung der Maske kommt der Datenbereichseditor mit der Meldung `SYSGDA 4454: Data area stowed successfully.` (englisch für *SYSGDA 4454: Datenbereich erfolgreich verstaut.*) zurück. Man beachte, dass die Einträge in den Spalten `L` und `Length` automatisch rechtsbündig ausgerichtet wurden. Siehe Bild 5.6.

```
SYSGDA 4454: Data area stowed successfully.
Local      MWST_H    Library UEBNG_1                    DBID      8 FNR      7
Command :.                                                                > +
I T L  Name                          F Length     Miscellaneous
All -- ----------------------------- - ---------- ------------------------->
     1 NETTO                         P        5,2 /*Nettobetrag
     1 MWST                          P        5,2 /*Mehrwertsteuer
     1 BRUTTO                        P        6,2 /*Bruttobetrag




 ------------------------------------------------------------ S 3    L 1

MA     A                                                              03/010
```

Bild 5.6 — Verlassen eines Datenbereichseditors

Der Editor kann jetzt durch Eingabe eines Punktes (.) im Feld `Command` verlassen werden.

5.3.2 Rumpf

Nun ist der **Rumpf** des Programms mit den Anweisungen an der Reihe. Dazu greife man auf den im Zuge der Lösung von Übung 4.6.4 abgefassten Programmrumpf `MWST_R` zurück. Dies geschieht, indem man im Untermenü `Development Functions` im Feld `Code ..` ein `E` (Abkürzung von `Edit Object`, englisch für *Ediere* bzw. *Ändere Objekt*) eingibt und das Feld `Type ..` mit einem `P` (Abkürzung von `Program`, englisch für *Programm*) versorgt. Im Feld `Name ..` trage man den Namen des zu ändernden Programmrumpfes (`MWST_R`) ein und verabschiede die Maske. Siehe Bild 5.7.

```
10:07:35                  ***** NATURAL *****                    21.03.2019
User SCHLUTER           - Development Functions -          Library UEBNG_1
                                                              Mode Structured
                                                             Local MWST_H

          Code  Function                Code  Function

           C    Create Object            L    List Objects or Single Source
           E    Edit Object              O    List Source with Expanded Sources
           X    Execute Program          N    List Extended Object Names
           R    Rename Object            I    List Directory Information
           D    Delete Objects           U    List Used Subroutines, etc.
           S    Scan Objects             ?    Help
                                         .    Exit

      Code .. E    Type .. P    Name .. MWST_R_________________________

Command ===>
Enter-PF1---PF2---PF3---PF4---PF5---PF6---PF7---PF8---PF9---PF10--PF11--PF12---
      Help  Menu  Exit                                                  Canc
MA     A                                                              17/015
```

Bild 5.7 — Direkte Anwahl des Programmrumpfeditors

Der bereits bekannte **Programmeditor** meldet sich. Siehe Bild 5.8. Dieser soll in Zukunft genauer *Programm**rumpf**editor* heißen. Er zeigt die bisherige Version von `MWST_R`, die ja nur

```
>                                          > -  Program     MWST_R    Lib UEBNG_1
All      ....+....1....+....2....+....3....+....4....+....5....+....6....+....7..
  0010 .I TE 'Mehrwertsteuerberechnung' ;
  0020 WRITE '------------------------' ;
  0030 END
  0040
  0050

  0200
         ....+....1....+....2....+....3....+....4....+....5....+... S 3    L 1
MA     A                                                              02/004
```

Bild 5.8 — Zeilenkommando *Einfügen* (`I`)

eine Überschrift auf dem Bildschirm ausgibt und damit eine direkte Umsetzung von Verarbeitung ④ des Struktogramms enthält. Vor den `WRITE`-Befehlen zur Ausgabe der Überschrift müssen die nötigen Datenvereinbarungen sowie die Umsetzungen der Verarbeitungen ① bis ③ des vorgegebenen Struktogramms eingefügt werden. Dafür ist zunächst Platz erforderlich. Diesen erhält man durch Eingabe eines sogenannten ***Zeilenkommandos*** auf der Zeile, bei der etwas eingefügt werden soll. Ein derartiges Kommando wird stets mit einem Punkt (`.`) in der ersten Spalte einer Zeile eingeleitet. Das hier benötigte Kommando heißt `I` (Abkürzung von `I`*nsert*, englisch für *Einfügen*). Es erzeugt normalerweise 9 Leerzeilen. Man gewöhne sich gleich an, jedes Zeilenkommando mit einem Leerzeichen (␣) abzuschließen, um unbeabsichtigte Effekte zu vermeiden.

Das Zeilenkommando `I` kann nämlich (wie manche andere Zeilenkommandos auch) wahlweise Parameter haben. Wenn es nun der Zufall will, dass der in der Zeile folgende Programmtext wie ein formal gültiger Parameter aussieht, bekommt man bei Nichtbeachtung der obigen Regel unter Umständen einen anderen Programmbaustein eingefügt und nicht – wie hier beabsichtigt – einige Leerzeilen.

Da Platz *vor* der bisherigen ersten Zeile gebraucht wird, ist die **Arbeitsrichtung** des Editors auf *rückwärts* umzuschalten. Dies geschieht, indem man oben in der Mitte im *Richtungsfeld* (`>`) das Plussymbol (`+`) durch ein Minussymbol (`-`) überschreibt.

Die Maske kann danach verabschiedet werden.

Wiederum erscheint die Maske des Programmrumpfeditors, diesmal jedoch mit einigen führenden **Leerzeilen** (`0001` bis `0009`), in die man jetzt die zusätzlichen Vereinbarungen und Anweisungen eintragen kann. Die „Navigation" innerhalb der Maske, z. B. mit der Tabulator-Taste, wird zur besseren Übersichtlichkeit nicht vollständig dargestellt. Siehe Bild 5.9.

```
>                                      > +  Program     MWST_R    Lib UEBNG_1
All    ....+....1....+....2....+....3....+....4....+....5....+....6....+....7..
  0001 /*MEHRWERTSTEUERBERECHNUNG
  0002 DEFINE DATA
  0003 LOCAL
  0004 USING MWST_H
  0005 END-DEFINE ;
  0006 /*
  0007 INPUT      NETTO ;
  0008 MWST    := NETTO * 19,0 / 100 ;
  0009 BRUTTO  := NETTO + MWST ;
  0010 WRITE 'Mehrwertsteuerberechnung' ;
  0020 .I  TE '------------------------' ;
  0030 END
  0040
  0050
  0060
  0070

  0110
       ....+....1....+....2....+....3....+....4....+....5....+... S 12    L 1
MA    A                                                                02/004
```

Bild 5.9 — Erweiterung eines Programmrumpfes

Wie bei LDAs können **Kommentare** der Erläuterung dienen. Auch in Programmrümpfen wird jeder Kommentar durch Schrägstrich-Stern (/*) eingeleitet und reicht jeweils bis zum Ende der Zeile. Beispielsweise gibt es in der 1. Zeile einen allgemeinen Kommentar zum Zweck des Programms.

Darauf folgt in der 2. bis 5. Zeile eine `DEFINE-DATA`-**Vereinbarung**. Diese macht mit der Klausel `LOCAL USING MWST_H` die LDA `MWST_H` im Programmrumpf bekannt. Das Programmiersystem kann ja nicht „riechen", dass sich die Variablenvereinbarungen des Programmrumpfes `MWST_R` in einer LDA namens `MWST_H` befinden. Man spricht von einer `DEFINE-DATA`-*Vereinbarung* und nicht von einer `DEFINE-DATA`-*Anweisung*, da hier lediglich (statische) Beschreibungen von Daten bekannt gemacht und nicht (dynamische) Verarbeitungsvorschriften angegeben werden. Solche Datenvereinbarungen haben keine direkten Entsprechungen in Struktogrammen.

Hinter der `DEFINE-DATA`-Vereinbarung, d. h. unter `END-DEFINE ;`, gibt es in der 6. Zeile zur Auflockerung des Quellprogramms und damit zur Erhöhung der Übersichtlichkeit einen ☞ **leeren Kommentar**. Man sollte für den Zweck diesen kleinen Kunstgriff anwenden, da der Programmrumpfeditor in manchen Natural-Varianten echte Leerzeilen sofort unterdrückt.

Es ist zu sehen, dass die Eingabe vom Bildschirmgerät (Verarbeitung ①) in einen `INPUT`-**Befehl** und die Zuweisungen (Verarbeitungen ② und ③) in **Zuweisungsbefehle** umgesetzt werden.

Letztere bestehen jeweils aus einem Variablennamen, einem Zuweisungsoperator (`:=`) und einem Ausdruck, hier einem *arithmetischen Ausdruck*.[3]

In arithmetischen Ausdrücken können auch sogenannte *Numerale* (z. B. `19,0`) vorkommen. Dies sind Literale, die nur Ziffern und sonstige zur Darstellung von Zahlen benötigte Zeichen enthalten dürfen, z. B. das Radixzeichen (`,`). Man beachte, dass als Multiplikationssymbol das Sternchen (`*`) genommen wird und nicht etwa ein liegendes Kreuz (×) oder ein Punkt (·) wie im Struktogramm. Mit beiden Zeichen würde es nämlich bei heute gängigen Bildschirmgeräten mehr oder minder große Probleme geben. Das Multiplikationssymbol kann auch nicht – wie in der Mathematik oft üblich – einfach weggelassen werden. Als Divisionssymbol wird der Schrägstrich (`/`) in der Rolle eines angedeuteten Bruchstrichs benutzt, da die Darstellung von richtigen Bruchstrichen, die in Struktogrammen ja ohne Weiteres vorkommen dürfen, ebenfalls problematisch wäre.

Nun wird zur Umsetzung der Verarbeitung ⑤ (Ausgabe der Ergebnisse) wieder Platz gebraucht, diesmal aber direkt vor dem Ende des Programmrumpfes. Dazu kann man dort wieder das Zeilenkommando `I` geben. Vor dem Verabschieden der Maske schalte man die Arbeitsrichtung des Editors durch Eingabe eines Plussymbols (`+`) im Richtungsfeld (`>`) wieder auf *vorwärts* um, damit *hinter* dieser Zeile Platz geschaffen wird. Siehe Bild 5.9.

Jetzt kommt der Editor mit einigen Leerzeilen direkt vor dem Programmende zurück. Siehe Bild 5.10.

In diese Leerzeilen soll nun eine Umsetzung der Verarbeitung ⑤ aus dem Struktogramm eingetragen werden. Dazu wird der bereits bekannte `WRITE`-**Befehl** verwendet. Er kann nicht nur Textkonstanten, sondern auch Variablen als Argumente haben.

[3] Man kann stattdessen alternativ `COMPUTE`-Befehle, z. B. `COMPUTE BRUTTO = NETTO + MWST ;`, benutzen.

```
> STOW                                > +  Program     MWST_R    Lib UEBNG_1
Bot    ....+....1....+....2....+....3....+....4....+....5....+....6....+....7..
  0002 DEFINE DATA
  0003 LOCAL
  0004 USING MWST_H
  0005 END-DEFINE ;
  0006 /*
  0007 INPUT     NETTO ;
  0008 MWST   := NETTO * 19,0 / 100 ;
  0009 BRUTTO := NETTO + MWST ;
  0010 WRITE 'Mehrwertsteuerberechnung' ;
  0020 WRITE '------------------------' ;
  0021 WRITE 'Nettobetrag : ' NETTO  ;
  0022 WRITE 'Mehrwertst. : ' MWST   ;
  0023 WRITE 'Bruttobetrag:'  BRUTTO ;
  0024
  0025
  0026
  0027
  0028
  0029
  0030 END
       ....+....1....+....2....+....3....+....4....+....5....+... S 21   L 2
MA     A                                                                02/004
```

Bild 5.10 — Kompilierung eines Programmrumpfes

Man erkennt auch hier die Wichtigkeit der **Reihenfolge** der Befehle. Wie bereits früher angedeutet, können NPL-Quellprogramme vom Programmiersystem nicht direkt ausgeführt werden, sondern müssen vorher **kompiliert**, d. h. in eine maschinenorientierte Sprache übersetzt werden. Dieser Übersetzungsvorgang geschieht automatisch.

Entsprechend wird bei Erteilung eines **RUN-Kommandos**, wie es Kapitel 4 eingeführt hat, zunächst der automatische Übersetzer (hier der NPL-Compiler) verdeckt (d. h. vom Benutzer normalerweise unbemerkt) aufgerufen und anschließend das von ihm erzeugte, flüchtige (d. h. nicht dauerhaft aufbewahrte) Zielprogramm ausgeführt. Dieses flüchtige Zielprogramm ist direkt nach Beendigung der Ausführung wieder verschwunden. Man kann sich leicht vorstellen, dass – besonders bei längeren Programmen, die mehrmals aufgerufen werden – die durch die mehrfache Kompilierung entstehende zusätzliche Bearbeitungszeit für den Anwender des Programms lästig ist.

Man tut in solchen Fällen besser daran, den NPL-Compiler aufzurufen und das von diesem aus dem Quellprogramm (dem eingegebenen Programmtext) erzeugte Zielprogramm dauerhaft abzuspeichern. Dies wird durch ein (bereits vom Datenbereichseditor bekanntes) `STOW`-Kommando erreicht. Gleichzeitig wird dadurch das Quellprogramm aufbewahrt, aber erst, wenn die Kompilierung erfolgreich ist! Danach ist ein separates `SAVE`-Kommando nicht erforderlich.

Die entsprechend ausgefüllte Maske in Bild 5.10 kann jetzt verabschiedet werden. Je nach Systemeinstellung kommt der Editor sang- und klanglos oder mit der Meldung `NEI 1006 Object has been successfully stowed.` zurück.

5.4 Test

Um das nun erzeugte Zielprogramm **auszuführen**, gebe man nach Verlassen des Programmrumpfeditors im Untermenü `Development Functions` eine entsprechende Codesequenz ein. Dabei steht `X` für `Execute Program` (englisch für *führe Programm aus*). In das Feld `Type ..` sollte man diesmal nichts eintragen, da ja klar ist, dass es sich um ein (Haupt-)Programm handelt. Siehe Bild 5.11.

```
10:11:21                    *****  NATURAL  *****                 21.03.2019
User SCHLUTER             - Development Functions -          Library UEBNG_1
                                                                Mode Structured
                                                             Program MWST_R

            Code  Function                Code  Function

             C    Create Object            L    List Objects or Single Source
             E    Edit Object              O    List Source with Expanded Sources
             X    Execute Program          N    List Extended Object Names
             R    Rename Object            I    List Directory Information
             D    Delete Objects           U    List Used Subroutines, etc.
             S    Scan Objects             ?    Help
                                           .    Exit


     Code .. X     Type .. _    Name .. MWST_R_________________________

Command ===>
Enter-PF1---PF2---PF3---PF4---PF5---PF6---PF7---PF8---PF9---PF10--PF11--PF12---
      Help  Menu  Exit                                                  Canc
MA    A                                                                 17/015
```

Bild 5.11 — Aufruf eines Programms

Durch den erfolgreichen Start des kleinen Programms wird all die bisherige Mühe belohnt, und es erscheint die Maske, die den Nettobetrag abfragt. Siehe Bild 5.12.

Bild 5.12 — Eingabemaske

Diese Maske wurde vollautomatisch vom `INPUT`-Befehl im Programm erzeugt. Dabei wird als Aufforderung zur Eingabe schlicht der Variablenname (`NETTO`) genommen und in die linke obere Ecke der Maske gesetzt.

Kapitel 14 wird behandeln, wie man weitreichenden Einfluss auf die Gestaltung von Masken nehmen kann.

Man gebe nun einen Beispielwert für `NETTO` ein. Diese Eingabe muss glücklicherweise nicht streng formatgebunden sein wie z. B. `-02345,12` (entsprechend des Datentyps `P5,2` der Variablen `NETTO`). Man kann stattdessen *formatfrei* (sogar linksbündig) z. B. `1000` eingeben und die Maske verabschieden. Siehe nochmals Bild 5.12.

Als **Ergebnis** zeigt das Programm daraufhin die richtigen Werte `1000,00`, `190,00` und `1190,00` auf dem Bildschirm an. Siehe Bild 5.13.

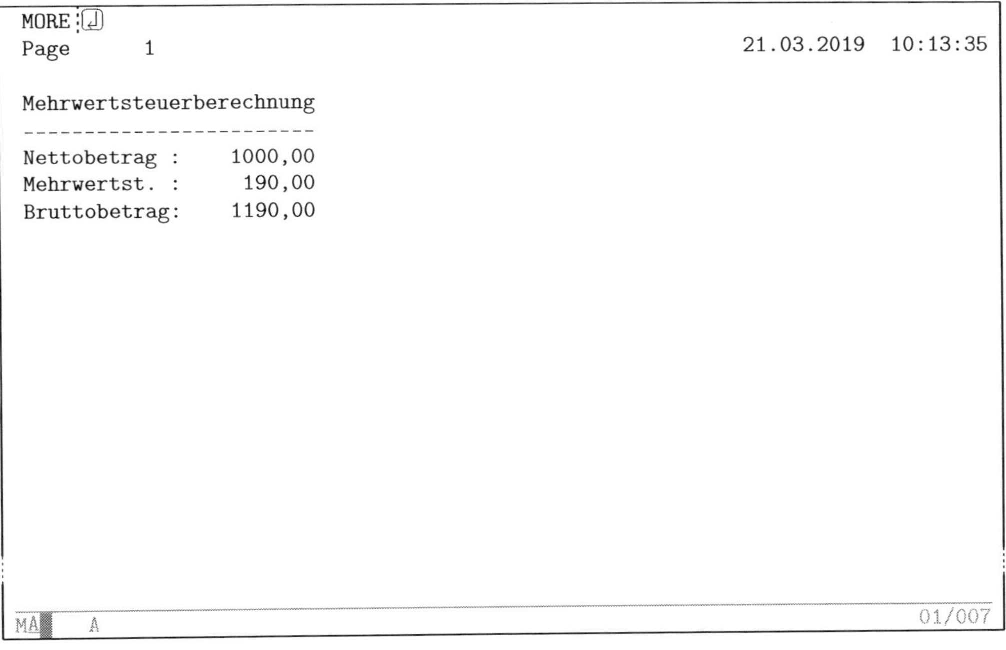
```
MORE :
Page       1                                      21.03.2019  10:13:35

Mehrwertsteuerberechnung
------------------------
Nettobetrag :     1000,00
Mehrwertst. :      190,00
Bruttobetrag:     1190,00

MA      A                                                      01/007
```

Bild 5.13 — Bildschirmausgabe von Variablen

Nach gebührender Bewunderung kann man nun mit der Eingabe-Taste weiterblättern und kommt zurück zu `Development Functions`.

Wenn es dem Leser Spaß macht, kann er das Programm noch mehrfach ablaufen lassen und mit verschiedenen Nettobeträgen (auch negativen) ausprobieren.

Dazu sollte auf jeden Fall der Nettobetrag `0` gehören. Dabei kann es sein, dass bei der Ausgabe der Ergebnisse für die drei Beträge statt jeweils `0,00` gar nichts angezeigt wird. Falls dies nicht erwünscht ist, sollte man das Kommando `GLOBALS ZP=ON` geben und das Programm nochmals mit einem `STOW`-Kommando kompilieren. Dabei ist `ZP` die Abkürzung von *Z*ero *P*rint (englisch für *Null-Druck*). Umgekehrt kann man mit einem Kommando `GLOBALS ZP=OFF` bewirken, dass keine Nullwerte ausgegeben werden.

Abschließend verabschiede man sich auf gewohnte Weise vom Programmiersystem.

5.5 Syntax und Semantik

In diesem Abschnitt werden ***arithmetische Ausdrücke***, wie sie in den Zuweisungsbefehlen des Beispielprogramms vorkamen, definiert. Zur Vorbereitung wird mit elementaren Nichtterminalsymbolen begonnen.

5.5.1 Radixzeichen

Dieses Kapitel hat sogenannte *Festkommazahlen*, d. h. Zahlen mit gebrochenem Teil, eingeführt. Bei Festkommakonstanten, die sowohl im Quellprogramm, als auch in Ein- und Ausgabedaten aufgetreten sind, wird stets durch ein **Radixzeichen** der ganzzahlige Teil vom gebrochenen getrennt. Als Radixzeichen ist in Natural normalerweise entweder das Zeichen *Punkt* (`.`) oder *Komma* (`,`) voreingestellt. In diesem Buch wird davon ausgegangen, dass als Radixzeichen das Komma (,) voreingestellt ist. Siehe Bild 5.14.

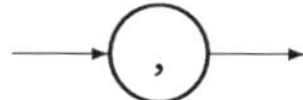

Bild 5.14 — Syntaxdiagramm für *Radixzeichen*

Für **Beispiele** siehe Tabelle 5.1.

Tabelle 5.1 — Beispiele für *Radixzeichen*

Nr	richtig	falsch	Erläuterung des falschen Beispiels
1	,	,,	Zwei Radixzeichen sind verboten.
2	,	:	Doppelpunkt ist (auch bei Zeitangaben) verboten.

5.5.2 Festkommazahl

Wie können **Festkommakonstanten** nun auf einfache Weise definiert werden? Zum Glück liegt die Lösung der Übungsaufgabe 3.4.6 (Syntax für *Ziffernfolge*) bereits vor.

Weiterhin folgt man bei Numeralen der Philosophie, dass eventuelle *Vorzeichen* (`+` oder `-`) grundsätzlich nicht als **Bestandteile** von *Numeralen*, sondern als *Operatoren* in *Ausdrücken* aufgefasst werden. Deshalb gibt es im entsprechenden Syntaxdiagramm keine Vorzeichen. Siehe Bild 5.15.

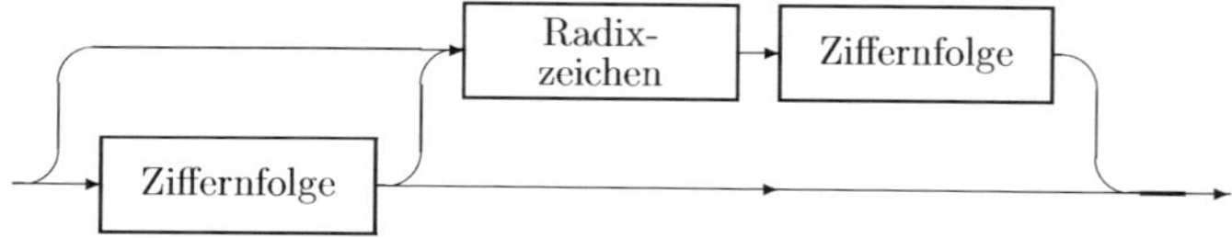

Bild 5.15 — Syntaxdiagramm für *Festkommazahl* (vereinfacht)

Es ist bemerkenswert, dass man gemäß der Syntax z. B. `0`, `,0` oder `0,0`, aber nicht etwa `0,` schreiben darf. Die tatsächliche Syntax von NPL ist etwas liberaler. Hier und im Folgenden jedoch wird bewusst vereinfacht, um überflüssigen Ballast zu reduzieren.

Man sollte in Quellprogrammen beispielsweise Variablen vom Datentyp `P2,2` lieber Numerale der Form `47,00` zuweisen, anstatt nur `47` zu schreiben, um deutlich zu machen, dass wirklich eine Festkommazahl mit zwei Stellen nach dem Radixzeichen behandelt wird.

Ferner darf die Gesamtanzahl Ziffern vor und nach dem Radixzeichen 29 nicht überschreiten. Falls diese allgemeine Regel verletzt wird, erscheint die Syntaxfehlermeldung `NAT0262 Incorrect number of digits, or value out of range.` (englisch für *Falsche Anzahl Ziffern, oder Wert außerhalb des zulässigen Bereichs.*)

Diese Definition von *Festkommazahl* sollte keinesfalls mit einer Definition etwa von *rationalen Zahlen* im Sinne der mathematischen Zahlentheorie verwechselt werden. Hier geht es lediglich um die *Darstellung* von Festkommazahlen durch Zeichen.

Für **Beispiele** siehe Tabelle 5.2.

Tabelle 5.2 — Beispiele für *Festkommazahl*

Nr	richtig	falsch	Erläuterung des falschen Beispiels
1	`0`	`␣`	Mindestens eine Ziffer muss vorhanden sein.
2	`4711123`	`4.711.123`	Gruppierung durch Punkte (`.`) ist verboten.
3	`4711123`	`4,711,123`	Gruppierung durch Kommata (`,`) ist verboten.
4	`4711123`	`4 711 123`	Gruppierung durch Leerzeichen (`␣`) ist verboten.
5	`1,23`	`1;23`	Semikolon (`;`) ist hier kein zulässiges Radixzeichen.
6	`,14`	`;14`	Semikolon (`;`) ist hier kein zulässiges Radixzeichen.
7	`3`	`3,`	Ziffernfolge (hinter Radixzeichen) darf nicht leer sein.
8	`3,0`	`3,`	Ziffernfolge (hinter Radixzeichen) darf nicht leer sein.
9	`48`	`-48`	Vorzeichen als *Bestandteil* einer Festkommazahl verboten.
10	`48`	`- 48`	Vorzeichen als *Bestandteil* einer Festkommazahl verboten.

Mit dem Beispiel Nr. 10 soll *nicht* ausgedrückt werden, dass z. B. `-␣48` in keinem NPL-Programm vorkommen darf. Das Minussymbol (`-`) ist dabei lediglich nicht Bestandteil der Festkommazahl selbst, sondern Operator. Der Zusammenhang wird durch die Syntax für *arithmetischer Ausdruck* klar werden.

Wenn man einen arithmetischen Ausdruck – z. B. wegen seiner Länge – auf mehrere Zeilen aufteilt und zufällig in einer Zeile linksbündig vier Ziffern einer Festkommazahl stehen, ist das Unglück bereits geschehen: Die vier Ziffern werden als neue Zeilennummer dieser Zeile aufgefasst. Entsprechend rutscht der Rest der Zeile um vier Spalten nach links. Wenn man beispielsweise – hier sind zur Verdeutlichung auch die Zeilennummern angegeben –

```
0100 MASSE_IN_GRAMM := MASSE_IN_TONNEN *
0110 1000000 ;
```

eintastet und die Editormaske verabschiedet, steht direkt danach im Editor

```
0100 MASSE_IN_GRAMM := MASSE_IN_TONNEN *
1000 000 ;
```

Es kann durchaus sein, dass man die Zeilennummer `1000` gar nicht sieht, da sie im Zuge einer automatischen Neunummerierung sofort durch eine andere Zeilennummer, z. B. `0110`, ersetzt worden ist. Passt der Programmierer hier nicht auf, kann der nächste Super-GAU im wahrsten Sinne des Wortes programmiert sein. Abhilfe: Festkommazahlen grundsätzlich nicht linksbündig eintasten.

5.5.3 Variablenname

Variablennamen sind zunächst schlicht Bezeichner. Siehe Bild 5.16.

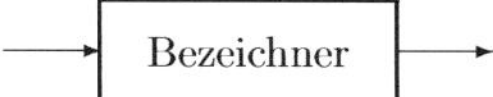

Bild 5.16 — Syntaxdiagramm für *Variablenname* (vereinfacht)

Für **Beispiele** siehe Tabelle 5.3.

Tabelle 5.3 — Beispiele für *Variablenname*

Nr	richtig	falsch	Erläuterung des falschen Beispiels
1	`DOLLAR_BETRAG`	`$`	Dollarzeichen (`$`) ist kein gültiger Bezeichner.
2	`ZEHN_PROZENT`	`ZEHN%`	Prozentzeichen (`%`) in Bezeichnern ist verboten.

5.5.4 Elementarausdruck bis arithmetischer Ausdruck

Dieser Abschnitt gibt einen **Überblick** über die Definition des Nichtterminalsymbols *arithmetischer Ausdruck* sowie dreier weiterer Nichtterminalsymbole, die zur Definition von *arithmetischer Ausdruck* benötigt werden.

Elementarausdrücke sind sozusagen die *Keimzellen* von arithmetischen Ausdrücken. *Elementarausdruck* wird bei der Definition von *arithmetischer Faktor* benutzt. Diese Definition wiederum wird bei der Definition von *arithmetischer Term* benutzt. Nun wird *arithmetischer Term* bei der Definition von *arithmetischer Ausdruck* benutzt. Schließlich wird *arithmetischer Ausdruck* wiederum bei der Definition von *Elementarausdruck* benutzt. Siehe Bild 5.17 – 5.20.

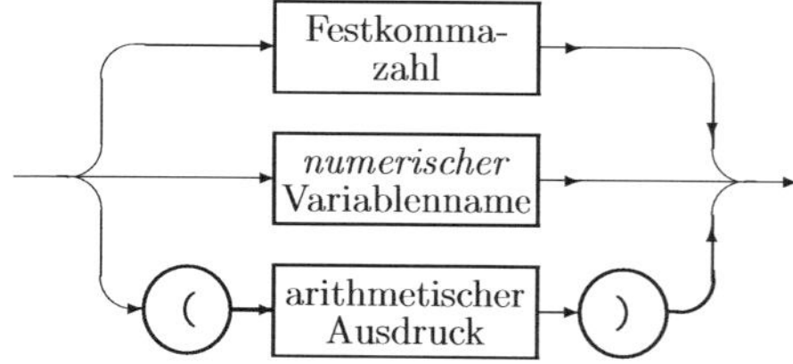

Bild 5.17 — Syntaxdiagramm für *Elementarausdruck*

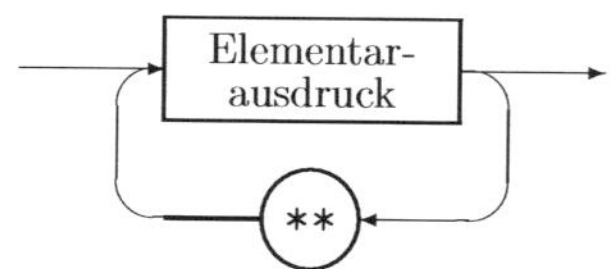

Bild 5.18 — Syntaxdiagramm für *arithmetischer Faktor*

Damit hat sich der Kreis geschlossen. Man beachte, wie sich die üblichen ***Vorrangregeln*** bei der Auswertung von arithmetischen Ausdrücken (z. B. *Punktrechnung vor Strichrechnung*) in der Syntax widerspiegeln.

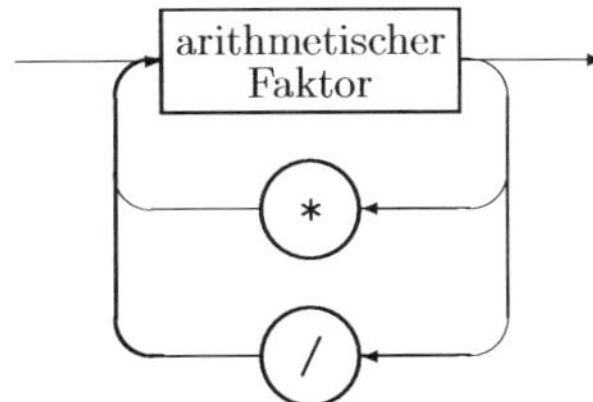

Bild 5.19 — Syntaxdiagramm für *arithmetischer Term*

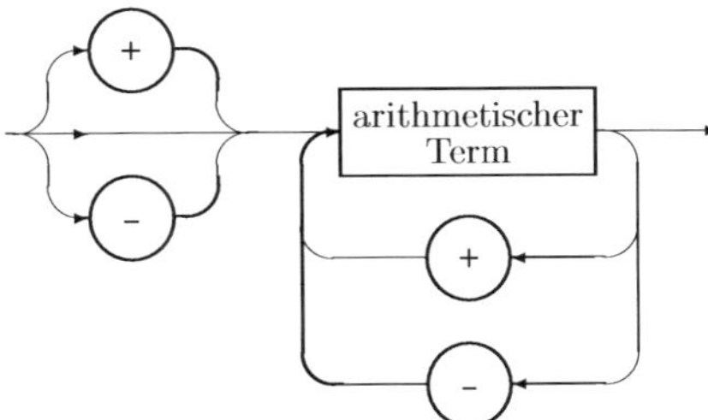

Bild 5.20 — Syntaxdiagramm für *arithmetischer Ausdruck*

Im Syntaxdiagramm für *Elementarausdruck* gibt es eine kleine Neuerung, nämlich eine **semantische Zusatzinformation**. Das Nichtterminalsymbol ***numerischer*** *Variablenname* ist formal gleichbedeutend mit *Variablenname*. Der Präfix *numerischer* soll lediglich ausdrücken, dass hier ausschließlich Variablen eines numerischen Datentyps wie z. B. `P5,2` zulässig sind. Es gibt in NPL nämlich auch nichtnumerische Datentypen. Eine Zusammenstellung derartiger Zusatzregeln wird ***statische Semantik*** der Programmiersprache genannt.

Eine Bezugnahme wie oben auf ein noch nicht definiertes Objekt (arithmetischer Ausdruck), welches wiederum (auch indirekt) Bezug nimmt auf das gerade zu definierende Objekt (Elementarausdruck), nennt man ***Rekursion***. Solche Definitionen heißen dementsprechend ***rekursiv***. Die an dieser Rekursion beteiligten Syntaxdiagramme sind hier lediglich zur Gewinnung eines Überblicks zusammen aufgeführt worden. Sie werden in den folgenden Abschnitten im Detail diskutiert.

5.5.5 Elementarausdruck

Wie bereits gesagt, sind Festkommazahlen und Variablennamen die „Keimzellen" von arithmetischen Ausdrücken. Entsprechend wird hier ***Elementarausdruck*** definiert. Siehe Bild 5.21.

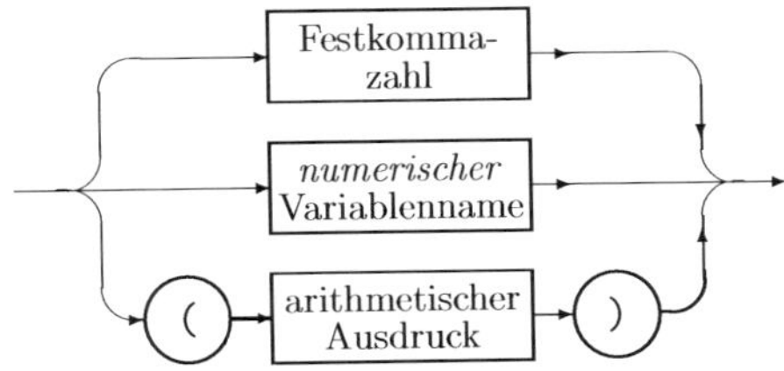

Bild 5.21 — Syntaxdiagramm für *Elementarausdruck*

Auch ein geklammerter arithmetischer Ausdruck soll wiederum ein Elementarausdruck sein. Durch die **Klammerung** kann die Reihenfolge der Auswertung von Ausdrücken beeinflusst, d. h. z. B. die normalerweise geltende Regel *Punktrechnung geht vor Strichrechnung.* aufgehoben, werden.

Für **Beispiele** siehe Tabelle 5.4.

Tabelle 5.4 — Beispiele für *Elementarausdruck*

Nr	richtig	falsch	Erläuterung des falschen Beispiels
1	`34,0`	`34;0`	Semikolon als Radixzeichen ist ungültig.
2	`DOLLAR_BETRAG`	`$`	Dollarzeichen (`$`) ist kein gültiger Bezeichner.
3	`ZEHN_PROZENT`	`ZEHN%`	Prozentzeichen (`%`) in Bezeichnern ist verboten.
4	`(  123 )`	`(  123`	Runde Klammer rechts fehlt oder runde Klammer links ist zuviel.
5	`( NETTO  )`	`NETTO  )`	Runde Klammer links fehlt oder runde Klammer rechts ist zuviel.
6	`( ( I + 1 ) )`	`( ( I + 1 )`	Anzahl linker ist ungleich Anzahl rechter runder Klammern.
7	`( I +  1 )`	`I +  1`	Ausdruck muss geklammert werden, wenn er Elementarausdruck sein soll.

Man hüte sich vor eingeklammerten 4-stelligen Numeralen wie z. B. im Befehl `GRAMM := KILOGRAMM * (1000) ;`. Derartige überflüssige Klammern bleiben teilweise nach der Vereinfachung komplizierterer Ausdrücke stehen. Man könnte erwarten, dass sie keinen Schaden anrichten. Tatsächlich jedoch werden sie vom Compiler und – abhängig von Trennzeichen – auch vom Editor als *Zeilennummernreferenzen* angesehen. Die harmlosere Konsequenz ist eine Syntaxfehlermeldung. Schlimmer ist es, wenn diese ausbleibt und bei einer Neunummerierung der Zeilennummern die Numerale gegebenenfalls geändert werden.

Deshalb sollte man in einer derartigen Situation z. B.

- hinter der öffnenden oder vor der schließenden runden Klammer in eine neue Zeile wechseln – dabei sollte das Numeral aber aus bekanntem Grund keinesfalls am Anfang einer Zeile zu stehen kommen!
- die überflüssigen Klammern entfernen
- mit einer führenden Null (`0`) aus dem 4-stelligen Numeral ein 5-stelliges machen
- das Numeral durch eine Variable oder eine symbolische Konstante, wie sie im nächsten Kapitel eingeführt wird, ersetzen

5.5.6 Arithmetischer Faktor

Da Elementarausdrücke, möglicherweise miteinander zu Potenzen verkettet, direkt als Faktoren, Dividenden oder Divisoren auftreten dürfen, wird hier entsprechend ***arithmetischer Faktor*** definiert. So wie Multiplikation als fortgesetzte Addition aufgefasst werden kann, ist entsprechend Potenzierung eine fortgesetzte Multiplikation. Beispielsweise ist 2^5 (gesprochen *2 hoch 5*) eine andere Schreibweise für 2·2·2·2·2. Dabei heißt in der Mathematik die 2 *Basis* und die 5 *Exponent* (Hochzahl) der *Potenz* 2^5. Im Besonderen ist auch ein einzelner Elementarausdruck stets ein arithmetischer Faktor. Als Exponentiationsoperator dient in NPL das zusammengesetzte Symbol *Stern-Stern* (`**`). Siehe dazu noch einmal das entsprechende Syntaxdiagramm, in Bild 5.22.

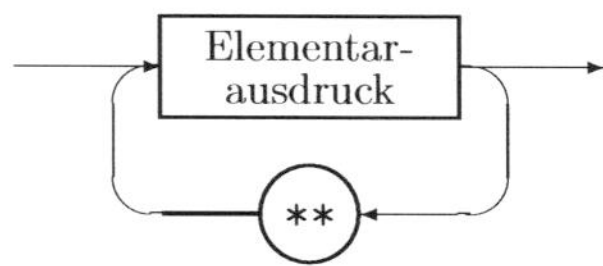

Bild 5.22 — Syntaxdiagramm für *arithmetischer Faktor*

Der erste Elementarausdruck eines Faktors wird als *Basis*, die eventuellen übrigen hingegen als *Exponenten* bezeichnet.

Für **Beispiele** siehe Tabelle 5.5.

Tabelle 5.5 — Beispiele für *arithmetischer Faktor*

Nr	richtig	falsch	Erläuterung des falschen Beispiels
1	`34,0`	`34;0`	Semikolon als Radixzeichen ist ungültig.
2	`DOLLAR_BETRAG`	`$`	Dollarzeichen ($) ist kein gültiger Bezeichner.
3	`ZEHN_PROZENT`	`ZEHN%`	Prozentzeichen (%) in Bezeichnern ist verboten.
4	`2 ** LEVEL`	`2**LEVEL`	Trennzeichen fehlen.
5	`2 ** 5`	`2 *** 5`	Ein Stern zuviel im Exponentiationsoperator.
6	`2,50 ** 2 ** 2`	`2,50 ^ 2 ^ 2`	Pfeil nach oben (^) ist kein Exponentiationsoperator.

Genaugenommen müssen in NPL *nicht*, wie die Syntaxdiagramme in diesem Buch definieren, stets Trennzeichen zwischen Operanden und Operatoren stehen. Der Grund für die hier vorgeschriebene konsequente Benutzung von Trennzeichen liegt in sonst möglichen **Mehrdeutigkeiten**. Sei etwa `LEVEL` ein Variablenname wie in einem der Beispiele. Weiterhin gibt es in NPL vordefinierte sogenannte *Systemvariablen*. Wahrscheinlich in der Frühzeit von Natural, in der arithmetische Ausdrücke noch nicht vorgesehen waren, ist leider festgelegt worden, dass Namen von Systemvariablen mit einem Stern (`*`) beginnen, z. B. `*LEVEL`. Was soll nun `2**LEVEL` bedeuten? Die erste Möglichkeit ist die Exponentiation `2 ** LEVEL` $= 2^{\texttt{LEVEL}}$ (aktuell gültige Interpretation), die zweite hingegen die Multiplikation `2 * *LEVEL` $= 2 \cdot$ `*LEVEL`.

Mehrdeutigkeiten dieses Typs können durch Benutzung von Trennzeichen zuverlässig vermieden werden.

Achtung:

Wenn man einen arithmetischen Ausdruck auf mehrere Zeilen aufteilt und zufällig in einer Zeile linksbündig ein Exponentiationsoperator (`**`) steht, ist wieder ein Unglück geschehen. Leider wird dann die gesamte Zeile als Kommentar aufgefasst! Und das, obwohl es doch bereits eine allgemeingültige Kommentareinleitung *Schrägstrich-Stern* (`/*`) gibt. Auch diese Notation ist wahrscheinlich eine Altlast aus der Frühzeit von Natural. Wenn man beispielsweise

```
VOLUMEN_DES_WUERFELS := 20
** 3 ;
```

eintastet, erhält man in der Variablen den Wert `20` anstelle des richtigen Ergebnisses `8000`. Einen Syntaxfehler gibt es nicht, da das abschließende Semikolon (`;`) am Ende des Befehls von der offiziellen Syntax leider nicht gefordert wird. Passt der Programmierer hier nicht auf, kann wieder die nächste Katastrophe programmiert sein.

Abhilfe: Exponentiationsoperatoren grundsätzlich nicht linksbündig eintasten.

5.5.7 Arithmetischer Term

Da arithmetische Faktoren, möglicherweise durch Multiplikations- (`*`) oder Divisionsoperatoren (`/`) miteinander verkettet, direkt als *Terme*, d. h. als *Summanden*, *Minuenden* oder *Subtrahenden* auftreten dürfen, wird hier entsprechend ***arithmetischer Term*** definiert. Im Besonderen ist also auch ein einzelner arithmetischer Faktor (und damit auch ein einzelner Elementarausdruck) stets ein arithmetischer Term. Wie bereits gesagt, wird in NPL der Schrägstrich (`/`) anstelle eines Bruchstriches verwendet. Dabei gibt es allerdings keine implizite (stillschweigende) Klammerung von Zähler oder Nenner, sodass diese gegebenenfalls explizit (d. h. ausdrücklich) in Klammern gesetzt werden müssen, wie z. B. in `( X + 5 ) / ( Y - 3 )` für $\frac{x+5}{y-3}$. Siehe Bild 5.23.

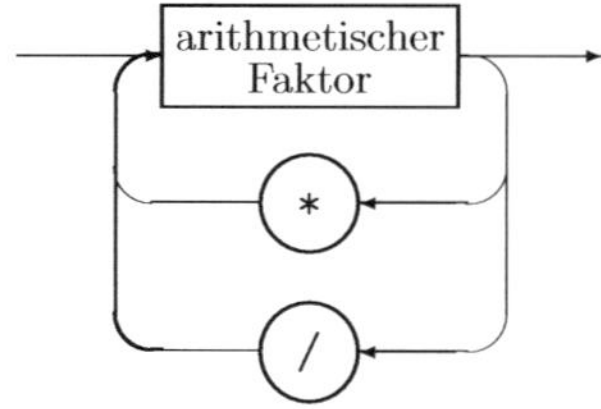

Bild 5.23 — Syntaxdiagramm für *arithmetischer Term*

Für **Beispiele** siehe Tabelle 5.6.

Es gilt die **zusätzliche Regel**, dass Division durch 0 nicht zulässig, da mathematisch nicht definiert ist. Falls eine solche Division beim Ablauf eines NPL-Programms vorkommt, gibt es einen Programmabbruch mit einer entsprechenden *Laufzeit*-Fehlermeldung. Das letzte Beispiel (`NETTO / 0`) ist also *syntaktisch* korrekt, wenngleich es bei *Ausführung* einen Programmabbruch verursachen wird.[4]

[4] Voraussetzung für einen (empfohlenen) Programmabbruch bei mathematisch unsinniger Division durch 0 ist allerdings die Natural-Parametersetzung `ZD=ON`. Im Zweifelsfall wende man sich an seinen Natural-Administrator.

Tabelle 5.6 — Beispiele für *arithmetischer Term*

Nr	richtig	falsch	Erläuterung des falschen Beispiels
1	`34,0`	`34;0`	Semikolon als Radixzeichen ist ungültig.
2	`DOLLAR_BETRAG`	`$`	Dollarzeichen (`$`) ist kein gültiger Bezeichner.
3	`ZEHN_PROZENT`	`ZEHN%`	Prozentzeichen (`%`) in Bezeichnern ist verboten.
4	`3 * 2 ** 5`	`3 * 2 ^ 5`	Pfeil nach oben (`^`) als Exponentiationsoperator ist verboten.
5	`NETTO / 6`	`NETTO : 6`	Doppelpunkt (`:`) als Divisionsoperator ist verboten.
6	`NETTO / 0`	`NETTO : 0`	Doppelpunkt (`:`) als Divisionsoperator ist verboten.

Weiterhin ist die **Anzahl Nachkommastellen** (genauer: Stellen nach dem Radixzeichen), die der Divisionsoperator (`/`) abliefert, von den Datentypen aller Operanden links neben dem Divisionsoperator abhängig.

Und zwar wird unabhängig von Klammerungen von links nach rechts an den bis dahin umfangreichsten Datentyp angeglichen.

Bei einer Zuweisung hat sogar der Datentyp der Zielvariablen auf der linken Seite eine Fernwirkung auf die Zwischenergebnisse bei der Auswertung der rechten Seite!

Beispielsweise ist nach Ausführung der Anweisung `ERG := 6 / 10 * 10` der Inhalt von `ERG` dann `6,0`, wenn diese Variable vom Datentyp `P2,1` ist.

Das liegt daran, dass die arithmetischen Faktoren auf der rechten Seite an den Datentyp `P2,1` von `ERG` automatisch (und unsichtbar!) angeglichen werden.
Der angeglichene Ausdruck `06,0 / 10,0 * 10,0` ergibt dann `00,6 * 10,0 = 06,0`. Falls `ERG` hingegen vom Datentyp `P2,0` ist, erhält sie den Inhalt `0`, denn `6 / 10 * 10` ergibt `0 * 10 = 0`.

Um also mit Hilfe eines Zuweisungsbefehls den ganzzahligen Teil einer Division zu bekommen, kann man zunächst einer Variablen *ohne Nachkommastellen* – z. B. des Datentyps `P2,0` – den Quotienten zuweisen. In solchen Fällen wird der gebrochene Teil allerdings einfach abgeschnitten (englisch: *truncate*) und *nicht* einer kaufmännischen *4/5-Rundung* unterzogen.

Achtung:
Wenn man einen arithmetischen Ausdruck auf mehrere Zeilen aufteilt und zufällig in einer Zeile linksbündig ein Multiplikationsoperator (`*`), gefolgt von einem Leerzeichen (␣), steht, ist wieder ein Fehler aufgetreten. Leider wird auch in diesem Fall die gesamte Zeile als Kommentar aufgefasst! Wenn man beispielsweise

```
MEHRWERTSTEUER := ( NETTO_BETRAG_1 + NETTO_BETRAG_2 )
* 0,19 ;
```

eintastet, ist die Kundschaft schockiert, denn sie soll plötzlich Mehrwertsteuer in Höhe der Summe aus beiden Nettobeträgen bezahlen.

Abhilfe: Multiplikationsoperatoren grundsätzlich nicht linksbündig eintasten.

5.5.8 Arithmetischer Ausdruck

Da arithmetische Terme, möglicherweise durch Additions- (+) oder Subtraktionsoperatoren (-) miteinander verkettet, bereits die Ausdrücke darstellen, auf die dieser Abschnitt abzielt, wird hier entsprechend ***arithmetischer Ausdruck*** definiert. Im Besonderen ist also auch ein einzelner arithmetischer Term (und damit auch ein einzelner arithmetischer Faktor und ein einzelner Elementarausdruck) stets ein arithmetischer Ausdruck. Siehe Bild 5.24.

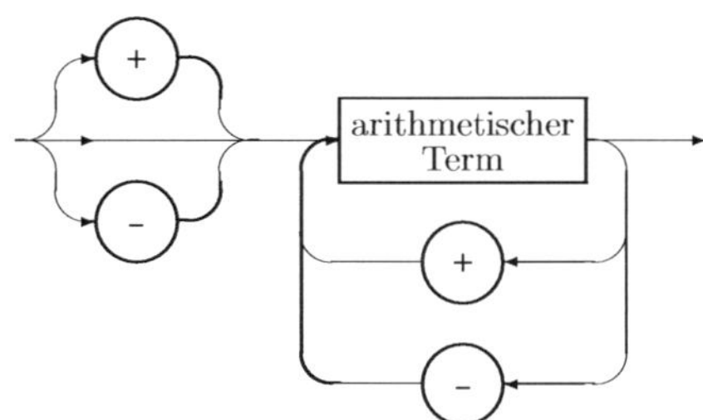

Bild 5.24 — Syntaxdiagramm für *arithmetischer Ausdruck*

Es gibt aber auch eine kleine Abweichung von der Darstellung arithmetischer Vorrangregeln in den Syntaxdiagrammen: Tatsächlich hat ein einstelliger Minusoperator (-) wie z. B. auch in den Programmiersprachen COBOL oder ALGOL 68 eine noch höhere Priorität als der Exponentiationsoperator. Beispielsweise werden die Ausdrücke `- 2 ** 0` und `- 2**0` wie `( - 2 ) ** 0` übersetzt, was das Ergebnis `1` gibt, und nicht wie `- ( 2 ** 0 )`, was das Ergebnis `- 1` gäbe. Der arithmetische Ausdruck `0 - 2 ** 0` liefert allerdings das Ergebnis `- 1`, da der Minusoperator (-) darin *zweistellig* ist und eine niedrigere Priorität als der Exponentiationsoperator (**) hat.  In Zweifelsfällen sollte man lieber zuviel als zuwenig klammern, um die gewünschte Reihenfolge in der Auswertung sicherzustellen.

Für **Beispiele** siehe Tabelle 5.7.

Tabelle 5.7 — Beispiele für *arithmetischer Ausdruck*

Nr	richtig	falsch	Erläuterung des falschen Beispiels
1	`34,0`	`34;0`	Semikolon als Radixzeichen ist ungültig.
2	`DOLLAR_BETRAG`	`$`	Dollarzeichen (`$`) ist kein gültiger Bezeichner.
3	`ZEHN_PROZENT`	`ZEHN%`	Prozentzeichen (`%`) in Bezeichnern ist verboten.
4	`- ( - NETTO )`	`- - NETTO`	Doppelte Minussymbole sind verboten.
5	`A - ( - B * C )`	`A - - B * C`	Doppelte Minussymbole sind verboten.

Wenn die Operanden innerhalb eines arithmetischen Ausdrucks nicht genau vom gleichen Datentyp sind, so ist dies i. Allg. kein großes Problem. Es findet nämlich eine automatische **Angleichung** an den umfangreicheren Datentyp mit den jeweils meisten Stellen vor und hinter dem Radixzeichen statt. Beispielsweise ergibt der Ausdruck `471 + 23,45` ein (Zwischen-) Ergebnis mindestens vom Datentyp `P3,2`.

5.5.9 Textausdruck

Für Texte gibt es in NPL keine Operatoren wie z. B. + oder /. Entsprechend einfach gestaltet sich die Syntax von **Textausdrücken**. Sie lässt zunächst lediglich Textkonstanten und Variablennamen zu. Siehe Bild 5.25.

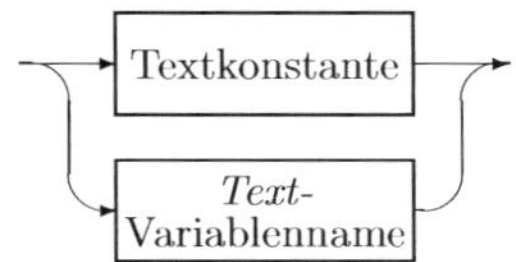

Bild 5.25 — Syntaxdiagramm für *Textausdruck*

Für **Beispiele** siehe Tabelle 5.8.

Tabelle 5.8 — Beispiele für *Textausdruck*

Nr	richtig	falsch	Erläuterung des falschen Beispiels
1	NAME_DOLLAR	$	Dollarzeichen ($) ist kein gültiger Bezeichner.
2	TITEL_PROZENT	TITEL_%	Prozentzeichen (%) in Bezeichnern ist verboten.
3	'ABC'	'ABC	Rechtes Hochkomma (') fehlt.

5.6 Übungen

5.6.1 Kennenlernen der Editoren

Machen Sie sich bitte mit den **Editoren** (Programmrumpfeditor und Datenbereichseditor) des Programmiersystems vertraut, indem Sie deren Bedienungsanleitungen in [53] und [55] nachlesen oder die Hilfefunktion aufrufen. Probieren Sie die verschiedenen Kommandos an geeigneten Beispielen aus. Wenn Sie sehr stolz auf die bisher geschriebenen Programmbausteine sind, sollten Sie diese allerdings nicht für solche Zwecke benutzen. Zu oft schon nämlich sind die schönsten Programme durch mutige Experimente eines noch nicht sehr versierten Benutzers in die ewigen Jagdgründe gegangen.

5.6.2 Benutzung von Textvariablen

Um sich im Umgang mit **Textvariablen** zu üben, entwickeln Sie bitte ein Programm PAPAGEI, welches einen maximal 60 Zeichen langen Text vom Bildschirmgerät in eine Variable „Zeile" einliest und diese anschließend auf dem Bildschirm ausgibt. Hinweise: Die Datentypklasse für Texte ist A (Abkürzung von *Alphanumeric*, d. h. alphabetische, numerische oder Sonderzeichen). Die Längenangabe ist eine Ziffernfolge, enthält also sinnvollerweise keine Anzahl Nachkommastellen. Zusatzaufgabe: Was geschieht übrigens, wenn für ein Programm PAPAGEI2 weiterhin eine Variable „Kurz" der Länge 10 eingeführt wird, diese den Inhalt von „Zeile" bekommt und ebenfalls ausgegeben wird?

5.6.3 Kaufmännische Rundung

Entwickeln Sie bitte ein kleines Programm RUNDUNG, welches vom Bildschirmgerät einen €-Betrag in eine Variable mit 6 Vorkomma- und 2 Nachkommastellen einliest und diese auf ganze € kaufmännisch *4/5-gerundet* ausgibt. Beispielsweise soll € 2,49 noch auf € 2 abgerundet, € 2,50 jedoch bereits auf € 3 aufgerundet werden. Nehmen Sie an, dass der eingelesene €-Betrag nichtnegativ ist. Anmerkung: Die Variante mit einer grundsätzlichen Abrundung des €-Betrages und Abzweigung des überschüssigen Centbetrages gehört zu jeder „Grundausbildung“ in Computerkriminalität. Zur letzteren soll hier nicht ermuntert werden!

5.6.4 Programmierung mathematischer Formeln

Entwickeln Sie bitte ein Programm zur Berechnung der Oberfläche A und des Volumens (Rauminhaltes) V einer **Kugel** bei gegebenem Radius (lateinisch für *Halbmesser* = halber Durchmesser) r. Die entsprechenden Formeln lauten

$$A = 4 \cdot \pi \cdot r^2 \tag{5.1}$$

und

$$V = \frac{4}{3} \cdot \pi \cdot r^3 \tag{5.2}$$

Setzen Sie für die *Kreiskonstante* π (griechischer Buchstabe *pi*) den Näherungswert 3,14 an. Vereinbaren Sie die in den Formeln vorkommenden Variablen. Sie sollen jeweils 2 Nachkommastellen haben. Die Variable r soll Werte von 0,00 bis 9,99 annehmen können. Entsprechend der gewünschten Größenordnung und Genauigkeit suchen Sie sich bitte für alle Variablen geeignete Datentypen aus. Lassen Sie die Variablen der Formel vom Bildschirmgerät einlesen und das Ergebnis auf dem Bildschirm anzeigen. Geben Sie für r nacheinander auch die folgenden Werte ein:

- `,00`
- `1,00`
- `3,50`

Hinweise:

- Das Quadrat r^2 von r erhalten Sie einfach, indem Sie wahlweise r mit sich selbst multiplizieren (z. B. `RAD * RAD`) oder in die 2. Potenz erheben (z. B. `RAD ** 2`).
- Sie können für die Berechnung des Volumens V auf die Oberfläche A zurückgreifen.

6 Symbolische Konstanten

Dieses Kapitel zeigt, wie man durch Verwendung ***symbolischer Konstanten*** die Verständlichkeit und Wartbarkeit besonders von großen Programmen wesentlich verbessern kann.

6.1 Problem

Im Fallbeispiel des vorigen Kapitels ist unvermittelt das ***Literal***, d. h. die *Zeichenfolge* 19 in der Rolle des Mehrwertsteuer-Satzes aufgetaucht. Da dieses Literal die Standarddarstellung einer Zahl ist, nennt man es speziell auch *Numeral*. Dieses unvermittelte Auftauchen kann die Verständlichkeit der Programme negativ beeinflussen. Denn nicht immer ist die Bedeutung eines solchen Literals sofort intuitiv klar.

Beispielsweise könnte das Numeral 1 000 in ein und demselben (Bestell-) Programm an manchen Stellen für *maximale Anzahl Lieferanten* und an anderen Stellen für *Umrechnungsfaktor Kilogramm in Gramm* stehen.

Angenommen, es stände die Aufgabe an, das Programm für die Behandlung von bis zu 2 000 Lieferanten zu ändern. Übersieht man die zweite Bedeutung des Numerals 1 000 und überträgt einer Hilfskraft die Aufgabe, im Programm systematisch jedes Vorkommen von 1000 durch 2000 zu ersetzen, ist es schon passiert: Das Programm bestellt in Zukunft z. B. jeweils ein Kilogramm einer Ware zum Preis von 2 000 Gramm, was höchstens den Lieferanten erfreuen dürfte.

Einen **Ausweg** stellen *symbolische Konstanten* dar. Eine symbolische Konstante ist die Zuordnung eines Literals wie z. B. 19 zu einem Namen wie z. B. „Mehrwertsteuer-Satz-voll“[1]. Eine solche Zuordnung erfolgt einmal am Programmanfang. Im weiteren Ablauf kann dann stets der Name (z. B. „Mehrwertsteuer-Satz-voll“) anstelle des Literals (z. B. 19) benutzt werden. Dies erhöht die Lesbarkeit der Software wesentlich.

Im Besonderen jedoch kann das oben geschilderte **Änderungsproblem** gelöst werden: Im Falle einer Anpassung muss nur einmal am Programmanfang das zugeordnete Literal geändert werden. Ohne Verwendung von symbolischen Konstanten müsste man hingegen die ganze (oft lange) Software durchlesen (und verstehen!), um zu entscheiden, welche Vorkommen eines Literals durch ein neues Literal zu ersetzen sind.

Übrigens ist im weiteren Ablauf jede Zuweisung an eine symbolische Konstante (z. B. „Mehrwertsteuer-Satz-voll“) ebenso **tabu** wie eine Zuweisung an ein Literal (z. B. 19). Dies ist jedoch genau beabsichtigt, denn eine symbolische Konstante wäre ja gar keine Konstante, wenn sie ungestraft geändert werden dürfte.

[1] In Struktogrammen kann man sich den Bindestrich (-) in Variablennamen erlauben, wenn man gut zwischen ihm (z. B. in „Mehrwertsteuer-Satz-voll“) und einem Minuszeichen (z. B. in „Bruttobetrag – Mehrwertsteuer“) unterscheiden kann.

6.2 Entwurf

Das **Struktogramm** des an das neue Konzept angeglichenen Fallbeispiels des vorigen Kapitels kann aussehen wie das in Bild 6.1.

⓪ Konstante Mehrwertsteuer-Satz-voll = 19
① Lesen von Bildschirmgerät: Nettobetrag
② Mehrwertsteuer $\longleftarrow$ Nettobetrag $\cdot \dfrac{\text{Mehrwertsteuer-Satz-voll}}{100}$
③ Bruttobetrag $\longleftarrow$ Nettobetrag + Mehrwertsteuer
④ Schreiben auf Bildschirm: 'Mehrwertsteuerberechnung' unterstrichen
⑤ Schreiben auf Bildschirm: Nettobetrag, Mehrwertsteuer, Bruttobetrag

Bild 6.1 — Struktogramm mit Benutzung einer symbolischen Konstanten

Es ist Folgendes zu **beachten**:

In Verarbeitung ⓪ findet die **Zuordnung** des Numerals 19 zum Namen „Mehrwertsteuer-Satz-voll" statt. In diesem Struktogramm und den folgenden sollen das Schlüsselwort „Konstante" und das Gleichheitszeichen (=) deutlich machen, dass es sich um die Definition einer symbolischen Konstanten und nicht um die Zuweisung ($\longleftarrow$) an eine Variable handelt.

6.3 Implementation

Konstanten wie der aktuell gültige volle Mehrwertsteuersatz haben meist nicht nur innerhalb eines Programms, sondern sogar innerhalb eines ganzen Systems von zusammenwirkenden Programmen eine **globale Bedeutung**.

Deshalb ist es nicht zweckmäßig, derartige Konstanten in den privaten LDAs (z. B. MWST_H) der jeweiligen Programme zu definieren.

Dann müssten ja im Falle einer Änderung viele LDAs manuell geändert und neu kompiliert werden.

Viel besser ist es, die Konstante „Mehrwertsteuer-Satz-voll" in einer **separaten LDA** (z. B. mit dem Namen STEUERN) zu definieren. ☞

Diese LDA kann dann von allen betroffenen Programmrümpfen eines Programmsystems referenziert, d. h. angesprochen, werden.

Das Programmbausteinnetz in Bild 6.2 geht beispielsweise davon aus, dass u. a. ein Lohn- und ein Gehaltsbuchhaltungsprogramm im System enthalten sind.

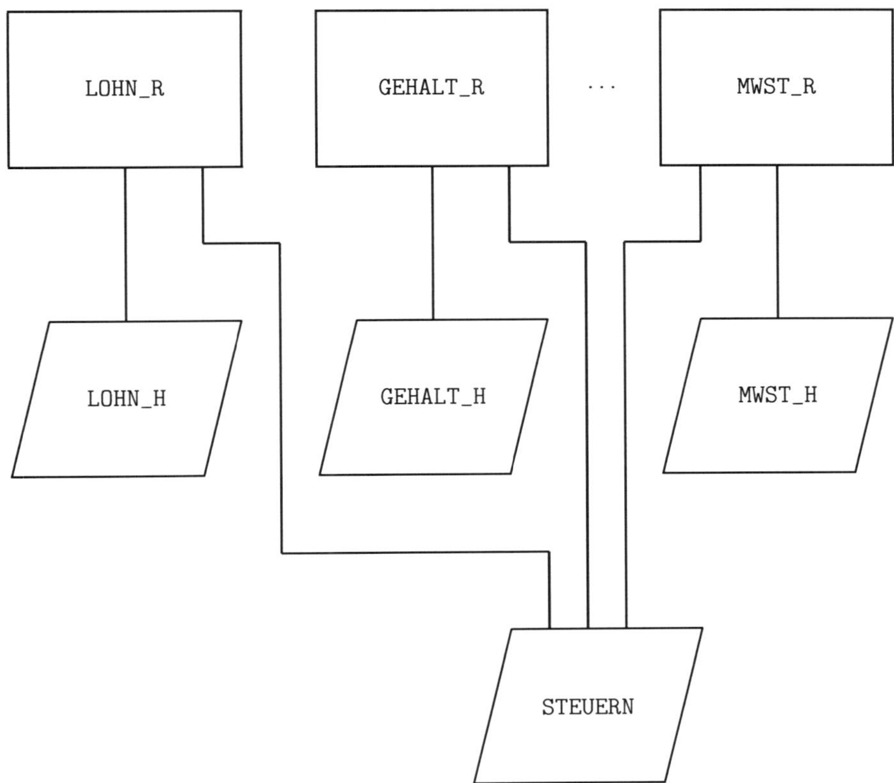

Bild 6.2 — Programmbausteinnetz mit zentralem Datenbaustein

6.3.1 Datenvereinbarung

In diesem Abschnitt soll auch eine Methode vorgestellt werden, die eine noch **schnellere Anwahl** eines Editors gestattet. Dazu kann man bereits im Feld `Command ===>` des Hauptmenüs (oder auch im Kommandofeld eines Editors) ein Kommando erteilen. Dieses erspart einem das „Durchhangeln" durch mehrere Menüs. Da hier zu Beginn eines Jobs eine LDA bearbeitet werden soll, ist zweckmäßigerweise im Hauptmenü das Kommando `EDIT LOCAL` einzugeben.[2] Siehe Bild 6.3.

```
 11:03:21                    *****  NATURAL  *****                    21.03.2019
 User SCHLUTER                    - Main Menu -                  Library UEBNG_1


                    Function

                  _  Development Functions
                  _  Development Environment Settings
                  _  Maintenance and Transfer Utilities
                  _  Debugging and Monitoring Utilities
                  _  Example Libraries
                  _  Other Products
                  _  Help
                  _  Exit Natural Session


 Command ===> EDIT LOCAL
 Enter-PF1---PF2---PF3---PF4---PF5---PF6---PF7---PF8---PF9---PF10--PF11--PF12---
       Help        Exit                                                  Canc
MA    A                                                                  07/018
```

Bild 6.3 — Direkte formatfreie Anwahl eines Editors

Darauhin präsentiert sich die Maske des Datenbereichseditors. Siehe Bild 6.4. Darin ist

```
 Local                  Library UEBNG_1                        DBID      8 FNR      7
 Command                                                                          > +
 I T L  Name                              F Length     Miscellaneous
 All -- -------------------------------- - ----------  ------------------------->
   *    Mehrwertsteuer-Satz-voll                       (Regelsatz)
   C 1  MWST_SATZ_VOLL                    P 2,1        CONST < 19 > /*hier 19 %

 ---------------------------------------------------------------- S 0     L 1

MA    A                                                                  03/010
```

Bild 6.4 — Vereinbarung einer symbolischen Konstanten

gemäß Verarbeitung ⓪ des Struktogramms eine geeignete **Konstantendefinition** einzutragen.

[2] Leider gibt es noch kein `CREATE-LOCAL`-Kommando, dem gleich der Name der zu erzeugenden LDA als Parameter mitgegeben werden kann. Erst für spätere Änderungen können Kommandos wie z. B. `EDIT LOCAL STEUERN` gegeben werden.

Man beachte das C (Abkürzung von *Constant*, englisch für *Konstante*) in Spalte T (Abkürzung von *Type*, englisch für *Typ*) der zweiten Zeile im Tabellenrumpf. Dieses kündigt die Definition einer symbolischen Konstanten an. Auch hier wird wieder eine Nachkommastelle „spendiert", um bereits jetzt für zukünftige, eventuell nicht ganzzahlige, Steuersätze gewappnet zu sein. In der letzten Spalte der Tabelle muss dann das reservierte Wort CONST, gefolgt von einer geklammerten Wertspezifikation, angegeben werden. Diese geklammerte Wertspezifikation ist eine durch spitze Klammern (<>) begrenzte Wertspezifikation, im Beispiel ein in spitze Klammern eingeschlossenes Numeral. Dahinter ist i. Allg. nur Platz für einen sehr kurzen Kommentar. Man kann sich jedoch mit separaten Kommentarzeilen helfen. Ein Sternchen (*) in Spalte T kündigt eine solche Kommentarzeile an. Ein Beispiel ist die gesamte erste Zeile im Tabellenrumpf.

Die LDA muss selbstverständlich nach dieser Neuerstellung sowie nach jeder Änderung **kompiliert** werden, z. B. mit Hilfe des STOW-Kommandos. Dabei ist jetzt bei der Neuerstellung der Programmbausteinname (STEUERN) als Parameter des STOW-Kommandos (STOW STEUERN) anzugeben, da er ja nicht beim Kommando EDIT LOCAL gesetzt werden konnte. Siehe Bild 6.5.

```
Local                   Library UEBNG_1                        DBID      8 FNR      7
Command :STOW STEUERN                                                             > +
I T L  Name                               F Length      Miscellaneous
All -- -------------------------------- - ----------- ------------------------->
  *    Mehrwertsteuer-Satz-voll                         (Regelsatz)
  C  1 MWST_SATZ_VOLL                     P        2,1  CONST < 19 > /*hier 19 %


----------------------------------------------------------------- S 2     L 1

MA   A                                                                     03/010
```

Bild 6.5 — Kompilierung einer LDA mit einer symbolischen Konstanten

Man störe sich übrigens nicht zu allzu sehr daran, dass durch die Erteilung des STOW-Kommandos die Eintragung in der letzten Spalte Miscellaneous ein wenig komprimiert wird, nämlich zu CONST< 19 > /*hier 19 %.

Im Falle einer **Änderung** des Mehrwertsteuersatzes, z. B. von 19 auf 23 %, ist nur in der LDA STEUERN ein manueller Eingriff erforderlich, der aus der entsprechenden Ersetzung des Numerals 19 besteht. Dann müssen lediglich die LDA STEUERN und anschließend alle laut Programmbausteinnetz von ihr abhängigen Programmbausteine (z. B. MWST_R) neu kompiliert werden.

Exkurs

In der Realität ist es allerdings nicht ganz so einfach.

Dort wird man nämlich während eines mehr oder weniger langen Übergangszeitraums den alten *und* den neuen Mehrwertsteuersatz mit ihren jeweiligen Gültigkeitszeiträumen verfügbar machen müssen.

Auch kann es zweckmäßiger sein, solche Daten in einer Datenbank zu speichern und dort zu pflegen.

6.3.2 Rumpf

Der **Programmrumpf** zur Umsetzung des angepassten Struktogramms kann aussehen wie der in Bild 6.6.

```
0010 /*MEHRWERTSTEUERBERECHNUNG
0020 /*Vereinbarungen
0030 DEFINE DATA
0040 LOCAL
0050   USING STEUERN
0060 LOCAL
0070   USING MWST_H
0080 END-DEFINE ;
0090 /*Eingabe
0100 INPUT      NETTO ;
0110 /*Verarbeitung
0120 MWST   := NETTO * MWST_SATZ_VOLL / 100 ;
0130 BRUTTO := NETTO + MWST ;
0140 /*Ausgabe
0150 WRITE
0160   'Mehrwertsteuerberechnung' /
0170   '------------------------' / /
0180   'Nettobetrag : ' NETTO     /
0190   'Mehrwertst. : ' MWST      /
0200   'Bruttobetrag:'  BRUTTO    ;
0210 END
```

Bild 6.6 — Programmrumpf mit Benutzung einer symbolischen Konstanten

Es ist Folgendes zu **beachten**:

- Besonders längere Programme sind ziemlich unübersichtlich, wenn ihre Anweisungen schlicht linksbündig untereinander stehen. Die Übersichtlichkeit erhöht sich hingegen durch sinnvolle Einrückung. Dieser Vorgang lässt sich mit Hilfe sogenannter *Pretty-Printing*-Funktionen (englisch für *Schöndruck*) automatisieren. Auch in Natural ist eine derartige Funktion verfügbar. Sie hat den Namen `STRUCT`. Die übersichtliche **Einrückung** mancher Programmteile (z. B. Zeilen `0050` und `0070` in der `DEFINE-DATA`-Vereinbarung sowie Zeilen `0160` bis `0200`) kann nun dadurch erreicht werden, dass im Kommandofeld des Programmrumpfeditors (>) oder eines Menüs (`Command ===>`) das Kommando `STRUCT` gegeben wird. Zu diesem Zweck muss sich allerdings der Programmrumpf im Arbeitsbereich des Editors befinden.
- Durch **Referenzierung** der LDA `STEUERN` mit der Klausel `LOCAL USING STEUERN` in den Zeilen `0040` und `0050` des Programmrumpfes wird die in ihr definierte symbolische Konstante `MWST_SATZ_VOLL` unmittelbar bekannt gemacht. Diese Konstante darf dann im Programmrumpf benutzt werden, hier z. B. in Zeile `0120`.
- Zur **Aufgliederung** hat das Programm zusätzliche Kommentare bekommen (Zeilen `0020`, `0090`, `0110` und `0140`).
- Weiterhin wird im Programmrumpf ab Zeile `0150` ein **allgemeinerer `WRITE`-Befehl** vorgestellt, der mehrere Zeilen ausgibt. Jeder Schrägstrich (/) steht dabei für einen Vorschub auf eine neue Zeile. Bereits durch diese Regelung scheidet leider die direkte

Ausgabe von arithmetischen Ausdrücken mit Hilfe von WRITE-Befehlen aus, da dann nicht entscheidbar wäre, ob ein Schrägstrich als Vorschubsteuerung oder als Divisionsoperator zu interpretieren ist. Übrigens brauchen Schrägstriche in WRITE-Befehlen nicht jeweils direkt am Ende einer Zeile zu stehen, wie es im obigen Beispiel der Fall ist. So könnte man das Beispielprogramm in Kapitel 4 auch wie folgt notieren:

```
WRITE 'Hallo' / 'Hier spricht Dein erstes NPL-Programm' ;
END
```

- Der WRITE-Befehl ab Zeile 0150 verdeutlicht weiterhin, dass nicht jede Verarbeitung in einem Struktogramm genau einem Befehl in einem NPL-Programm entsprechen muss.

6.4 Test

Hier sollen auch **direktere Methoden** zur Ausführung eines (mit einem STOW-Kommando erzeugten) Hauptprogramms vorgestellt werden.

- Überall dort, wo man ein Kommando eingeben kann (z. B. im Feld `Command ===>` des Hauptmenüs oder des Untermenüs `Development Facilities`, aber auch im Kommandofeld (>) der Editoren), kann ein EXECUTE-Kommando erteilt werden. Dessen Schlüsselwort EXECUTE kann durch EXEC oder EX abgekürzt werden, aber nichts dazwischen wie etwa EXE. Auf das Kommandoschlüsselwort muss der Name des aufzurufenden Hauptprogramms folgen. Man rufe das Beispielprogramm dieses Kapitels mit dem Kommando `EXECUTE MWST_R` auf.
  Wenn sich das gewünschte Programm in einer anderen Bibliothek befindet, kann diese i. Allg. zusätzlich hinter dem Namen des Programms angegeben werden. Man versuche z. B., das Programm MWST_R in einer anderen Bibliothek, z. B. UEBNG_2, mit dem Systemkommando `EX MWST_R UEBNG_2` aufzurufen. Falls jedoch die Sicherheitseinstellungen dies nicht zulassen, gibt es die Fehlermeldung `NAT0979 Specification of the library not allowed.` (englisch für *Spezifikation der Bibliothek nicht erlaubt.*)
- Man kann i. Allg. das Programm auch schlicht mit seinem Namen (ohne ausdrückliches EXECUTE-Kommando) aufrufen. Dann hat man die Möglichkeit, dem Programm in derselben Zeile Daten mitzugeben. In diesem Fall wird der normalerweise durch den INPUT-Befehl ausgelöste Dialog umgangen. Dies ist besonders bei automatisierten Abläufen, etwa in *Batch-Jobs*, nützlich. Man gebe dem Programm MWST_R z. B. den Nettobetrag 1000,00 mit: `MWST_R 1000,00`

  Falls jedoch irgendwann entgegen der Warnung in Abschnitt 4.3 auf Seite 34 der Programmname „zufällig" gleich einem Kommando-Schlüsselwort, z. B. LIST (s. Anhang C) ist, hat letzteres i. Allg. Vorrang, und man erlebt unter Umständen eine böse Überraschung, etwa wenn dadurch ein nächtlicher Batch-Job nicht richtig abläuft. Empfehlung: Auf keinen Fall ein Systemkommando als Programmnamen nehmen!  Dabei kann eine geeignete *Namenskonvention* helfen: Wenn z. B. Hauptprogrammnamen stets mit _R enden, kann es keine Konflikte geben, da kein einziges Systemkommando einen Grundstrich (_) enthält.

Man kann leider nicht beides gleichzeitig haben, Angabe einer Bibliothek und Mitgabe von Daten in derselben Zeile.

Es sollte bei den Ergebnissen der Tests keine Unterschiede zum vorigen Kapitel geben.

6.5 Syntax und Semantik

In diesem Abschnitt sollen zunächst **Wertspezifikationen** in LDAs und danach **DEFINE-DATA-Vereinbarungen** definiert werden. Es heißt hier *Wertspezifikation* und nicht speziell *Konstantenspezifikation*, da dieses Konstrukt auch für – in diesem Buch nicht behandelte – Anfangswerte gewöhnlicher Variablen genutzt wird.

Eine Hauptprogramm-DEFINE-DATA-Vereinbarung ist ein Konstrukt zur Vereinbarung sämtlicher verwendeter Daten eines Hauptprogrammbausteinrumpfes. Sie muss – von etwaigen Kommentaren abgesehen – stets ganz am Anfang stehen.

6.5.1 Wertspezifikation

Eine **Wertspezifikation** legt beispielsweise fest, welchen Wert eine symbolische Konstante haben soll. Sie hat ein allgemeines Aussehen wie in Bild 6.7. Man beachte die folgende

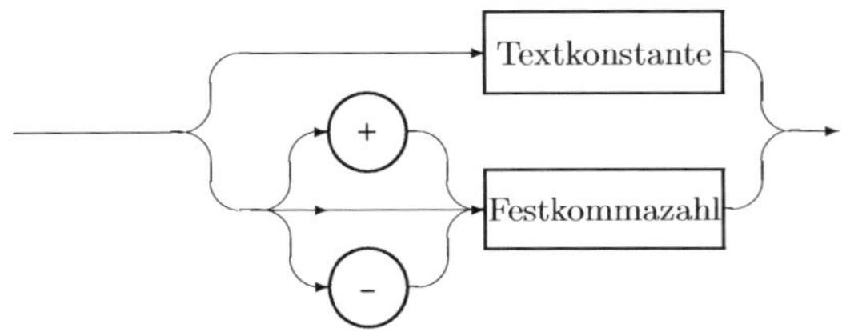

Bild 6.7 — Syntaxdiagramm für *Wertspezifikation* (vereinfacht)

Besonderheit: Zwischen einem eventuellen Vorzeichen Plus (+) oder Minus (-) und einer Festkommazahl dürfen keine Leerzeichen stehen.

Für **Beispiele** siehe Tabelle 6.1.

Tabelle 6.1 — Beispiele für *Wertspezifikation*

Nr	richtig	falsch	Erläuterung des falschen Beispiels
1	`'Steuer'`	`Steuer`	Hochkommata (`''`) zur Begrenzung der Textkonstanten fehlen.
2	`-3`	`- 3`	Leerzeichen (␣) zwischen Vorzeichen (-) und Festkommazahl (3) ist verboten.

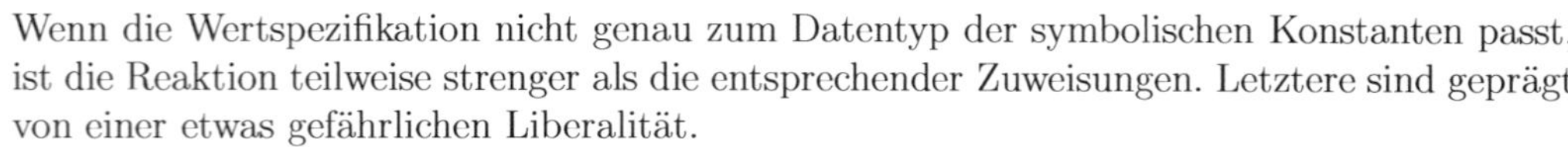
Wenn die Wertspezifikation nicht genau zum Datentyp der symbolischen Konstanten passt, ist die Reaktion teilweise strenger als die entsprechender Zuweisungen. Letztere sind geprägt von einer etwas gefährlichen Liberalität.

- Wenn beispielsweise der Datentyp einer symbolischen Konstanten `A1` ist und man versucht, dieser die Textkonstante `'AB'` zuzuordnen, gibt es eine Syntaxfehlermeldung `NAT0094 Invalid initial value definition. Reason code 16.` (englisch für *Ungültige Wertdefinition. Ursache-Kode 16.*).

- Wenn beispielsweise der Datentyp einer symbolischen Konstante `P4,1` ist, wird der Versuch, ihr eine Zahl mit mehr signifikanten Nachkommastellen wie z. B. `3,14` zuzuordnen, wieder mit der Syntaxfehlermeldung `NAT0094` quittiert. Erlaubt wäre jedoch z. B. folgender Wert: `3,10`

- Inkonsequenterweise gibt es keinen Schutz gegen die Zuordnung einer Zahl wie z. B. `3,141592654` mit vielen Nachkommastellen an eine symbolische Gleitkommakonstante vom Datentyp `F4`, auch wenn deren Aufnahmefähigkeit an *signifikanten* Dezimalstellen deutlich überschritten wird. Es gilt hier nur die allgemeine Regel, dass die Gesamtanzahl Stellen die 29 nicht übersteigen darf. Gleitkommazahlen werden in Übung 6.6.2 auf Seite 83 besprochen.

6.5.2 Geklammerte Wertspezifikation

Eine **geklammerte Wertspezifikation** (das ist z. B. die Angabe hinter `CONST`) in der Spalte `Miscellaneous` des Datenbereichseditors ist eine in spitze Klammern (<>) eingeschlossene Wertspezifikation. Sie hat ein allgemeines Aussehen wie in Bild 6.8.

Bild 6.8 — Syntaxdiagramm für *geklammerte Wertspezifikation* (vereinfacht)

Für **Beispiele** siehe Tabelle 6.2.

Tabelle 6.2 — Beispiele für *geklammerte Wertspezifikation*

Nr	richtig	falsch	Erläuterung des falschen Beispiels
1	< 0 >	0	Spitze Klammern (<>) fehlen.
2	< 3 >	< 3	Rechte spitze Klammer (>) fehlt.
3	< 3 >	<< 3 >>	Doppelte spitze Klammern (<<>>) sind verboten.

6.5.3 Hilfsdaten-Vereinbarung

Zunächst soll hier das „Innenleben" der `DEFINE-DATA`-Vereinbarung in einer vorläufigen, stark vereinfachten Form definiert werden.

Eine Hilfsdaten-Vereinbarung ist eine Folge von jeweils normalerweise 3 Symbolen:

1. Terminalsymbol `LOCAL`
2. Terminalsymbol `USING`
3. Nichtterminalsymbol *Bezeichner*

Siehe das Syntaxdiagramm in Bild 6.9. Man beachte also, dass eine solche Folge **nicht leer** sein darf, d. h. aus mindestens einer `LOCAL`-Klausel bestehen muss. Allerdings muss hinter `LOCAL` nichts stehen. Das ist zwar syntaktisch erlaubt, jedoch höchstens als Platzhalter für eine zukünftige oder ehemalige, „auskommentierte" Vereinbarung sinnvoll, da dann ja aktuell an dieser Stelle nichts vereinbart wird.

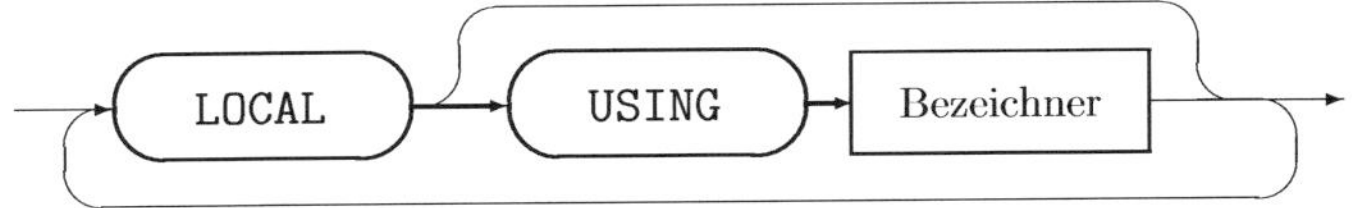

Bild 6.9 — Syntaxdiagramm für *Hilfsdaten-Vereinbarung* (vereinfacht)

Für **Beispiele** siehe Tabelle 6.3.

Tabelle 6.3 — Beispiele für *Hilfsdaten-Vereinbarung*

Nr	richtig	falsch	Erläuterung des falschen Beispiels
1	`LOCAL`	`LOCALS`	Das reservierte Wort `LOCAL` darf nicht in den Plural gesetzt werden.

2	`LOCAL USING HUGO`
	`LOCAL USING OTTO`
		`LOCAL`
		`USING HUGO`
		`USING OTTO`
			Das reservierte Wort `LOCAL` fehlt vor zweiter `USING`-Klausel.

6.5.4 Hauptprogramm-`DEFINE-DATA`-Vereinbarung

Auch die Syntax der kompletten `DEFINE-DATA`-**Vereinbarung** für Hauptprogramme soll hier nur in einer vorläufigen, stark vereinfachten Form definiert werden. Weitere Varianten dieser Vereinbarung werden in späteren Kapiteln beschrieben.

Eine `DEFINE-DATA`-Vereinbarung beginnt mit den reservierten Wörtern `DEFINE` und `DATA`. Diesen muss eine Hilfsdaten-Vereinbarung folgen. Beendet wird die `DEFINE-DATA`-Vereinbarung mit dem reservierten Wort `END-DEFINE`[3] und einem Semikolon (`;`). Siehe das Syntaxdiagramm in Bild 6.10. Man beachte also, dass eine solche Vereinbarung **nicht leer** sein darf.

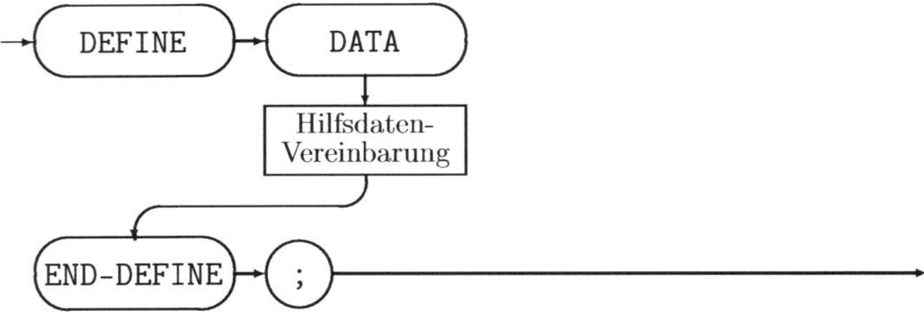

Bild 6.10 — Syntaxdiagramm für *Hauptprogramm*-`DEFINE-DATA`-*Vereinbarung* (vereinfacht)

Allerdings kann, wie bereits in Kapitel 4 zu sehen war, die ganze Vereinbarung wegfallen, wenn keine Daten zu vereinbaren sind.

Für **Beispiele** siehe Tabelle 6.4.

[3] Es wäre sicherer, wenn in keinem reservierten Wort der Mittestrich (`-`) vorkäme, da dieser auch für das Minussymbol verwendet und deshalb möglicherweise für ein solches gehalten wird.

Tabelle 6.4 — Beispiele für *Hauptprogramm*-DEFINE-DATA-*Vereinbarung*

Nr	richtig	falsch	Erläuterung des falschen Beispiels

1	`DEFINE DATA`
	`LOCAL USING HUGO`
	`END-DEFINE ;`
		`DEFINE DATA`
		`END-DEFINE ;`
			Leere `DEFINE-DATA`-Vereinbarung ist verboten.

2	`DEFINE DATA`
	`LOCAL USING HUGO`
	`LOCAL USING OTTO`
	`END-DEFINE ;`
		`DEFINE DATA LOCAL`
		`USING HUGO`
		`USING OTTO`
		`END-DEFINE ;`
			Das reservierte Wort `LOCAL` fehlt vor zweiter `USING`-Klausel.

6.6 Übungen

6.6.1 Auslagerung einer Konstanten

Erzeugen Sie bitte eine LDA namens `MATHE` und definieren Sie darin die mathematische Kreiskonstante π mit dem konstanten (Näherungs-) Wert 3,141593. Modifizieren Sie die Lösung der Übungsaufgabe 5.6.4 so, dass sie `MATHE` benutzt. Probieren Sie die neue Version mit den alten Testdaten aus. Gibt es die gleichen Ergebnisse wie bei der alten Version? Wenn nein, warum nicht?

6.6.2 Gleitkommazahlen

In vielen Anwendungen, besonders aus dem mathematisch-naturwissenschaftlich-technischen Bereich, wird die Verarbeitung von Daten gefordert, die sich über mehrere Größenordnungen erstrecken. Angenommen, das Übungsprogramm zur Kugelberechnung soll nun in der Lage sein, beispielsweise Radien r zwischen einem Milliardstel und 100 Millionen zu verarbeiten. Diese Anforderung ist mit der bisher verwendeten Datentypklasse `P` kaum zu erfüllen. Glücklicherweise gibt es jedoch – ähnlich wie bei technisch-wissenschaftlichen Taschenrechnern – eine Datentypklasse `F` (Abkürzung von *`F`loating Point*, englisch für *Gleitkomma*), die einen Wertebereich von vielen Größenordnungen aufweist. Damit man sich bei der Eingabe einer sehr kleinen oder sehr großen Konstante wegen der vielen Nullen nicht die Finger wundschreibt, gibt man Gleitkommanumerale in der sogenannten *halblogarithmischen* Schreibweise an. Beispiele: `3,141593E0`, `1E-9` oder `100E6`. Jedesmal wird dabei die Konstante als Produkt aus einer *Mantisse* (z. B. `3,141593`, `1` oder `100`) und – abgetrennt durch den Buchstaben `E` (Abkürzung von *`E`xponent*) – einem *Exponenten* zur *Basis* 10 (z. B. `E0` $= 10^0 = 1$; `E-9` $= 10^{-9} = 0{,}000\,000\,001 = 1$ Milliardstel; `E6` $= 10^6 = 1\,000\,000 = 1$ Million) gebildet. Innerhalb der Datentypklasse `F` gibt es lediglich die zwei Datentypen `F4` und `F8`. Diese Bezeichnungen hängen mit der internen Darstellung von Gleitkommazahlen zusammen. Die beiden Datentypen unterscheiden sich meist – abhängig von der verwendeten Datenverarbeitungsanlage – in der Genauigkeit und teilweise auch im erlaubten Bereich für Exponenten.  Auf vielen Datenverarbeitungsanlagen hat der Datentyp `F4` bis zu 7, der Datentyp `F8` hingegen bis zu 16 *signifikante* Dezimalstellen in der Mantisse. `F8` ist stets dann zu nehmen, wenn die Genauigkeit oder der erlaubte Bereich für Exponenten von `F4` nicht ausreicht. Der erlaubte Bereich für Exponenten ist wiederum von der verwendeten Datenverarbeitungsanlage und dem Datentyp abhängig und kann beispielsweise von -37 bis $+38$, -78 bis $+75$ oder gar

−324 bis +307 gehen. Wenn der Exonentenbereich nicht einheitlich wie bei Taschenrechnern von −99 bis +99 geht, so ist dafür eine andere interne, auf dem Dualsystem beruhende, Darstellung verantwortlich.

☞ Wenn man ein Programm, in dem Gleitkommazahlen verwendet werden, auf eine Datenverarbeitungsanlage eines anderen Typs portiert, so vergewissere man sich, dass dort die Datentypen `F4` bzw. `F8` den Anforderungen genügen und stelle gegebenenfalls von `F4` auf `F8` um.

Wie in Kapitel 5 bereits angedeutet, gestatten Gleitkommazahlen übrigens die Benutzung **nichtganzzahliger Exponenten** in arithmetischen Faktoren.

Stellen Sie bitte das Übungsprogramm zur Kugelberechnung mitsamt der LDA `MATHE` auf den Datentyp `F4` um.

6.6.3 Syntax für *Gleitkommazahl*

Geben Sie bitte eine Syntax für ***Gleitkommazahl*** an. Ergänzen Sie bitte anschließend die Syntaxdiagramme für *Elementarausdruck* und *Wertspezifikation* um *Gleitkommazahl.*

6.6.4 Syntax für *Zuweisungsbefehl*

Geben Sie bitte aus Ihrer jetzigen Kenntnis eine Syntax für ***Zuweisungsbefehl*** an.

6.6.5 Syntax für `WRITE`-*Befehl*

Geben Sie bitte aus Ihrer jetzigen Kenntnis eine Syntax für `WRITE`-***Befehl*** an.

Teil III

Elementare Konstrukte und Datenstrukturen

Inhalt

7 Alternativen

Wie im täglichen Leben, so kommt es auch in automatischen Informationssystemen selten vor, dass Verarbeitungsschritte so zwangsläufig aufeinander folgen sollen wie im bisherigen Fallbeispiel.

Vielmehr muss hin und wieder eine Situation bewertet und dann eine Entscheidung für eine **Handlungsalternative** getroffen werden. Dieses Kapitel befasst sich mit der Umsetzung derartiger Handlungsalternativen in Software.

7.1 Problem

Es sei gefordert, dass das Mehrwertsteuerprogramm die Fähigkeit bekommen soll, **wahlweise** den vollen (wie bisher allein möglich) oder ermäßigten Mehrwertsteuersatz anzuwenden.

In Abhängigkeit von einer eingelesenen Kennung für einen „Hebesatz" soll deshalb die Berechnung in der einen oder anderen **Variante** durchgeführt werden. Mögliche Werte für „Hebesatz" seien „V" oder „1" für den vollen und „E" oder „2" für den ermäßigten Mehrwertsteuersatz.

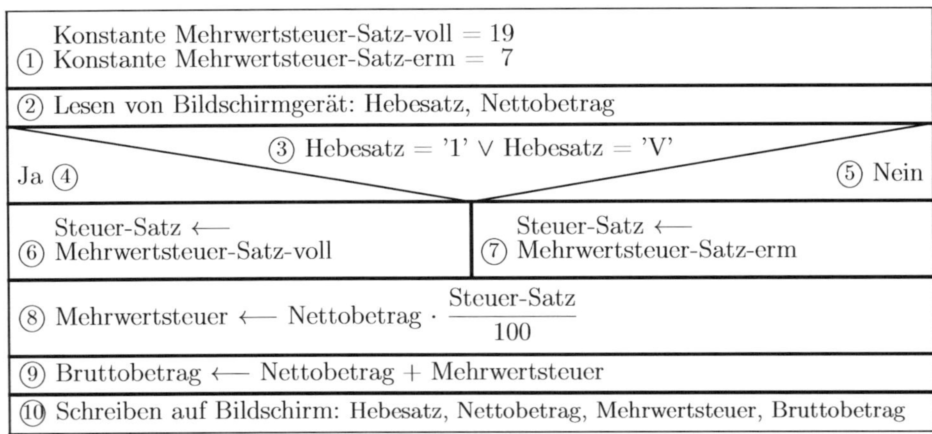

Bild 7.1 — Struktogramm mit Alternative

7.2 Entwurf

Das in seiner Funktionalität erweiterte **Struktogramm** kann aussehen wie das in Bild 7.1.

Es ist Folgendes zu **beachten**:

③ ff. Das Struktogramm demonstriert die Verwendung eines weiteren Programmkonstruktes der strukturierten Programmierung, nämlich der **einfachen Alternative** (③ bis ⑦).

Eine derartige einfache Alternative wird in einem Struktogramm stets durch ein **Sinnbild** in Gestalt eines Rechtecks symbolisiert, das eine zweispaltige Tabelle (③ bis ⑦) enthält. Eine solche Tabelle besteht – wie es allgemein üblich ist – aus einem Kopf und einem Rumpf. Der Kopf enthält einen Steuerungsteil (③ bis ⑤), der Rumpf hingegen zwei Verarbeitungsteile (⑥ und ⑦). Im Steuerungsteil steht in der Mitte oben (③) eine auf ihren Wahrheitsgehalt zu untersuchende Aussage (im Beispiel: Hebesatz = '1' ∨ Hebesatz = 'V'). Dabei steht für den logischen Operator *oder* ein Zeichen (∨), das sich – mindestens für alte Lateiner – mittels einer Eselsbrücke leicht merken lässt: ∨ als Abkürzung von *vel*, lateinisch für *oder*. Links (④) und rechts unten (⑤) im Steuerungsteil gibt es zwei Bedingungen „Ja" und „Nein", die anzeigen, ob die jeweils darunter befindliche Spalte des Tabellenrumpfes für den *Ja-Fall* oder den *Nein-Fall* zuständig ist. Dabei enthält der Ja-Fall die Verarbeitungen, die genau dann auszuführen sind, wenn die Aussage wahr ist (⑥). Der Nein-Fall enthält entsprechend die Verarbeitungen, die genau dann auszuführen sind, wenn die Aussage *nicht* wahr ist (⑦). Im Fallbeispiel handelt es sich dabei allerdings nur um jeweils eine Verarbeitung, nämlich um die passende Zuweisung an die Variable „Steuer-Satz".

⑧ Die Zuweisung an „Mehrwertsteuer" in Verarbeitung ⑧ ist die erste Verarbeitung, die nicht mehr zur Alternative gehört und damit nicht mehr vom Wahrheitsgehalt der Aussage ③ abhängig ist.

Exkurs

Eine einfache Alternative[1] hat nach [23] ein allgemeines Aussehen wie in Bild 7.2.

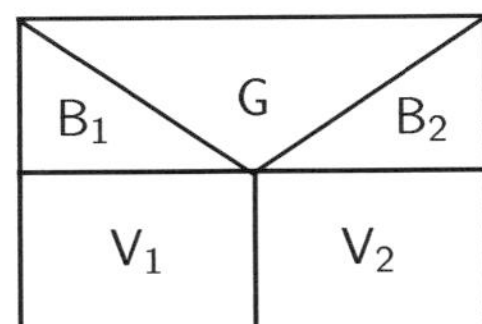

Bild 7.2 — Sinnbild für *einfache Alternative*

Sie besteht aus einem Steuerungsteil und zwei Verarbeitungsteilen V_1 und V_2. Der Steuerungsteil enthält einen *gemeinsamen Bedingungsteil* G und zwei komplementäre Bedingungen B_1 und B_2. B_1 steht oft entweder für „Ja" oder „Nein", B_2 umgekehrt entweder für „Nein" oder „Ja". Ob dann auf der linken Seite der Ja-Fall und auf der rechten Seite der Nein-Fall abgehandelt wird oder umgekehrt, ist im Prinzip egal. In diesem Buch jedoch wird der Einheitlichkeit halber in Zukunft stets links der Ja-Fall dargestellt. Vom Steuerungsteil ist abhängig, welcher der beiden Verarbeitungsteile ausgeführt wird.

Man betrachtet gesondert den **Spezialfall**, dass im Nein-Fall nichts zu tun ist. Zwar könnte dieser Fall beispielsweise dadurch ausdrückt werden, dass man B_1 auf „Ja", B_2 auf „Nein" und V_2 auf „Nichts tun" setzt. Diese Schreibweise wäre sogar sehr deutlich. In [23] ist allerdings für den geschilderten Fall der sogenannten ***bedingten Verarbeitung*** ein leicht vereinfachtes Struktogramm laut Bild 7.3 vorgesehen. Es soll gleichbedeutend mit dem in Bild 7.4 sein.

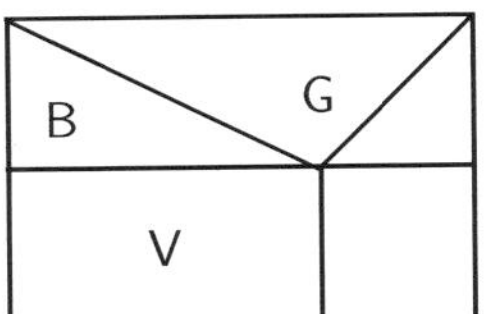

Bild 7.3 — Sinnbild für *bedingte Verarbeitung*

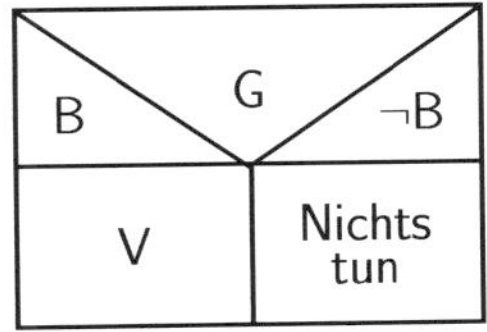

Bild 7.4 — Semantik für *bedingte Verarbeitung*

An dieser Stelle soll noch etwas näher auf **Aussagen** wie bei ③ im Struktogramm des Fallbeispiels eingegangen werden. Eine Aussage ist ein sprachliches Gebilde – z. B. ein deutscher Satz oder eine mathematische Gleichung – mit der sicheren Eigenschaft, entweder wahr oder falsch, aber nicht beides zu sein. Es sei demnach angenommen, dass eine Aussage nicht mehrdeutig ist.

Die beiden Werte *wahr* und *falsch* werden ***Wahrheitswerte*** genannt. Diese sind die einzigen Wahrheitswerte der hier ausschließlich betrachteten *zweiwertigen Logik*. So etwas wie ein *vielleicht* existiert demnach nicht. Es spielt allerdings keine Rolle, wenn man (noch) nicht entscheiden kann, welcher Wahrheitswert einer Aussage zukommt.

[1] Es gibt auch *mehrfache Alternativen*. Diese werden in Kapitel 13 behandelt.

Beispiele von Aussagen sind der Satz *In Deutschland regnet es manchmal.* und die Gleichung $3 + 4 = 7$ (beide mit dem Wahrheitswert *wahr*). Der Satz *In Deutschland regnet es nie.* und die Gleichung $1 + 1 = 3$ sind ebenfalls Aussagen, wenngleich ihr Wahrheitswert nach allgemeiner Erfahrung *falsch* ist. Der Satz *Es gibt außerirdisches intelligentes Leben.* ist ebenfalls eine Aussage, wenn auch mit heute unbekanntem Wahrheitswert. Das Wort *Regen* und der arithmetische Ausdruck $3 + 4$ sind dagegen keine Aussagen.

Aus einfachen Aussagen, z. B. einfachen Gleichungen, können durch Verknüpfung mit sogenannten ***Junktoren*** (logischen Operatoren) wie beispielsweise *nicht* ($\neg$), *oder* ($\vee$), *und* ($\wedge$) komplexere Aussagen gebildet werden. Dieses Phänomen ist bereits im Struktogramm zu beobachten gewesen.

Die drei vorgestellten Junktoren werden im Folgenden durch ***Verknüpfungsstafeln*** und ***Wahrheitstafeln*** definiert. In diesen stehen die sogenannten *logischen Variablen* A und B für Aussagen.

Der Junktor ***und*** ($\wedge$) bildet die logische ***Konjunktion*** von Aussagen. Er entspricht ungefähr dem Multiplikationsoperator *mal* ($\cdot$) in der Arithmetik. Wenn z. B. A für *Die Sonne scheint.* und B für *Es ist warm.* steht, dann bedeutet $A \wedge B$ entsprechend *Die Sonne scheint; und es ist warm.* $A \wedge B$ kann damit als Kriterium für schönes Wetter benutzt werden.

Ähnlich wie sich das kleine Einmaleins durch eine 2-dimensionale **Verknüpfungstafel** präsentiert (siehe Tabelle 7.1), lässt sich auch die Bedeutung des Junktors *und* ($\wedge$) darstellen. Genau wie

Tabelle 7.1 — Beispiel für *Verknüpfungstafel*

·	0	1	2	3	4	5	6	7	8	9
0	0	0	0	0	0	0	0	0	0	0
1	0	1	2	3	4	5	6	7	8	9
2	0	2	4	6	8	10	12	14	16	18
3	0	3	6	9	12	15	18	21	24	27
4	0	4	8	12	16	20	24	28	32	36
5	0	5	10	15	20	25	30	35	40	45
6	0	6	12	18	24	30	36	42	48	54
7	0	7	14	21	28	35	42	49	56	63
8	0	8	16	24	32	40	48	56	64	72
9	0	9	18	27	36	45	54	63	72	81

beim kleinen Einmaleins, das nur einmal aufgeschrieben wird, gleichgültig, ob Stückzahlen mit Stückkosten oder Längen mit Breiten multipliziert werden sollen, gibt es auch nur eine Tafel für den Junktor, die für alle Aussagen zuständig ist. Siehe Tabelle 7.2.

Tabelle 7.2 — Verknüpfungstafel für $\wedge$

$\wedge$	falsch	wahr
falsch	falsch	falsch
wahr	falsch	wahr

Wenn man sich „falsch“ durch „0“ und „wahr“ durch „1“ ersetzt denkt, erhält man übrigens die linke obere Ecke des kleinen Einmaleins (durch ein Kästchen in dessen Verknüpfungstafel eingerahmt).

Für den mathematischen Hintergrund dieser interessanten Eigenschaft muss allerdings leider auf die weiterführende Literatur über dieses Gebiet – z. B. [43] oder den Klassiker [71] – verwiesen werden.

Man stellt Junktoren auch gern durch 1-dimensionale Tabellen in Form von sogenannten ***Wahrheitstafeln*** dar. Für die Wahrheitstafel von *und* ($\wedge$) siehe Tabelle 7.3.

Tabelle 7.3 — Wahrheitstafel für $\wedge$

A	B	$A \wedge B$
falsch	falsch	falsch
falsch	wahr	falsch
wahr	falsch	falsch
wahr	wahr	wahr

Es ist leicht zu erkennen, dass diese Darstellung für mächtigere Verknüpfungen wie z. B. das kleine Einmaleins weniger geeignet wäre. Das letztere würde auf diese Weise nämlich eine Tafel mit 100 Zeilen ergeben!

Man sieht anhand der Wahrheitstafel, dass eine Aussage der Form $A \wedge B$ genau dann wahr ist, wenn sowohl die Aussage A als auch die Aussage B wahr ist. Wenn beispielsweise zwar die Aussage $A =$ *Die Sonne scheint.* wahr, die Aussage $B =$ *Es ist warm.* hingegen falsch ist, dann ist die Aussage $A \wedge B$ falsch. Das Kriterium für schönes Wetter wäre damit nicht erfüllt.

Der Junktor ***oder*** ($\vee$) bildet die logische ***Disjunktion*** von Aussagen. Er entspricht ungefähr dem Additionsoperator *plus* (+) in der Arithmetik. Wenn z. B. A für *Es ist spät.* und B für *Es ist schon draußen dunkel.* steht, dann bedeutet $A \vee B$ entsprechend *Es ist spät; oder es ist schon draußen dunkel.* $A \vee B$ kann damit als Kriterium für *Zeit zum Schlafengehen* (mindestens für kleine Kinder) benutzt werden. Man beachte, dass es sich hier im Gegensatz zum häufigen Gebrauch in der Umgangssprache um ein *einschließendes Oder* und **kein** *ausschließendes Oder* (*entweder – oder*) handelt, d. h. *wahr* $\vee$ *wahr* ergibt *wahr*. Siehe Tabelle 7.4.

Tabelle 7.4 — Wahrheitstafel für $\vee$

A	B	$A \vee B$
falsch	falsch	falsch
falsch	wahr	wahr
wahr	falsch	wahr
wahr	wahr	wahr

Man sieht anhand der Wahrheitstafel, dass eine Aussage der Form $A \vee B$ genau dann wahr ist, wenn die Aussage A oder die Aussage B wahr ist (oder beide). Nur wenn sowohl A als auch B falsch ist, dann ist auch $A \vee B$ falsch. Wenn beispielsweise die Aussage $A =$ *Es ist spät.* wahr, die Aussage $B =$ *Es ist schon draußen dunkel.* hingegen falsch ist, dann ist nichtsdestoweniger die Aussage $A \vee B$ wahr. Das Kriterium für Schlafengehenszeit wäre damit erfüllt.

Der Junktor ***nicht*** ($\neg$) bildet die logische ***Negation*** (Verneinung) einer Aussage. Er entspricht ungefähr dem negativen Vorzeichen *minus* ($-$) in der Arithmetik. Wenn z. B. A für *Es regnet.* steht, dann bedeutet $\neg A$ entsprechend *Es regnet nicht.* Siehe Tabelle 7.5.

Tabelle 7.5 — Wahrheitstafel für $\neg$

A	$\neg A$
falsch	wahr
wahr	falsch

Man sieht anhand der Wahrheitstafel, dass eine Aussage der Form $\neg A$ genau dann wahr ist, wenn die Aussage A falsch ist, und umgekehrt.

Wenn beispielsweise die Aussage $A =$ *Es regnet.* wahr ist, dann ist die Aussage $\neg A$ eben falsch.

7.3 Implementation

7.3.1 Datenvereinbarung

Gemäß Struktogramm sollen die neuen Variablen HEBESATZ und STEUER_SATZ **vereinbart** werden. Dies möge unter den bereits vorhandenen Vereinbarungen in der LDA MWST_H geschehen.

- Die Variable HEBESATZ soll eine alphanumerische Hebesatzkennung der Länge 1 aufnehmen. Dementsprechend erhält sie den Datentyp A1.
- Die Variable STEUER_SATZ wird sicherheitshalber mit einer Nachkommastelle versehen, da ein nichtganzzahliger Satz für die Zukunft nicht auszuschließen ist. Dementsprechend erhält sie den Datentyp P2,1.

Siehe Bild 7.5.

```
I T L  Name                              F Length     Miscellaneous
All -- -------------------------------- - ---------- ------------------------>
     1 NETTO                             P        5,2 /*Nettobetrag
     1 MWST                              P        5,2 /*Mehrwertsteuer
     1 BRUTTO                            P        6,2 /*Bruttobetrag
     1 HEBESATZ                          A          1 /*Hebesatz
  *    1 oder V = voller Satz
  *    2 oder E = erm.   Satz
     1 STEUER_SATZ                       P        2,1 /*Steuer-Satz
```

Bild 7.5 — Separate Kommentarzeilen in LDAs

Ferner muss die LDA STEUERN erweitert werden: Neu hinzu kommt die symbolische Konstante MWST_SATZ_ERM mit gleichem Typ wie die bereits existierende symbolische Konstante MWST_SATZ_VOLL, jedoch mit der Belegung 7. Siehe Bild 7.6.

```
I T L  Name                              F Length     Miscellaneous
All -- -------------------------------- - ---------- ------------------------>
  *    Mehrwertsteuer-Satz-voll                       (Regelsatz)
  C  1 MWST_SATZ_VOLL                    P        2,0 CONST < 19 > /*hier 19 %
  *    Mehrwertsteuer-Satz-erm                        (erm. Satz)
  C  1 MWST_SATZ_ERM                     P        2,0 CONST <  7 > /*hier  7 %
```

Bild 7.6 — Erweiterte LDA STEUERN

7.3.2 Rumpf

Der **Programmrumpf** zur Umsetzung des Struktogramms kann aussehen wie der in Bild 7.7.

Es ist Folgendes zu **beachten**:

In den Zeilen 0120 bis 0170 findet sich die Umsetzung der **Alternative** aus dem Struktogramm in die Programmiersprache NPL.

```
0010 /*MEHRWERTSTEUERBERECHNUNG
0020 /*Vereinbarungen
0030 DEFINE DATA
0040 LOCAL
0050   USING STEUERN
0060 LOCAL
0070   USING MWST_H
0080 END-DEFINE ;
0090 /*Eingabe
0100 INPUT HEBESATZ NETTO ;
0110 /*Verarbeitung
0120 IF HEBESATZ = '1' OR HEBESATZ = 'V'
0130   THEN
0140   STEUER_SATZ := MWST_SATZ_VOLL ;
0150 ELSE
0160   STEUER_SATZ := MWST_SATZ_ERM  ;
0170 END-IF ;
0180 MWST   := NETTO * STEUER_SATZ / 100 ;
0190 BRUTTO := NETTO + MWST ;
0200 /*Ausgabe
0210 WRITE
0220   'Mehrwertsteuerberechnung' /
0230   '------------------------' / /
0240   'Hebesatz    :'  HEBESATZ /
0250   'Nettobetrag : ' NETTO    /
0260   'Mehrwertst. : ' MWST     /
0270   'Bruttobetrag:'  BRUTTO   ;
0280 END
```

Bild 7.7 — Programmrumpf mit `IF`-Anweisung

Die dafür zuständige Anweisung wird in Zeile `0120` mit dem reservierten Wort `IF` (englisch für *falls*) eingeleitet. Darauf folgt die steuernde Aussage in Form eines *logischen Ausdrucks*: `HEBESATZ = '1' OR HEBESATZ = 'V'`.

Unter dem reservierten Wort `THEN` (englisch für *dann*) in Zeile `0130` kommt in Zeile `0140` die Umsetzung des Ja-Falls aus dem Struktogramm, der hier sogenannte `THEN`-*Zweig*.

Unter dem reservierten Wort `ELSE` (englisch für *andernfalls*) in Zeile `0150` steht in Zeile `0160` die Umsetzung des Nein-Falls, der hier sogenannte `ELSE`-*Zweig*. Anstelle je einer Anweisung (wie im Beispiel) können übrigens in jedem Zweig durchaus jeweils auch mehrere Anweisungen stehen.

Beendet wird die sogenannte `IF`-*Anweisung* durch das reservierte Wort `END-IF` und das Semikolon (`;`) in Zeile `0170`.

Dass das reservierte Wort `THEN` in Zeile `0130` nicht genau über dem reservierten Wort `ELSE` in Zeile `0150` steht, sondern stattdessen um zwei Stellen weiter eingerückt ist, hat übrigens keinen tieferen Sinn. Vielmehr wird hier eine kleinere Ungenauigkeit der Funktion `STRUCT` offenbar.

7.4 Test

Das Programm möge mit den Hebesatzkennungen 1, V, 2 und E z. B. jeweils für die Nettobeträge ,00, 100,00 und -1000,00 ausprobiert werden.

7.5 Syntax und Semantik

Das Hauptziel dieses Abschnitts ist die Definition von IF-***Anweisung***. Zur Vorbereitung werden jedoch zunächst u. a. ***logischer Ausdruck*** und ***Anweisungsfolge*** definiert.

7.5.1 Logische Konstante

Logische Konstanten sind die reservierten Wörter FALSE und TRUE (englisch für die konstanten Wahrheitswerte *falsch* und *wahr*). Siehe Bild 7.8. Für **Beispiele** siehe Tabelle 7.6.

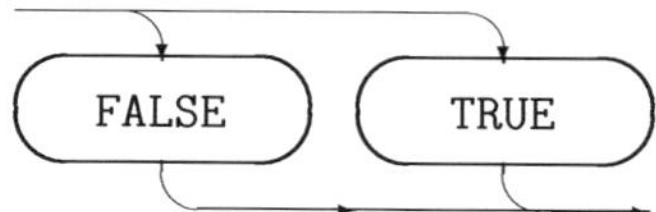

Bild 7.8 — Syntaxdiagramm für *logische Konstante*

Tabelle 7.6 — Beispiele für *logische Konstante*

Nr	richtig	falsch	Erläuterung des falschen Beispiels
1	TRUE	TREU	Drehfehler (E und U vertauscht).
2	FALSE	FALSCH	Deutsches Wort FALSCH ist verboten.

Die Verwendung von Kleinbuchstaben führt hier in der Praxis oft *nicht* zu Problemen, z. B. wenn sie im Falle von reservierten Wörtern bereits vom Editor in Großbuchstaben umgesetzt werden.

7.5.2 Vergleichsoperator

In logischen Ausdrücken können Vergleiche zwischen arithmetischen Ausdrücken und zwischen Textausdrücken vorkommen. Dabei gibt es die **Vergleichsoperatoren**

- = bzw. EQ (Abkürzung von EQ*ual*, englisch für *gleich*)
- <> bzw. ¬= bzw. ^= bzw. NE (Abkürzung von N*ot* E*qual*, englisch für *nicht gleich*)
- < bzw. LT (Abkürzung von L*ess* T*han*, englisch für *kleiner als*)
- > bzw. GT (Abkürzung von G*reater* T*han*, englisch für *größer als*)
- <= bzw. LE (Abkürzung von L*ess than or* E*qual*, englisch für *kleiner als oder gleich*)
- >= bzw. GE (Abkürzung von G*reater than or* E*qual*, englisch für *größer als oder gleich*)

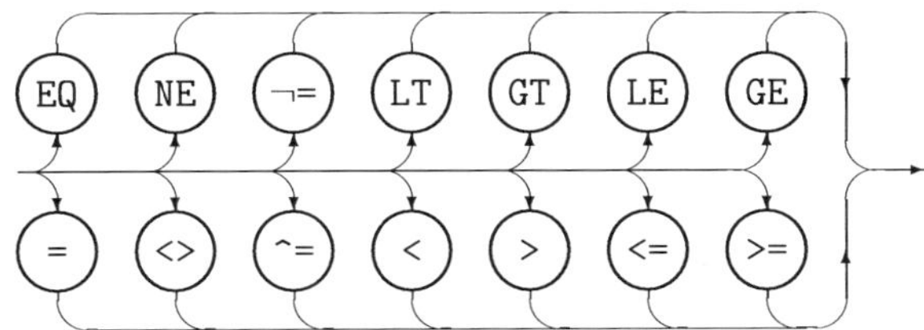

Bild 7.9 — Syntaxdiagramm für *Vergleichsoperator*

Siehe Bild 7.9.

Die Wortsymbole sind auf jeden Fall dann den entsprechenden zusammengesetzten Symbolen vorzuziehen, wenn es Probleme mit der Darstellung der letzteren gibt. Beispielsweise ist das Symbol *nicht* (¬) oft nicht leicht verfügbar. Jedenfalls findet es sich nicht als Beschriftung auf einer heute üblichen Tastatur. Sogar wenn auf dem verwendeten Programmiersystem keine derartigen Probleme auftreten sollten, so könnte es nach Portierung eines Programms auf eine andere Datenverarbeitungsanlage mittels Datenträger wegen uneinheitlicher Codierung von Sonderzeichen zu bösen Überraschungen kommen.

Auch der Verfasser hat solche Erfahrungen machen müssen. Er hatte auf einer Großdatenverarbeitungsanlage des Herstellers IBM Software entwickelt und dabei den Vergleichsoperator *nicht gleich* (¬=) in Anweisungen der Form `IF␣NETTO␣¬=␣0,0␣...` benutzt. Sodann wurden die Programme auf eine Datenverarbeitungsanlage des Herstellers Siemens übertragen. Auf deren Bildschirmgeräten war jedoch keine Darstellung des Zeichens *nicht* (¬) verfügbar. Es wurde einfach als Leerzeichen (␣) angezeigt! Auf dem Bildschirm erschienen deshalb Anweisungen der Form `IF␣NETTO␣␣=␣0,0␣...` . Dadurch schien die Programmlogik auf den Kopf gestellt zu sein!

Im Falle von **Textausdrücken** liegt den Vergleichsoperatoren die lexikografische Sortierreihenfolge von Texten zugrunde. Dies ist jedoch – wie bei den meisten anderen Programmiersprachen auch – mit großer Vorsicht zu genießen: Man ist auf die lexikografische Sortierreihenfolge des Hauptzeichenvorrats (z. B. EBCDIC, ASCII oder Unicode) der benutzten Datenverarbeitungsanlage beschränkt. Damit erhält man u. U. auf verschiedenen Datenverarbeitungsanlagen auch unterschiedliche Ergebnisse! Einheitlich sind jedoch zum Glück stets die Sortierreihenfolgen für die Dezimalziffern von `0` bis `9` sowie jeweils für die Groß- und Kleinbuchstaben, allerdings ohne Umlaute. Dennoch ist man sehr weit entfernt von ausgeklügelten Sortierreihenfolgen wie z. B. den von DIN 5007: Ordnen von Schriftzeichenfolgen (ABC-Regeln). Damit ist die bloße Verwendung eines „eingebauten“ Vergleichsoperators für die korrekte Sortierung der Einträge etwa eines Telefonbuchs nicht hinreichend.

Beim Vergleich von **Texten unterschiedlicher Länge** wird der kürzere so behandelt, als wäre er mit Leerzeichen (␣) auf die Maximallänge beider Texte aufgefüllt.

Für **Beispiele** siehe Tabelle 7.7.

Tabelle 7.7 — Beispiele für *Vergleichsoperator*

Nr	richtig	falsch	Erläuterung des falschen Beispiels
1	`¬=`	`¬ =`	Leerzeichen sind in zusammengesetzten Symbolen verboten.
2	`NE`	`!=`	*Ungleich*-Operator der Programmiersprache Java in NPL verboten.

7.5.3 Logischer Faktor

Analog zum arithmetischen Faktor wird ***logischer Faktor*** definiert. Auch hier gibt es eine indirekte Rekursion durch einen Vorgriff auf *logischer Ausdruck*. Das reservierte Wort `NOT` steht für den Junktor *nicht* ($\neg$). Siehe Bild 7.10.

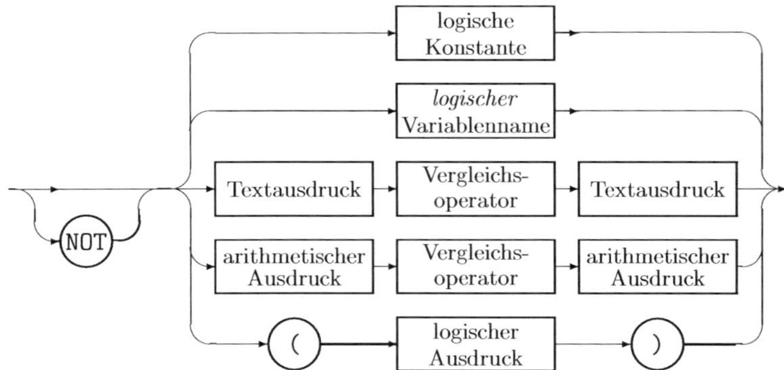

Bild 7.10 — Syntaxdiagramm für *logischer Faktor* (vereinfacht)

Für **Beispiele** siehe Tabelle 7.8.

Tabelle 7.8 — Beispiele für *logischer Faktor*

Nr	richtig	falsch	Erläuterung des falschen Beispiels
1	`TRUE`	`TREU`	Drehfehler (`E` und `U` vertauscht).
2	`FALSE`	`FALSCH`	Deutsches Wort `FALSCH` ist verboten.
3	`SCHALT1`	`1SCHALT`	Variablenname darf nicht mit Ziffer (`1`) beginnen.
4	`HUGO = 1`	`HUGO= 1`	Trennzeichen fehlt.
5	`FUNKT = '.'`	`FUNKT IS '.'`	Wort `IS` ist kein Vergleichsoperator.
6	`NOT SCHALT`	`NICHT SCHALT`	Deutsches Wort (`NICHT`) ist kein Junktor.
7	`( A < B )`	`( A < B`	Runde Klammer rechts fehlt.

Wie in Bild 7.10 und Tabelle 7.8 zu sehen ist, können auch Variablennamen in logischen Faktoren vorkommen. Diese bezeichnen dann ***logische Variablen***. Die Datentypklasse derartiger Variablen ist `L` (Abkürzung von L*ogical*, englisch für *logisch*). Die Spalte `Length` in Datenbereichseditoren ist bei ihren Vereinbarungen leer zu lassen.

Auch hier bei den logischen Faktoren ist von **Besonderheiten** zu berichten:

In **arithmetischen Vergleichen**, d. h. logischen Faktoren der Form [arithmetischer Ausdruck] → [Vergleichsoperator] → [arithmetischer Ausdruck] erfolgt eine Datentypangleichung strikt von links nach rechts, unabhängig von der Priorität der Operanden. Das hat zur Folge, dass sich die Bedeutung eines Programms durch einfache Vertauschung der beiden Operanden eines arithmetischen Vergleichs ändern kann! Beispielsweise gibt die Anweisung `IF 1,0 = 1 / 10 * 10 THEN WRITE 'gleich' ; END-IF ;` stets `gleich` aus, da wegen der `1,0` im ersten Operanden alle weiteren Operanden eine Nachkommastelle bekommen. Die Anweisung wirkt demnach wie `IF 1,0 = 1,0 / 10,0 * 10,0 THEN WRITE 'gleich' ; END-IF ;` .

Der rechte Vergleichsoperand `1,0 / 10,0 * 10,0` ergibt dann `0,1 * 10,0` mit dem Ergebnis `01,0`. Und dessen Vergleich mit dem linken Vergleichsoperanden ergibt `TRUE`, sodass auf jeden Fall die Ausgabe erfolgt. Dagegen gibt die Anweisung `IF 1 / 10 * 10 = 1,0 THEN WRITE 'gleich' ; END-IF ;` nichts aus, da im linken Vergleichsoperand `1 / 10 * 10` der arithmetische Faktor `1 / 10` wegen ganzzahliger Division das Ergebnis `0` liefert. Und `0 * 10` ergibt das Ergebnis `0`. Dessen Vergleich mit `1,0` ergibt `FALSE`, sodass keine Ausgabe erfolgt.

Speziell beim Vergleich von **Gleitkommazahlen** tritt ein weiteres Problem auf: Abhängig von der Hardware, auf welcher das NPL-Programm abläuft, werden Zahlen u. U. nicht ganz exakt durch Gleitkommazahlen repräsentiert. Dies ist durch deren interne Darstellung begründet. Nach einer Zuweisung `X := 1,1E0 + 2,2E0 ;` an eine Variable `X` des Datentyps `F4` kann diese nämlich sozusagen den Wert `3,299999E0` oder auch `3,300001E0` haben. Dementsprechend dürfte man sich normalerweise nicht darauf verlassen, dass in der Anweisung `IF X = 3,3E0 THEN ... ELSE ... END-IF ;` der `THEN`-Zweig durchlaufen wird.

Man sollte also lieber abprüfen, ob der Betrag $|\Delta|$ der Differenz Δ (griechischer Buchstabe *Delta*) zwischen den beiden zu vergleichenden Operanden kleiner als eine geeignet dimensionierte Zahl ε (griechischer Buchstabe *Epsilon*) ist. Für $\varepsilon = 10^{-5}$ kann dies beispielsweise aussehen wie in Bild 7.11. In diesem Programmausschnitt und folgenden wurde die von `STRUCT`

```
0010 ...
0020 EPSILON := 1,0E-5 ;
0030 X := 1,1E0 + 2,2E0 ;
0040 DELTA   := X - 3,3E0 ;
0050 IF  DELTA < EPSILON  AND  - DELTA < EPSILON
0060 THEN
0070   WRITE 'gleich' ;
0080 ELSE
0090   WRITE 'ungleich' ;
0100 END-IF ;
0110 ...
```

Bild 7.11 — Numerisch sauberer Vergleich von Gleitkommazahlen

verursachte inkonsistente Einrückung des reservierten Wortes `THEN` manuell korrigiert, um die Klammerung durch `IF ... THEN ... ELSE ... END-IF` sauber darzustellen.

Exkurs

Für die Ermittlung eines Absolutbetrages gibt es auch eine in NPL „eingebaute" *Funktion* mit dem Namen `ABS`, sodass man auch schreiben könnte `IF ABS ( DELTA ) < EPSILON ...` Derartige Funktionen wurden jedoch bisher noch nicht behandelt. Man sieht aber, dass man sich durchaus mit den bisher bekannten Möglichkeiten von NPL behelfen kann, wenn auch teilweise etwas umständlich.

7.5.4 Logischer Term

Analog zum arithmetischen Term wird hier ***logischer Term*** definiert. Das reservierte Wort `AND` steht dabei für den Junktor *und* ($\wedge$). Der Name *logischer* Term ist durch die dem arithmetischen Term analoge Priorität bei der Reihenfolge der Auswertung begründet. Siehe Bild 7.12.

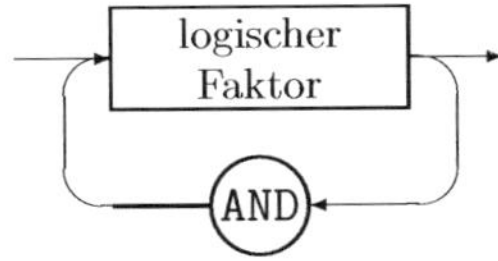

Bild 7.12 — Syntaxdiagramm für *logischer Term*

Für **Beispiele** siehe Tabelle 7.9.

Tabelle 7.9 — Beispiele für *logischer Term*

Nr	richtig	falsch	Erläuterung des falschen Beispiels
1	`TRUE`	`TREU`	Drehfehler (`E` und `U` vertauscht).
2	`FALSE`	`FALSCH`	Deutsches Wort `FALSCH` ist verboten.
3	`SCHALT1`	`1SCHALT`	Variablenname darf nicht mit Ziffer (`1`) beginnen.
4	`HUGO = 1`	`HUGO= 1`	Trennzeichen fehlt.
5	`FUNKT = '.'`	`FUNKT IS '.'`	Wort `IS` ist kein Vergleichsoperator.
6	`NOT SCHALT`	`NICHT SCHALT`	Deutsches Wort (`NICHT`) ist kein Junktor.
7	`( A < B )`	`( A < B`	Runde Klammer rechts fehlt.
8	`S1 AND I > 1`	`S1 UND I > 1`	Deutsches Wort (`UND`) ist kein Junktor.
9	`A AND B AND C`	`A B AND C`	Operator (`AND`) zwischen `A` und `B` fehlt.
10	`I > 5 AND I < 9`	`5 < I < 9`	Mathematische Kurzschreibweise ist in NPL verboten.

7.5.5 Logischer Ausdruck

Analog zum arithmetischen Ausdruck wird hier ***logischer Ausdruck*** definiert. Das reservierte Wort `OR` steht dabei für den Junktor *oder* ($\vee$). Der Name *logischer* Ausdruck ist durch die dem arithmetischen Ausdruck analoge Priorität bei der Reihenfolge der Auswertung begründet. Siehe Bild 7.13.

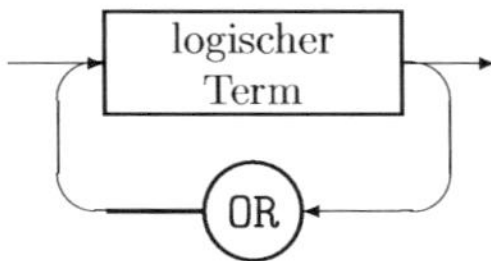

Bild 7.13 — Syntaxdiagramm für *logischer Ausdruck* (vereinfacht)

Bei der Verwendung logischer Ausdrücke in NPL-Programmen gibt es eine weitere **Einschränkung**, die in den oben angegebenen – bewusst vereinfachten – Syntaxdiagrammen nicht berücksichtigt ist:

In Zuweisungsbefehlen mit einer logischen Variablen auf der linken Seite vom Zuweisungsoperator (:=) ist auf der rechten Seite lediglich eine logische Konstante oder eine logische Variable erlaubt, wie z. B. in `SCHALT := TRUE ;` oder `SCHALT := S1 ;`, nicht aber ein komplexer logischer Ausdruck wie z. B. in `SCHALT := SCHALT2 OR ( A <= B ) ;`.

Der letztere Fall müsste wie folgt (etwas umständlich) notiert werden:

```
IF SCHALT2 OR A <= B THEN SCHALT := TRUE ; ELSE SCHALT := FALSE ; END-IF ;
```

Für **Beispiele** siehe Tabelle 7.10.

Tabelle 7.10 — Beispiele für *logischer Ausdruck*

Nr	richtig	falsch	Erläuterung des falschen Beispiels
1	TRUE	TREU	Drehfehler (E und U vertauscht).
2	FALSE	FALSCH	Deutsches Wort FALSCH ist verboten.
3	SCHALT1	1SCHALT	Variablenname darf nicht mit Ziffer (1) beginnen.
4	HUGO = 1	HUGO= 1	Trennzeichen fehlt.
5	FUNKT = '.'	FUNKT IS '.'	Wort IS ist kein Vergleichsoperator.
6	NOT SCHALT	NICHT SCHALT	Deutsches Wort (NICHT) ist kein Junktor.
7	(A < B)	(A < B	Runde Klammer rechts fehlt.
8	S1 AND I > 1	S1 UND I > 1	Deutsches Wort (UND) ist kein Junktor.
9	A AND B AND C	A B AND C	Operator (AND) zwischen A und B fehlt.
10	I > 5 AND I < 9	5 < I < 9	Mathematische Kurzschreibweise ist in NPL verboten.
11	S1 OR I < 1	S1 ODER I < 1	Deutsches Wort (ODER) ist kein Junktor.
12	A OR B AND C	A B AND C	Operator (OR) zwischen A und B fehlt.
13	A OR B OR C	A B OR C	Operator (OR) zwischen A und B fehlt.

Logische Ausdrücke werden in NPL wie auch in vielen anderen Programmiersprachen im Gegensatz zu arithmetischen Ausdrücken nicht immer vollständig ausgewertet.

Beispielsweise wird im arithmetischen Ausdruck `N * ( NETTO + MWST )` auch dann der geklammerte Teilausdruck ausgewertet, wenn die Variable `N` den Wert `0` hat und damit der gesamte Ausdruck den Wert `0` haben muss.

Dagegen bricht die Auswertung etwa des logischen Ausdrucks `A AND ( B OR C )` sofort ab, wenn `A` den Wert `FALSE` hat.

Der gesamte Ausdruck muss dann ja ebenfalls den Wert `FALSE` haben, unabhängig von den Inhalten von `B` und `C`.

Entsprechendes gilt z. B. für `A OR ( B AND C )`, wenn `A` den Wert `TRUE` hat. Der gesamte Ausdruck hat dann den Wert `TRUE`.

Man nennt diese Funktionsweise der Junktoren `AND` und `OR` ***sequentiell***.

Allgemein wirkt also die IF-Anweisung in Bild 7.14 wie die in Bild 7.15.

```
IF A AND B
THEN
   Ja-Fall
ELSE
   Nein-Fall
END-IF ;
```

Bild 7.14 — IF-Anweisung mit sequentiellem AND

```
IF A
THEN
   IF B
   THEN
      Ja-Fall
   ELSE
      Nein-Fall
   END-IF ;
ELSE
   Nein-Fall
END-IF ;
```

Bild 7.15 — Auflösung des sequentiellen AND

Entsprechend wirkt die IF-Anweisung in Bild 7.16 wie die in Bild 7.17.

```
IF A OR B
THEN
   Ja-Fall
ELSE
   Nein-Fall
END-IF ;
```

Bild 7.16 — IF-Anweisung mit sequentiellem OR

```
IF A
THEN
   Ja-Fall
ELSE
   IF B
   THEN
      Ja-Fall
   ELSE
      Nein-Fall
   END-IF ;
END-IF ;
```

Bild 7.17 — Auflösung des sequentiellen OR

Man könnte demnach z. B. eine Anweisung zur Ausgabe des Verbrauchs eines Automobils so abfassen wie in Bild 7.18, ohne einen Laufzeitfehler wegen unerlaubter Division durch 0 befürchten zu müssen. Trotzdem wird von diesem Programmierstil zugunsten einer Auflösung gemäß den obigen Erläuterungen abgeraten, denn es könnte sonst bei einem eventuell notwendigen Umschreiben eines Programms von NPL in eine andere Programmiersprache böse Überraschungen geben. Besser ist demnach ein *defensiver* Programmierstil. Die aufgelöste Anweisung kann so aussehen wie die in Bild 7.19. Man kann sich nun darüber streiten, ob Junktoren sequentiell arbeiten sollten oder nicht. In manchen Programmiersprachen (z. B. Ada oder Java) werden sogar beide Varianten angeboten. Ganz wichtig ist jedoch, dass man sich solche Eigenschaften klar macht.

```
IF KM NE 0 AND ( LITER / KM <= 0,99 )
THEN
  VERBRAUCH := 100,0 * LITER / KM ;
  WRITE 'Verbrauch:' VERBRAUCH 'l / 100 km' ;
ELSE
  WRITE
    'astronomischer Verbrauch!' /
    LITER 'Liter auf' KM 'Kilometer' ;
END-IF ;
```

Bild 7.18 — Gefährliche Ausnutzung der Sequentialität von Junktoren

```
IF KM NE 0
THEN
  IF LITER / KM <= 0,99
  THEN
    VERBRAUCH := 100,0 * LITER / KM ;
    WRITE 'Verbrauch:' VERBRAUCH 'l / 100 km' ;
  ELSE
    WRITE
      'astronomischer Verbrauch!' /
      LITER 'Liter auf' KM 'Kilometer' ;
  END-IF ;
ELSE
  WRITE
    'astronomischer Verbrauch!' /
    LITER 'Liter auf' KM 'Kilometer' ;
END-IF ;
```

Bild 7.19 — Nichtausnutzung der Sequentialität

7.5.6 Anweisungsfolge

Eine **Anweisungsfolge** besteht aus mindestens einer Anweisung. Daran dürfen sich beliebig viele weitere Anweisungen anschließen. Der Leser sehe bei dieser Definition großzügig darüber hinweg, dass *Anweisung* noch gar nicht definiert wurde. Siehe Bild 7.20.

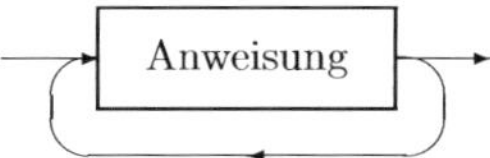

Bild 7.20 — Syntaxdiagramm für *Anweisungsfolge*

Man beachte, dass es keine leere Anweisungsfolge gibt. Wenn einmal wirklich nichts zu tun ist (durch eine Verarbeitung „Nichts tun" im Struktogramm ausgedrückt), kann man den entsprechenden NPL-Befehl `IGNORE ;` benutzen.

Für **Beispiele** siehe Tabelle 7.11.

Tabelle 7.11 — Beispiele für *Anweisungsfolge*

Nr	richtig	falsch	Erläuterung des falschen Beispiels
1	`IGNORE ;`	`;`	Semikolon (;) ist lediglich *Abschluss-Symbol* einer Anweisung.
2	`INPUT A ;` `INPUT B ;`	`INPUT A` `INPUT B`	Semikola (;) fehlen.

7.5.7 IF-Anweisung

Die **IF-Anweisung** dient zur Umsetzung der bedingten Verarbeitung und der einfachen Alternative. Sie besteht aus dem reservierten Wort `IF`, einem steuernden logischen Ausdruck, einem `THEN`-Zweig, einem optionalen `ELSE`-Zweig und dem reservierten Wort `END-IF` mit einem abschließenden Semikolon (;). Siehe Bild 7.21.

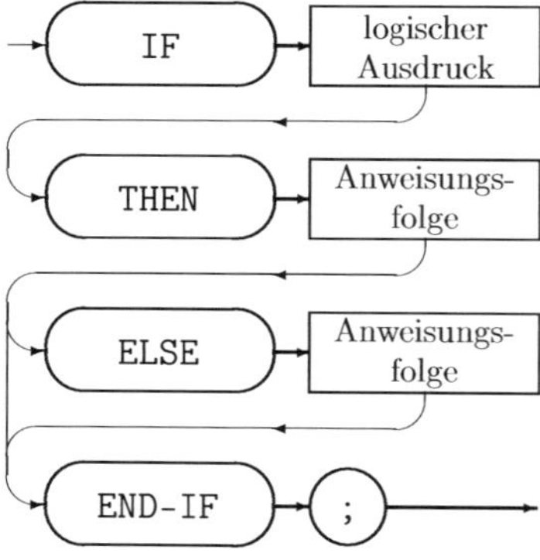

Bild 7.21 — Syntaxdiagramm für `IF`-*Anweisung*

Es ist deutlich zu erkennen, dass der `ELSE`-Zweig optional ist, d. h. weggelassen werden kann. Dies sollte man dann tun, wenn eine bedingte Verarbeitung umzusetzen ist.

Für **Beispiele** siehe Tabelle 7.12.

Tabelle 7.12 — Beispiele für `IF`-*Anweisung*

Nr	richtig	falsch	Erläuterung des falschen Beispiels

1	`IF SCHALT`
	`THEN WRITE 'an' ;`
	`END-IF ;`
		`IF SCHALT`
		`THEN WRITE 'an' ;`
			Die Symbole `END-IF ;` fehlen.

2	`IF B > 20`
	`THEN WRITE 'ja' ;`
	`ELSE IGNORE ;`
	`END-IF ;`
		`IF B > 20`
		`THEN WRITE 'ja' ;`
		`ELSE`
		`END-IF ;`
			Anweisungsfolge im `ELSE`-Zweig darf nicht leer sein.

3	`IF SCHALT`
	`THEN WRITE 'an' ;`
	`ELSE WRITE 'aus' ;`
	`END-IF ;`
		`IF SCHALT`
		`THEN WRITE 'an' ;`
		`ELSE WRITE 'aus' ;`
			Die Symbole `END-IF ;` fehlen.

7.6 Übungen

7.6.1 Darstellung der bedingten Verarbeitung

Im Gegensatz zu einer einfachen Alternative fällt die **rechte Seite** des Struktogramms einer bedingten Verarbeitung i. Allg. recht schmal aus. Kann sie auch ganz verschwinden wie in Bild 7.22? Wenn nein, warum nicht?

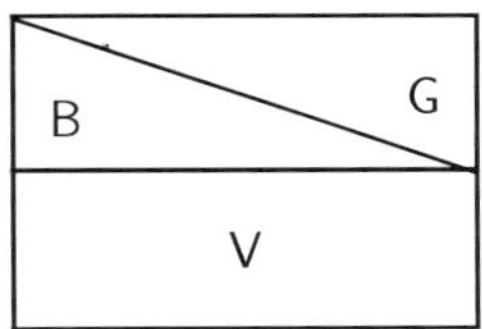

Bild 7.22 — Fragwürdiges Sinnbild für *bedingte Verarbeitung*

7.6.2 Vergleich nach Zuweisung

Kann man sich direkt nach einer Zuweisung der Form *Ziel* := *Quelle* ; darauf verlassen, dass *Ziel* = *Quelle* gilt? Falls nein: Geben Sie bitte Beispiele an.

7.6.3 Kaufmännische Rundung

Erweitern Sie bitte die Lösung von Übung 5.6.3 zu einem Programm RUNDUNG2, das auch negative €-Beträge richtig rundet.

7.6.4 Geschachtelte Alternativen

Was geschieht, wenn durch einen **Fehler in der Bedienung** der Mehrwertsteuersoftware weder ein V oder ein E noch eine 1 oder eine 2 als Wert für „Hebesatz“ eingegeben wird? Wie kann man für einen solchen Fall die Software „wasserdicht“ machen? Hinweise: Wie bereits zu sehen war, können Alternativen geschachtelt werden, d. h. es ist ohne Weiteres erlaubt, dass innerhalb der von einer Alternative gesteuerten Verarbeitungen wiederum eine Alternative auftaucht. Sie können eine der folgenden zwei Techniken anwenden:

- Bei der ersten prüfen Sie im Vorfeld, ob überhaupt eine gültige Hebesatzkennung eingegeben wurde. Falls ja, verfahren Sie wie bisher. Ansonsten lassen Sie eine Fehlermeldung auf dem Bildschirm ausgeben.
- Bei der zweiten Technik überprüfen Sie im bisherigen Nein-Fall, ob der Hebesatz 2 oder E ist. Falls ja, führen Sie die Berechnung wie vorher weiter. Ansonsten lassen Sie eine Fehlermeldung auf dem Bildschirm ausgeben.

7.6.5 Mehrfache Verarbeitungen

Wenn man **mehrere gleichartige Verarbeitungen** hintereinander durchführen will, ist es verhältnismäßig mühsam, die entsprechende Software immer wieder neu starten zu müssen. Ändern Sie die Beispielsoftware bitte so ab, dass sie bis zu 3-mal eine Mehrwertsteuerberechnung durchführt. Abbrechen soll sie, wenn ein Nettobetrag von 0 eingegeben wird. Verwenden Sie bitte eine geschachtelte bedingte Verarbeitung. Sie dürfen der Einfachheit halber vom Entwicklungsstand des Kapitels 6 ausgehen und brauchen damit Hebesätze nicht zu berücksichtigen.

8 Wiederholungen

Wenn ein Programm eine Folge von Verarbeitungsschritten stets nur *genau einmal* oder mit Mühe gerade *wenige Male* ausführte, würde es in der Praxis meist den Erstellungsaufwand nicht lohnen. Viel interessanter ist es da schon, wenn solche Folgen von Verarbeitungsschritten bei Bedarf auch **mehrfach** ausgeführt werden können.

Dieses Kapitel wird zeigen, wie man eine Datenverarbeitungsanlage mittels des Programmkonstruktes ***Wiederholung*** dazu bringt, Folgen von Verarbeitungsschritten mit geradezu sklavischer Ergebenheit beliebig häufig zu wiederholen.

8.1 Problem

Wie bei der Lösung von Übungsaufgabe 7.6.5 zu sehen war, kann die Formulierung einer mehrfachen Verarbeitung mit Abbruchmöglichkeit durch eine geschachtelte bedingte Verarbeitung sehr schreibaufwendig sein. Weiterhin lösen solche geschachtelten bedingten Verarbeitungen nicht alle Wiederholungsprobleme: Was wäre beispielsweise zu tun, wenn eine Berechnung nicht nur höchstens 3-mal, sondern beliebig oft auszuführen ist? Dazu müsste man unendlich tief schachteln, und dies ist wegen der Endlichkeit des verwendeten Programmiersystems und der Endlichkeit des menschlichen Lebens natürlich unmöglich.

Deshalb gibt es ein zusätzliches Programmkonstrukt *Wiederholung*, welches die benötigte Funktionalität hat. Der Illustration dient das Beispiel aus Übungsaufgabe 7.6.5, jedoch mit der Erweiterung, dass die Berechnung beliebig oft und nicht nur höchstens 3-mal durchgeführt werden soll. Auf die Berücksichtigung eines Hebesatzes wird wieder verzichtet, um nicht vom Wesentlichen abzulenken.

8.2 Entwurf

Ein **Struktogramm**, das die geforderte Leistung erbringt, kann wie das in Bild 8.1 aussehen.

① Konstante Mehrwertsteuer-Satz-voll = 19	
② Lesen von Bildschirmgerät: Nettobetrag	
③ Schleife: Solange Nettobetrag $\neq 0$	
	④ Mehrwertsteuer $\longleftarrow$ Nettobetrag $\cdot \frac{\text{Mehrwertsteuer-Satz-voll}}{100}$
	⑤ Bruttobetrag $\longleftarrow$ Nettobetrag + Mehrwertsteuer
	⑥ Schreiben auf Bildschirm: Nettobetrag, Mehrwertsteuer, Bruttobetrag
	⑦ Lesen von Bildschirmgerät: Nettobetrag

Bild 8.1 — Struktogramm mit Wiederholung

Es ist Folgendes zu **beachten**:

Im Struktogramm ist von ③ bis ⑦ eine **Wiederholung** dargestellt. Bei ③ stehen eine *Marke* (Schleife:) und eine Aussage. Marken dienen gegebenenfalls Bezugnahmen von anderen Stellen im Struktogramm. Dies wird später ausgenutzt. Aussagen sind bereits von den Alternativen bekannt. Eine solche Aussage innerhalb einer Wiederholung steuert die Ausführung der rechts darunter stehenden Verarbeitung. Im betrachteten Beispiel besteht die Verarbeitung aus einer Folge (④ bis ⑦). Diese Verarbeitung wird solange ausgeführt, wie die Aussage erfüllt ist, d. h. den Wahrheitswert *wahr* hat. Die Aussage kann damit sozusagen als „Weitermachbedingung" aufgefasst werden. Da die letzte der Verarbeitungen (⑦) in der Folge für die Variable „Nettobetrag" stets wieder einen Wert vom Bildschirmgerät einliest, wird die gesamte Verarbeitung (④ bis ⑦) solange durchlaufen, bis ein Nettobetrag von genau 0 eingegeben wird. Die Eingabe einer 0 bewirkt demnach den Abbruch der Wiederholung.

Da die steuernde Aussage stets *vor* der kontrollierten Verarbeitung ausgewertet wird und somit im Prinzip sogar die Möglichkeit existiert, dass diese kein einziges Mal ausgeführt wird, spricht man speziell von einer *Wiederholung mit* ***vorausgehender*** *Bedingungsprüfung*.

Man kann sich leicht denken, dass es ebenfalls Wiederholungen mit *nachfolgender* Bedingungsprüfung gibt. Jedoch ist deren Funktionalität auch mit Hilfe der jetzt bekannten Programmkonstrukte zu erzeugen, sodass ihre Behandlung hier entbehrlich ist. Siehe dazu auch [62].

Exkurs

Ist es möglich, die **Bedeutung** einer Wiederholung mit vorausgehender Bedingungsprüfung mit den bisherigen Mitteln, d. h. durch Rückgriff auf bereits bekannte Programmkonstrukte (*Verarbeitung*, *Folge* und *Alternative*) exakt zu definieren? Dies ist tatsächlich der Fall und soll im Folgenden geschehen.

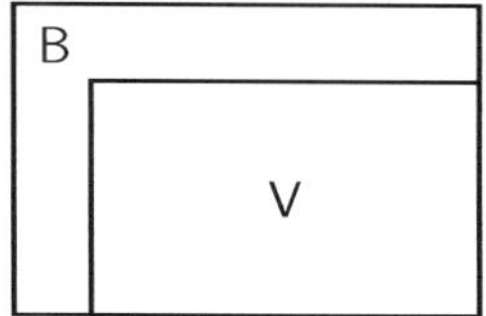

Bild 8.2 — Sinnbild für *Wiederholung mit vorausgehender Bedingungsprüfung*

Jede Wiederholung mit vorausgehender Bedingungsprüfung hat nach [23] eine **allgemeine Gestalt** gemäß Bild 8.2.

Der Buchstabe B in diesem **Sinnbild** symbolisiert eine beliebige Bedingung, d. h. eine Aussage, von deren Wahrheitswert es abhängt, wie lange die von ihr kontrollierte Verarbeitung (symbolisiert durch den Buchstaben V) ausgeführt wird. Man beachte, dass V für *jede* beliebige Verarbeitung stehen soll. Eine solche kann z. B. auch Folgen oder Alternativen enthalten.

Nun kann man die Bedeutung dieses Sinnbildes als gleichwertig mit der des Struktogramms in Bild 8.3 definieren.

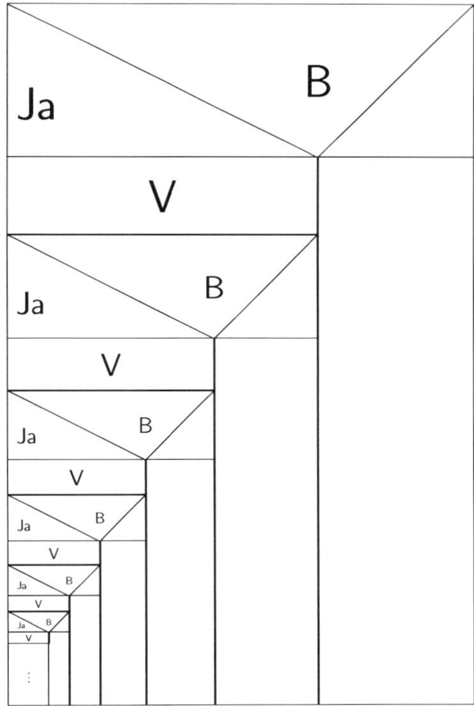

Bild 8.3 — Semantik für *Sinnbild* („Pünktchendefinition")

Die **Pünktchen** links unten sollen eine unendlich tiefe Schachtelung symbolisieren. Die Konstruktion ist im Prinzip von der Lösung der Übungsaufgabe 7.6.5 bekannt. Dort gab es allerdings keine unendlich tiefe Schachtelung, denn es waren ja nur bis zu 3 Verarbeitungen gefordert. Hier jedoch bei der abstrakten Definition der Wiederholung soll die Pünktchenschreibweise das Gedankenexperiment *unendlich tiefe Schachtelung* ausdrücken. Eigentlich ist aber eine „Pünktchendefinition" nicht ganz exakt.

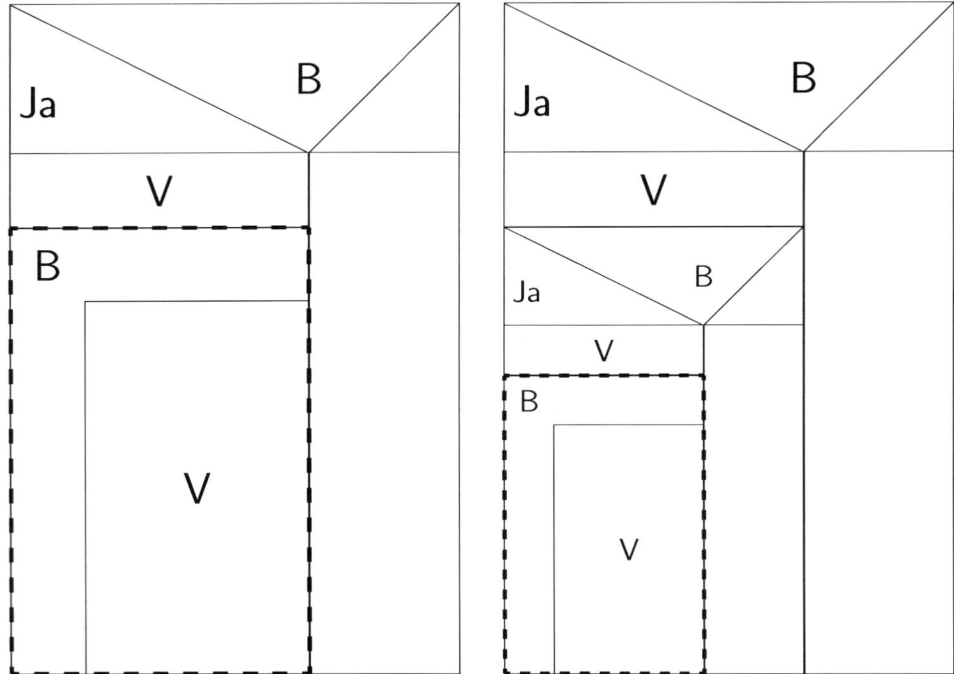

Bild 8.4 — Semantik für *Sinnbild* (rekursive Definition vor und nach Ersetzungsschritt)

Eine genaue Definition erhält man durch **rekursive Bezugnahme** auf das zu definierende Programmkonstrukt. Siehe Bild 8.4 links.

Das Struktogramm links ist wie folgt zu **interpretieren**: Anfangs wird auf jeden Fall geprüft, ob die steuernde Aussage B erfüllt ist, d. h. ob sie den Wahrheitswert *wahr* hat. Wenn dies nicht der Fall ist, wird nichts mehr getan, und die Bearbeitung setzt sich hinter dem Struktogramm fort. Im Falle einer erfüllten Aussage jedoch wird die Verarbeitung V ausgeführt. Anschließend wird wieder die Wiederholung mit vorausgehender Bedingungsprüfung eingefügt und nach obiger Regel interpretiert. Damit beginnt das Spiel von neuem.

Bei Skepsis hinsichtlich gleicher Bedeutung der rekursiven und der Pünktchendefinition sehe sich der Leser noch einmal Bild 8.4 links an. Das gestrichelte Kästchen enthält doch wieder ein *allgemeines Struktogramm der Wiederholung mit vorausgehender Bedingungsprüfung*, welches gemäß der angegebenen Definition durch ein Struktogramm wie in Bild 8.4 links ersetzt werden darf (**Kopierregel**). Nach einer solchen Einkopierung ergibt sich ein Struktogramm wie in Bild 8.4 rechts. Auf dieses Struktogramm könnte im gestrichelten Kästchen wiederum die Kopierregel angewendet werden. Wenn man sich diesen Vorgang **unendlich oft** fortgesetzt denkt, erhält man offensichtlich gerade eine unendlich tiefe Schachtelung.

Es handelt sich hier um ein Beispiel für eine **direkte** rekursive Definition, da innerhalb der Definition wiederum, und zwar unmittelbar, auf den zu definierenden Begriff Bezug genommen wird.

Wie bereits durch die Marke (Schleife:) im Fallbeispiel angedeutet, werden Wiederholungen bisweilen auch ***Schleifen*** genannt. Der Zusammenhang zwischen Schleifen in Struktogrammen und Schleifen in Syntaxdiagrammen, wie sie seit Kapitel 3 (Syntaxdiagramm für *Bezeichner*) bekannt sind, besteht nun darin, dass Compiler, welche die Technik des sogenannten *rekursiven Abstiegs* anwenden, eine Schleife im Syntaxdiagramm gerade durch eine entsprechende Wiederholung abarbeiten.

8.3 Implementation

Ein fertig abgefasster **Programmrumpf** zur Umsetzung des Struktogramms kann aussehen wie der in Bild 8.5.

```
0010 /*MEHRWERTSTEUERBERECHNUNG WIEDERHOLT
0020 /*Vereinbarungen
0030 DEFINE DATA
0040 LOCAL
0050   USING STEUERN
0060 LOCAL
0070   USING MWST_H
0080 END-DEFINE ;
0090 /*Eingabe
0100 INPUT   NETTO ;
0110 /*Verarbeitung
0120 SCHLEIF.                              /*Schleife:
0130 REPEAT  WHILE  NETTO NE 0,00 ;
0140   MWST   := NETTO * MWST_SATZ_VOLL / 100 ;
0150   BRUTTO := NETTO + MWST ;
0160   /*Ausgabe
0170   WRITE
0180     'Mehrwertsteuerberechnung' /
0190     '------------------------' / /
0200     'Nettobetrag : ' NETTO     /
0210     'Mehrwertst. : ' MWST      /
0220     'Bruttobetrag:'  BRUTTO    ;
0230   INPUT NETTO ;
0240 END-REPEAT ;
0250 END
```

Bild 8.5 — Programmrumpf mit `REPEAT-WHILE`-Anweisung

Es ist Folgendes zu **beachten**:

Von Zeile `0120` bis Zeile `0240` einschließlich ist die Wiederholung mit vorausgehender Bedingungsprüfung aus dem Struktogramm durch eine **`REPEAT-WHILE`-Anweisung** umgesetzt.

Eine solche Anweisung wird in NPL durch eine sogenannte *Marke* (z. B. `SCHLEIF.`) sowie die reservierten Wörter `REPEAT` und `WHILE` eingeleitet. Ausgeleitet wird sie durch die Symbole `END-REPEAT ;`.

Man beachte, dass hinter dem reservierten Wort `WHILE` (in Zeile `0130`) analog zum Struktogramm eine Weitermachbedingung steht, die ausdrückt, unter welchen Umständen die Wiederholung weiter durchlaufen werden soll.

Im logischen Ausdruck, der die Aussage des Struktogramms widerspiegelt, wird der Vergleichsoperator *ungleich* benutzt, der in NPL durch das reservierte Wort `NE` bezeichnet werden kann.

8.4 Test

Als **ersten Testfall** gebe man gleich eine `0` im Feld `NETTO` ein. Das Programm sollte sofort abbrechen.

Für den **nächsten Testfall** lasse man durch Eingabe von z. B. `1` und dann `0` genau eine Berechnung ausführen.

Der **letzte Testfall** soll einen kleinen *Belastungstest* beinhalten: Berechnung für alle `NETTO`-Beträge von `1` bis `9`.

8.5 Syntax und Semantik

Unter Benutzung der bereits eingeführten Nichtterminalsymbole kann jetzt die **`REPEAT-WHILE`-Anweisung** definiert werden.

Diese Definition nimmt Bezug auf das **Nichtterminalsymbol *Marke***, welches deshalb vorher definiert wird.

Weiterhin soll in diesem Abschnitt endlich die Syntax für ***Hauptprogramm-Rumpf*** angegeben werden.

8.5.1 Marke

Eine **Marke** besteht schlicht aus einem Bezeichner und einem Punkt (.). Sie wird in NPL an der Stelle ihrer Definition *nicht*, wie in vielen anderen Programmiersprachen und in Struktogrammen, durch einen Doppelpunkt (:) abgeschlossen. Siehe Bild 8.6.

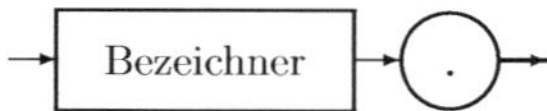

Bild 8.6 — Syntaxdiagramm für *Marke*

Es gilt die **Zusatzregel**, dass vor dem Punkt *keine* Trennzeichen stehen dürfen. Jedoch sind in der Syntax für *Bezeichner*, wie sie in diesem Buch eingeführt worden ist, hintere Trennzeichen fest „eingebaut". Insofern müsste hier eigentlich eine zweite Variante von *Bezeichner* (ohne hintere Trennzeichen) definiert und benutzt werden. Dies unterbleibt aus Gründen der Vereinfachung und in der Hoffnung, dass an dieser Stelle die Syntax von NPL in ferner Zukunft etwas liberaler wird.

Für **Beispiele** siehe Tabelle 8.1.

Tabelle 8.1 — Beispiele für *Marke*

Nr	richtig	falsch	Erläuterung des falschen Beispiels
1	`SCHLEIF.`	`SCHLEIF`	Punkt (.) fehlt.
2	`SCHLEIF.`	`SCHLEIF .`	Trennzeichen innerhalb einer Marke ist verboten.
3	`SCHLEIF.`	`SCHLEIF:`	Marke muss durch Punkt (.) abgeschlossen werden.

8.5.2 REPEAT-WHILE-Anweisung

Die **REPEAT-WHILE-Anweisung** dient zur Umsetzung des Programmkonstruktes *Wiederholung mit vorausgehender Bedingungsprüfung*.

Sie wird mit einer Marke und den reservierten Wörtern REPEAT und WHILE eingeleitet. Darauf folgt ein steuernder logischer Ausdruck. Ein Semikolon (;) trennt diesen von einer kontrollierten Anweisungsfolge.

Abgeschlossen wird die Anweisung durch die Symbole END-REPEAT ; .

Siehe Bild 8.7.

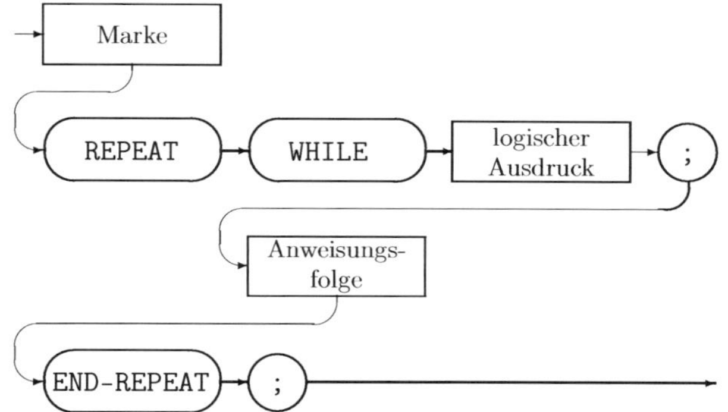

Bild 8.7 — Syntaxdiagramm für REPEAT-WHILE-*Anweisung*

Für **Beispiele** siehe Tabelle 8.2.

Tabelle 8.2 — Beispiele für REPEAT-WHILE-*Anweisung*

Nr	richtig	falsch	Erläuterung des falschen Beispiels
1	NICHTSTUN. REPEAT WHILE S1 ; IGNORE ; END-REPEAT ;	NICHTSTUN. REPEAT WHILE S1 ; END-REPEAT ;	Anweisungsfolge darf nicht leer sein.

2	SCHLEIF.
	REPEAT WHILE I <= 9 ;
	  Q := I * I ;
	  WRITE I Q ;
	  I := I + 1 ;
	END-REPEAT ;
		SCHLEIF.
		WHILE I <= 9 ;
		  Q := I * I ;
		  WRITE I Q ;
		  I := I + 1 ;
		END-REPEAT ;
			Wortsymbol REPEAT fehlt.

Wenn man übrigens das erste Beispiel ausprobiert und S1 den Inhalt TRUE hat, ist damit eine sogenannte ***Endlosschleife*** produziert. Diese muss dann „mit Gewalt“ unterbrochen werden. Man lasse sich vom Mentor erklären, wie das auf der verwendeten Datenverarbeitungsanlage zu bewerkstelligen sei. Ohne Unterbrechung würde die Endlosschleife bis zum Sankt-Nimmerleins-Tag Rechenzeit verbrauchen.

8.5.3 Hauptprogramm-Rumpf

Ein **Hauptprogramm-Rumpf** besteht aus einer optionalen Hauptprogramm-DEFINE-DATA-Vereinbarung, einer Anweisungsfolge und dem reservierten Wort END. Siehe Bild 8.8.

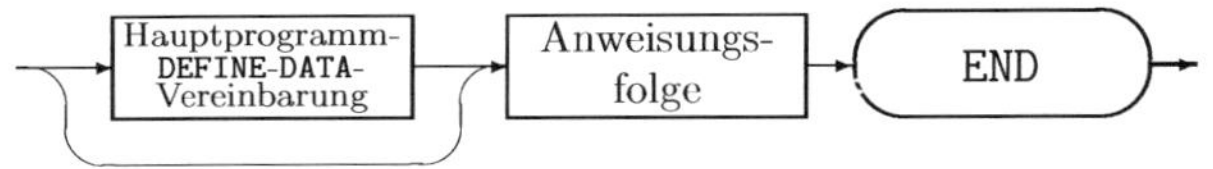

Bild 8.8 — Syntaxdiagramm für *Hauptprogramm-Rumpf*

Für **Beispiele** siehe Tabelle 8.3.

Tabelle 8.3 — Beispiele für *Hauptprogramm-Rumpf*

Nr	richtig	falsch	Erläuterung des falschen Beispiels
1	IGNORE ; END	END	Anweisungsfolge fehlt.
2	DEFINE DATA LOCAL USING HUGO LOCAL USING OTTO END-DEFINE ; INPUT OTTOKAR ; WRITE OTTOKAR ; END	DEFINE DATA LOCAL USING HUGO LOCAL USING OTTO END-DEFINE ; INPUT OTTOKAR ; WRITE OTTOKAR ;	Das reservierte Wort END fehlt hinter der Anweisungsfolge.

8.6 Übungen

8.6.1 Bedeutung des Fallbeispiels

Erläutern Sie bitte die **Bedeutung** des Fallbeispiels analog zur Definition der allgemeinen Wiederholung mit vorausgehender Bedingungsprüfung.

8.6.2 Programmvariation

Was würde geschehen, wenn man den Befehl INPUT NETTO ; im Beispielprogramm direkt vor END-REPEAT wegließe? Probieren Sie diesen Effekt bitte nach theoretischer Beantwortung der Frage auch praktisch aus!

8.6.3 Zählwiederholungen

Variieren Sie das Fallbeispiel dieses Kapitels bitte so, dass „Nettobetrag“ nicht vom Bildschirmgerät eingelesen wird, sondern automatisch alle Werte von 1 bis 9 mit einer *Schrittweite* (*Abstand*) von 1 durchläuft. Ferner sollen lediglich Nettobetrag und Mehrwertsteuer *in jeweils einer Zeile* ausgegeben werden.

8.6.4 Mehrwertsteuertabelle

Variieren Sie die Lösung der Übungsaufgabe 8.6.3 bitte so, dass in jeder Zeile nicht nur ein Mehrwertsteuerbetrag zu einem gegebenen Nettobetrag ausgegeben wird, sondern jeweils gleich 10 Mehrwertsteuerbeträge für Zehntelabstufungen des jeweiligen Nettobetrages. Als Vorbild diene Bild 8.9.

Mehrwertsteuertabelle

Netto	+0,0	+0,1	+0,2	+0,3	+0,4	+0,5	+0,6	+0,7	+0,8	+0,9
1	0,190	0,209	0,228	0,247	0,266	0,285	0,304	0,323	0,342	0,361
2	0,380	.....	.....	.....	.....	.....	.....	.....	.....	.....
3	.....	.....	.....	.....	.....	.....	.....	.....	.....	.....
4	.....	.....	.....	.....	.....	.....	.....	.....	.....	.....
5	.....	.....	.....	.....	.....	.....	.....	.....	.....	.....
6	.....	.....	.....	.....	.....	.....	.....	.....	.....	.....
7	.....	.....	.....	.....	.....	.....	.....	.....	.....	.....
8	.....	.....	.....	.....	.....	.....	.....	.....	.....	.....
9	.....	.....	.....	.....	.....	.....	.....	.....	.....	.....

Bild 8.9 — Vorbild für Mehrwertsteuertabelle

Damit die Programmierung nicht zu schwierig ist, soll die Tabelle so formatiert werden wie in Bild 8.10.

```
Mehrwertsteuertabelle
---------------------


Netto
  +     0,000  0,100  0,200  0,300  0,400  0,500  0,600  0,700  0,800  0,900

  1     0,190  0,209  0,228  0,247  0,266  0,285  0,304  0,323  0,342  0,361
  2     0,380  .....  .....  .....  .....  .....  .....  .....  .....  .....
  3     .....  .....  .....  .....  .....  .....  .....  .....  .....  .....
  4     .....  .....  .....  .....  .....  .....  .....  .....  .....  .....
  5     .....  .....  .....  .....  .....  .....  .....  .....  .....  .....
  6     .....  .....  .....  .....  .....  .....  .....  .....  .....  .....
  7     .....  .....  .....  .....  .....  .....  .....  .....  .....  .....
  8     .....  .....  .....  .....  .....  .....  .....  .....  .....  .....
  9     .....  .....  .....  .....  .....  .....  .....  .....  .....  .....
```

Bild 8.10 — Ausgabemuster für Mehrwertsteuertabelle

Erzeugen und benutzen Sie eine LDA, in der `NETTO`, `MWST` und etwaige Hilfsvariablen passend vereinbart sind.

9 Reihungen

Dieses Kapitel zeigt auf, wie man Tabellen, Folgen, Vektoren, Matrizen und ähnliche Objekte durch für diese besonders geeignete Datenstrukturen, sogenannte ***Reihungen***, darstellen kann.

9.1 Problem

In diesem Buch wurden bisher lediglich ***skalare*** (*einfache*) Variablen benutzt, die jeweils genau einen Wert zum Inhalt hatten. Deren ausschließliche Benutzung kann für manche Anwendungen zu schwerfällig und aufwendig sein, wie die Lösung von Übungsaufgabe 8.6.4 demonstriert hat. Dort mussten für die 10 Werte einer auszugebenden Zeile 10 sehr ähnliche Verarbeitungen bzw. Anweisungsfolgen geschrieben werden. Dies bedeutet viel Schreibarbeit, schlechte Modularität und damit schlechte Wartbarkeit, denn jede Änderung innerhalb dieser Verarbeitungen bzw. Anweisungsfolgen müsste an jeweils 10 Stellen durchgeführt werden.

Wenn, wie es im obigen Beispiel der Fall ist, eine Folge von Speicherzellen des gleichen Datentyps benötigt wird, kann man anstelle vieler einzelner skalarer Variablen lieber eine einzige ***Reihung*** benutzen. Deren Elemente können dann über einen *Index*, der auch Variablen enthalten darf, angesprochen werden. Derart indizierte Reihungselemente kann man wie skalare Variablen benutzen.

Der Vorteil liegt auf der Hand: Durch den variablen Index kann man mit einer Wiederholung bzw. `REPEAT`-Anweisung über die Elemente der Reihung laufen und braucht nicht immer wieder ähnliche Verarbeitungen bzw. Anweisungen für die Behandlung der einzelnen Elemente hinzuschreiben.

Die Lösung von Übungsaufgabe 8.6.4 soll nun unter Verwendung der neuen Erkenntnisse so **umgeschrieben** werden, dass sie wesentlich kürzer und handlicher ist.

9.2 Entwurf

Bei Benutzung einer Reihung kann ein **Struktogramm** zur Ausgabe einer Mehrwertsteuertabelle so aussehen wie das in Bild 9.1.

- ① Konstante Mehrwertsteuer-Satz-voll = 19
- ② Konstante AnzahlWerteJeZeile = 10
- ③ Schreiben auf Bildschirm: Überschrift
- ④ $j \longleftarrow 0$
- ⑤ Tabellenkopf: Solange $j \leq (\text{AnzahlWerteJeZeile} - 1)$
  - ⑥ $\text{Zeilenwerte}_j \longleftarrow \dfrac{j}{\text{AnzahlWerteJeZeile}}$
  - ⑦ $j \longleftarrow j + 1$
- ⑧ Schreiben auf Bildschirm:
  $\text{Zeilenwerte}_0, \ldots, \text{Zeilenwerte}_{\text{AnzahlWerteJeZeile}-1}$
- ⑨ $i \longleftarrow 1$
- ⑩ Tabellenrumpf: Solange $i \leq 9$
  - ⑪ $j \longleftarrow 0$
  - ⑫ Tabellenzeile: Solange $j \leq (\text{AnzahlWerteJeZeile} - 1)$
    - ⑬ $\text{Nettobetrag} \longleftarrow i + \dfrac{j}{\text{AnzahlWerteJeZeile}}$
    - ⑭ $\text{Mehrwertsteuer} \longleftarrow \text{Nettobetrag} \cdot \dfrac{\text{Mehrwertsteuer-Satz-voll}}{100}$
    - ⑮ $\text{Zeilenwerte}_j \longleftarrow \text{Mehrwertsteuer}$
    - ⑯ $j \longleftarrow j + 1$
  - ⑰ Schreiben auf Bildschirm:
    $i, \text{Zeilenwerte}_0, \ldots, \text{Zeilenwerte}_{\text{AnzahlWerteJeZeile}-1}$
  - ⑱ $i \longleftarrow i + 1$

Bild 9.1 — Struktogramm mit Benutzung einer Reihung

Es ist Folgendes zu **beachten**:

Bei ⑥ und ⑮ im Struktogramm findet ein Zugriff auf das jeweils j-te Element Zeilenwerte_j der Reihung „Zeilenwerte" statt. Dabei wird der Index – in diesem Fall j – üblicherweise tiefgestellt.

Die Reihung „Zeilenwerte" ist sowohl für die Ausgabe des Tabellenkopfes (③ bis ⑧) als auch für die des Tabellenrumpfes (⑨ bis ⑱) zuständig. Weshalb der Tabellenkopf nicht ausschließlich aus Textkonstanten gebildet wird, soll in Abschnitt 9.4 erklärt werden.

9.3 Implementation

9.3.1 Datenvereinbarung

Eine LDA für die **Vereinbarung** der laut Struktogramm benötigten Daten möge `MWSTT_H` heißen und kann aussehen wie die in Bild 9.2.

```
I T L  Name                           F Length     Miscellaneous
All -- ------------------------------ - ---------- ------------------------->
    1 I                              P          2 /*i
    1 J                              P          2 /*j
    1 NETTO                          P        1,1 /*Nettobetrag
    1 MWST                           P        1,3 /*Mehrwertsteuer
  *   AnzahlWerteJeZeile
  C 1 ANZ                            P        2,0 CONST < 10 > /*hier 10
  *   Zeilenwerte
    1 WERTE                          P        1,3 ( 0 : ANZ - 1 )
```

Bild 9.2 — Datenvereinbarung einer Reihung

Es ist Folgendes zu **beachten**:

1. Zur Umsetzung der symbolischen Konstante AnzahlWerteJeZeile aus dem Struktogramm wird in der LDA eine symbolische Konstante `ANZ` eingeführt und auf den Wert `10` gesetzt.

2. Zur Umsetzung der Reihung Zeilenwerte aus dem Struktogramm wird in der LDA eine **Reihung** `WERTE` eingeführt.

   In Spalte `Miscellaneous` ist dafür eine weitere Sorte von Einträgen zu beobachten, nämlich ein *Indexbereich*. Der Compiler erkennt einen solchen an einer runden Klammer links (`(`) und geht dann davon aus, dass es sich bei `WERTE` um eine Reihung handelt. In runden Klammern eingeschlossen, wird der Indexbereich durch Nennung der Unter- und Obergrenze, d. h. des niedrigsten und höchsten erlaubten Indexwertes, spezifiziert.

   Da die Reihung „Zeilenwerte“ laut Struktogramm nur mit Indizes zwischen 0 und AnzahlWerteJeZeile − 1 (jeweils einschließlich) angesprochen wird, ist der Indexbereich von `WERTE` folglich `( 0 : ANZ - 1 )`.

9.3.2 Rumpf

Der **Programmrumpf** zur Umsetzung des Struktogramms kann aussehen wie der in Bild 9.3. Es ist Folgendes zu **beachten**:

```
/*MEHRWERTSTEUERTABELLE
/*Vereinbarungen
DEFINE DATA
LOCAL
  USING STEUERN
LOCAL
  USING MWSTT_H
END-DEFINE ;
/*
/*schreiben auf Bildschirm: Ueberschrift
WRITE
  'Mehrwertsteuertabelle' /
  '---------------------' / ;
RESET J ;
TAB_KOPF.                                                /*Tabellenkopf:
REPEAT  WHILE  J <= ANZ - 1 ;
  WERTE ( / J ) := 1,0 * J / ANZ ;
  J             := J + 1 ;
END-REPEAT ;
WRITE 'Netto' / '  +  ' WERTE ( / 0 : ANZ - 1 ) / ;
I := 1 ;
TAB_RUMPF.                                               /*Tabellenrumpf:
REPEAT  WHILE  I <= 9 ;
  RESET J ;
  TAB_ZEILE.                                             /*Tabellenzeile:
  REPEAT  WHILE  J <= ANZ - 1 ;
    NETTO           := I + 1,0 * J / ANZ ;
    MWST            := NETTO * MWST_SATZ_VOLL / 100 ;
    WERTE ( / J )  := MWST ;
    J               := J + 1 ;
  END-REPEAT ;
  /*schreiben auf Bildschirm
  WRITE   I ' ' WERTE ( / 0 : ANZ - 1 ) ;
  I := I + 1 ;
END-REPEAT ;
END
```

Bild 9.3 — Programmrumpf mit Benutzung einer Reihung

Eine Tiefstellung von Indizes wie im Struktogramm ist auf den meisten heute gebräuchlichen Bildschirmgeräten nicht ohne Weiteres möglich. Deshalb wird bei angewandten Vorkommen einer **Reihungsvariablen** im Programmrumpf eine Notation benutzt, die der Schreibweise des Indexbereiches ihrer Vereinbarung in der LDA ähnelt: Indizes sind durch eine runde

Klammer links (() mit einem Schrägstrich (/) und eine runde Klammer rechts ()) zu begrenzen. Ebenso wie beim WRITE-Befehl hat der Schrägstrich nichts mit Division zu tun. Vielmehr empfiehlt der Verfasser aus formalen Gründen, ihn zu setzen. Diese werden etwas später erläutert. Siehe Zeilen 0170, 0200, 0290 und 0330.

In Zeile 0290 (Umsetzung von Verarbeitung ⑮ des Struktogramms) wird beispielsweise dem jeweils j-ten Element der Reihung WERTE der errechnete Mehrwertsteuerbetrag aus der Variablen MWST zugewiesen.

In den Zeilen 0200 und 0330 (Umsetzungen der Verarbeitungen ⑧ und ⑰ des Struktogramms) hingegen kommt ein Indexbereich 0 : ANZ - 1 vor. Wie bei vereinbarenden Vorkommen sind auch hier bei angewandten Vorkommen einfache Ausdrücke (z. B. ANZ - 1) erlaubt. Die Befehle in den beiden oben genannten Zeilen bedeuten konkret, dass u. a. die Elemente 0 bis ANZ - 1 der Reihung WERTE in einer Zeile auf den Bildschirm geschrieben werden sollen. Diese Notation WERTE (/ 0 : ANZ - 1) erspart die recht schreibaufwendige explizite Aufzählung WERTE (/ 0) WERTE (/ 1) ... WERTE (/ 9) aller auszugebenden Elemente der Reihung WERTE. Sie ist zudem wesentlich flexibler, wie bald zu sehen sein wird.

RESET-Befehle wie die in den Zeilen 0140 und 0240 (Umsetzungen der Verarbeitungen ④ und ⑪ des Struktogramms) setzen deren Argumente auf den jeweiligen *Nullwert* ihres Datentyps zurück. Die RESET-Befehle sind in diesem Falle also gleichwertig mit Zuweisungsbefehlen J := 0 ;. Beispielsweise wäre für eine Textvariable HEBESATZ hingegen ein Befehl RESET HEBESATZ ; gleichwertig mit dem Zuweisungsbefehl HEBESATZ :=' ' ;.

In den Zeilen 0170 und 0270 (Umsetzungen der Verarbeitungen ⑥ und ⑬ des Struktogramms) enthalten die **arithmetischen Ausdrücke** sicherheitshalber den Faktor 1,0, um zu verdeutlichen, dass mit einer Nachkommastelle gerechnet werden soll. Diese Maßnahme erleichtert auch die eventuelle Portierung in eine andere Programmiersprache. Sie ist streng genommen aufgrund der Regeln für Datentypangleichung (siehe Abschnitt 5.5.7) in NPL nicht erforderlich, da die jeweiligen Zielvariablen WERTE (/ J) und NETTO eine Nachkommastelle haben.

9.4 Test

Man rufe das Programm einfach auf und schaue, ob das **erwartete Ergebnis** laut der Vorgabe von Übungsaufgabe 8.6.4 erscheint.

Jetzt soll die **Flexibilität** des Gesamtsystems ausgenutzt werden, die durch konsequente Benutzung der symbolischen Konstante „AnzahlWerteJeZeile“ im Struktogramm bzw. der symbolischen Konstante ANZ im Programm gewonnen wurde. Dazu wird im Struktogramm diese symbolische Konstante z. B. auf die Werte 5, 4 und 2 gesetzt. Entsprechend wird in der LDA MWSTT_H die symbolische Konstante ANZ auf die Werte 5, 4 und 2 gesetzt. Bitte die jeweils fällige Neuübersetzung der beteiligten Programmbausteine, z. B. mit dem STOW-Kommando, nicht vergessen! Die Änderung nur dieser einen symbolischen Konstante genügt, um die Anzahl Spalten der Tabelle festzulegen. Die jeweiligen Softwarevarianten sollten „gröbere“ Tabellen mit nur 5, 4 und 2 Spalten erzeugen.

9.5 Syntax und Semantik

In diesem Abschnitt sollen **Indizes**, wie sie in angewandten Vorkommen von Reihungen, z. B. in Programmrümpfen, auftreten, definiert werden. Ferner wird die Definition von ***Variablenname*** verfeinert.

9.5.1 Indexausdruck

Das Nichtterminalsymbol ***Indexausdruck*** hat eine ziemlich skurrile Syntax. Siehe Bild 9.4. In Indizes sind keine beliebigen arithmetischen Ausdrücke, sondern nur **Ausdrücke**

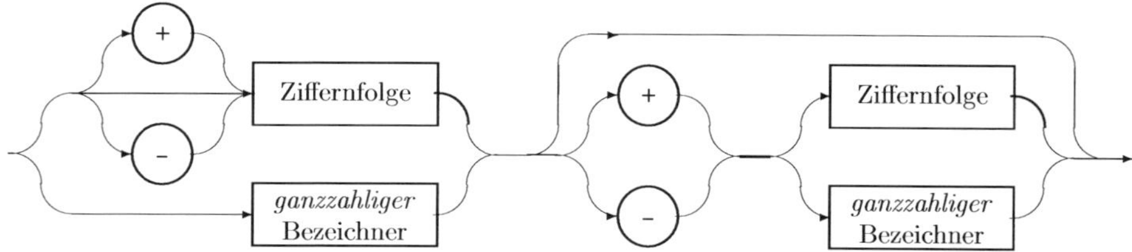

Bild 9.4 — Syntaxdiagramm für *Indexausdruck*

aus höchstens zwei ziemlich primitiven Termen erlaubt. Dabei ist vor dem ersten „*ganzzahligen* Bezeichner“ kein Operator Minus (-) oder Plus (+) zugelassen! Indexausdrücke wie z. B. `- ANZ - J` sind damit verboten.

Es gilt noch die **Zusatzregel**, dass ein Indexausdruck stets ein ganzzahliges Ergebnis abliefern muss. Eine Ziffernfolge ist immer ganzzahlig, und ein „*ganzzahliger* Bezeichner“ soll der Name einer ganzzahligen skalaren Variable z. B. vom Datentyp `P2,0` sein.

Für **Beispiele** siehe Tabelle 9.1.

Tabelle 9.1 — Beispiele für *Indexausdruck*

Nr	richtig	falsch	Erläuterung des falschen Beispiels
1	`0 - J`	`- J`	Bezeichner (`J`) mit Vorzeichen (`-`) ist verboten.
2	`-10`	`- 10`	Trennzeichen hinter Vorzeichen (`-`) ist verboten.
3	`+10`	`+ J`	Bezeichner (`J`) mit Vorzeichen (`+`) ist verboten.
4	`4 - J`	`- J + 4`	Bezeichner (`J`) mit Vorzeichen (`-`) am Anfang ist verboten.
5	`J + J`	`J * 2`	Multiplikationsoperator (`*`) ist verboten.
6	`J + 4`	`J + 3 + 1`	Ausdruck aus mehr als zwei Termen ist verboten.
7	`4 + J`	`3 + 1 + J`	Ausdruck aus mehr als zwei Termen ist verboten.
8	`4 + 3`	`4 + 2 + 1`	Ausdruck aus mehr als zwei Termen ist verboten.
9	`-5 - 3`	`-5 - 3,0`	Zweiter Operand (`3,0`) ist keine Ziffernfolge.
10	`+5 + 3`	`+5 + 2 + 1`	Ausdruck aus mehr als zwei Termen ist verboten.

9.5.2 Indizes

Hier soll definiert werden, wie **Indizes**, die in angewandten Vorkommen von Reihungen auftreten, aussehen.

Indizes bestehen aus einer runden Klammer links (`(`) mit einem Schrägstrich (`/`), einem oder mehreren Indexeinträgen, die jeweils durch ein Komma (`,`) voneinander abgetrennt sind, und einer runden Klammer rechts (`)`). Siehe Bild 9.5.

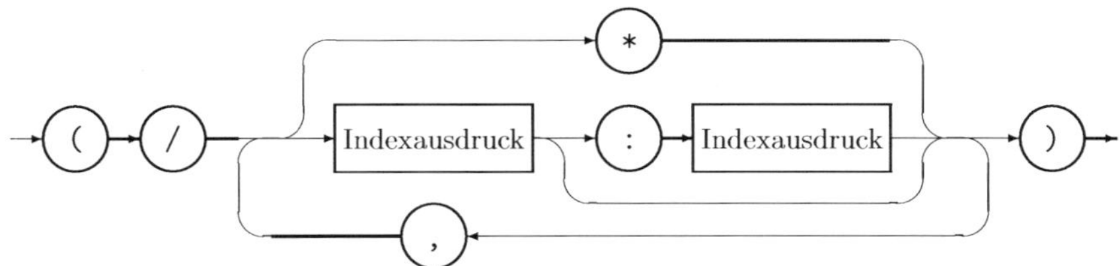

Bild 9.5 — Syntaxdiagramm für *Indizes*

Den eigentlich optionalen Schrägstrich setzt man am besten grundsätzlich, um die folgende grammatikalische Merkwürdigkeit zu vermeiden: Wenn *Indizes* zufällig am Anfang einen Indexausdruck in Form einer 4stelligen Ziffernfolge enthält, wird diese nicht als Darstellung einer natürlichen Zahl interpretiert, sondern als sogenannte *Zeilennummernreferenz*. Ein Befehl `WRITE TAB ( 1000 ) ;` zur Ausgabe des 1 000. Elementes einer Reihung `TAB` würde demnach mit einem Syntaxfehler `NAT0287 No access to database field; or REDEFINE variable exists.` (englisch für „Kein Zugriff auf Datenbank-Feld; oder Variable bereits redefiniert.") zurückgewiesen werden. Dies ist umso bedauerlicher, als Zeilennummernreferenzen seit der Verfügbarkarkeit von Marken sowieso entbehrlich sind. Um solche Effekte ein- für allemal zu verhindern, benutze man durchgängig die Schrägstrichnotation.

Ein Sternchen (`*`) ist jeweils gleichbedeutend mit *untere* : *obere*, wobei *untere* die Untergrenze und *obere* die Obergrenze des jeweiligen Index laut Vereinbarung der Reihung symbolisiert. Im Mehrwertsteuertabellenprogramm des Kapitels wäre demnach der Befehl `WRITE WERTE ( / * ) ;` gleichbedeutend mit dem Befehl `WRITE WERTE ( / 0 : ANZ - 1 ) ;`.

Für **Beispiele** siehe Tabelle 9.2.

Tabelle 9.2 — Beispiele für *Indizes*

Nr	richtig	falsch	Erläuterung des falschen Beispiels
1	`( / 2 )`	`[ / 2 ]`	Eckige Klammern (`[]`) sind verboten.
2	`( / 3 )`	`( / )`	Leeres Klammerpaar ist verboten.
3	`( / J )`	`/ J )`	Runde Klammer links (`(`) fehlt.
4	`( / N - 1 )`	`( / N - 1`	Runde Klammer rechts (`)`) fehlt.
5	`( / 0 : N - 1 )`	`( / 0 .. N - 1 )`	Zwei Punkte (`..`) statt Doppelpunkt (`:`) sind verboten.
6	`( / I , J )`	`( / I J )`	Komma (`,`) als Trennsymbol ist Pflicht.
7	`( / * , * )`	`( / * * )`	Komma (`,`) als Trennsymbol ist Pflicht.
8	`( / * , * )`	`( /* , * )`	Trennzeichen nach Schrägstrich (`/`) fehlen.

Es ist Folgendes zu **beachten**:

- Mehrere Indexeinträge gibt es bei mehrdimensionalen Reihungen, die z. B. Tabellen oder Matrizen darstellen. Die maximal erlaubte Dimension einer Reihung ist leider nur 3. Dies ist eine einengende **zusätzliche Regel**, die durch das obige Syntaxdiagramm *nicht* ausgedrückt wird. Wer allerdings tatsächlich eine Reihung mit mehr als 3 Dimensionen braucht, kann sich mit einer eindimensionalen Reihung und einer selbst geschriebenen passenden *Speicherabbildungsfunktion* behelfen. Insofern ist die Einschränkung nicht so gravierend.

- Eine **Zusatzregel** besagt, dass der optionale Indexausdruck rechts vom Doppelpunkt (:) keinen Wert abliefern darf, der echt kleiner als der vom Indexausdruck links des Doppelpunktes ist. Dies ist etwas überzogen, denn für den angegebenen Fall könnte der Bereich einfach keine Elemente enthalten.

- Bei Zuweisungsbefehlen der Form `A ( / * ) := B ( / * ) ;` müssen `A` und `B` dieselbe Anzahl Elemente haben; oder `B` muss genau ein Element haben.
  Ein korrektes Beispiel wäre auch `A` mit dem Intervall `( / 1 : 10 )` und `B` mit dem Intervall `( / 11 : 20 )` oder auch `( / 11 : 11 )`.
  Ebenso wäre der Befehl `A ( / 2 : 8 ) := B ( / 12 : 18 ) ;` zulässig, nicht dagegen
  `A ( / 2 :  8 ) := B ( / 12 : 20 ) ;` oder
  `A ( / 2 : 10 ) := B ( / 12 : 18 ) ;`.
  Jedoch ist die Zuweisung `A ( / 2 : 8 ) := B ( / 11 ) ;` eines Skalars `B ( / 11 )` an einen Ausschnitt `A ( / 2 : 8 )` der Reihung `A` zulässig,
  genauso wie die Zuweisung `A ( / 2 : 8 ) := B ( / 11 : 11 ) ;` eines einelementigen Ausschnitts `B ( / 11 : 11 )`.

- Erlaubt ist i. Allg. z. B. auch `A ( / AU : AO ) := B ( / BU : BO ) ;` mit Variablen `AU`, `AO`, `BU` und `BO`. Jedoch müssen zur Laufzeit die Anzahlen der Elemente auf der linken und rechten Seite übereinstimmen. `BO = BU` ist für `AO > AU` nicht erlaubt! Erstaunlicherweise werden Zuweisungen wie `A ( / 1 : 10 ) := B ( / BU : BO ) ;` und `A ( / AU : AO ) := B ( / 1 : 10 ) ;` jeweils mit einer Syntaxfehlermeldung `NAT0631 Invalid index specified in arithmetic/ASSIGN statement.` zurückgewiesen.

- Zuweisungen der Form `A ( / 2 : 3 ) := C ( / 1 , 12 : 13 ) ;` zwischen Reihungen unterschiedlicher Dimension sind im Allgemeinen gestattet, aber nicht Zuweisungen der Form `A ( / 2 : 3 ) := C ( / 12 : 13 , 1 ) ;`. Dies ist jedoch nicht problematisch, denn man kann den gewünschten Effekt in jedem Fall durch Wiederholungsanweisungen erzielen.

- Eine Zuweisung `A ( / 1 : 9 ) := A ( / 2 : 10 ) ;` bewirkt wie wahrscheinlich erwartet eine Verschiebung der Elemente der Reihung `A` um eine Position nach links.
  Eine Zuweisung `A ( / 2 : 10 ) := A ( / 1 : 9 ) ;` bewirkt aber keine Verschiebung der Elemente der Reihung `A` um eine Position nach rechts, sondern dass fast alle Elemente der Reihung `A` denselben Inhalt haben!
  In derartigen Fällen sind die Benutzung einer Hilfs-Reihung oder rückwärts laufende Wiederholungsanweisungen mit elementweisen Zuweisungen unter Umständen die bessere Wahl.

9.5.3 Variablenname

Hier soll die Definition des bereits eingeführten Begriffs ***Variablenname*** präzisiert werden. Ab sofort soll auch der Name einer Reihung mit Indizes ein erlaubter Variablenname sein. Siehe Bild 9.6.

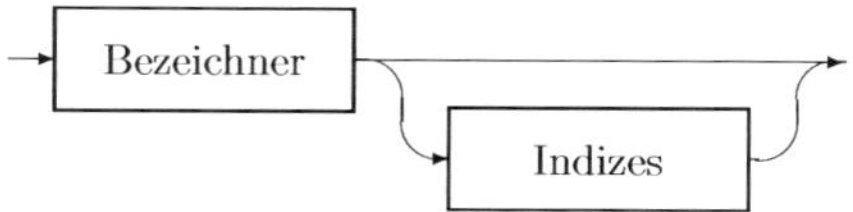

Bild 9.6 — Syntaxdiagramm für *Variablenname*

Für **Beispiele** siehe Tabelle 9.3.

Tabelle 9.3 — Beispiele für *Variablenname*

Nr	richtig	falsch	Erläuterung des falschen Beispiels
1	`MWST`	`MW-ST`	Mittestrich (-) ist verboten.
2	`WERTE ( / 3 )`	`WERTE ( / )`	Leere Indizes sind verboten.
3	`VEKTOR ( / J )`	`VEKTOR / J )`	Runde Klammer links (() fehlt.
4	`WERTE ( / N - 1 )`	`WERTE ( / N - 1`	Runde Klammer rechts ()) fehlt.
5	`W ( / 0 : ANZ )`	`W ( / 0 .. ANZ )`	Zwei Punkte (..) statt Doppelpunkt (:) sind verboten.
6	`MATRIX ( / I , 3 )`	`MATRIX ( / I 3 )`	Komma (,) als Trennsymbol ist Pflicht.
7	`M ( / I , 1 : N )`	`M ( / I 1 : N )`	Komma (,) als Trennsymbol ist Pflicht.

9.6 Übungen

9.6.1 Sortierung

Entwickeln Sie bitte ein Programm, das bis zu 20 Texte mit einer Maximallänge von je 10 Zeichen vom Bildschirmgerät einliest, diese dann **lexikografisch sortiert** und schließlich in sortierter Reihenfolge auf dem Bildschirm ausgibt.

9.6.2 Kleines Einmaleins

Entwickeln Sie bitte ein Programm zur Ausgabe des **kleinen Einmaleins** in Tabellenform.

9.6.3 Primzahltabelle

Entwickeln Sie bitte ein Programm, das alle **Primzahlen** von 2 bis 99 auf dem Bildschirm ausgibt.

Dabei ist eine Primzahl eine natürliche Zahl größer oder gleich 2 (≥ 2), die nur durch 1 und sich selbst teilbar ist. Die ersten sechs Primzahlen sind demnach 2, 3, 5, 7, 11, 13. Die natürlichen Zahlen 4 und 6 beispielsweise sind keine Primzahlen, denn sie lassen sich in *Primfaktoren* zerlegen: $4 = 2 \cdot 2$ und $6 = 2 \cdot 3$.

Benutzen Sie zur Lösung bitte das *Sieb des Eratosthenes*: Legen Sie eine Reihung von Wahrheitswerten mit dem Indexbereich von 2 bis 99 an. Die gesamte Reihung ist mit *falsch* zu *initialisieren* (*vorzubelegen*). In Bild 9.7 ist diese Reihung durch eine Reihe leerer Kästchen

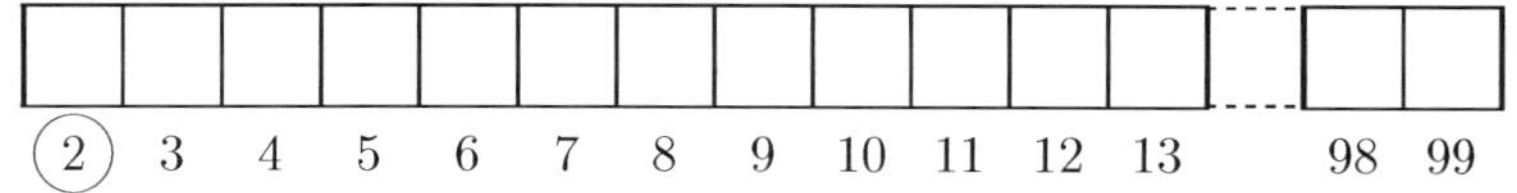

Bild 9.7 — Sieb des Eratosthenes am Anfang

dargestellt.

Die Rechnung läuft jetzt wie folgt ab: Der Index des ersten Elementes mit dem Wahrheitswert *falsch* (die in Bild 9.7 eingekringelte 2) ist eine Primzahl und wird ausgegeben. Alle Elemente mit einem vielfachen Index des gerade ausgegebenen (das sind die Elemente 4, 6, 8, 10, 12, ..., 98) bis maximal zur oberen Grenze (99) werden auf *wahr* gesetzt. Ab Bild 9.8 wird der

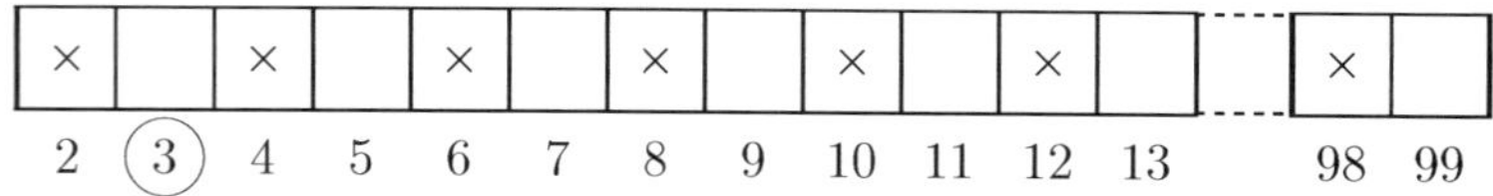

Bild 9.8 — Sieb des Eratosthenes nach dem ersten Schritt

Wahrheitswert *wahr* durch ein Kreuzchen ($\times$) dargestellt. Nun wird der Index des nächsten Elementes mit dem Wahrheitswert *falsch* gesucht (dieser ist die in Bild 9.8 eingekringelte 3), und das Spielchen geht wie oben weiter. Siehe Bild 9.9.

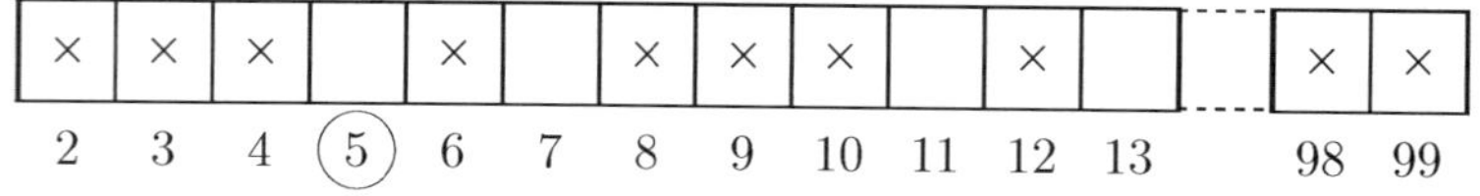

Bild 9.9 — Sieb des Eratosthenes nach dem zweiten Schritt

Fertig ist man bei Ankunft am Ende der Tabelle.

9.6.4 Matrixmultiplikation

Matrizen spielen auf vielen Gebieten der Mathematik, der Physik und auch der Wirtschaftswissenschaften, dort z. B. bei Kapazitäts- bzw. Auslastungsproblemen, eine wichtige Rolle. Eine Matrix ist eine zweidimensionale Tabelle, z. B.

$$A = \begin{pmatrix} 3 & 0 & -4 \\ -2 & 1 & -6 \\ 4 & -1 & 5 \\ -3 & 2 & 7 \end{pmatrix}.$$

Diese Matrix hat 4 Zeilen und 3 Spalten. Entsprechend nennt man sie eine *(4,3)-Matrix*. Ein weiteres Beispiel ist die (3,2)-Matrix

$$B = \begin{pmatrix} 2 & -1 \\ -3 & 4 \\ 1 & 0 \end{pmatrix}.$$

Das Produkt $C = A \cdot B$ der beiden Beispielmatrizen A und B ist dann eine (4,2)-Matrix

$$C = \begin{pmatrix} 3\cdot 2 + 0\cdot(-3) + (-4)\cdot 1 & 3\cdot(-1) + 0\cdot 4 + (-4)\cdot 0 \\ (-2)\cdot 2 + 1\cdot(-3) + (-6)\cdot 1 & (-2)\cdot(-1) + 1\cdot 4 + (-6)\cdot 0 \\ 4\cdot 2 + (-1)\cdot(-3) + 5\cdot 1 & 4\cdot(-1) + (-1)\cdot 4 + 5\cdot 0 \\ (-3)\cdot 2 + 2\cdot(-3) + 7\cdot 1 & (-3)\cdot(-1) + 2\cdot 4 + 7\cdot 0 \end{pmatrix}.$$

Nach Ausrechnung der einzelnen Elemente erhält man

$$C = \begin{pmatrix} 2 & -3 \\ -13 & 6 \\ 16 & -8 \\ -5 & 11 \end{pmatrix}.$$

Man sieht, dass sich das Element c_{11} links oben in der Matrix C als Summe aus den Produkten der Elemente von *Zeile* 1 der Matrix A mit den entsprechenden Elementen von *Spalte* 1 der Matrix B ergibt. Allgemein gilt für jedes Element c_{ij} aus der i-ten Zeile und der j-ten Spalte der Matrix C die Summenformel

$$c_{ij} = \sum_{k=1}^{p} a_{ik} \cdot b_{kj} = a_{i1} \cdot b_{1j} + a_{i2} \cdot b_{2j} + \cdots + a_{ip} \cdot b_{pj}$$

Die darin verwendeten Symbole haben die folgende Bedeutung: p (im Beispiel: 3) ist die Anzahl Spalten von A und gleichzeitig die Anzahl Zeilen von B. a_{ik} bezeichnet das Element aus der i-ten Zeile und der k-ten Spalte der Matrix A. b_{kj} bezeichnet das Element aus der k-ten Zeile und der j-ten Spalte der Matrix B.

Entwickeln Sie bitte ein Programm zur Multiplikation zweier solcher Matrizen A und B. Es soll beide Matrizen vom Bildschirmgerät einlesen und das Produkt C auf dem Bildschirm ausgeben.

9.6.5 Spiel des Lebens

Das ***Spiel des Lebens*** (englisch: *Game of Life*) ist ein von J. Conway erfundenes kybernetisches Spiel, beschrieben z. B. in [28], [13] oder [6]. Es handelt sich dabei um ein sehr stark vereinfachtes, abstraktes Modell des Lebens: Phänomene wie Geburt, Stoffwechsel, Bewegung und Tod werden dargestellt. Den Lebensraum bildet ein „Schachbrett“ beliebiger Größe, d. h. eine (m,n)-Matrix aus Kästchen. Siehe Bild 9.10.

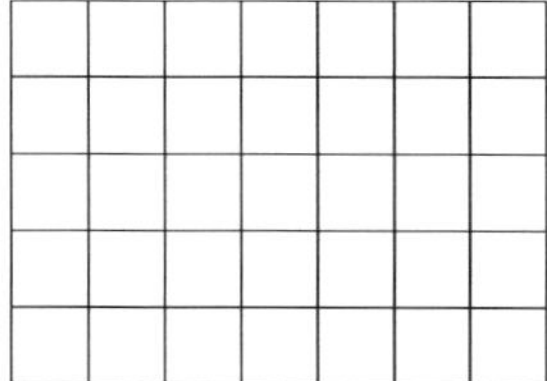

Bild 9.10 — „Lebensraum“ des „Spiels des Lebens“

Diesen Lebensraum können „Zellen“ (•) in mehr oder weniger großen „Kolonien“ bewohnen. Siehe Bild 9.11.

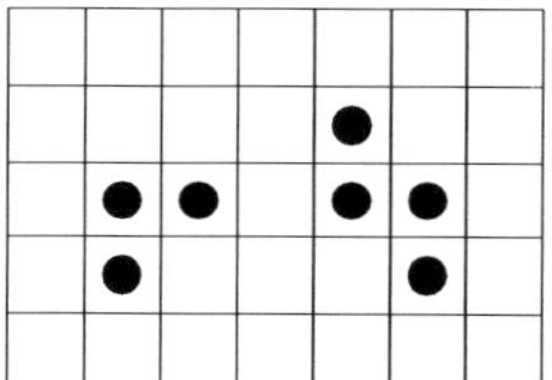

Bild 9.11 — „Kolonien“ im Lebensraum

Bei den Regeln für Geburt, Leben und Tod der Zellen spielt die jeweilige Anzahl der Nachbarzellen einer Zelle eine wichtige Rolle. Zu den Nachbarzellen einer Zelle zählen zunächst einmal die Zellen, die sich *genau* über, unter oder neben ihr, aber auch die Zellen, die sich direkt *schräg* über, unter oder neben ihr befinden. Jede Zelle hat demnach maximal 8 Nachbarzellen.

Die verschiedenen Zustände des Lebensraums werden *Generationen* genannt. Allein der Zustand der jeweils augenblicklichen Generation entscheidet über den Zustand der jeweils nächsten Generation.

Nun zu den verhältnismäßig einfachen Regeln:

- Eine Zelle, die in der augenblicklichen Generation von keiner oder nur einer Nachbarzelle umgeben ist, stirbt an „Vereinsamung“, d. h. ist in der nächsten Generation verschwunden.
- Eine Zelle, die in der augenblicklichen Generation von 2 oder 3 Nachbarzellen umgeben ist, fühlt sich gerade wohl und überlebt, d. h. rettet sich in die nächste Generation.
- Eine Zelle, die in der augenblicklichen Generation von mehr als 3 Nachbarzellen umgeben ist, stirbt an „Übervölkerung“, d. h. ist in der nächsten Generation nicht mehr da.

- Ein leeres Kästchen im Lebensraum, das genau 3 lebende Nachbarzellen hat, wird „befruchtet“ und beherbergt in der nächsten Generation eine lebende Zelle.

Eine der einfachsten stabilen Zellenkolonien ist der *Blinker*. Siehe Bild 9.12.

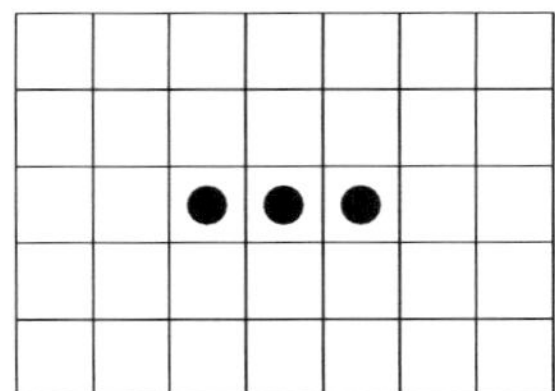

Bild 9.12 — Blinker (waagerecht)

Er ändert in der nächsten Generation gegenüber der augenblicklichen Generation seine Richtung. Siehe Bild 9.13.

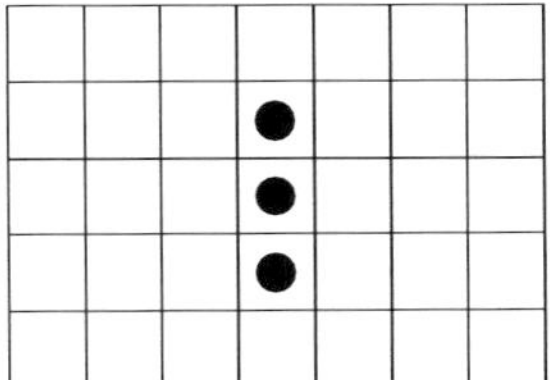

Bild 9.13 — Blinker (senkrecht)

In der darauf folgenden Generation hat er wieder seine ursprüngliche Richtung.

Andere Zellenkolonien „wandern“ durch den Lebensraum und „fressen“ sogar andere Kolonien, die ihnen in den Weg kommen.

Entwickeln Sie bitte ein Programm, das nach Eingabe einer kleinen Kolonie in der Mitte des Lebensraums deren Entwicklung über eine beliebige Anzahl von Generationen ermittelt und auf dem Bildschirm grafisch anzeigt. Probieren Sie diese Software im Besonderen mit der interessanten Entwicklung der Kolonie in Bild 9.14 aus.

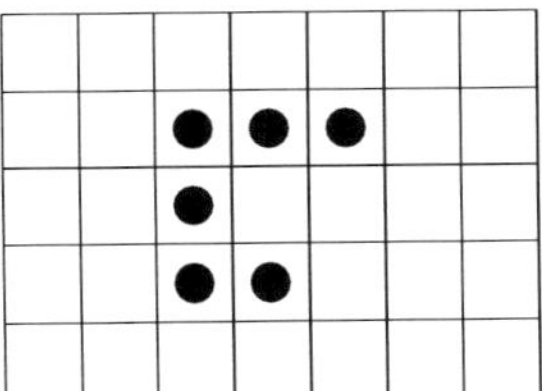

Bild 9.14 — Anfangskolonie

9.6.6 Blockgrafik

Entwickeln Sie bitte ein Programm, das die Quadrate der natürlichen Zahlen 0 bis 13 errechnet und geeignet skaliert in Form einer sogenannten ***Blockgrafik*** ausgibt. Die Ausgabe soll dem Muster in Bild 9.15 entsprechen.

```
Quadratische Parabel
--------------------
                                                                       X ** 2
   ------------------------------------------------------------------------>
 0 *
 1 *
 2   *
 3     *
 4       *
 5           *
 6               *
 7                     *
 8                           *
 9                                 *
10                                         *
11                                                 *
12                                                           *
13                                                                     *

X
```

Bild 9.15 — Ausgabemuster für Blockgrafik

10 Verbunde

In diesem Kapitel wird demonstriert, wie man mit Hilfe von sogenannten ***Verbunden*** übersichtlichere Datenstrukturen gestalten kann, als es bisher möglich war.

Mit den Reihungen ist zwar bereits eine Sorte komplexerer Datenstrukturen bekannt. Für diese ist jedoch charakteristisch, dass sie jeweils Speicherzellen *eines festen Datentyps* als Komponenten haben, die *numerisch* adressiert, d. h. durch *ganzzahlige Indizes* angesprochen werden.

Oft ist es allerdings so, dass man eher ein Aggregat von Speicherzellen *unterschiedlicher Datentypen* gebrauchen kann, die *symbolisch* adressiert, d. h. durch *Namen* angesprochen werden.

Genau diese Charakteristik hat ein Verbund.

10.1 Problem

Als **Beispielproblem** soll diesmal wieder eine vereinfachte Aufgabenstellung aus der betrieblichen Buchhaltungspraxis dienen.

Es sei die Anforderung gegeben, ein Programm zu entwickeln, das aus einem gegebenen Bruttoarbeitslohn durch Abzug diverser Freibeträge wie Werbungskosten, Sonderausgaben und Kinderfreibetrag das nach der Grundtabelle zu versteuernde Einkommen berechnet. Es sei also angenommen, dass statt Kindergeld der entsprechende Freibetrag angewendet wird. Weiterhin ist unter Kinderfreibetrag auch ein eventueller Betreuungsfreibetrag subsummiert. Und der gesamte Freibetrag ist für den häufigen Fall von zwei Elternteilen auch gleich verdoppelt.

Wenn die entsprechenden Pauschalen nicht erreicht werden, sind diese anzusetzen. Falls also beispielsweise die tatsächlichen Werbungskosten unter dem Werbungskosten-Pauschbetrag liegen, so werden großzügigerweise Werbungskosten in Höhe des Pauschbetrages angenommen.

Anders ausgedrückt ergeben sich die angenommenen Werbungskosten als Maximum aus tatsächlichen Werbungskosten und Werbungskosten-Pauschbetrag. Das entsprechende Prinzip gilt für die Sonderausgaben.

Um Konsistenz mit Kapitel 11 zu erzielen, werden die steuerlichen Gegebenheiten des Jahres 2012 zugrunde gelegt (ohne Gewähr!).

Das hier dargestellte Problem ist jedoch gegenüber der Realität stark vereinfacht und berücksichtigt z. B. kein Ehegattensplitting.

10.2 Entwurf

10.2.1 Datenhierarchien

Um bei den vielen benötigten Konstanten und Variablen nicht den Überblick zu verlieren, werden sie zweckmäßigerweise nach fachlichen Gesichtspunkten in verschiedenen Verbunden zusammengefasst.

Auf der Entwurfsebene nennt man solche Verbunde gemäß DIN 66 001 **Datenhierarchien**.

So kann man aus den Konstanten für die diversen Einkommensteuer-Freibeträge eine Datenhierarchie „Eink-Steuer“ bilden.

Diese Datenhierarchie kann nun grafisch als **Baum** dargestellt werden.

Entgegen der natürlichen Ausrichtung von Bäumen zeichnet man in der IT Bäume meist mit der Wurzel nach oben. Siehe Bild 10.1.

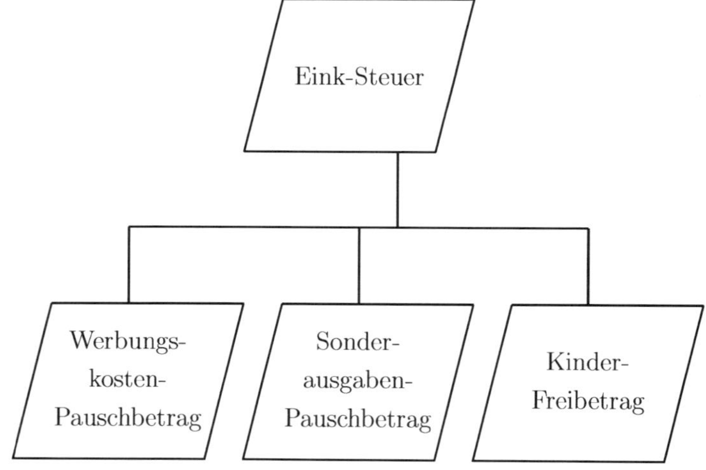

Bild 10.1 — Datenhierarchie DIN 66 001 – DH: Pausch- und Freibeträge

Das parallelogrammförmige **Sinnbild** für Daten ist bereits aus Kapitel 5 bekannt.

Es hat hier allerdings eine etwas andere Bedeutung: Ein Parallelogramm steht hier nicht für einen Datenbereich, sondern für einen Verbund oder auch ein einzelnes Datenelement.

Auf die gleiche Weise wird eine Datenhierarchie „Hilf“ dargestellt, die – wie ihr Name schon andeutet – benötigte **Hilfsdaten** enthält. Siehe Bild 10.2.

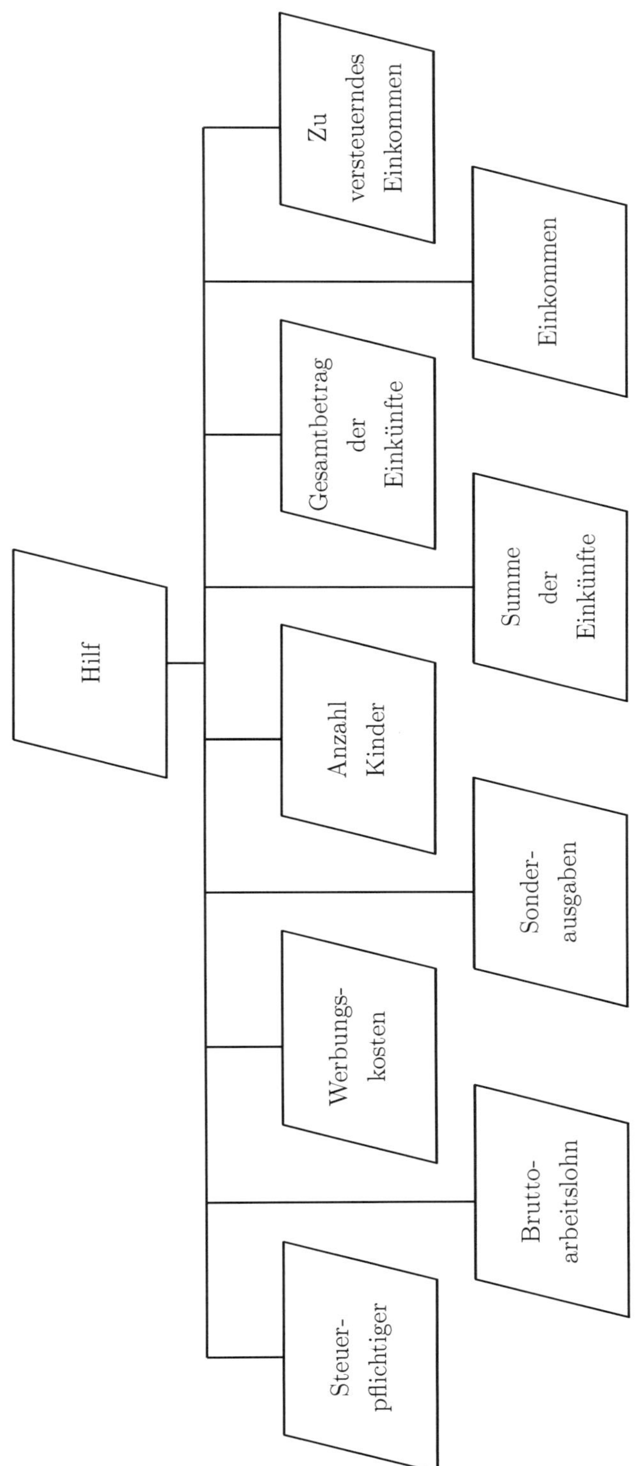

Bild 10.2 — Datenhierarchie DIN 66 001 – DH: Hilf

10.2.2 Struktogramm

Ein **Struktogramm** zur Lösung der gestellten Aufgabe kann aussehen wie das in Bild 10.3.

Konstante Eink-Steuer.Werbungskosten-Pauschbetrag = 1 000,00

Konstante Eink-Steuer.Sonderausgaben-Pauschbetrag = 36,00

Konstante Eink-Steuer.Kinder-Freibetrag = 7 008,00

Lesen von Bildschirmgerät:
Hilf.Steuerpflichtiger,
Hilf.Bruttoarbeitslohn,
Hilf.Werbungskosten, Hilf.Sonderausgaben,
Hilf.AnzahlKinder

Eink-Steuer.Werbungskosten-Pauschbetrag
> Hilf.Werbungskosten

Ja

Hilf .Werbungskosten
← Eink-Steuer.Werbungskosten-Pauschbetrag

Eink-Steuer.Sonderausgaben-Pauschbetrag
> Hilf.Sonderausgaben

Ja

Hilf .Sonderausgaben
← Eink-Steuer.Sonderausgaben-Pauschbetrag

Hilf.SummeDerEinkünfte
← Hilf.Bruttoarbeitslohn
− Hilf.Werbungskosten

Hilf.GesamtbetragDerEinkünfte ← Hilf.SummeDerEinkünfte

Hilf.Einkommen
← Hilf.GesamtbetragDerEinkünfte
− Hilf.Sonderausgaben

Hilf.ZuVersteuerndesEinkommen
← Hilf.Einkommen
− Hilf.AnzahlKinder · Eink-Steuer.Kinder-Freibetrag

Schreiben auf Bildschirm:
Hilf.Steuerpflichtiger,
Hilf.Bruttoarbeitslohn,
Hilf.Werbungskosten, Hilf.Sonderausgaben,
Hilf.SummeDerEinkünfte, Hilf.GesamtbetragDerEinkünfte,
Hilf.Einkommen,
Hilf.ZuVersteuerndesEinkommen

Bild 10.3 — Struktogramm mit Benutzung von Datenhierarchien

Es ist Folgendes zu **beachten**:

Im Struktogramm ist zu erkennen, wie die Komponenten von Datenhierarchien angesprochen werden können.

Der US-amerikanische Bibliothekar M. Dewey hatte diese Notation ursprünglich für die Dezimalklassifikation von Büchern eingeführt (*Dewey Decimal Classification*, *Dewey Decimal System*; siehe [14]). Ihm zu Ehren wird sie ***Dewey-Notation***, oft aber auch schlicht *Punkt-Notation* genannt.

Beispielsweise bedeutet ein Ausdruck $a.b$ in dieser Notation allgemein die Komponente b des Objektes a. Der Punkt (.) wirkt dabei sozusagen als Auswahloperator, dessen Argument (b) eine Komponente des Objektes (a) – in diesem Falle der Datenhierarchie – selektiert, d. h. auswählt.

Exkurs

Diese Notation ist auch in der *objektorientierten Programmierung* üblich, wo über den Punkt ein beliebiges *Attribut* eines *Objekts* ausgewählt wird. Derartige Attribute können wie hier Datenkomponenten, aber auch *Prozeduren* – bei Objektorientierung oft auch *Methoden* genannt – sein.

10.3 Implementation

10.3.1 Datenvereinbarung

Datenhierarchien werden in Natural durch sogenannte ***Gruppen*** (englisch: *group*) umgesetzt.

Eine modifizierte LDA STEUERN, die auch eine Umsetzung der Datenhierarchie Eink-Steuer in eine Gruppe E_ST enthält, soll aussehen wie die in Bild 10.4.

```
I T L  Name                            F Length     Miscellaneous
All -- -------------------------------- - ---------- ------------------------->
    1 U_ST                                          /*Ums-Steuer
  *
  *   Mehrwertsteuer-Satz-voll                      (Regelsatz)
  C 2 MWST_SATZ_VOLL                    P        2,1 CONST< 19 > /*hier 19 %
  *
  *   Mehrwertsteuer-Satz-erm                       (erm. Satz)
  C 2 MWST_SATZ_ERM                     P        2,1 CONST<  7 > /*hier  7 %
  *
    1 E_ST                                          /*Eink-Steuer
  *
  *   Werbungskostenpauschbetrag
  C 2 WK_PB                             P        4,2 CONST< 1000 > /*hier 1000
  *
  *   Sonderausgabenpauschbetrag
  C 2 SA_PB                             P        2,2 CONST<   36 > /*hier   36
  *
  *   Kinderfreibetrag
  C 2 K_PB                              P        4,2 CONST< 7008 > /*hier 7008
```

Bild 10.4 — LDA mit Gruppen

Es ist Folgendes zu **beachten**:

- Die bereits bekannten symbolischen Konstanten MWST_SATZ_VOLL und MWST_SATZ_ERM sind hier zu Komponenten der neu hinzugekommenen Gruppe U_ST gemacht worden.
- In dieser LDA werden erstmals andere **Stufennummern** als 1 vergeben.
- Nur die Köpfe U_ST und E_ST der Gruppen selbst stehen auf Stufe 1, ihre Komponenten hingegen auf Stufe 2.

Ein abschließendes STOW-Kommando darf nicht vergessen werden.

Um abschließend die neue Version der LDA in voller Schönheit zu betrachten, erteile man das Kommando LIST STEUERN.

Auch wenn sich die symbolischen Konstanten MWST_SATZ_VOLL und MWST_SATZ_ERM jetzt auf Stufe 2 statt Stufe 1 befinden, sind ihre Bezeichner auch ohne Dewey-Notation (mit dem Gruppenbezeichner U_ST) immer noch eindeutig.

Deshalb bedarf es keinen sofortigen Änderungen in den bisherigen Programmen zur Mehrwertsteuerberechnung, welche die LDA STEUERN benutzen.

Eine LDA `EINK_H` für die Vereinbarung der benötigten **Hilfsdaten** kann aussehen wie die in Bild 10.5.

```
I T L  Name                              F Length     Miscellaneous
All -- -------------------------------- - ---------- ------------------------->
     1 HLF                                            /*Hilf
     2 ST_PFLICHTIG                      A         30 /*Steuerpflichtiger
     2 BRUTTO                            P        6,2 /*Bruttoarbeitslohn
     2 WK                                P        4,2 /*Werbungskosten
     2 SA                                P        4,2 /*Sonderausgaben
     2 NK                                P        2,0 /*Anzahl Kinder
     2 SDE                               P        6,2 /*Summe der Einkuenfte
     2 GDE                               P        6,2 /*Gesamtb. der Einkuenfte
     2 EK                                P        6,2 /*Einkommen
     2 ZVE                               P        6,2 /*zu verst. Einkommen
```

Bild 10.5 — LDA `EINK_H` mit Hilfsdaten

10.3.2 Rumpf

Nun ist der **Rumpf** zur Umsetzung des Struktogramms an der Reihe. Er kann aussehen wie der in Bild 10.6.

```
/*EINKOMMENSTEUERBERECHNUNG
/*Vereinbarungen
DEFINE DATA
LOCAL
  USING STEUERN
LOCAL
  USING EINK_H
END-DEFINE ;
/*Eingabe
INPUT
  'Steuerpflichtiger:' HLF.ST_PFLICHTIG /
  'Bruttoarbeitslohn:' HLF.BRUTTO       /
  'Werbungskosten   :' HLF.WK           /
  'Sonderausgaben   :' HLF.SA           /
  'Anzahl Kinder    :' HLF.NK           ;
/*Verarbeitung
IF E_ST.WK_PB > HLF.WK
THEN
  HLF.WK := E_ST.WK_PB ;
END-IF ;
/*
IF E_ST.SA_PB > HLF.SA
THEN
  HLF.SA := E_ST.SA_PB ;
END-IF ;
/*
HLF.SDE := HLF.BRUTTO - HLF.WK ;
HLF.GDE := HLF.SDE             ;
HLF.EK  := HLF.GDE    - HLF.SA ;
HLF.ZVE := HLF.EK     - HLF.NK * E_ST.K_FB ;
/*
/*Ausgabe
WRITE
  'Einkommensteuerberechnung'                                  /
  '-------------------------'                                  / /
  'Steuerpflichtiger            :'   HLF.ST_PFLICHTIG /
  'Bruttoarbeitslohn            :'   HLF.BRUTTO       /
  'Werbungskosten               :  ' HLF.WK           /
  'Sonderausgaben               :  ' HLF.SA           /
  'Summe der Einkünfte          :'   HLF.SDE          /
  'Gesamtbetrag der Einkünfte   :'   HLF.GDE          /
  'Einkommen                    :'   HLF.EK           /
  'Zu versteuerndes Einkommen   :'   HLF.ZVE          ;
END
```

Bild 10.6 — Programmrumpf mit Benutzung von Gruppen

Es ist Folgendes zu **beachten**:

Eine direkte Umsetzung der Dewey-Notation von Datenhierarchiekomponenten ist z. B. in den Zeilen 0110 ff. zu erkennen.

Ferner ist dort zu sehen, wie man in einem INPUT-Befehl dafür sorgen kann, dass die Eingabefelder auf der ausgegebenen Maske mit einer gewünschten Beschriftung versehen werden.

Ohne die Textkonstanten würden – wie bereits gesehen – die Bezeichner ST_PFLICHTIG, BRUTTO, WK, SA und NK selbst vor den Eingabefeldern erscheinen; und die sind teilweise für gewöhnliche Sachbearbeiter nicht genügend aussagefähig.

Die bereits vom WRITE-Befehl bekannten Schrägstriche (/) bewirken hier, dass jedes Eingabefeld auf einer eigenen Zeile steht.

10.4 Test

In diesem Kapitel soll das entwickelte Programm etwas systematischer getestet werden als bisher, wenn auch längst nicht so systematisch und ausführlich wie (hoffentlich!) in der Praxis.

Die Tabelle 10.1 enthält in ihrem linken Teil Kombinationen von Eingabedaten und in ihrem

Tabelle 10.1 — Testfälle

BRUTTO Brutto-arbeits-lohn	WK Wer-bgs.-ko-sten	SA Son-der-aus-gab.	NK An-zahl Kin-der	WK Wer-bgs.-ko-sten	SA Son-der-aus-gab.	SDE Summe der Ein-künfte	GDE Gesamt-betrag der Eink.	EK Ein-kom-men	ZVE Zu verst. Ein-kommen
0	0	0	0	1 000	36	−1 644	−1 644	−1 914	−1 914
0	0	360	0	1 000	36	−1 644	−1 644	−1 914	−1 914
0	1 000	0	0	1 000	36	−1 644	−1 644	−1 914	−1 914
0	1 000	36	0	1 000	36	−1 644	−1 644	−1 914	−1 914
1 914	1 000	36	0	1 000	36	36	36	0	0
3 156	1 000	36	1	1 000	36	1 512	1 512	1 242	0
40 000	2 000	400	3	2 000	400	38 020	38 020	37 620	33 894

rechten Teil die dazugehörigen erwarteten Ausgabedaten.

Man gebe jeweils die Daten vom linken Teil einer Tabellenzeile in die Eingabemaske des Programms ein und vergleiche die vom Programm ausgegebenen Daten mit denen im rechten Teil der Tabelle.

10.5 Syntax und Semantik

Zur näheren Diskussion des oben eingeführten Datenstrukturtyps *Gruppe* wird in diesem Abschnitt das Nichtterminalsymbol ***Stufennummer*** definiert und erläutert.

Um das Ansprechen von Gruppenkomponenten mit Hilfe der Dewey-Notation zu gestatten, muss ferner die Syntax von ***Variablenname*** verfeinert werden.

10.5.1 Stufennummer

Eine **Stufennummer** ist schlicht eine Ziffernfolge. Siehe Bild 10.7.

Bild 10.7 — Syntaxdiagramm für *Stufennummer*

Es gelten folgende **syntaktische Zusatzregeln** für eine Stufennummer:

- besteht aus 1 oder 2 Dezimalziffern, im letzteren Fall auch gern mit einer führenden `0`, z. B. `01`
- ist größer oder gleich `1`

Zur Sicherheit sei nochmals darauf hingewiesen, dass nicht nur Stufennummern in Spalte `L` eines Datenbereichs eingetragen werden dürfen.

Bei der Erteilung von Zeilenkommandos an den Editor muss man in Spalte `T` beispielsweise einen Punkt (`.`) eingeben.

Und bei einem Kommentar über die ganze Zeile steht in Spalte `T` ein Sternchen (`*`).

In diesen Fällen steht in Spalte `L` keine Stufennummer, sondern die Fortsetzung des Zeilenkommandos bzw. des Kommentars.

Für **Beispiele** siehe Tabelle 10.2.

Tabelle 10.2 — Beispiele für *Stufennummer*

Nr	richtig	falsch	Erläuterung des falschen Beispiels
1	`1`	`0`	Ziffernfolge *Null* (`0`) ist keine Stufennummer.
2	`01`	`00`	Ziffernfolge *Null-Null* (`00`) ist keine Stufennummer.
3	`10`	`A`	Großbuchstabe und Hexadezimalziffer (`A`) ist keine Stufennummer.

Wieder gibt es **semantische Zusatzregeln**, die zum Teil harte Einschränkungen auferlegen.

Es darf bei der Zuordnung von Stufennummern (nicht unvernünftigerweise) **keine Lücken** geben, d. h. sie müssen für die Hierarchiestufen *fortlaufend* vergeben werden.

Beispielsweise dürfte die Komponente `MWST_SATZ_VOLL` der Gruppe `U_ST` in der LDA `STEUERN` im Gegensatz etwa zu den Regeln der Programmiersprache COBOL nicht ohne Weiteres auf Stufe `5` stehen.

Da die **maximale Stufennummer**, die in die Spalte L eines Datenbereichs eingetragen werden kann, 99 ist, dürfte man annehmen, tief geschachtelte Gruppen vereinbaren zu können, d. h. Gruppen, welche wiederum Gruppen als Komponenten haben.

Jedoch effektiv zu nutzen sind gerade Stufennummern bis zu einer Maximalhöhe von 2. Der Compiler weist z. B. eine Datenvereinbarung wie in Bild 10.8 mit der Syntaxfehlermeldung

```
I T L  Name                              F Length     Miscellaneous
All -- -------------------------------- - ---------- ------------------------->
     1 MUTTER
     2 NACHNAME                          A         40
     2 GEBURTSNAME                       A         40
     2 VORNAME                           A         30
     2 GEBURTSJAHR                       P        4,0
     2 MUTTER
     3 NACHNAME                          A         40
     3 GEBURTSNAME                       A         40
     3 VORNAME                           A         30
     3 GEBURTSJAHR                       P        4,0
     2 VATER
     3 NACHNAME                          A         40
     3 GEBURTSNAME                       A         40
     3 VORNAME                           A         30
     3 GEBURTSJAHR                       P        4,0
  *
     1 VATER
     2 NACHNAME                          A         40
     2 GEBURTSNAME                       A         40
     2 VORNAME                           A         30
     2 GEBURTSJAHR                       P        4,0
     2 MUTTER
     3 NACHNAME                          A         40
     3 GEBURTSNAME                       A         40
     3 VORNAME                           A         30
     3 GEBURTSJAHR                       P        4,0
     2 VATER
     3 NACHNAME                          A         40
     3 GEBURTSNAME                       A         40
     3 VORNAME                           A         30
     3 GEBURTSJAHR                       P        4,0
```

Bild 10.8 — Ungültige LDA mit Gruppen der maximalen Stufennummer 3

`NAT0283 Field or variable defined more than once.` (englisch für „Feld oder Variable mehr als einmal definiert.“) zurück, obwohl doch alle Komponenten der beiden Gruppen `MUTTER` und `VATER` eindeutig zu bezeichnen wären, z. B. `MUTTER.VORNAME` (Vorname der Mutter) oder `MUTTER.MUTTER.VORNAME` (Vorname der Großmutter mütterlicherseits). Leider sind derartige Dewey-Notationen mit mehr als zwei Bezeichnern nicht erlaubt. Natürlich kann man das Problem umgehen, indem man dafür sorgt, dass kein Komponentenbezeichner mit Stufennummer ≥ 2 innerhalb einer Gruppe mehr als einmal vorkommt. Jedoch kann man sich dann i. Allg. gleich auf eine maximale Stufennummer 2 beschränken!

Bedauerlich ist, dass man von einer Gruppe nicht ohne Weiteres **mehrere Exemplare** bekommt, ohne jedes Exemplar ausdrücklich hinzuschreiben.

Zwar kann man eine Reihung von Gruppen vereinbaren, deren Elemente dann die Rolle der Exemplare spielen. Diese können dann jedoch nicht direkt *symbolisch* über einen Bezeichner, sondern nur über (numerische) Indizes angesprochen werden.

Das Problem kann höchstens durch die Benutzung von symbolischen Konstanten statt Numeralen als Reihungsindizes etwas gemildert werden.

Ein Beispiel für eine entsprechende Vereinbarung ist Bild 10.9 zu entnehmen.

```
I T L  Name                           F Length     Miscellaneous
All -- ------------------------------ - ---------- ------------------------>
     1 ELTERN                                      ( 1 : 2 )
     2 NACHNAME                       A         40
     2 GEBURTSNAME                    A         40
     2 VORNAME                        A         30
     2 GEBURTSJAHR                    P        4,0
```

Bild 10.9 — LDA mit Reihungsgruppe

Die Komponente `VORNAME` des zweiten Elementes von `ELTERN` beispielsweise kann dann mit `ELTERN.VORNAME ( / 2 )` oder `ELTERN.VORNAME ( / PAPA )` angesprochen werden, *nicht* – wie es in anderen Programmiersprachen wie z. B. Ada in ähnlicher Form üblich ist – mit `ELTERN ( / 2 ) . VORNAME`.

Damit wird die Reihungsgruppe (in der Terminologie von Adabas *Periodengruppe*) in Bild 10.9 angesprochen wie die Gruppe in Bild 10.10, die zwei Reihungen `VORNAME` und `GEBURTSJAHR` als Komponenten hat.

```
I T L  Name                           F Length     Miscellaneous
All -- ------------------------------ - ---------- ------------------------>
     1 ELTERN
     2 NACHNAME                       A         40 ( 1 : 2 )
     2 GEBURTSNAME                    A         40 ( 1 : 2 )
     2 VORNAME                        A         30 ( 1 : 2 )
     2 GEBURTSJAHR                    P        4,0 ( 1 : 2 )
```

Bild 10.10 — LDA mit Gruppe aus Reihungen

Es gibt allerdings doch die Möglichkeit, mehrere Exemplare von Datenstrukturen zu bekommen.

Dazu benötigt man jedoch *objektorientierte* Sprachmittel von NPL, die nicht Gegenstand dieser Einführung sind.

10.5.2 Variablenname

Hier soll die Definition des bereits eingeführten Begriffs ***Variablenname*** weiter präzisiert werden. Ab sofort sei auch die Dewey-Notation eines Gruppenelementes (mit optionalen Indizes im Falle eines Reihungselementes) ein erlaubter Variablenname. Siehe Bild 10.11.

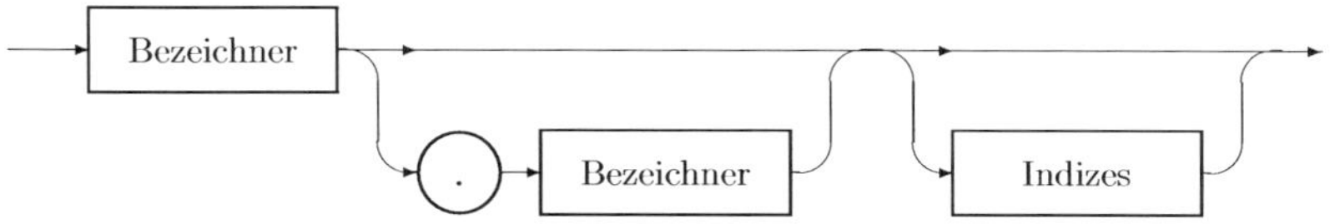

Bild 10.11 — Syntaxdiagramm für *Variablenname*

Dem Syntaxdiagramm ist die für den Benutzer harte Einschränkung zu entnehmen, dass nur maximal zwei Bezeichner miteinander zu einer Dewey-Notation verknüpft werden dürfen. Konstruktionen wie `A.B.C` führen zu einem Syntaxfehler `NAT0126 Error in qualification of variable.`.

Für **Beispiele** siehe Tabelle 10.3.

Tabelle 10.3 — Beispiele für *Variablenname*

Nr	richtig	falsch	Erläuterung des falschen Beispiels
1	`X`	`X.`	Variablenname darf nicht mit Punkt (.) enden.
2	`A.B`	`.B`	Variablenname darf nicht mit Punkt (.) beginnen.
3	`A.B`	`A . B`	Dewey-Notation darf keine Leerzeichen (␣) enthalten.
4	`X ( / 3 )`	`X ( / A.B )`	Dewey-Notation von Gruppenkomponenten in Indizes ist verboten.
5	`A.B ( / I )`	`A ( / I ).B`	Qualifikation nach Index ist verboten.
6	`A.B`	`A.B.`	Variablenname darf nicht mit Punkt (.) enden.
7	`A.B`	`B OF A`	Notation wie in der Programmiersprache COBOL ist verboten.
8	`A.C`	`A.B.C`	Mehr als zwei Bezeichner sind verboten.
9	`A.B`	`A..B`	Zwei Punkte hintereinander (..) sind verboten.

Bei der Dewey-Notation von Gruppenkomponenten gibt es einige Besonderheiten:

Aus guten Gründen (Mehrdeutigkeiten im Zusammenhang mit arithmetischen Operatoren) wurde in Kapitel 3 definiert, dass ein *Bezeichner* stets mit *Trennzeichen* endet. Dewey-Notationen müssen jedoch ***kompress*** (*dicht an dicht*) geschrieben werden, d. h. es sind keine Trennzeichen zwischen Bezeichnern und Punkten (.) erlaubt. Der Grund für diese ungewöhnliche Regelung besteht wohl in sonst möglichen Mehrdeutigkeiten mit vereinbarenden Vorkommen von Marken, die unzweckmäßigerweise mit einem Punkt (.) und Trennzeichen abgeschlossen werden. Dabei hätte der Hersteller zur Vermeidung von Mehrdeutigkeiten besser daran getan, vereinbarende Vorkommen von Marken durch ein anderes Zeichen, z. B. den in vielen anderen Programmiersprachen üblichen Doppelpunkt (:), abschließen zu lassen. Wie dem auch sei, eigentlich müsste man wegen der Syntax von *Variablenname* vorher eine zweite Sorte Bezeichner ohne „eingebaute" Trennzeichen am Ende definieren. Die Problematik ist bereits für Marken diskutiert worden. Auch hier soll es bei einer verbalen Klarstellung bleiben. Man kann im Übrigen hoffen, dass der Hersteller in Zukunft die tatsächliche Syntax vereinfacht, indem er z. B. Trennzeichen zulässt.

Die Dewey-Notation darf leider nicht in **Reihungsindizes** angewendet werden, da der Punkt (`.`) dort unzweckmäßigerweise eine spezielle Bedeutung bekommen hat (Bezeichnung eines Reihungsabschnitts bei Datenbankzugriffen). Wenn in einem Programm beispielsweise auf Stufe `1` zwei Gruppen `A` und `B` vereinbart sind, die beide auf Stufe `2` die Komponente `I` enthalten, so kann keine dieser Komponenten als Index für eine Reihung `REIH` verwendet werden. Ein Variablenname der Form `REIH ( / A.I )` ist ja verboten, und `REIH ( / I )` würde einen nichteindeutigen Index haben, was zu einem Syntaxfehler führt.

Bei einer gegebenen Gruppe wie in Bild 10.12 kann man durch den Variablennamen `A.C` auf die Komponente `C` zugreifen. Bei Eindeutigkeit genügt als Variablenname auch der alleinige Bezeichner `C` dieser Komponente. Nicht zulässig ist hingegen der Variablenname `B.C`, obwohl dieser doch genauer qualifizieren würde als nur `C`! Eine Dewey-Notation muss stets mit einem Element auf Stufe 1 beginnen.

```
I T L  Name                             F Length     Miscellaneous
All -- -------------------------------- - ---------- ------------------------>
: :  : :                                :           : :
     1 A
     2 B
     3 C                                P        4,0
```

Bild 10.12 — LDA mit Gruppe als Gruppenkomponente

10.6 Übungen

10.6.1 Verfeinerung des Beispiels

Gleichen Sie bitte das Einkommensteuerbeispiel weiter an die Realität an, indem Sie eine negative Anzahl Kinder abfangen.

10.6.2 Syntax für `INPUT`-*Befehl*

Geben Sie bitte eine vorläufige Syntax für `INPUT`-***Befehl*** nach Ihrem jetzigen Erkenntnisstand an.

Teil IV

Prozeduren und abstrakte Datenstrukturen

Inhalt

11 Prozeduren

Die bisher vorgestellten Konstrukte reichen im Prinzip aus, um alle denkbaren Datenverarbeitungsvorschriften formulieren und in *strukturierte Programme* umsetzen zu können. Sie genügen jedoch nicht, wenn man größere Systeme **wirtschaftlich** entwickeln und warten will. Die Gründe sind die folgenden:

- Es ist **problematisch**, wenn gleichartige Verarbeitungen an mehreren Stellen in einem Struktogramm erscheinen oder sogar in mehreren Struktogrammen oder Struktogrammsystemen. Entsprechend problematisch ist es, wenn gleichartige Anweisungsfolgen an mehreren Stellen in einem Programm erscheinen oder sogar in mehreren Programmen oder Programmsystemen. Im Falle einer notwendigen Änderung – sei es zur Behebung eines Fehlers, zur Beschleunigung der Verarbeitung oder zur Erweiterung der Funktionalität – muss dann an vielen, vielleicht hunderten, Stellen die entsprechende Anpassung durchgeführt werden. Wie leicht geschieht es dabei, dass eine Stelle übersehen wird! Im schlimmsten Fall ist man dann schlechter daran als jemals zuvor, denn ein ganzes System kann dadurch inkonsistent werden. Dies ist etwa so, als wenn man in Großbritannien von Links- auf Rechtsverkehr umstellte, und ausgerechnet den Fahrer eines Gefahrguttransportes würde eine entsprechende Nachricht nicht erreichen. Durch die dadurch entstehende Inkonsistenz könnte ein großes Unglück geschehen. Unglücke – mit teilweise ähnlich gravierenden Folgen – kann es tatsächlich auch in der IT geben, wenn man nicht aufpasst.

- Weiterhin werden die Struktogramme **sehr groß und unübersichtlich**, wenn man Datenverarbeitungsvorschriften allein mit den bisher bekannten Konstrukten formuliert. Die entsprechenden NPL-Programme würden auch lang und unübersichtlich. Man denke beispielsweise nur daran, dass der Ausdruck eines Programms von 1 000 Zeilen bei einem halben Zentimeter je Zeile eine Länge von 5 Metern oder ca. 20 Seiten hätte. Man müsste die Ediermaske im Programmeditor mit ihren 20 Zeilen sogar 50mal umblättern, auch wenn man nur einen Überblick über das Programm gewinnen möchte. Es dürfte klar sein, dass man bei einer derartigen Vorgehensweise meist bereits während der Entwicklung, spätestens jedoch kurze Zeit nach ihrem (vorläufigen) Abschluss, jegliche Übersicht verliert.

- Auch ist es bei ausschließlicher Anwendung der bisher behandelten Konstrukte typisch, dass ständig das „Rad“ neu erfunden wird, da die Möglichkeit einer Wiederverwendung von Softwarebausteinen bei großen, nicht modularen – d. h. nicht aus übersichtlichen Bausteinen aufgebauten – Softwaresystemen kaum gegeben ist. Im Gegensatz dazu würde es keinem (Hardware-) Ingenieur einfallen, sich etwa bei der Konstruktion eines Autos Gedanken über eine Neukonstruktion benötigter Schrauben und Muttern zu machen.

Ein **Ausweg** aus der dargestellten Problematik ist nun wie auch in vielen anderen Bereichen die Zerlegung komplexer Systeme in ein Hauptsystem und in von diesem benutzte Untersysteme. In der IT betrachtet man speziell (Unter-) Systeme, die jeweils eine bestimmte wohldefinierte Teilaufgabe lösen, sogenannte *Prozeduren*. Im Falle von Struktogrammen heißen Prozeduren laut [23] *Blöcke*. Im Hinblick auf Programme befasst sich dieses Buch nur mit einer von zwei Sorten Prozeduren, nämlich den *geschlossenen*, die meist *Unterprogramme* genannt werden. *Offene* Prozeduren, sogenannte *Copycodes* (in anderen Sprachen oft *Makros* genannt), sind in Natural nämlich kein Ersatz für Unterprogramme: In Copycodes kann man beispielsweise keine lokalen Hilfsdaten vereinbaren. Ferner erlauben sie keine rekursiven Aufrufe, wie sie in Kapitel 12 vorgestellt werden. In Natural können Unterprogramme in separaten Programmbausteinen abgelegt werden. Sie heißen dann **externe** Unterprogramme.

Eine **Zerlegung** von Programmen in separate Programmbausteine ist zwar bereits mit der Zerlegung in LDAs und Programmrümpfe bekannt. Damit ist jedoch lediglich eine Trennung von *Daten*beschreibungen (LDAs) und *Aktions*beschreibungen (Rümpfe) möglich gewesen, aber keine Zerlegung der Funktionalität als Ganzes. Das in diesem Kapitel eingeführte Prinzip der Zerlegung in Haupt- und Unterprogramme ist nun unabhängig von dem bereits bekannten: Auch ein Unterprogramm kann wiederum in Datenbereiche und einen Rumpf zerlegt werden.

Komplexe Systeme, die sinnvoll Prozeduren benutzen, sind erheblich leichter zu erstellen und zu warten als solche, die dies nicht tun. Sie werden dadurch ***wartungsfreundlicher***. Im Idealfall würde man sogar *Disjunktivität* erreichen, d. h. jede Entwurfs- und Realisierungsentscheidung wäre an genau einer Stelle ausgedrückt. Da man bei der *Anwendung* einer Prozedur von ihrer *internen Realisierung* abstrahiert, d. h. absieht, nennt man die so ermöglichte Abstraktion im Besonderen *prozedurale Abstraktion*.

11.1 Problem

Als **Beispielproblem** möge auch diesmal wieder eine stark vereinfachte Aufgabenstellung aus der betrieblichen Buchhaltungspraxis dienen:

Es soll ein Programm entwickelt werden, das zu einem eingelesenen zu versteuerndem Einkommen die zu entrichtende tarifliche Einkommensteuer nach dem für das Jahr 2016 gültigen Tarif berechnet und ausgibt.

Dieser Tarif hat in den Augen mancher Betrachter eine gewisse mathematische Schönheit. Die Schönheit eines Steuertarifs garantiert jedoch nicht, dass er auch nationalökonomisch sinnvoll ist, wie z. B. in [10] oder [11] nachzulesen ist.

Die für den betrachteten Zeitraum gültige **Einkommensteuer** ist laut [7] nach dem folgenden Paragrafen des Einkommensteuergesetzes zu errechnen:

Einkommensteuergesetz (EStG)
§ 32a Einkommensteuertarif

(1) [1]Die tarifliche Einkommensteuer in den Veranlagungszeiträumen ab 2016 bemisst sich nach dem zu versteuernden Einkommen. [2]Sie beträgt vorbehaltlich der §§ 32b, 32d, 34, 34a, 34b und 34c jeweils in Euro für zu versteuernde Einkommen

1. bis 8 652 Euro (Grundfreibetrag):
   0;
2. von 8 653 Euro bis 13 669 Euro:
   $(993{,}62 \cdot y + 1\,400) \cdot y$;
3. von 13 670 Euro bis 53 665 Euro:
   $(225{,}40 \cdot z + 2\,397) \cdot z + 952{,}48$;
4. von 53 666 Euro bis 254 446 Euro:
   $0{,}42 \cdot x - 8\,394{,}14$;
5. von 254 447 Euro an:
   $0{,}45 \cdot x - 16\,027{,}52$.

[3]Die Größe „y" ist ein Zehntausendstel des den Grundfreibetrag übersteigenden Teils des auf einen vollen Euro-Betrag abgerundeten zu versteuernden Einkommens. [4]Die Größe „z" ist ein Zehntausendstel des 13 669 Euro übersteigenden Teils des auf einen vollen Euro-Betrag abgerundeten zu versteuernden Einkommens. [5]Die Größe „x" ist das auf einen vollen Euro-Betrag abgerundete zu versteuernde Einkommen. [6]Der sich ergebende Steuerbetrag ist auf den nächsten vollen Euro-Betrag abzurunden. [...]

So weit der Einkommensteuertarif.

Weiterhin sei zu berücksichtigen, dass für später „richtige" Lohn- und Gehaltsbuchhaltungssysteme geplant sind.

11.2 Entwurf

Die Anwendung des „nackten“ Einkommensteuertarifs ist eine verhältnismäßig **abgeschlossene Problemstellung**, die in den angenommenen zukünftigen Lohn- und Gehaltsbuchhaltungssystemen separat benötigt wird und zudem noch recht komplex zu werden scheint.

Aus diesen Gründen soll diesmal nicht ein einzelnes Struktogramm entwickelt werden, sondern ein kleines **System** aus zwei Struktogrammen. Es möge aus einem übergeordneten *Hauptstruktogramm* namens BERECHNEN EINKOMMENSTEUER AUSKUNFT und einem von diesem aufgerufenen Unterstruktogramm mit dem Namen BERECHNEN EINKOMMENSTEUER bestehen. Wie bereits gesagt, heißt ein solches Unterstruktogramm *Block*. Das Hauptstruktogramm soll dabei das „Drumherum“ wie z. B. Ein- und Ausgabe sowie einfache zusammenfassende Berechnungen durchführen. Demgegenüber möge sich der Block allein auf die Anwendung des Einkommensteuertarifs konzentrieren.

Dieser Sachverhalt kann durch eine ***Struktogrammhierarchie*** dargestellt werden. Siehe Bild 11.1.

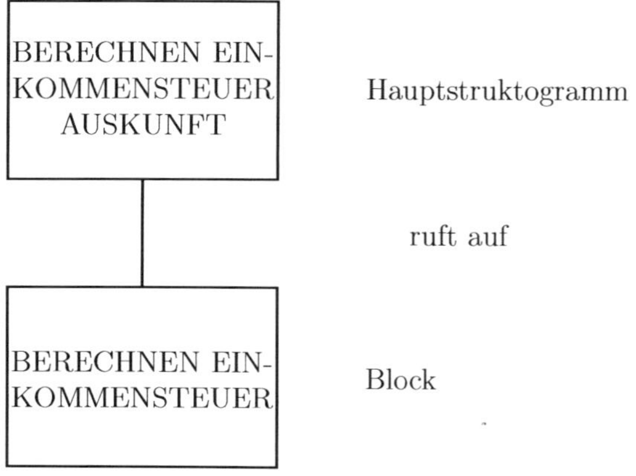

Bild 11.1 — Struktogrammhierarchie

Dabei stellt sich die Frage nach dem **Kommunikationsmechanismus** zwischen Hauptstruktogramm und Block, d. h. wie ein Block erfährt, auf welchen Daten (z. B. Variablen) des aufrufenden Hauptstruktogramms er arbeiten soll. Die Namen dieser Daten werden doch in den diversen Hauptstruktogrammen (z. B. verschiedene Lohn- und Gehaltsstruktogramme) unterschiedlich sein! Damit die Kommunikation mit diesen Hauptstruktogrammen klar definiert ist, bekommt der Block eine sogenannte *Schnittstelle* in Form einer *Liste formaler Parameter*. Die Hauptstruktogramme rufen dann den Block mit entsprechenden *Listen aktueller Parameter* auf. Es gilt nun die Regel, dass jeder formale Parameter des aufgerufenen Blocks den entsprechenden aktuellen Parameter des Hauptstruktogramms *bezeichnet*. Auf diesen Sachverhalt wird im Folgenden bei der Vorstellung der beteiligten Struktogramme näher eingegangen.

In den nächsten Abschnitten wird zuerst das Hauptstruktogramm und erst dann der von diesem aufgerufene Block entworfen. Diese Reihenfolge nennt man *top down*, englisch für *von oben nach unten*.

11.2.1 Hauptstruktogramm

Zunächst sollen die im Hauptstruktogramm benötigten **Hilfsdaten** festgestellt werden.

- Die Berechnung soll aufgrund eines eingelesenen zu versteuernden Einkommens erfolgen. Die hierfür benötigte Hilfsvariable möge im Struktogramm mit dem Namen „ZuVersteuerndesEink" bezeichnet werden.
- Für das Ergebnis der Steuerberechnung wird eine weitere Hilfsvariable benötigt. Diese möge den Namen „TariflicheEinkSteuer" haben.
- Weiterhin wird eine Hilfsvariable zur Errechnung des Nettoeinkommens benötigt. Diese möge den Namen „Netto-Einkommen" haben.

Für die Hilfsdaten ergibt sich damit z. B. eine **Datenhierarchie** „Hilf" wie in Bild 11.2.

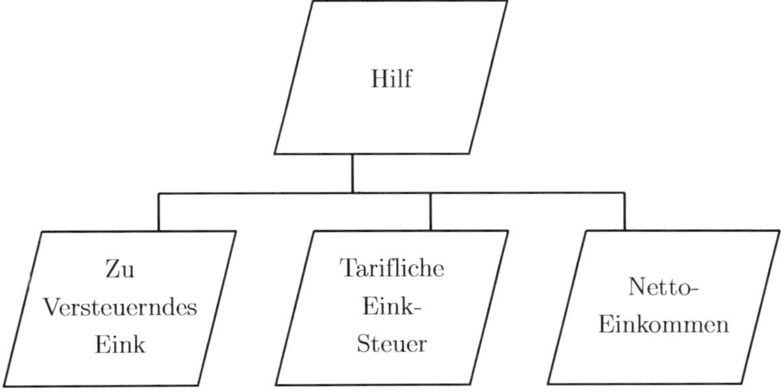

Bild 11.2 — Datenhierarchie: Hilf (für Hauptstruktogramm BERECHNEN EINKOMMENSTEUER AUSKUNFT)

Das Hauptstruktogramm BERECHNEN EINKOMMENSTEUER AUSKUNFT zur Lösung des gestellten Problems kann dann aussehen wie das in Bild 11.3.

Lesen von Bildschirmgerät: ① Hilf.ZuVersteuerndesEink
② BERECHNEN EINKOMMENSTEUER (Hilf.ZuVersteuerndesEink, Hilf.TariflicheEinkSteuer)
Hilf.Netto-Einkommen ⟵ ③ Hilf.ZuVersteuerndesEink − Hilf.TariflicheEinkSteuer
Schreiben auf Bildschirm: ④ Hilf.ZuVersteuerndesEink, Hilf.TariflicheEinkSteuer, Hilf.Netto-Einkommen

Bild 11.3 — Struktogramm mit Blockaufruf

Es ist Folgendes zu **beachten**:

- Man schaue, wie im Hauptstruktogramm durch Verarbeitung ② der **Aufruf** des Blocks BERECHNEN EINKOMMENSTEUER dargestellt wird: Es wird einfach der Name BERECHNEN EINKOMMENSTEUER des aufgerufenen Blocks angegeben, als wenn es sich um eine gewöhnliche Verarbeitung handeln würde.
- Ferner wird über eine eingeklammerte Liste aktueller Parameter diesem Block mitgeteilt, auf welchen Daten des Hauptstruktogramms er arbeiten soll. Diese Klammerschreibweise ist die in der Mathematik für Funktionsaufrufe übliche, z. B. in $\sin(x)$. Da Verarbeitung ① das auszuwertende Argument in der Variablen „Hilf.ZuVersteuerndes-Eink" zur Verfügung stellt und die Verarbeitungen ③ und ④ das Ergebnis der Einkommensteuerberechnung in der Variablen „Hilf.TariflicheEinkSteuer" erwarten, werden diese zwei Variablen als *aktuelle Parameter* an den Block BERECHNEN EINKOMMENSTEUER übergeben.
- Die **Parametrisierung** bewirkt eine gute Entkopplung zwischen Hauptstruktogramm und aufgerufenen Blöcken, da die Blöcke ja nicht die Namen der zu manipulierenden Hauptstruktogrammvariablen berücksichtigen müssen. Damit wird die *Wiederverwendung*, d. h. *mehrfache Nutzung*, von Blöcken gefördert.
- Man erhält mit dieser Technik weiterhin ein **übersichtliches Bild**, in dem zunächst nur die Eingabe, die Berechnung des Nettoeinkommens sowie die Ausgabe ausführlich angegeben werden.
- Die kompliziertere Berechnung der Einkommensteuer soll in diesem Moment nicht interessieren; sie geschieht im Block BERECHNEN EINKOMMENSTEUER. Dieser wird als *schwarzer Kasten* (englisch: *black box*) aufgefasst, für den zunächst nur die *Schnittstelle*, d. h. die *Parameterliste* (Hilf.ZuVersteuerndesEink, Hilf.TariflicheEinkSteuer), zu definieren ist.
- Wie bereits gesagt, bezeichnet jeder formale Parameter den jeweiligen aktuellen Parameter. Dies entspricht in der reinsten Form einem *call by name* (englisch für *Namensaufruf*). Es gibt noch weiterere Modi für die Parameterübergabe, die sich in ihrer Wirkung im Detail unterscheiden. Auf der Ebene der Struktogramme soll jedoch von dieser Vielfalt abstrahiert werden.

11.2.2 Block

Der **Block** BERECHNEN EINKOMMENSTEUER zur Berechnung der Einkommensteuer benötigt einen Parameter, um das zu versteuernde Einkommen zu erfahren. Ein weiterer Parameter wird benötigt, um die errechnete Einkommensteuer an das Hauptstruktogramm zurückzugeben. Für diese beiden Parameter wird eine Datenhierarchie „Parm“ eingeführt, welche die beiden Komponenten „ZuVersteuerndesEink“ und „Einkommensteuer“ hat. Siehe Bild 11.4.

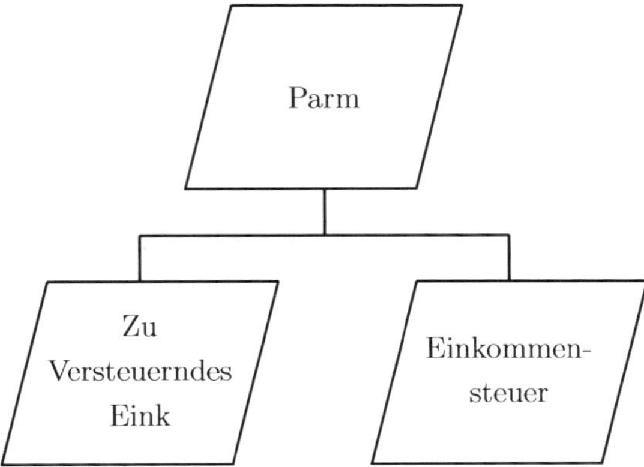

Bild 11.4 — Datenhierarchie: Parm (für Block BERECHNEN EINKOMMENSTEUER)

Weiterhin werden **Hilfsvariablen** „x“, „y“, „z“, „Einkommensteuer“ und „EinkommensteuerGerundet“ benötigt. Diese werden hier in einer Datenhierarchie „Hilf“ zusammengefasst. Siehe Bild 11.5.

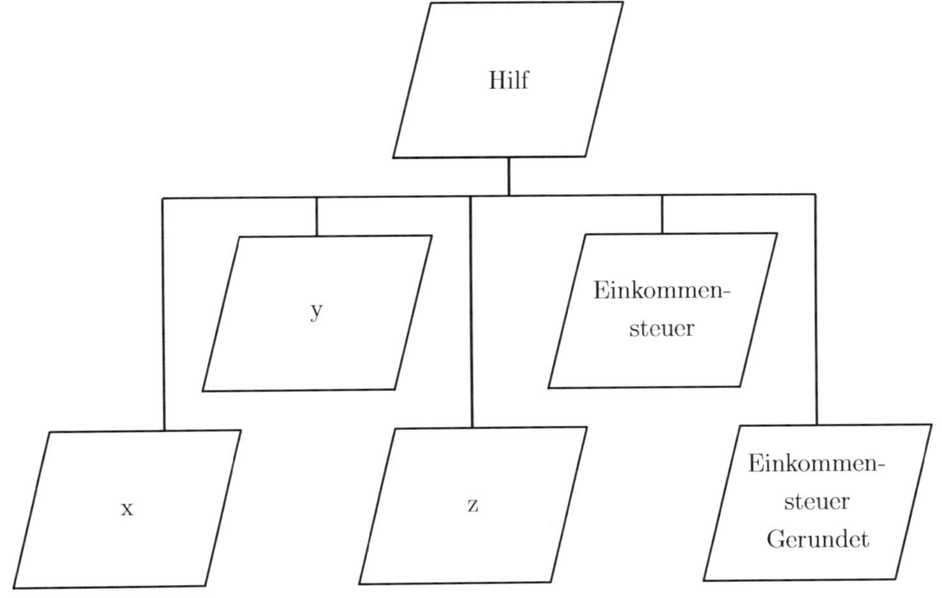

Bild 11.5 — Datenhierarchie: Hilf (für Block BERECHNEN EINKOMMENSTEUER)

Der Block BERECHNEN EINKOMMENSTEUER kann dann aussehen wie der in Bild 11.6. Es ist Folgendes zu **beachten**:

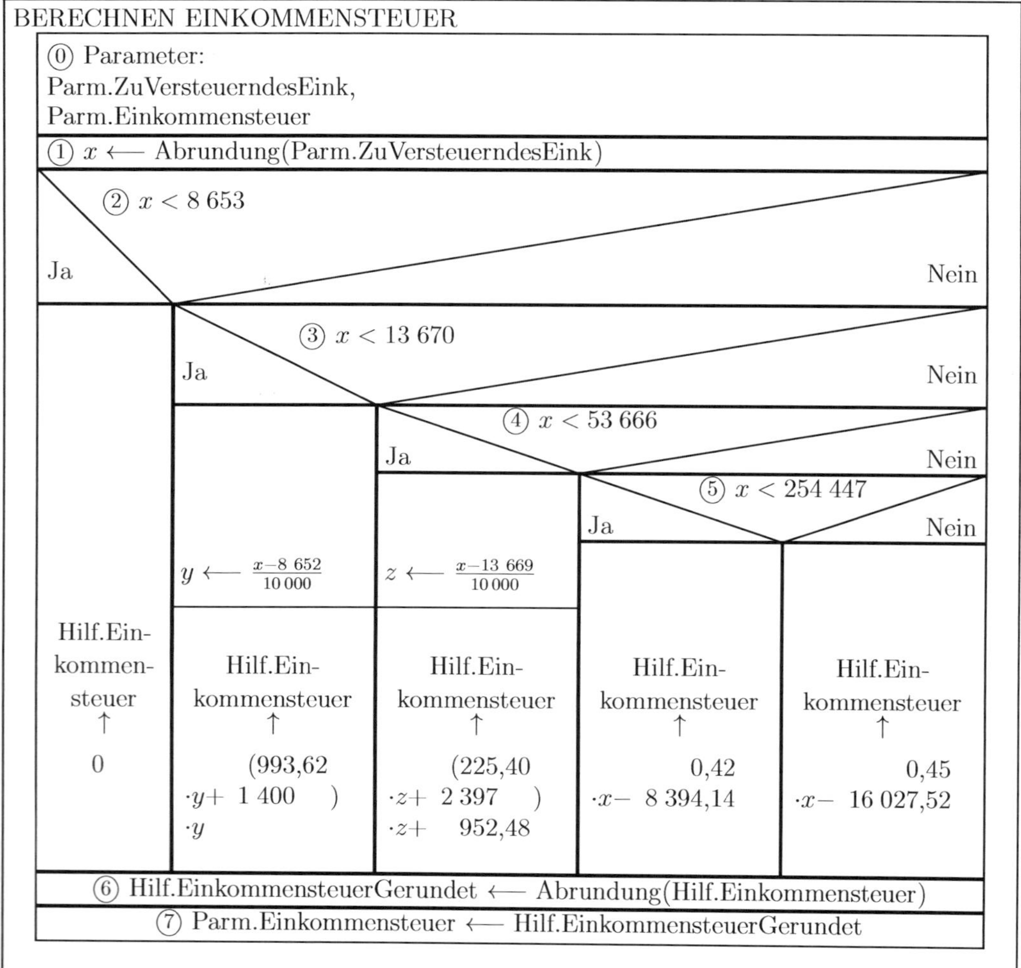

Bild 11.6 — Block: BERECHNEN EINKOMMENSTEUER

Der hier angegebene Block benötigt eine Eingabe (formaler Parameter „Parm.ZuVersteuerndesEink") und liefert eine Ausgabe (formaler Parameter „Parm.Einkommensteuer"). Wie die Eingabe zustande kommt bzw. was mit der Ausgabe geschieht, ist bei der Formulierung des Blocks nicht von Interesse. Man muss sich also nur auf die exakte Anwendung des Einkommensteuertarifs konzentrieren und kann periphere Dinge wie z. B. Ein- und Ausgabe auf dem Bildschirmgerät vernachlässigen.

Allgemein besteht ein großer Vorteil dieser Konstruktion darin, dass der Block BERECHNEN EINKOMMENSTEUER und das Hauptstruktogramm unabhängig voneinander geändert werden können, solange sich die Schnittstelle zwischen den beiden Struktogrammen nicht ändert.

Im Gegensatz zu einem Hauptstruktogramm beginnt dieser Block dementsprechend mit einer Vereinbarung seiner **formalen Parameter** (⓪). Dabei können Namen von formalen Parametern gleich den Namen von aktuellen Parametern sein, müssen es zum Glück aber nicht. Eine Variable „ZuVersteuerndesEink“ im Hauptstruktogramm würde demnach auch dann nicht mit einem gleichnamigen formalen Parameter in Konflikt geraten, wenn sie nicht – im Gegensatz zum Fallbeispiel – Komponenten von unterschiedlich benannten Datenhierarchien wären.

Bei den **Hilfsvariablen** x, y und z wurde auf die Anwendung der Dewey-Notation verzichtet, da die Formeln sonst etwas unübersichtlich geworden wären.

In den Verarbeitungen ① und ⑥ wird eine Funktion „Abrundung“ benutzt, welche die laut Vorgabe erforderliche Abrundung bewirken soll. Wie diese Funktionalität später realisiert wird, soll an dieser Stelle noch offen bleiben. Die Verarbeitungen zur Abrundung des zu versteuernden Einkommens am Schluss des Struktogramms scheinen für die konkrete Problemstellung etwas umständlich zu sein, sind jedoch bewusst so angegeben: Sie machen es beipielsweise möglich, dass nach einer Änderung der Rundungsvorschrift – z. B. in kaufmännische 4/5-Rundung – lediglich an einer Stelle eine Anpassung vorzunehmen ist.

In dem Block wären bei Bedarf wiederum Aufrufe von Blöcken möglich gewesen (Prinzip der ***schrittweisen Verfeinerung***, von N. Wirth in [73] propagiert). Dies ist hier jedoch nicht erforderlich.

Exkurs

Ist es möglich, die **Semantik** (Bedeutung) eines Blockaufrufs mit den bisherigen Mitteln exakt zu beschreiben? Dies ist wieder der Fall und soll im Folgenden in leicht vereinfachter Form geschehen. Ein **beliebiger Block** sieht nach [23] aus wie der in Bild 11.7. Das V in der Mitte des inneren

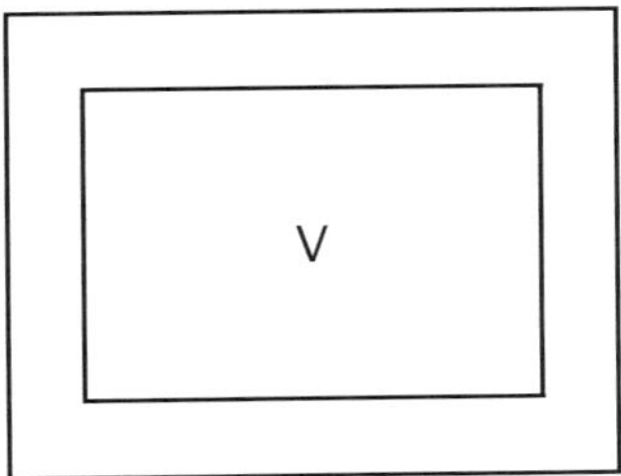

Bild 11.7 — Sinnbild für *Block*

Rechtecks steht hier für die Beschreibung einer Verarbeitung, z. B. | ⓪ Parameter: … |.

Ferner möge jeder **Blockaufruf** eine allgemeine Gestalt gemäß Bild 11.8 haben. Das v in der Mitte

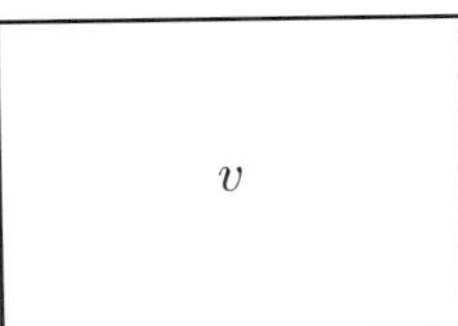

Bild 11.8 — Sinnbild für *Blockaufruf*

des Rechtecks steht hier für den Namen eines Blocks, z. B. BERECHNEN EINKOMMENSTEUER. Dieses Struktogramm symbolisiert also einen beliebigen Blockaufruf.

Nun wird die **Bedeutung** des allgemeinen Blockaufrufs als gleichwertig mit der des Struktogramms in Bild 11.9 definiert, wobei V′ (gesprochen: V *Strich*) ähnlich V ist, jedoch in den folgenden Punkten von V abweicht:

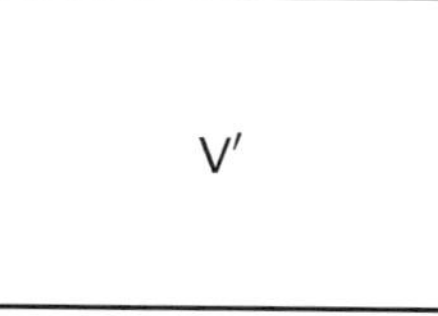

Bild 11.9 — Semantik des allgemeinen Blockaufrufs

- Die Verarbeitung mit der Vereinbarung formaler Parameter (z. B. ⓪ Parameter: ...) fällt weg. Stattdessen werden alle im Block enthaltenen Vorkommen von formalen Parametern durch die entsprechenden aktuellen Parameter ersetzt.
- Alle Vorkommen von Hilfsdatennamen aus dem aufgerufenen Block bekommen zur Unterscheidung von möglicherweise gleichen Namen im (Haupt-) Struktogramm ein Häkchen (′). Für einen zweiten Block könnte man dann zwei Häkchen nehmen usw. Auf diese Weise kommen sich gleichnamige Hilfsdaten in Hauptstruktogrammen und Blöcken gegenseitig nicht ins Gehege. Einzelne Blöcke bilden also im Besonderen *Vereinbarungsblöcke*. In der Literatur wird für die erwähnte Eigenschaft meist einfach der Begriff *Block* verwendet. Dieser ist allerdings bereits für Unterstruktogramme vergeben. Er soll hier nicht in einer weiteren Bedeutung benutzt werden.

Die Semantik eines Systems aus mehreren Struktogrammen ergibt sich demnach hauptsächlich durch Anwendung der bekannten ***Kopierregel***: Man denke sich Blöcke in (Haupt-) Struktogramme anstelle ihrer Aufrufe einkopiert.

Auf das Hauptstruktogramm des Beispielproblems angewandt ergibt sich danach ein **Gesamtstruktogramm** gemäß Bild 11.10, das der Vollständigkeit wegen einmal angegeben werden soll.

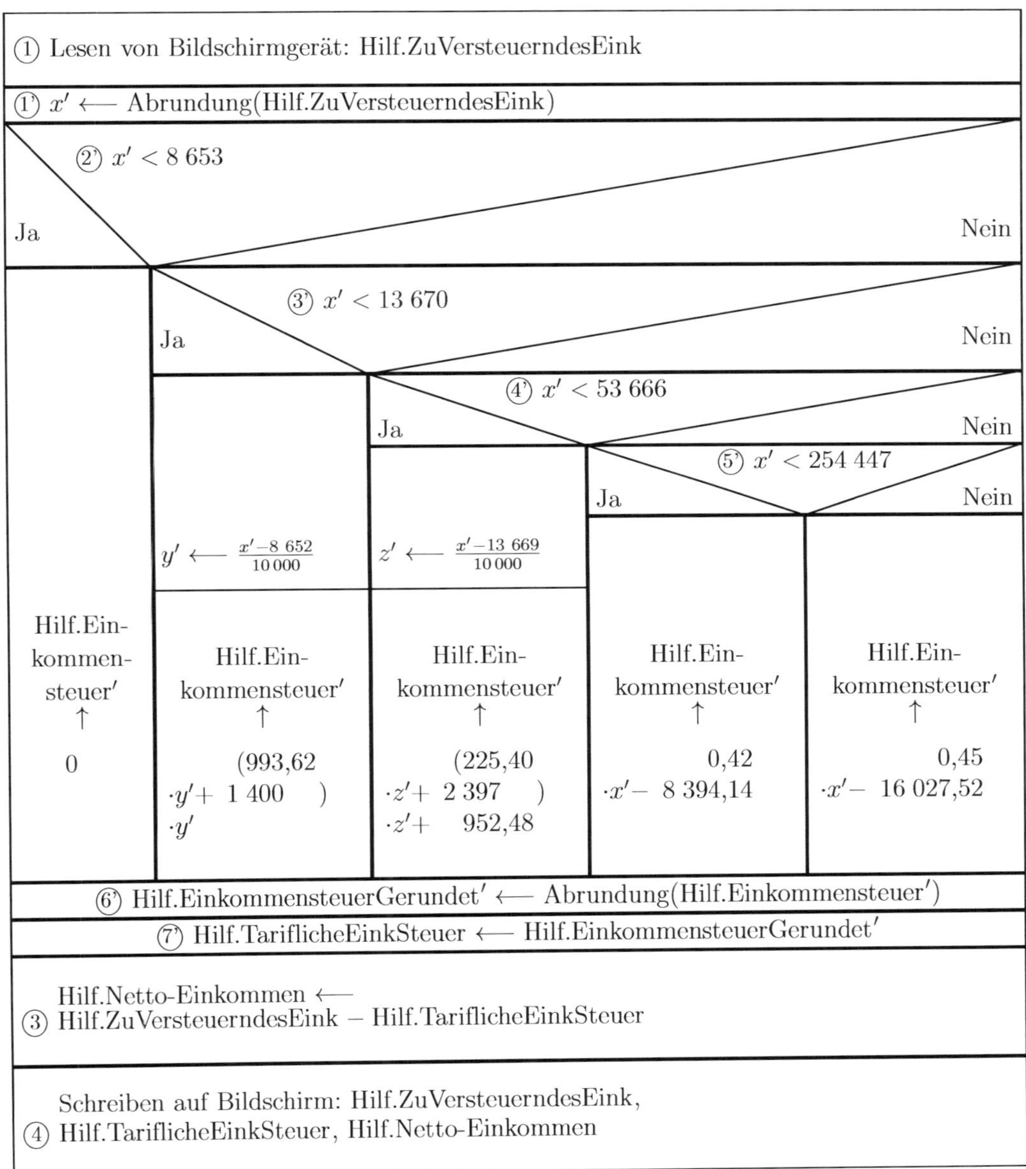

Bild 11.10 — Bedeutung des Beispielhauptstruktogramms

Selbstverständlich hätte man zur Lösung des gestellten Problems auch dieses eine Struktogramm entwickeln können. Dann wäre jedoch nicht mehr zu erkennen gewesen, dass hier zwei voneinander relativ unabhängige Sorten von Teilverarbeitungen (Ein-/Ausgabe, Berechnung) durchzuführen sind.

11.3 Implementation

Die Struktogramme sind zweckmäßigerweise ***top down*** entwickelt worden, da man oft erst beim Hinschreiben des Hauptstruktogramms erkennt, welche Blöcke gebraucht werden und welche (Unter-) Blöcke von diesen wiederum benötigt werden (Prinzip der *schrittweisen Verfeinerung*).

Hingegen ist es bei der Abfassung des Programms besser, ***bottom up*** (englisch für *von unten nach oben*) vorzugehen, da sich beispielsweise ein Programmrumpf gar nicht kompilieren lässt, bevor die von ihm benutzten LDAs korrekt kompiliert vorliegen. Entsprechend wird hier zunächst das Unterprogramm vor dem Hauptprogramm abgefasst und dabei jeweils die Datenbereiche vor den Rümpfen.

Es ist eigentlich *nicht* selbstverständlich und zwangsläufig, dass jedem Hauptstruktogramm genau ein NPL-Hauptprogramm und jedem Block genau ein NPL-Unterprogramm entspricht. Jedoch ist das **Sprachniveau** von NPL vergleichbar mit dem von Struktogrammen, sodass in diesem Buch leicht vereinfachend stets eine Eins-zu-eins-Entsprechung angenommen werden soll.

In diesem Fall soll ein Hauptprogramm `ESTAK` ein Unterprogramm `EST` aufrufen. Dieses Beispiel für die neue **intermodulare Beziehung** *ruft auf* ist in Bild 11.11 durch eine sogenannte „Programmhierarchie DIN 66 001 – PH“ grafisch dargestellt.

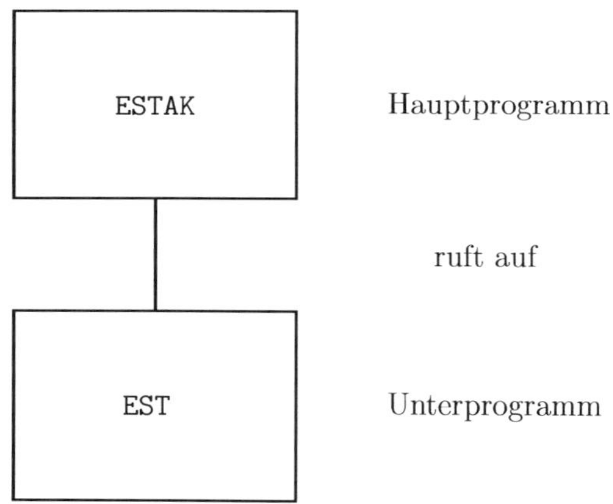

Bild 11.11 — Programmhierarchie DIN 66 001 – PH

11.3.1 Unterprogramm

Im Falle von Struktogrammen kommunizieren Hauptstruktogramm und Block über Parameterlisten. Dies geschieht auf der Seite des Hautpstruktogramms über die aktuelle Parameterliste, z. B. („Hilf.ZuVersteuerndesEink“, „Hilf.TariflicheEinkSteuer“) und auf der Seite des Blocks über die entsprechende formale Parameterliste, z. B. („Parm.ZuVersteuerndesEink“, „Parm.Einkommensteuer“).

Glücklicherweise bietet auch der in Natural verfügbare **Unterprogrammtyp** `SUBPROGRAM` (englisch für *Unterprogramm*) eine Möglichkeit der expliziten (ausdrücklichen) Parameterübergabe. Dadurch wird erreicht, dass ein Unterprogramm ähnlich wie ein Block über genau definierte Im- und Exportschnittstellen (Parameterlisten) auf Hauptprogrammdaten unterschiedlichster Namen zugreifen kann.

Ferner kann es private Hilfsdaten haben. Diese geraten nicht mit Hilfsdaten von Hauptprogrammen in Namenskonflikte. Die letztere Eigenschaft soll auch hier *Vereinbarungsblockkonzept* heißen: Jedes Unterprogramm bildet einen Vereinbarungsblock, dessen Hilfsdaten keinerlei Bezug zu gleichnamigen Hilfsdaten in anderen Haupt- oder Unterprogrammen haben. Die dargestellte Technik bietet in größeren Programmsystemen eine deutlich erhöhte Sicherheit gegenüber Programmierfehlern im Vergleich zu einem unkontrollierten Zugriff vieler Programmbausteine auf einen riesigen Bestand an gemeinsamen Daten.

Das oben Gesagte gilt nicht nur für das Verhältnis zwischen Hauptprogrammen und Unterprogrammen, sondern sinngemäß ebenfalls für das Verhältnis zwischen Unterprogrammen und von diesen aufgerufenen (weiteren) Unterprogrammen.

Analog zu den Struktogrammen stellt sich zunächst die Frage, wie ein Unterprogramm erfährt, auf welchen Daten (z. B. Variablen) des aufrufenden Hauptprogramms es arbeiten soll. Damit das Unterprogramm zur Berechnung der Einkommensteuer aus den unterschiedlichsten Hauptprogrammen heraus aufgerufen werden kann und die **Kommunikation** mit diesen Hauptprogrammen klar definiert ist, bekommt es eine Schnittstelle in Form einer Liste formaler Parameter. Die Hauptprogramme rufen dann das Unterprogramm mit entsprechenden Listen aktueller Parameter auf. Es gilt nun die Regel, dass jeder formale Parameter des Unterprogramms den entsprechenden aktuellen Parameter des Hauptprogramms *bezeichnet*.

Die **Liste formaler Parameter** wird – ähnlich wie bisher lokale Hilfsdaten – in einem Datenbereich abgelegt, hier jedoch nicht in einer LDA, sondern in einer sogenannten ***PDA*** (Abkürzung von ***P****arameter* ***D****ata* ***A****rea*, englisch für *Parameterdatenbereich*). Der entsprechende *PDA-Editor* ist neben dem bereits bekannten LDA-Editor eine weitere Variante des Datenbereichseditors. Er wird mit dem Systemkommando `EDIT PARAMETER` aufgerufen. Die PDA `EST_P` zur Umsetzung der Datenhierarchie „Parm“ kann aussehen wie in Bild 11.12.

```
I T L  Name                            F Length     Miscellaneous
All -- ------------------------------- - ---------- ------------------------>
  *    Parameter fuer EST_R
    1 PRM                                           /*Parm
    2 ZVE                              P        6,2 /*ZuVersteuerndesEink
    2 EK                               P        6,2 /*Einkommensteuer
```

Bild 11.12 — Datenvereinbarung: PDA `EST_P`

Man beachte, dass sowohl `ZVE` als auch `EK` 2 Nachkommastellen haben, obwohl diese doch auf den ersten Blick wegen der Abrundungsregeln überflüssig erscheinen. Es ist jedoch nicht auszuschließen, dass die eine oder andere Abrundungsregel in Zukunft geändert wird. Die allgemeine Empfehlung geht dahin, *Schnittstellen*, z. B. Parameterlisten, so zu gestalten, dass sie möglichst stabil sind und nicht bei bloßen Änderungen von Rechenvorschriften gleich wieder geändert werden müssen. Denn von Schnittstellenänderungen können sehr viele Programmbausteine betroffen sein, was Anpassungen oft äußerst aufwendig werden lässt.

Nun fehlt noch die Vereinbarung der **Hilfsdaten** durch Umsetzung der Datenhierarchie „Hilf" für den Block in eine geeignete LDA `EST_H`. Siehe Bild 11.13.

```
I T L  Name                             F Length     Miscellaneous
All -- -------------------------------- - ---------- ------------------------->
     1 HLF                                           /*Hilf
     2 X                                P        6,0 /*x
     2 Y                                P        2,4 /*y
     2 Z                                P        2,4 /*z
     2 EK                               P        6,2 /*Einkommensteuer
     2 EK_G                             P        6,0 /*EinkommensteuerGerundet
```

Bild 11.13 — Datenvereinbarung: LDA `EST_H`

Diese enthält eine Gruppe `HLF` mit den Komponenten `X`, `Y`, `Z`, `EK` und `EK_G`.

Die Komponente `EK_G` wird dabei für die implizite Abrundung der Einkommensteuer benötigt.

Nun ist der **Rumpf** an der Reihe.

Der Editor zur Bearbeitung von Unterprogrammrümpfen kann mit dem Systemkommando `EDIT SUBPROGRAM` aufgerufen werden. Er wird genauso bedient wie der bereits bekannte Hauptprogramm-Editor.

Der Unterprogrammrumpf `EST_R` zur Umsetzung des Blocks BERECHNEN EINKOMMENSTEUER kann aussehen wie der in Bild 11.14.

Es ist Folgendes zu **beachten**:

- Neu ist hier die Klausel `PARAMETER USING ...` in den Zeilen `0050` und `0060` der `DEFINE-DATA`-Vereinbarung.

  Mit dieser wird der Inhalt der PDA `EST_P` zur formalen Parameterliste des Unterprogramms erklärt.

- Gegen Schluss des Unterprogramms erfolgt die Abrundung des zu versteuernden Einkommens.

  Dies geschieht hier durch eine schlichte Zuweisung der Hilfsvariablen `HLF.EK` an die Hilfsvariable `HLF.EK_G`, die ja keine Nachkommastellen hat.

Exkurs

NPL stellt für derartige Abrundungen die *Transferfunktion* `INT` bereit. Damit hätte man auch folgenderweise sauberer programmieren können: `HLF.EK_G := INT (HLF.EK) ;`

Funktionen wurden jedoch noch nicht behandelt; und mit den bisher eingeführten Sprachmitteln kommt man in diesem Fall zurecht, wenn sie auch teilweise etwas unsauber angewendet werden.

```
/*BERECHNEN EINKOMMENSTEUER
/*
/*Vereinbarungen
DEFINE DATA
PARAMETER
  USING EST_P
LOCAL
  USING EST_H
END-DEFINE ;
/*
/*Verarbeitung
HLF.X := PRM.ZVE ;
IF HLF.X < 8653
THEN
  HLF.EK := 0 ;
ELSE
  IF HLF.X < 13670
  THEN
    HLF.Y  := ( HLF.X -   8652    ) / 10000 ;
    HLF.EK := (            993,62
      * HLF.Y +           1400    )
      * HLF.Y                     ;
  ELSE
    IF HLF.X < 53666
    THEN
      HLF.Z := ( HLF.X - 13669 ) / 10000 ;
      HLF.EK
        :=     (   225,40
        * HLF.Z + 2397      )
        * HLF.Z +  952,48   ;
    ELSE
      IF HLF.X < 254447
      THEN
        HLF.EK :=                 0,42
          * HLF.X         -   8394,14     ;
      ELSE
        HLF.EK :=                 0,45
          * HLF.X         -  16027,52     ;
      END-IF ;
    END-IF ;
  END-IF ;
END-IF ;
HLF.EK_G := HLF.EK    ;
PRM.EK   := HLF.EK_G ;
END
```

Bild 11.14 — Unterprogrammrumpf

11.3.2 Hauptprogramm

Benötigt werden im **Hauptprogramm** entsprechend der Datenhierarchie „Hilf" einige Hilfsvariablen, die hier `ZVE`, `EINK_STEU` und `NETTO` heißen mögen. Die LDA `ESTAK_H` für das Einkommensteuerbeispiel kann dann so aussehen wie die in Bild 11.15.

```
I T L  Name                              F Length     Miscellaneous
All -- -------------------------------- - ---------- ------------------------->
     1 HLF                                            /*Hilf
     2 ZVE                               P        6,2 /*Zu VersteuerndesEink
     2 EINK_STEU                         P        6,2 /*TariflicheEinkSteuer
     2 NETTO                             P        6,2 /*Netto-Einkommen
```

Bild 11.15 — Datenvereinbarung: LDA `ESTAK_H`

Das **Vereinbarungsblockkonzept** sorgt dafür, dass sich diese Hilfsdaten auf keinen Fall mit denen des Unterprogramms ins Gehege kommen. Demnach kann es auf diesem Wege auch keinerlei Kommunikation zwischen Hauptprogramm und aufgerufenem Unterprogramm geben. Dies gilt sogar dann, wenn Hauptprogramm und Unterprogramm *dieselbe* LDA benutzen. Beide Programmbausteine bekommen in einem solchen Fall jeweils ihre eigenen Exemplare der in der LDA vereinbarten Daten, sodass es zwei verschiedene Welten gibt, die lediglich über die Parameterliste miteinander kommunizieren. Und dies ist in solchen Fällen aus Gründen des Schutzes vor Programmierfehlern auch genau erwünscht.

Der **Hauptprogrammrumpf** `ESTAK_R` zur Umsetzung des Hauptstruktogramms kann dann aussehen wie der in Bild 11.16.

```
/*BERECHNEN EINKOMMENSTEUER AUSKUNFT
/*
/*Vereinbarungen
DEFINE DATA
LOCAL
  USING ESTAK_H
END-DEFINE ;
/*
/*Eingabe
INPUT HLF.ZVE ;
/*
/*Verarbeitung
CALLNAT 'EST_R' HLF.ZVE   HLF.EINK_STEU ;
/*
HLF.NETTO :=    HLF.ZVE - HLF.EINK_STEU ;
/*
/*Ausgabe
WRITE
  / 'Zu versteuerndes Einkommen :' HLF.ZVE
  / 'Einkommensteuer            :' HLF.EINK_STEU
  / 'Nettoeinkommen             :' HLF.NETTO ;
END
```

Bild 11.16 — Hauptprogramm mit `CALLNAT`-Befehl

Es ist Folgendes zu **beachten**:

Neu ist hier der Befehl `CALLNAT 'EST_R' ...` in Zeile `0130`, welcher den entsprechenden Aufruf des Blocks durch das Hauptstruktogramm umsetzt. Es handelt sich dabei um eine sogenannte ***Rufanweisung***, da eine Prozedur aufgerufen wird.

Bemerkenswert ist, dass in `CALLNAT`-Befehlen Parameterlisten *nicht* in Klammern (`()`) eingeschlossen werden.

11.4 Test

Das Programmsystem wird zweckmäßigerweise an den Übergangsstellen des abschnittweise definierten Einkommensteuertarifs getestet, d. h. mit Werten für `ZVE` von € 8 652, 8 653, 13 669, 13 670, 53 665, 53 666, 254 446 und 254 447.

Die korrekte Abrundung der Steuer lässt sich bereits beim zu versteuernden Einkommen von € 8 653 überprüfen. Die eigentlich fälligen € 0,14 fallen der gesetzlich vorgesehenen Abrundung zum Opfer. Die Großzügigkeit des Steuergesetzgebers ist beeindruckend!

11.5 Syntax und Semantik

In diesem Abschnitt soll die Syntax und Semantik des `CALLNAT`-**Befehls** definiert werden.

11.5.1 `CALLNAT`-Befehl

Ein `CALLNAT`-**Befehl** besteht aus dem reservierten Wort `CALLNAT`, einem Unterprogrammnamen in Form eines Textausdrucks, einer (möglicherweise leeren) Liste aktueller Parameter und einem abschließenden Semikolon (`;`). Siehe Bild 11.17.

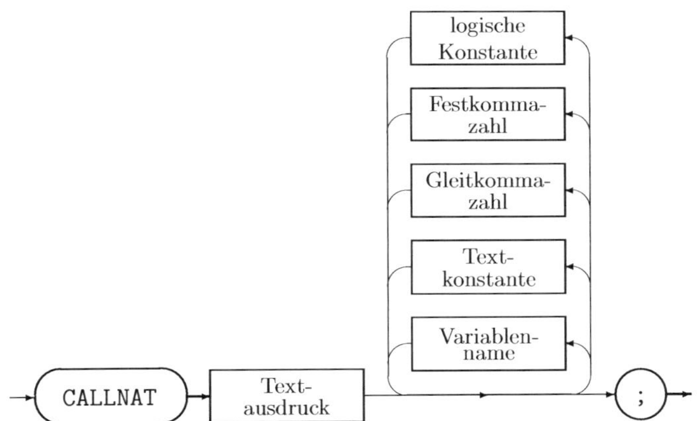

Bild 11.17 — Syntaxdiagramm für `CALLNAT`-*Befehl*

Es gilt noch die **Zusatzregel**, dass der Textausdruck direkt hinter dem reservierten Wort `CALLNAT`, der den Namen des Unterprogramms enthält, im Falle einer Textkonstanten einen Text mit einer Länge von 8 oder kleiner, im Falle einer Variablen hingegen einen Text mit einer Länge von genau 8 abliefern muss. Dadurch, dass der Unterprogrammname auch in einer Textvariablen übergeben werden darf, kann dieser zur Laufzeit des Programms dynamisch bestimmt werden. In NPL sind demnach sogenannte *Prozedurvariablen* verfügbar. Selbstverständlich darf man folglich auch den Namen eines Unterprogramms einem weiteren Unterprogramm als Parameter übergeben, welches dann das so übergebene Unterprogramm aufrufen kann.

Für **Beispiele** siehe Tabelle 11.1.

Tabelle 11.1 — Beispiele für `CALLNAT`-*Befehl*

Nr	richtig	falsch	Erläuterung des falschen Beispiels
1	`CALLNAT UNTER ;`	`UNTER ;`	Reserviertes Wort `CALLNAT` ist Pflicht.
2	`CALLNAT 'U2345678' ;`	`CALLNAT 'U23456789' ;`	Name des Unterprogramms ist zu lang.
3	`CALLNAT 'U' ;`	`CALLNAT '' ;`	Leere Textkonstante ist grundsätzlich verboten.
4	`CALLNAT 'N2345678' ;`	`CALLNAT 'N2345678 ' ;`	Name des Unterprogramms ist zu lang.
5	`CALLNAT 'N␣␣␣␣␣␣␣' ;`	`CALLNAT 'N␣␣␣␣␣␣␣␣' ;`	Name des Unterprogramms ist zu lang.
6	`CALLNAT '␣' ;`	`CALLNAT '' ;`	Leere Textkonstante ist grundsätzlich verboten.
7	`CALLNAT '␣UNTER' ;`	`CALLNAT '␣␣␣␣UNTER' ;`	Name des Unterprogramms ist zu lang.
8	`CALLNAT U FALSE ;`	`U FALSE ;`	Reserviertes Wort `CALLNAT` ist Pflicht.
9	`CALLNAT U 1 X ;`	`U 1 X ;`	Reserviertes Wort `CALLNAT` ist Pflicht.
10	`CALLNAT 'U' 3 ;`	`CALLNAT 'U' ( 5 - 2 ) ;`	Geklammerte Ausdrücke sind als Parameter verboten.
11	`CALLNAT 'U' N_MINUS_1 ;`	`CALLNAT 'U' ( N - 1 ) ;`	Geklammerte Ausdrücke sind als Parameter verboten.
12	`CALLNAT A.B ( / 3 ) ;`	`CALLNAT .B ( / 3 ) ;`	Variablenname ist ungültig.

Unterprogrammnamen wie z. B. `' '` sind zwar **syntaktisch richtig**, werden jedoch zur Laufzeit zu Fehlern `NAT0082 Invalid command, or Subprogram` *Name* `does not exist in library.` führen, da kein Unterprogramm mit leerem Namen existiert.

Auch wird ein Unterprogramm `UNTER` durch den Befehl `CALLNAT ' UNTER' ;` wegen des führenden Leerzeichens *nicht* aufgerufen.

Im Beispiel Nr. 12 ist die 3 kein Parameter, sondern ein Index für die Reihung `A.B`, in deren dritten Element der Name des aufzurufenden Unterprogramms stehen soll.

Jetzt soll die **Semantik** des `CALLNAT`-Befehls etwas vereinfacht definiert werden.

Es handelt sich dabei um ein Erklärungsmodell. Solche Erklärungsmodelle erläutern die *Wirkung*, jedoch *nicht* notwendigerweise die tatsächlichen internen Abläufe in der Datenverarbeitungsanlage. Allerdings können derartige Modelle praktische Bedeutung bekommen, wenn man die in ihnen beschriebenen Schritte peinlich genau manuell durchführen muss, um Fehler aufzuspüren, die sonst nur äußerst schwer zu finden wären, beispielsweise in einem *Copycode*.

Ein **Unterprogrammrumpf** mit dem symbolischen Namen u möge eine allgemeine Gestalt haben wie der in Bild 11.18 etwas vereinfacht angedeutete.

```
DEFINE DATA
PARAMETER
  USING dpu
LOCAL
  USING dlu
END-DEFINE
;
au_1
au_2
⋮
au_{m_u}
END
```

Bild 11.18 — Allgemeine Gestalt von *Unterprogrammrumpf*

Dabei möge die PDA mit dem symbolischen Namen *dpu* die n_p Bezeichner $pb_1, pb_2, \ldots, pb_{n_p}$ enthalten. Siehe Bild 11.19.

```
I T L  Name                             F Length     Miscellaneous
All -- -------------------------------- - ---------- ------------------------->
       pb_1
       pb_2
       ⋮
       pb_{n_p}
```

Bild 11.19 — Allgemeine Gestalt von *PDA dpu*

Die LDA mit dem symbolischen Namen *dlu* möge n_u Bezeichner $ub_1, ub_2, \ldots, ub_{n_u}$ enthalten. Siehe Bild 11.20.

```
I T L  Name                             F Length     Miscellaneous
All -- -------------------------------- - ---------- ------------------------->
       ub_1
       ub_2
       ⋮
       ub_{n_u}
```

Bild 11.20 — Allgemeine Gestalt von *LDA dlu*

```
DEFINE DATA
LOCAL
  USING dlh
END-DEFINE ;
ah_1
ah_2
⋮
ah_l
CALLNAT u a_1 a_2 ... a_k
ah_{l+2}
ah_{l+3}
⋮
ah_{m_h}
END
```

Bild 11.21 — Allgemeine Gestalt von *Hauptprogrammrumpf mit* `CALLNAT`*-Befehl*

Ein **Hauptprogrammrumpf** mit einem `CALLNAT`-Befehl möge eine allgemeine Gestalt haben wie der in Bild 11.21.

Die LDA mit dem symbolischen Namen *dlh* möge n_h Bezeichner $hb_1, hb_2, \ldots, hb_{n_h}$ enthalten. Siehe Bild 11.22.

```
I T L  Name                            F Length     Miscellaneous
All -- ------------------------------- - ---------- ------------------------>
       hb_1
       hb_2
       ⋮
       hb_{n_h}
```

Bild 11.22 — Allgemeine Gestalt von *LDA dlh*

Die Semantik des allgemeinen Hauptprogrammrumpfes ergibt sich wie bereits bei den Struktogrammen wieder hauptsächlich durch Anwendung der **Kopierregel**. Siehe Bild 11.23.

An Stelle der Rufanweisung `CALLNAT` *u* `...` ; ist zunächst der Rumpf des Unterprogramms *u* **einkopiert** worden. Dieser Mechanismus ist im Prinzip bereits von den Struktogrammen her bekannt. Hier allerdings wird der Rumpf leicht abgemagert: `DEFINE-DATA`-Vereinbarung und `END` werden beim Einkopieren weggelassen.

Die `DEFINE-DATA`-Vereinbarung wurde um die Klausel `LOCAL USING` *dlu′* erweitert. Die LDA *dlu′* möge eine Kopie von *dlu* mit n_u umbenannten Bezeichnern $ub'_1, ub'_2, \ldots, ub'_{n_u}$ sein. Siehe Bild 11.24.

Die Anweisungen $au'_1, au'_2, \ldots, au'_{m_u}$ gleichen den Anweisungen $au_1, au_2, \ldots, au_{m_u}$ aus dem Unterprogrammrumpf, haben jedoch die folgenden **Umbenennungen** der in ihnen vorkommenden Bezeichner über sich ergehen lassen müssen:

- Alle Bezeichner $ub_1, ub_2, \ldots, ub_{n_u}$ aus dem Unterprogrammrumpf *u* bekamen zur Unterscheidung von eventuell gleichen Bezeichnern im Hauptprogramm vorbeugend ein Häkchen (′) und heißen nun $ub'_1, ub'_2, \ldots, ub'_{n_u}$. Diese Umbenennung spiegelt das Vereinbarungsblockkonzept wider.

```
DEFINE DATA
LOCAL
  USING dlh
LOCAL
  USING dlu'
END-DEFINE ;
```
ah_1
ah_2
$\vdots$
ah_l
RESET ub'_1 ub'_2 ... ub'_{n_u} ;
au'_1
au'_2
$\vdots$
au'_{m_u}
ah_{l+2}
ah_{l+3}
$\vdots$
ah_{m_h}
END

Bild 11.23 — Semantik für *Hauptprogrammrumpf*

```
I T L  Name                             F Length     Miscellaneous
All -- -------------------------------- - ---------- ------------------------->
```
ub'_1
ub'_2
$\vdots$
ub'_{n_u}

Bild 11.24 — Allgemeine Gestalt von *LDA dlu'*

- Alle in der PDA *dpu* enthaltenen k formalen Parameter des Unterprogramms u wurden durch die entsprechenden aktuellen Parameter $a_1, a_2, \ldots, a_k$ ersetzt.

Wie an dem eingefügten RESET-Befehl zu erkennen ist, hat ein Natural-Unterprogramm durch seine lokalen Hilfsvariablen **kein Gedächtnis**. Wenn es (beispielsweise in einer REPEAT-Anweisung) mehrfach aufgerufen wird, vergisst es bei der Rückkehr ins aufgerufene Programm sofort die Inhalte seiner Hilfsvariablen, kann sich also bei folgenden Aufrufen nicht mehr an deren vorhergehende Inhalte erinnern.

Es sei noch einmal betont, dass es sich hier lediglich um ein **Erklärungsmodell** handelt.

Bei der Ersetzung der formalen Parameter durch die aktuellen gibt es noch eine Besonderheit, die oben nicht berücksichtigt wurde. Die obige schlichte Anwendung der Kopierregel mit Parameterersetzung suggeriert einen *call by name* (englisch für *Namensaufruf*) als ***Parameterübergabemodus***, wie er vereinfachend in den Struktogrammen angenommen wird. Diesen gibt es in NPL allerdings nur bei den bereits erwähnten offenen Prozeduren des Typs COPYCODE. Stattdessen ist für den Unterprogrammtyp SUBPROGRAM als Standard-Parameterübergabemodus der sogenannte *call by reference* (englisch für *Referenzaufruf*) vorgesehen. Es gilt dabei im Gegensatz zum Namensaufruf, dass die Bindung eines formalen an einen aktuellen Parameter nicht jedes Mal frisch bei jedem Ansprechen des formalen Parameters in der Prozedur, sondern jeweils *genau einmal beim Aufruf des Unterprogramms* ermittelt und dann bis zum Austritt aus dem Unterprogramm eingefroren wird.

Lautet eine Anweisungsfolge z. B. `I := 3 ; CALLNAT 'U' I TAB ( / I ) ;` und wird der Hauptprogrammvariablen `I` über den ersten formalen Parameter des Unterprogramms `U` gleich nach Eintritt in `U` der Wert `5` zugewiesen, so bezeichnet der zweite formale Parameter während der gesamten Laufzeit des Unterprogramms doch immer das 3. Element der Reihung `TAB` und *nicht* etwa das 5. Man denke sich entsprechend die Definition der Semantik eines `CALLNAT`-Befehls um diese Eigenschaft verfeinert.

Es gibt weiterhin nur eine beschränkte implizite **Datentypangleichung** der Parameter.

- Wenn beispielsweise ein formaler Parameter vom Datentyp `P6,2` ist und der entsprechende aktuelle Parameter vom Datentyp `P6,1`, so wird es bei Aufruf des Unterprogramms eine Laufzeitfehlermeldung, z. B. `NAT0936 Format/length conflict in parameter 1.`, geben.
- Wenn als aktueller Parameter direkt ein Numeral, z. B. `1,23` übergeben werden soll, so sollte der entsprechende formale Parameter das Format `P`, z. B. den Datentyp `P1,2` haben.

Tolerant hingegen ist Natural, wenn ein Unterprogramm eine Gruppe als formalen Parameter hat. Dann werden beispielsweise auch schlichte skalare Variablen auf Stufe 1 als aktuelle Parameter akzeptiert, solange nur ihre Anzahl und ihre Datentypen mit Anzahl und Datentypen der „Blätter" des Gruppenbaumes übereinstimmen. Diese leichte Ungenauigkeit wurde auch im Fallbeispiel dieses Kapitels ausgenutzt. Allerdings ist sie etwas gefährlich, da sie u. U. zu ungenauem Arbeiten verleitet.

11.6 Übungen

11.6.1 Einkommensteuertabelle

Entwickeln Sie bitte ein Programm, das eine **Tabelle der tariflichen Einkommensteuer** für Einkommen von € 0 bis € 99 000 mit einer Schrittweite von € 1 000 ausgibt.

11.6.2 Integration des Einkommensteuertarifs

Integrieren Sie bitte den Block BERECHNEN EINKOMMENSTEUER zur Berechnung des Einkommensteuertarifs in das Lohnsteuerstruktogramm aus Kapitel 10 und entsprechend das Unterprogramm `EST` in das Hauptprogramm.

11.6.3 Sortierprozedur

Spalten Sie die Lösung zu Übungsaufgabe 9.6.1 bitte in eine Unterprozedur für das eigentliche Sortierverfahren und eine Hauptprozedur für das „Drumherum", z. B. die Ein-/Ausgabe, auf.

11.6.4 Funktionstafeln

Entwickeln Sie bitte ein Programm, das in Abhängigkeit von einem eingelesenen Funktionscode und eingelesenen Intervallgrenzen samt Schrittweite eine **Funktionstafel** für Argumente x aus dem Intervall ausgibt.

Es soll die folgenden Funktionscodes mit ihren Bedeutungen geben:

`K` Kehrwerte $\frac{1}{x}$

`Q` Quadrate x^2

`U` Kreisumfänge $2 \cdot \pi \cdot x$ zu gegebenem Radius

Hinweis: NPL sieht *Prozedurvariablen* vor.

Als Vorbild diene Bild 11.25.

Funktionstafel für Quadrate

x	+0,0	+0,1	+0,2	+0,3	+0,4	+0,5	+0,6	+0,7	+0,8	+0,9
1	1,00	1,21	1,44	1,69	1,96	2,25	2,56	2,89	3,24	3,61
2	4,00	.....	.....	.....	.....	.....	.....	.....	.....	.....
3	9,00	.....	.....	.....	.....	.....	.....	.....	.....	.....
4	16,00	.....	.....	.....	.....	.....	.....	.....	.....	.....
5	25,00	.....	.....	.....	.....	.....	.....	.....	.....	.....
6	36,00	.....	.....	.....	.....	.....	.....	.....	.....	.....
7	49,00	.....	.....	.....	.....	.....	.....	.....	.....	.....
8	64,00	.....	.....	.....	.....	.....	.....	.....	.....	.....
9	81,00	.....	.....	.....	.....	.....	.....	.....	.....	.....

Bild 11.25 — Vorbild für Funktionstafel

Das vom NPL-Programm erzeugte Ergebnis soll konkret eine Tabelle sein, die so formatiert ist wie die in Bild 11.26.

```
FUNKTIONSTAFEL FUER QUADRATE

X
+      0,00   0,10   0,20   0,30   0,40   0,50   0,60   0,70   0,80   0,90

1      1,00   1,21   1,44   1,69   1,96   2,25   2,56   2,89   3,24   3,61
2      4,00  .....  .....  .....  .....  .....  .....  .....  .....  .....
3      9,00  .....  .....  .....  .....  .....  .....  .....  .....  .....
4     16,00  .....  .....  .....  .....  .....  .....  .....  .....  .....
5     25,00  .....  .....  .....  .....  .....  .....  .....  .....  .....
6     36,00  .....  .....  .....  .....  .....  .....  .....  .....  .....
7     49,00  .....  .....  .....  .....  .....  .....  .....  .....  .....
8     64,00  .....  .....  .....  .....  .....  .....  .....  .....  .....
9     81,00  .....  .....  .....  .....  .....  .....  .....  .....  .....
```

Bild 11.26 — Ausgabemuster für Funktionstafel

12 Rekursive Prozeduren

In Kapitel 11 wurde gezeigt, wie man Prozeduren zur Zentralisierung von Entwurfs- und Realisierungsentscheidungen sowie zur Zerlegung von Systemen in genügend handliche Bausteine benutzen kann.

Prozeduren bieten jedoch noch ein weiteres sehr mächtiges Instrumentarium: die Anwendung der **Rekursivität**. Das bereits von Syntaxdiagrammen her bekannte Prinzip der Rekursivität bedeutet in diesem Zusammenhang, dass eine Prozedur *sich selbst* – direkt oder indirekt – aufruft. Diese Technik lässt oft elegante und verhältnismäßig einfache Lösungen von Problemen zu, die sonst teilweise nur mit größeren Schwierigkeiten zu bewältigen wären.

12.1 Problem

Der **Illustration** soll diesmal kein Problem aus der betrieblichen Datenverarbeitung dienen. Ein solches wäre beispielsweise das **Traversieren eines Baumes**, etwa die Ausgabe einer in der Datenbank abgelegten, beliebig tief gegliederten Organisationshierarchie. Ein anderes, umfangreicheres Problem aus dem Bereich des *operations research* (englisch für *Unternehmensforschung*, d. h. Anwendung der Mathematik und der Informatik auf betriebliche Probleme) findet sich bei den Übungsaufgaben.

Hier jedoch geht es zunächst um ein altes orientalisches Spiel, das unter den Namen *Türme von Hanoi* bzw. *Ringe des Brahman* recht bekannt ist. Das **Spielmaterial** enthält drei Stäbchen, die mit 1, 2 und 3 bezeichnet sein mögen. Auf Stäbchen 1 befindet sich eine Pyramide von beispielsweise 4 gelochten Scheiben unterschiedlicher Durchmesser. Bild 12.1 stellt diese Ausgangssituation im Seitenriss dar.

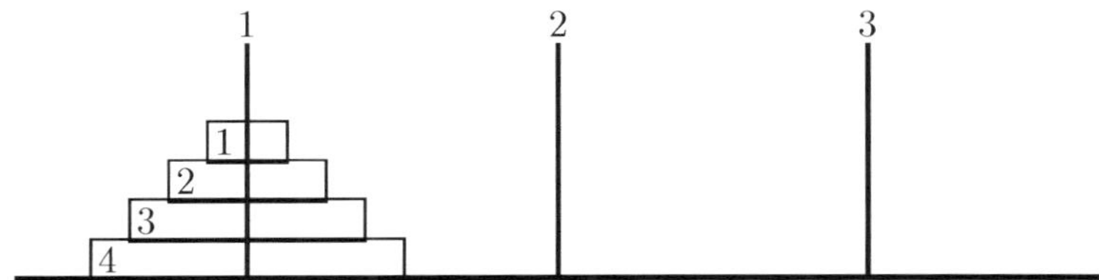

Bild 12.1 — Türme von Hanoi

Die Pyramide ist nun von Stäbchen 1 nach Stäbchen 3 zu transportieren.

Dabei gelten die folgenden Regeln:

- Mit jedem Spielzug darf nur eine, nämlich die jeweils oberste, Scheibe von einem Stäbchen weggenommen und auf ein anderes gesteckt werden.
- Zu jeder Zeit müssen alle Scheiben auf allen Stäbchen Pyramiden bilden, d. h. nie darf eine Scheibe auf einer Scheibe mit kleinerem Durchmesser liegen.

12.2 Entwurf

Eine offensichtliche **rekursive Lösung** des gestellten Problems ergibt sich durch Verallgemeinerung: Ein Turm mit gegebener „Höhe“ ist von Stäbchen „Start“ nach Stäbchen „Ziel“ zu bewegen.

Betrachtet man beispielsweise die Ausgangssituation in Bild 12.1, so kann man eine Zerlegung der Lösung in 3 Phasen nachvollziehen:

1. Bewegung der obersten Scheiben (im Beispiel: Scheiben 1 bis 3) vom Startstäbchen 1 auf das „Hilfsstäbchen“ 2
2. Bewegung der untersten Scheibe (im Beispiel: Scheibe 4) vom Startstäbchen 1 auf das Zielstäbchen 3
3. Bewegung der Scheiben (im Beispiel: Scheiben 1 bis 3) vom Hilfsstäbchen 2 auf das Zielstäbchen 3

Der gleiche **Mechanismus** wird nun rekursiv bis zu einer Höhe von 0 (dann ist nämlich nichts mehr zu tun) für den jeweils ersten und dritten Schritt, d. h. für die Bewegungen zum und vom jeweiligen Hilfsstäbchen, angewandt. Dabei wird jeweils die Höhe um 1 reduziert; und das Hilfsstäbchen wird zum Ziel- bzw. Startstäbchen.

Um diese Lösung zu **realisieren**, soll ein rekursiver Block mit dem Namen HANOI ALLGEMEIN erstellt werden. Der Block soll sich für die Bewegungen der Scheiben zum und vom Hilfsstäbchen selbst aufrufen. Ein Hauptstruktogramm namens HANOI ruft diesen Block anfangs einmal auf. Dieser Sachverhalt möge durch ein ***Struktogrammnetz*** dargestellt werden. Es handelt sich hier nicht mehr speziell um eine Struktogramm**hierarchie**, da Hierarchien bzw. Bäume stets frei von Zyklen sein müssen. Und der Aufruf des Blockes HANOI ALLGEMEIN durch sich selbst ist gerade ein derartiger Zyklus. Siehe Bild 12.2.

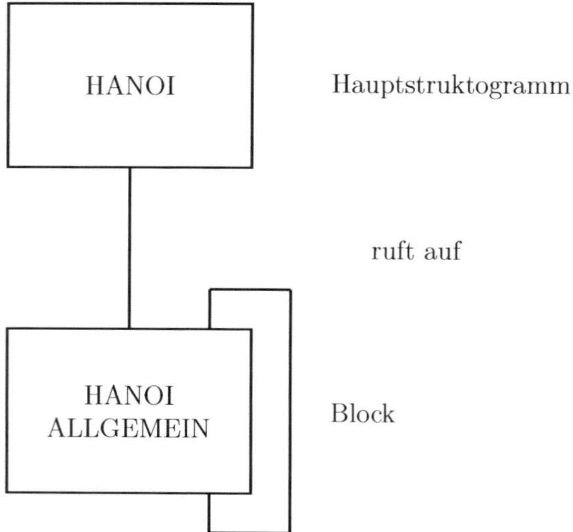

Bild 12.2 — Struktogrammnetz mit Rekursion

12.2.1 Hauptstruktogramm

Zunächst sollen wieder die im Hauptstruktogramm benötigten **Daten** festgestellt werden. Diesmal wird nur eine Hilfsvariable für die Turmhöhe benötigt. Zur Verdeutlichung möge auch für diese Hilfsvariable eine Datenhierarchie „Hilf" eingeführt werden, die nur die eine Komponente „Turmhöhe" hat. Siehe Bild 12.3.

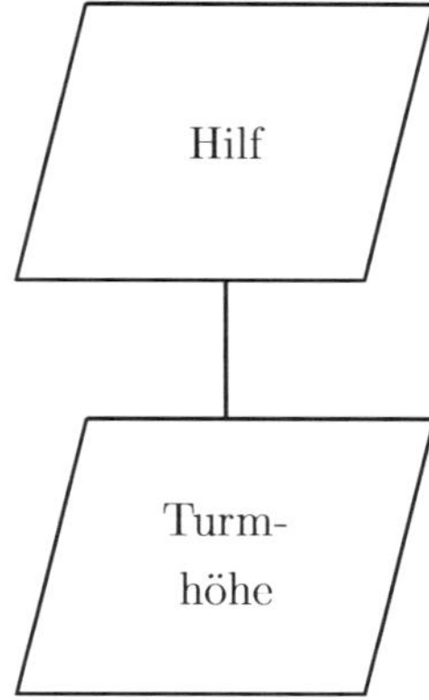

Bild 12.3 — Datenhierarchie: Hilf (für Hauptstruktogramm HANOI)

Das **Hauptstruktogramm HANOI** kann dann aussehen wie das in Bild 12.4.

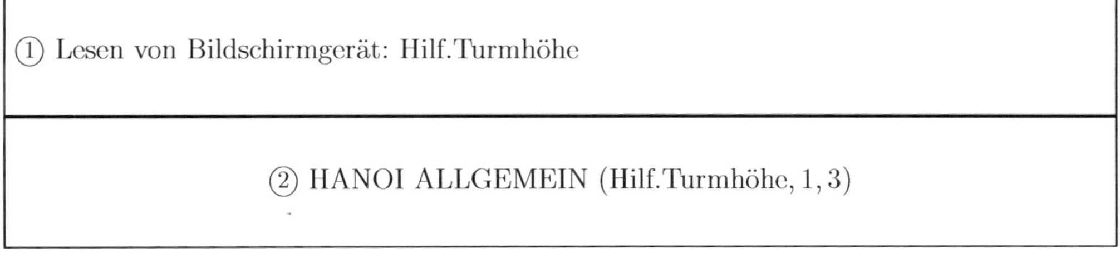

Bild 12.4 — Hauptstruktogramm: HANOI

Der Blockaufruf ② soll bedeuten, dass der Block HANOI ALLGEMEIN einen Turm der eingelesenen Turmhöhe von Stäbchen 1 nach Stäbchen 3 zu transportieren hat.

12.2.2 Block

Der **Block HANOI ALLGEMEIN** zur allgemeinen Turmverschiebung benötigt einen Parameter, um die Höhe des Turms zu erfahren. Zwei weitere Parameter werden für die Nummern von Start- und Zielstäbchen benötigt. Für diese drei Parameter wird eine Datenhierarchie „Parm" eingeführt, welche die drei Komponenten „Höhe", „Start" und „Ziel" hat. Siehe Bild 12.5.

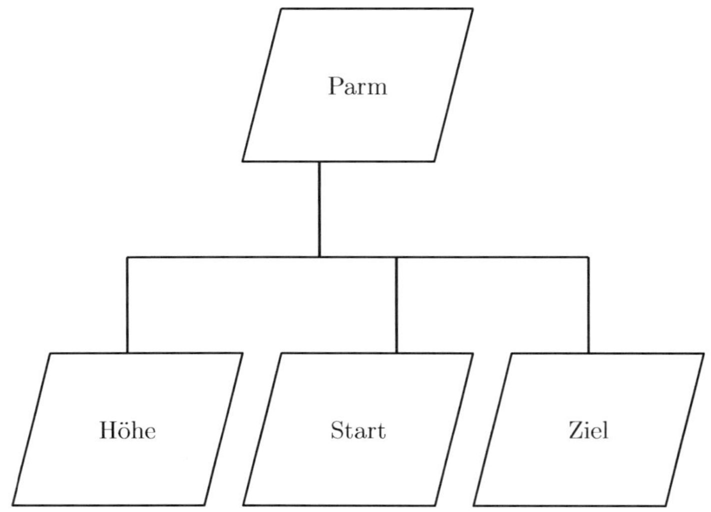

Bild 12.5 — Datenhierarchie: Parm (für Block HANOI ALLGEMEIN)

Der Block HANOI ALLGEMEIN kann dann aussehen wie der in Bild 12.6.

Es ist Folgendes zu **beachten**:

① Nur falls die Höhe des zu transportierenden Turms größer als Null ist (②),

③ ist etwas zu tun: Zunächst muss der Turm aus (Parm.Höhe − 1) Scheiben über der untersten Scheibe auf ein Hilfsstäbchen transportiert werden. Die Nummer des Hilfsstäbchens ergibt sich einfach aus der Differenz der Gesamtsumme $(1 + 2 + 3)$ aller Stäbchennummern und der Summe aus den Nummern des Startstäbchens und des Zielstäbchens. Wenn beispielsweise ein Turm von Stäbchen 1 nach Stäbchen 3 transportiert werden soll, ist das Hilfsstäbchen $((1 + 2 + 3) - (1 + 3)) = 2$ zu benutzen.

④ Jetzt kann die zuunterst liegende Scheibe transportiert werden. Dies wird durch die Ausgabeverarbeitung ausgedrückt.

⑤ Schlussendlich muss der Turm über der ursprünglich zuunterst liegenden Scheibe vom Hilfsstäbchen auf das endgültige Zielstäbchen transportiert werden.

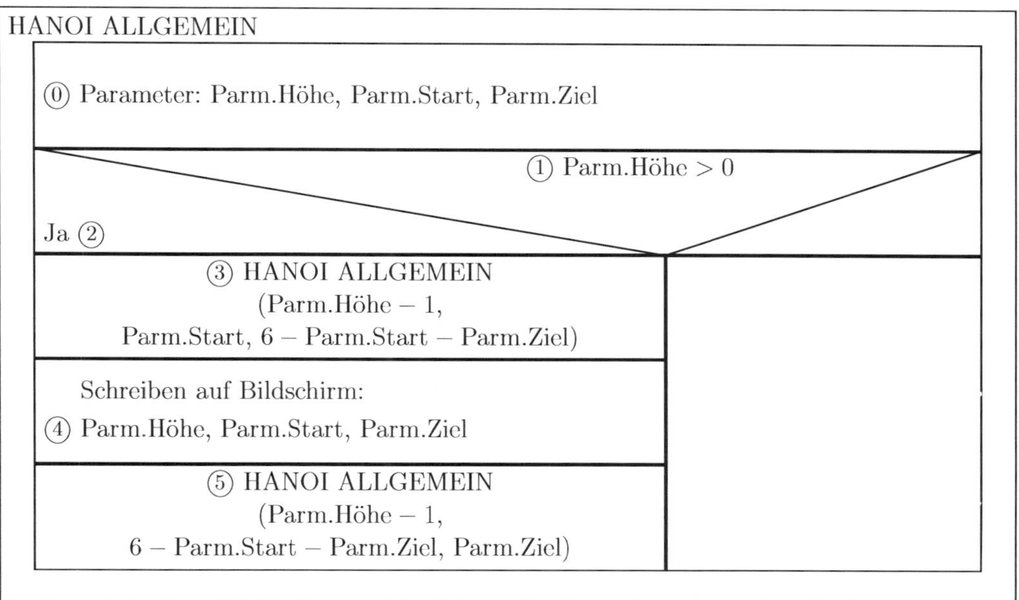

Bild 12.6 — Block mit Rekursion

12.3 Implementation

Analog zu den Struktogrammen soll ein Hauptprogramm `HANOI` ein Unterprogramm mit dem Namen `HANOIA` aufrufen, welches wiederum sich selbst aufruft.

Diese schon etwas interessantere **intermodulare Beziehung** ist in Bild 12.7 durch ein Programmnetz grafisch dargestellt.

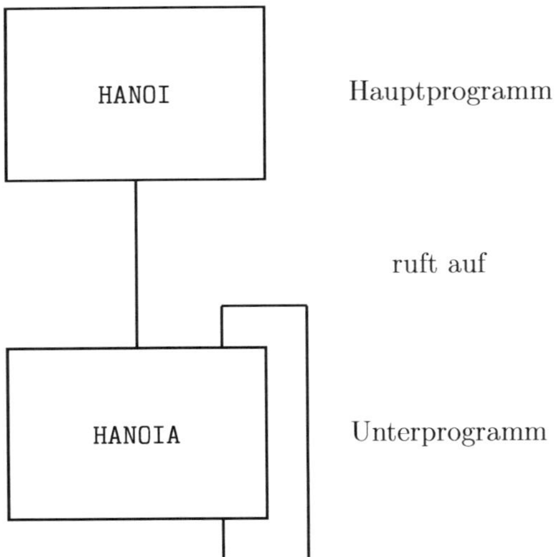

Bild 12.7 — Programmnetz mit Rekursion

12.3.1 Unterprogramm

In diesem Abschnitt wird das Unterprogramm `HANOIA` entwickelt.

Die **PDA** `HANOIA_P` zur Umsetzung der Datenhierarchie „Parm“ für den Block HANOI ALLGEMEIN kann aussehen wie die in Bild 12.8.

```
I T L  Name                              F Length     Miscellaneous
All -- -------------------------------- - ---------- ------------------------->
     1 PRM                                            /*Parm
     2 H                                 P        2,0 /*Hoehe
     2 S                                 P        1,0 /*Start
     2 Z                                 P        1,0 /*Ziel
```

Bild 12.8 — Datenvereinbarung: PDA `HANOIA_P`

Im Block HANOI ALLGEMEIN sind keine **Hilfsvariablen** benutzt worden. Für das Unterprogramm jedoch sind welche erforderlich, da arithmetische Ausdrücke als aktuelle Parameter in `CALLNAT`-Befehlen *nicht* zulässig sind. Deswegen wird für das Unterprogramm `HANOIA` eine LDA `HANOIA_H` mit Hilfsvariablen angelegt.

```
I T L  Name                             F Length     Miscellaneous
All -- -------------------------------- - ---------- ------------------------->
     1 HLF                                           /*Hilf
     2 HS                               P        1,0 /*Hilfsstaebchen
     2 HM1                              P        2,0 /*Hoehe - 1
```

Bild 12.9 — Datenvereinbarung: LDA `HANOIA_H`

Sie kann aussehen wie die in Bild 12.9.

Der **Rumpf** `HANOIA_R` des Unterprogramms `HANOIA` zur Umsetzung des Blocks HANOI ALLGEMEIN kann dann aussehen wie der in Bild 12.10.

```
0010 /*HANOI ALLGEMEIN
0020 /*
0030 /*Vereinbarungen
0040 DEFINE DATA
0050 PARAMETER
0060   USING HANOIA_P
0070 LOCAL
0080   USING HANOIA_H
0090 END-DEFINE ;
0100 /*
0110 /*Verarbeitung
0120 IF PRM.H > 0
0130 THEN
0140   HLF.HS  :=      6 - PRM.S - PRM.Z ;
0150   HLF.HM1 := PRM.H -     1          ;
0160   CALLNAT 'HANOIA_R' HLF.HM1 PRM.S HLF.HS ;
0170   /*
0180   /*Ausgabe
0190   WRITE
0200     'ziehe Scheibe' PRM.H
0210     'von  Stäbchen' PRM.S
0220     'nach Stäbchen' PRM.Z
0230     ;
0240   CALLNAT 'HANOIA_R' HLF.HM1 HLF.HS PRM.Z ;
0250 END-IF ;
0260 END
```

Bild 12.10 — Unterprogrammrumpf mit Rekursion

Es ist Folgendes zu **beachten**:

In Zeile `0120` wird sicherheitshalber auch berücksichtigt, dass `H` negativ sein kann, da der für `H` verwendete Datentyp `P2.0` auch negative Werte zulässt.

In den Zeilen `0160` und `0240` sind rekursive Aufrufe des Unterprogrammrumpfes `HANOIA_R` durch sich selbst zu beobachten.

12.3.2 Hauptprogramm

In diesem Abschnitt wird das Hauptprogramm HANOI entwickelt.

Die LDA HANOI_H mit den benötigten **Hilfsvariablen** des Hauptprogramms HANOI zur Umsetzung der Datenhierarchie „Hilf" kann aussehen wie die in Bild 12.11.

```
I T L  Name                              F Length     Miscellaneous
All -- -------------------------------- - ---------- ------------------------->
     1 HLF                                            /*Hilf
     2 TH                                P        2,0 /*Turmhoehe
```

Bild 12.11 — Datenvereinbarung: LDA HANOI_H

Der **Rumpf** HANOI_R des Hauptprogramms HANOI zur Umsetzung des Hauptstruktogramms HANOI kann dann aussehen wie der in Bild 12.12.

```
/*HANOI
/*
/*Vereinbarungen
DEFINE DATA
LOCAL
  USING HANOI_H
END-DEFINE ;
/*
/*Eingabe
INPUT 'Höhe des Turms:' HLF.TH ;
/*
/*Verarbeitung und Ausgabe
CALLNAT 'HANOIA_R'       HLF.TH 1 3 ;
END
```

Bild 12.12 — Hauptprogrammrumpf: HANOI_R

12.4 Test

Das Programmsystem sollte für kleine Höhen $0, 1, 2, \ldots, 12$ getestet werden.

Sehr große Höhen sollten nicht ausprobiert werden, da sonst nicht unerhebliche Rechenzeit verbraucht wird und auch das Nachvollziehen der vom Programm vorgeschlagenen Züge mit realem Spielmaterial doch sehr ermüdet.

12.5 Syntax und Semantik

In diesem Abschnitt soll zusätzlich zur bereits bekannten *Hauptprogramm*-`DEFINE-DATA`-*Vereinbarung* die in Unterprogrammen verwendete, erweiterte *Unterprogramm*-`DEFINE-DATA`-*Vereinbarung* definiert werden. Zunächst wird dazu analog zur bereits bekannten *Hilfsdaten-Vereinbarung* die *Parameter-Vereinbarung* definiert.

12.5.1 Parameter-Vereinbarung

Zunächst soll hier ein weiteres mögliches „Innenleben“ der `DEFINE-DATA`-Vereinbarung, das allerdings für Unterprogramme reserviert ist, in einer vorläufigen, stark vereinfachten Form definiert werden.

Eine Parameter-Vereinbarung ist eine Folge von jeweils normalerweise 3 Symbolen:

1. Terminalsymbol `PARAMETER`
2. Terminalsymbol `USING`
3. Nichtterminalsymbol *Bezeichner*

Siehe das Syntaxdiagramm in Bild 12.13. Man beachte wieder, dass eine solche Folge **nicht**

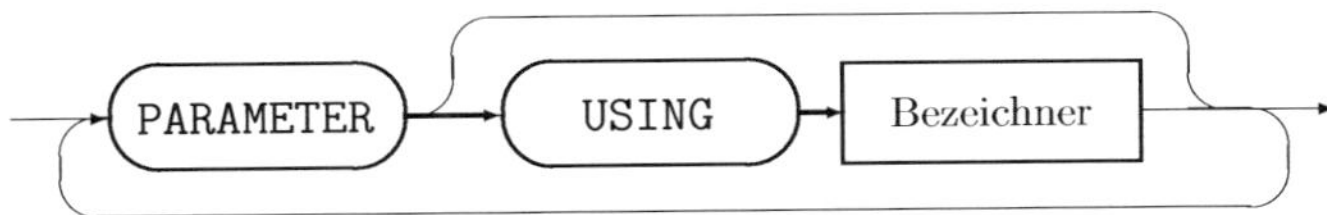

Bild 12.13 — Syntaxdiagramm für *Parameter-Vereinbarung* (vereinfacht)

leer sein darf, d. h. aus mindestens einer `PARAMETER`-Klausel bestehen muss. Allerdings muss hinter `PARAMETER` nichts stehen. Das ist zwar syntaktisch erlaubt, jedoch höchstens als Platzhalter für eine zukünftige oder ehemalige, „auskommentierte“ Vereinbarung sinnvoll, da dann ja aktuell an dieser Stelle nichts vereinbart wird.

Für **Beispiele** siehe Tabelle 12.1.

Tabelle 12.1 — Beispiele für *Parameter-Vereinbarung*

Nr	richtig	falsch	Erläuterung des falschen Beispiels
1	`PARAMETER`	`PARAMETERS`	Das reservierte Wort `PARAMETER` darf nicht in den Plural gesetzt werden.
2	`PARAMETER USING HUGO`	`PARAMETER` `USING`	Hinter dem reservierten Wort `USING` muss der Name einer PDA stehen.

3	`PARAMETER USING HUGO`
	`PARAMETER USING OTTO`
		`PARAMETER`
		`USING HUGO`
		`USING OTTO`
			Das reservierte Wort `PARAMETER` fehlt vor zweiter `USING`-Klausel.

12.5.2 Unterprogramm-DEFINE-DATA-Vereinbarung

Die Syntax der **Unterprogramm-DEFINE-DATA-Vereinbarung** ist eine Erweiterung der bereits bekannten **Hauptprogramm-DEFINE-DATA-Vereinbarung** um die gerade definierte *Parameter-Vereinbarung*. Diese Erweiterung ist nur in Unterprogrammen, z. B. Programmbausteinen vom Typ SUBPROGRAM, anwendbar. Siehe das Syntaxdiagramm in Bild 12.14.

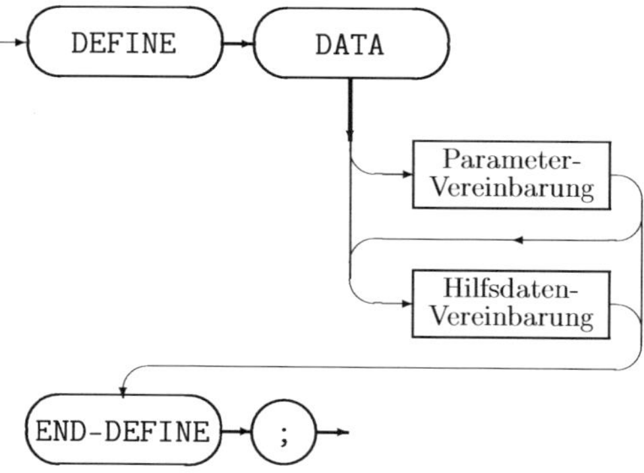

Bild 12.14 — Syntaxdiagramm für *Unterprogramm*-DEFINE-DATA-*Vereinbarung* (vereinfacht)

Man sieht deutlich, dass es in einer Unterprogramm-DEFINE-DATA-Vereinbarung keine *Parameter-Vereinbarung* geben muss. In allen Programmbausteinen, die keine Unterprogramme sind, ist diese auch grundsätzlich verboten. Bei einem Unterprogramm jedoch bedeutet die Abwesenheit einer solchen Klausel, dass seine Parameterliste leer ist, d. h. es hat keine formalen Parameter.

Umgekehrt kann es in einem Unterprogramm auch mehrere PARAMETER-Klauseln geben, d. h. man kann eine Liste formaler Parameter über **mehrere PDAs** verteilen.

Auf keinen Fall darf es – wie im Diagramm in Bild 12.14 deutlich zu sehen – nach einer LOCAL-Klausel noch eine PARAMETER-Klausel geben.

Für **Beispiele** siehe Tabelle 12.2.

Tabelle 12.2 — Beispiele für *Unterprogramm*-DEFINE-DATA-*Vereinbarung*

Nr	richtig	falsch	Erläuterung des falschen Beispiels
1	DEFINE DATA PARAMETER USING HUGO END-DEFINE ;	DEFINE DATA END-DEFINE ;	Leere DEFINE-DATA-Vereinbarung ist nicht erlaubt.

2	DEFINE DATA
	PARAMETER
	  USING HUGO
	LOCAL
	  USING OTTO
	END-DEFINE ;
		DEFINE DATA
		LOCAL
		  USING OTTO
		PARAMETER
		  USING HUGO
		END-DEFINE ;
			Einer LOCAL-Klausel darf keine PARAMETER-Klausel folgen.

12.6 Übungen

12.6.1 Anzahl Züge für Türme von Hanoi

Wieviele Züge sind für die Bewegung eines Turms von Hanoi der Höhe n erforderlich? Zusatzaufgabe für Hobbymathematiker: Bitte beweisen Sie Ihre Lösung.

12.6.2 Fakultätsfunktion

Des Öfteren stellt sich die Frage, auf wie viele Weisen man die Elemente einer Menge aufzählen kann. Ein Beispiel dafür findet sich in der bekannten Fernsehsendung WER WIRD **MILLIONÄR?**, in der die Kandidaten zunächst 4 Antworten A, B, C, D in die richtige Reihenfolge bringen müssen. Wie viele mögliche Reihenfolgen gibt es nun, d. h. wie viele Folgen gibt es, die jedes Element der Menge jeweils genau einmal enthalten? In der Mathematik heißt jede derartige Folge eine ***Permutation*** der Menge.

Es gibt nun eine mathematische Funktion, welche die Anzahl Permutationen einer Menge ausdrückt, die ***Fakultätsfunktion***. Sie wird gewöhnlich folgenderweise rekursiv definiert:

$$\forall n \epsilon \mathbf{N}\colon n! = \begin{cases} 1 & \text{falls } n = 0 \\ n \cdot (n-1)! & \text{sonst} \end{cases}$$

Diese Definition in der typisch kurzen mathematischen Formelschreibweise bedeutet einfach das Folgende: Für alle n, die Elemente der Menge $\mathbf{N}$ der natürlichen Zahlen sind, soll gelten:
$n! = 1$, falls n gleich 0 ist.
$n! = n \cdot (n-1)!$ in allen sonstigen Fällen.

Es gilt beispielsweise $3! = 3 \cdot (3-1)! = 3 \cdot 2! = 3 \cdot 2 \cdot (2-1)! = 3 \cdot 2 \cdot 1! = 3 \cdot 2 \cdot 1 \cdot (1-1)! = 3 \cdot 2 \cdot 1 \cdot 0! = 3 \cdot 2 \cdot 1 \cdot 1 = 6$.

Entwickeln Sie bitte ein rekursiv arbeitendes Programmsystem, das zu den natürlichen Zahlen n von 0 bis 12 die ***Fakultät*** $n!$ (gesprochen *n-Fakultät*) errechnet. Verwenden Sie bitte die Datentypen `I1` und `I4` aus der Datentypklasse `I` (Abkürzung von `Integer`, englisch für *ganze Zahl*). Der Datentyp `I1` hat einen Wertebereich von $-2^{1 \cdot 8-1}$ bis $+2^{1 \cdot 8-1} - 1$, d. h. -128 bis $+127$, und eignet sich damit gut zur Darstellung der Funktionsargumente n. Der Datentyp `I4` hat einen Wertebereich von $-2^{4 \cdot 8-1}$ bis $+2^{4 \cdot 8-1} - 1$, d. h. ca. -10^9 bis $+10^9$, und eignet sich damit gut zur Darstellung der Funktionsergebnisse $n!$.

Das obige Problem ist übrigens das Lieblingsbeispiel der Informatikliteratur zum Thema *rekursive Prozeduren*. Allerdings stellt es trotz oder gerade wegen seiner Einfachheit nicht das didaktisch beste Problem dar, da es z. B. auch eine offensichtliche *iterative* Lösung unter Verwendung einer Wiederholung hat. Siehe auch [72]. Demnach ist es bewusst in diesen Abschnitt „verbannt“.

12.6.3 8-Damen-Problem

Entwickeln Sie bitte ein Programmsystem, welches das ***8-Damen-Problem*** löst: Auf einem Schachbrett sind 8 Schachfiguren des Typs *Dame* so anzuordnen, dass keine Dame irgendeine andere im nächsten Zug *schlagen könnte*, d. h. *bedroht*. Dabei bedroht eine Dame eine andere, wenn sie sich auf derselben Zeile, derselben Spalte oder derselben Diagonalen wie diese befindet. Alle Lösungen sollen nach dem Vorbild in Bild 12.15 ausgegeben werden.

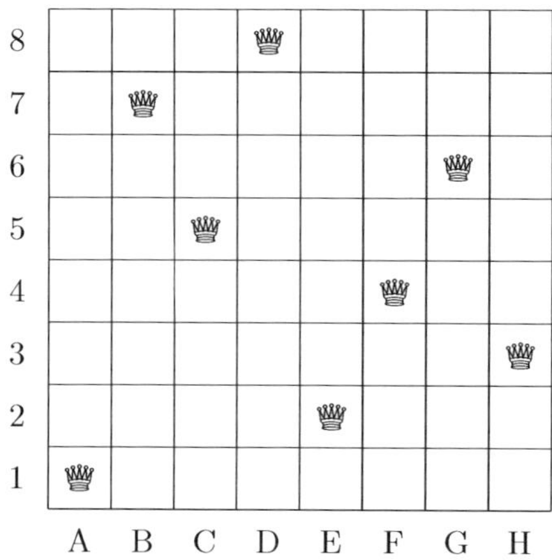

Bild 12.15 — Vorbild für 8-Damen-Problem

Damit die Programmierung nicht gar zu schwierig wird, darf konkret formatiert werden wie in Bild 12.16.

```
  - - - - - - - -
1 X
2         X
3               X
4           X
5     X
6             X
7   X
8       X
  - - - - - - - -
```

Bild 12.16 — Ausgabemuster für 8-Damen-Problem

Hinweis: Lösen Sie bitte gleich das verallgemeinerte n-Damen-Problem: Auf einem (n, n)-Brett sind n Damen so anzuordnen, dass keine Dame irgendeine andere bedroht. Die Zahl n ist einzulesen und soll im Intervall 1 bis 16 liegen.

12.6.4 Rucksackproblem

Es folgt ein vereinfachtes sogenanntes ***Rucksackproblem*** aus dem Bereich des *operations research*: Gegeben sei ein Rucksack mit einer bekannten maximalen Traglast. Der Träger des Rucksacks soll möglichst viel Wurst zu einem größeren Picknick anlässlich eines Betriebsausflugs transportieren. Zur Auswahl stehen beispielsweise 4 Würste. Ihre Massen seien ebenfalls bekannt. Das Durchschneiden der Würste sei verboten, damit sie sich länger frisch halten. Die vereinfachte Fragestellung lautet nun: Gibt es eine Auswahl von Würsten, die die maximale Traglast des Rucksacks genau ausnutzt? Um es nicht zu kompliziert zu machen, sollen demnach umfassendere Probleme, z. B. Ermittlung und Ausgabe der optimalen Lösungen, hier ausgeklammert werden. Man kann sich natürlich leicht vorstellen, dass es viele gleichartige Probleme gibt, z. B. Kapazitätsausnutzungen von Lagerhallen usw. Die abstrakte Fragestellung lautet: *Nutzt eine Auswahl von n Objekten mit gegebenen Maßen eine gegebene Gesamtkapazität optimal aus?*

Entwickeln Sie bitte ein (rekursiv arbeitendes) Programmsystem, das die gestellte Aufgabe löst.

13 Abstrakte Datenstrukturen

Bisher wurden in diesem Buch Daten (Variablen und Konstanten) der in NPL **vordefinierten** primitiven, d. h. grundlegenden, **Datentyp(klass)en** mitsamt ihren vordefinierten Operationen vereinbart und angewandt. Dies waren z. B. der Datentyp `L` mit den Operationen `NOT`, `AND`, `OR` usw. oder der Datentyp `P3,2` mit den Operationen `+`, `-`, `*`, `/` usw. Auch komplexe Datenstrukturen wie Reihungen und Gruppen kamen zum Einsatz.

Man kommt gut mit Daten wie den oben geschilderten aus, wenn die Struktur des eigentlich darzustellenden Objektes der Realität sehr genau durch in NPL verfügbare Datenstrukturen unterstützt wird. Beispielsweise repräsentieren ein- bzw. zweidimensionale Reihungen in NPL sehr gut mathematische Vektoren bzw. Matrizen oder Tabellen.

Oft jedoch benutzt man Verbunde und Reihungen mit ihren primitiven Operationen nur **ersatzweise**, um ein komplexes Objekt der Realität mit seinen komplexen Operationen darzustellen. Dabei gibt es meist mehrere Möglichkeiten für diese Darstellung, die mehr oder weniger effizient, jedoch fast immer von der Handhabung her aufwendig sind. Besonders viel Aufwand muss meist für sehr effiziente interne Darstellungen getrieben werden.

Der **Zugriff** auf die (internen) konkreten Datenstrukturen, d. h. auf die konkreten Reihungen, Verbunde usw., sollte deshalb praktischerweise *zentral*, z. B. durch geeignete Prozeduren, realisiert werden. Eine konkrete Datenstruktur zusammen mit einer Menge von Zugriffsprozeduren wird als ***abstrakte Datenstruktur*** bezeichnet.

Damit kommt zusätzlich zum bereits bekannten Prinzip der *prozeduralen Abstraktion* (*einzelne Prozeduren*) das der *Datenabstraktion* (*abstrakte Datenstruktur*) zur Anwendung. Wenn ausschließlich Zugriffsprozeduren die konkrete Datenstruktur manipulieren[1], ist deren Änderung leicht möglich, ohne dass die benutzende Anwendungssoftware geändert werden muss.

Die Vorteile dieser Entkopplung sind demnach:

Vereinfachung der Erstellung von Anwendungssoftware: Statt komplexe konkrete Datenstrukturen aufwendig handzuhaben, enthält Anwendungssoftware, die abstrakte Datenstrukturen benutzt, in der Regel relativ wenige Vereinbarungen und Rufanweisungen.

Wartungsfreundlichkeit: Falls der Programmierer einer abstrakten Datenstruktur später in ihr einen Fehler bemerkt oder sie einfach nur effizienter machen will, so kann er sie in vielen Fällen verbessern, ohne dass die benutzende Anwendungssoftware angepasst werden müsste.

Die oben skizzierte Technik wird in diesem Kapitel vorgestellt.

[1] Diese Vokabel ist hier absolut wertfrei zu verstehen.

13.1 Problem

Es sei die – zugegebenerweise fachlich nicht sehr anspruchsvolle – Aufgabe gestellt, ein Programm zur Unterstützung der wohl einfachsten Form der ***Offene-Posten-Buchhaltung*** zu erstellen: Auf einem Nagel werden alle unbezahlten, auf einem anderen Nagel hingegen alle bezahlten Rechnungen aufgespießt. Die zu entwickelnde Software möge nun den Stapel von unbezahlten Rechnungen verwalten.[2] Da eine sehr gute Zahlungsmoral angenommen werden soll, sei die Höhe des Stapels auf 10 unbezahlte Rechnungen begrenzt.

Um eine Lösung vorzubereiten, sollen erst einmal einige **theoretische Betrachtungen** angestellt werden: Für den angegebenen Zweck kann man gut eine abstrakte Datenstruktur gebrauchen, welche die Organisation vieler Kohlenkeller widerspiegelt. Dort hat man zu jedem Zeitpunkt nur direkten Zugriff zu den oben liegenden Kohlen. So kann man von oben eine Schicht Kohlen wegnehmen oder auf die oben liegenden Kohlen eine neue Schicht schütten. Dadurch kann es geschehen, dass ganz unten eingelagerte Kohlen eine lange Zeit nicht verbraucht werden. Dies schadet jedoch nicht, da Kohlen im Gegensatz zu vielen anderen Gütern glücklicherweise nicht verderben. Man kann ferner den ganzen Kohlenkeller leeren sowie untersuchen, ob der Kohlenkeller gerade leer ist. Aufgrund dieser Charakteristik nennt man derart funktionierende abstrakte Datenstrukturen *Kellerspeicher* (englisch: *pushdown storage* oder *stack*) oder auch *LIFO-Speicher* (Abkürzung von ***L**ast **I**n – **F**irst **O**ut*, englisch für *zuletzt herein – zuerst hinaus*). Diese in [58] im Zusammenhang mit der Übersetzung arithmetischer Ausdrücke propagierte Datenstruktur wird in der IT für viele Zwecke benutzt und ist wohl wegen ihrer verhältnismäßigen Einfachheit gleichzeitig das Lieblingsbeispiel der Informatikliteratur über das Thema *Datenabstraktion*.

Allgemein benötigt man sehr wenige **Operationen**, um einen Kellerspeicher sinnvoll zu benutzen, z. B. die folgenden:

leeren (englisch: clear) leert einen Kellerspeicher, d. h. initialisiert ihn.

ist leer (englisch: is empty) prüft, ob ein Kellerspeicher gerade leer ist.

kellern (englisch: push) legt ein Element oben auf einen Kellerspeicher, kellert es also ein.

oberes (englisch: top) liefert das augenblicklich oberste Element eines Kellerspeichers.

wegnehmen (englisch: pop) nimmt das augenblicklich oberste Element von einem Kellerspeicher weg.

Einen derartigen Katalog von Operationen – oft um weitere technische Daten ergänzt – nennt man ***informelles Inhaltsverzeichnis***. Es gibt auch *formale* Spezifikationsmethoden für abstrakte Datenstrukturen. Deren Behandlung würde jedoch den Rahmen des vorliegenden Werkes sprengen.

Objekte mit der **Charakteristik** von Kellerspeichern sind übrigens bereits in Kapitel 12 in Erscheinung getreten: Jedes Stäbchen der Türme von Hanoi zeigte dieses Verhalten. Auch wird beim Ablauf eines jeden NPL-Programms im Hintergrund automatisch ein *Rekursionskellerspeicher* zur Verwaltung der Abarbeitung von (rekursiven) Unterprogrammen geführt.

[2] Um hier nicht den Blick auf das Wesentliche zu verstellen, werden sich erst Übungsaufgaben mit substanzielleren Problemen befassen.

Ferner gibt es einen Natural-*Stack*. Dieser ist jedoch nicht gut für Probleme wie das geschilderte zu verwenden, sondern eher für skriptartige Steuerungen von Kommandos bzw. Programmen geeignet.

Im Folgenden sollen zunächst ein Hauptstruktogramm STAPELN RECHNUNGEN und eine abstrakte Datenstruktur *Kellerspeicher* entwickelt werden. Das Hauptstruktogramm soll ermöglichen, den Kellerspeicher interaktiv zu benutzen, d. h. seine oben aufgeführten Operationen im Dialog aufzurufen und damit tatsächlich einen Rechnungsstapel zu verwalten.

13.2 Entwurf

Das zu entwickelnde **Hauptstruktogramm**, welches STAPELN RECHNUNGEN heißen soll, gibt keine besonderen Probleme auf. Anders sieht es allerdings bei der abstrakten Datenstruktur *Kellerspeicher* aus. Leider gibt es nach [23] **keine spezielle Darstellung** für abstrakte Datenstrukturen. Eine solche würde z. B. die Einkapselung aller Operationen einer abstrakten Datenstruktur in ein Struktogramm gestatten.

Wegen der fehlenden speziellen Darstellung wird die abstrakte Datenstruktur *Kellerspeicher* im Folgenden **konventionell** auf der Ebene ihrer Operationen durch die Blöcke KELLER LEEREN, KELLER ISTLEER, KELLER KELLERN, KELLER OBERES und KELLER WEG realisiert. Diese werden vom Hauptstruktogramm aufgerufen. Der Sachverhalt soll hier wieder durch eine Struktogrammhierarchie dargestellt werden. Siehe Bild 13.1.

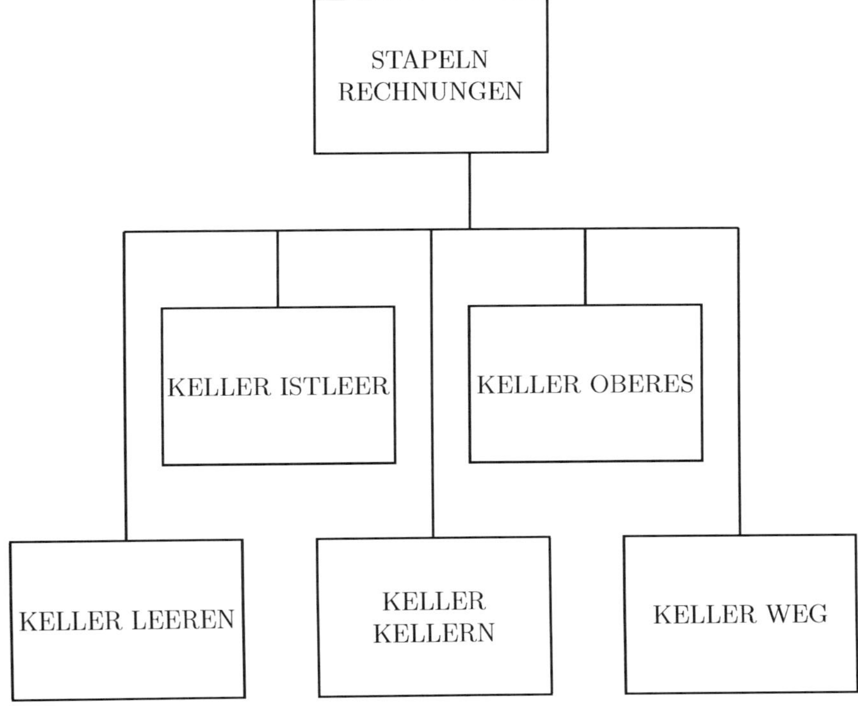

Bild 13.1 — Struktogrammhierarchie mit abstrakter Datenstruktur

13.2.1 Hauptstruktogramm

Zunächst einmal sollen die im Hauptstruktogramm benötigten **Hilfsdaten** festgestellt werden.

- Alle Blöcke bis auf KELLER LEEREN sollen aufgrund eines eingelesenen Funktionscodes aufgerufen werden. Dieser möge im Struktogramm mit „Funkt" bezeichnet werden. Dabei sollen die Funktionscodes „I" (Abkürzung von ***ist l**eer*) und „L" (Abkürzung von ***l**eer*) den Block KELLER ISTLEER anwählen. Die Funktionscodes „K" (Abkürzung von ***k**ellern*) und „P" (Abkürzung von ***p**ush*) mögen den Block KELLER KELLERN anwählen. Der Funktionscode „O" (Abkürzung von ***o**beres*) ruft KELLER OBERES und der Funktionscode „W" (Abkürzung von ***w**egnehmen*) entsprechend KELLER WEG auf.
- Für den Block KELLER ISTLEER wird ein aktueller Parameter, in dem das Ergebnis der Prüfung auf Leere zurückgegeben wird, benötigt. Dieser möge den Namen „Leer" haben.
- Für die Blöcke KELLER KELLERN und KELLER OBERES wird ein aktueller Parameter, in dem der Wert eines Kellerspeicherelementes übergeben werden kann, benötigt. Dieser möge den Namen „Wert" haben.

Die **konkrete Datenstruktur** für den Kellerspeicher hingegen soll für das Hauptstruktogramm unsichtbar sein und wird deshalb nicht *explizit* den Blöcken als aktueller Parameter übergeben. Für die Hilfsdaten ergibt sich damit beispielsweise eine Datenhierarchie „Hilf" wie in Bild 13.2.

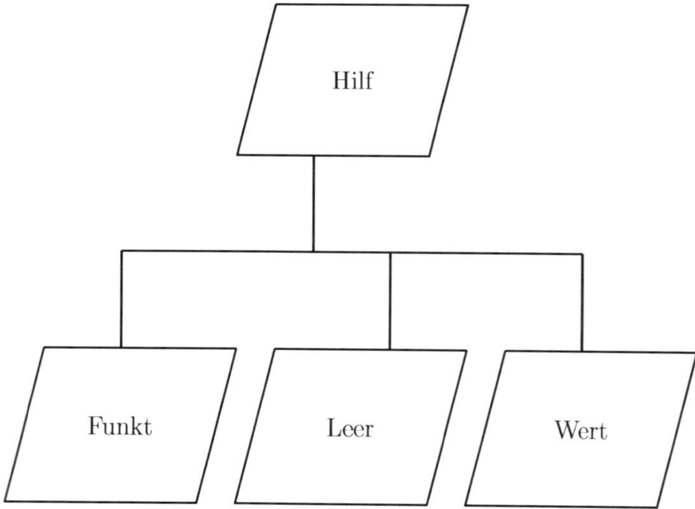

Bild 13.2 — Datenhierarchie: Hilf (für Hauptstruktogramm STAPELN RECHNUNGEN)

Das **Hauptstruktogramm STAPELN RECHNUNGEN** kann dann aussehen wie das in Bild 13.3.

Es ist Folgendes zu **beachten**:

① Anfangs leert der Block KELLER LEEREN den Kellerspeicher, d. h. initialisiert ihn.

② Dann wird vom Bildschirmgerät ein Funktionscode „Hilf.Funkt“ eingelesen.

③ Solange der Benutzer keinen Punkt (.) eingegeben hat, wird in einer Wiederholung mit vorausgehender Bedingungsprüfung der in Hilf.Funkt eingegebene Funktionscode abgearbeitet.

④ Neu ist die sogenannte ***mehrfache*** *Alternative*. Sie ist eine Verallgemeinerung der *einfachen Alternative* und hat dieselbe Bedeutung wie ineinander geschachtelte einfache Alternativen.

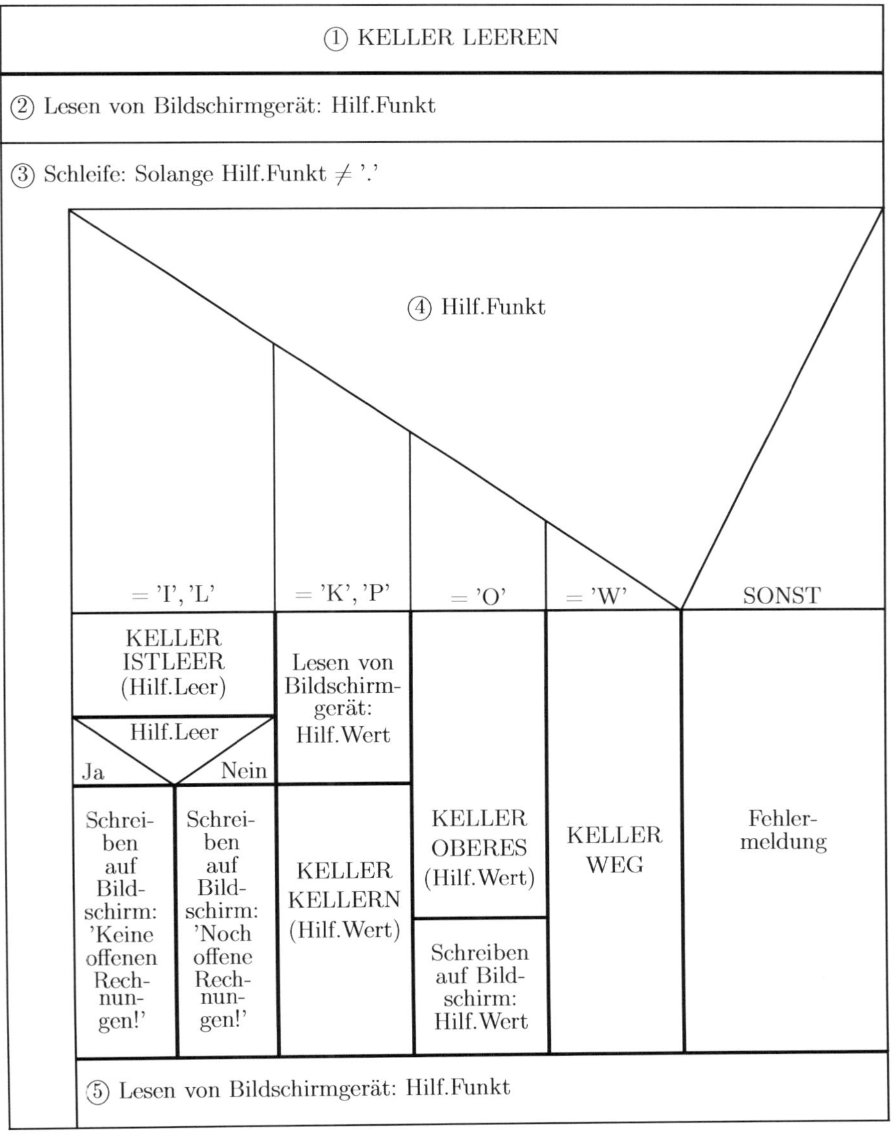

Bild 13.3 — Struktogramm mit mehrfacher Alternative

Exkurs

Wieder soll die **Semantik** des neu eingeführten Programmkonstruktes, nämlich der mehrfachen Alternative, formal definiert werden.

Das Struktogramm einer jeden mehrfachen Alternative hat gemäß [23] eine allgemeine Gestalt wie in Bild 13.4, wobei wieder G einen gemeinsamen Bedingungsteil, die B_i Bedingungen und die V_i Verarbeitungen bezeichnen sollen.

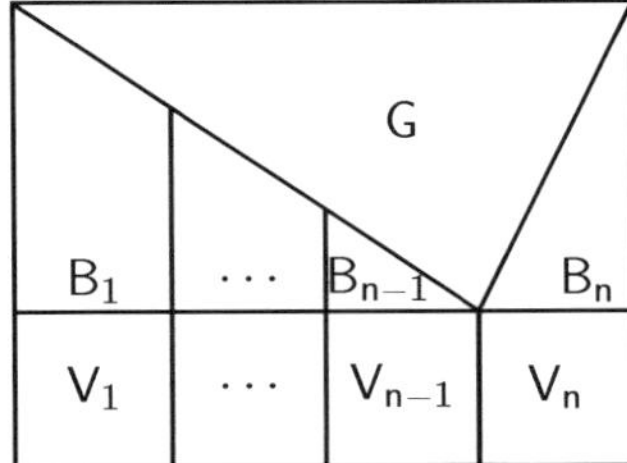

Bild 13.4 — Sinnbild für *mehrfache Alternative*

Nun soll etwas vereinfachend definiert werden, dass die **Bedeutung** dieses Struktogramms gleichwertig mit der des Struktogramms in Bild 13.5 ist.

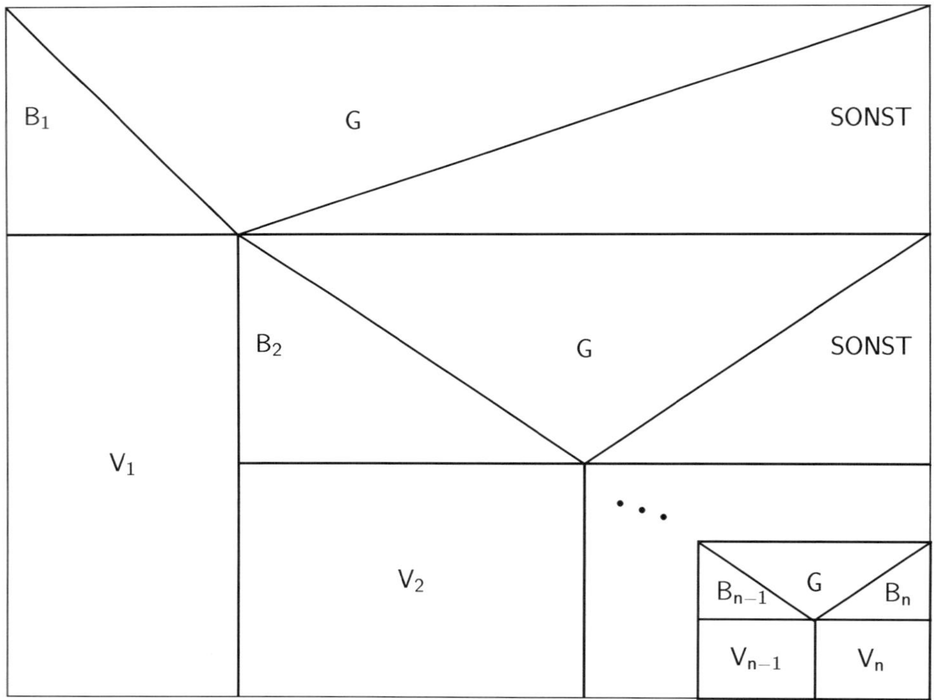

Bild 13.5 — Semantik für *mehrfache Alternative*

Man könnte demnach das Hauptstruktogramm STAPELN RECHNUNGEN **auch so formulieren** wie in Bild 13.6. Deutlich ist zu erkennen, dass **diese Notation** nicht so übersichtlich wie die mit einer mehrfachen Alternative ist.

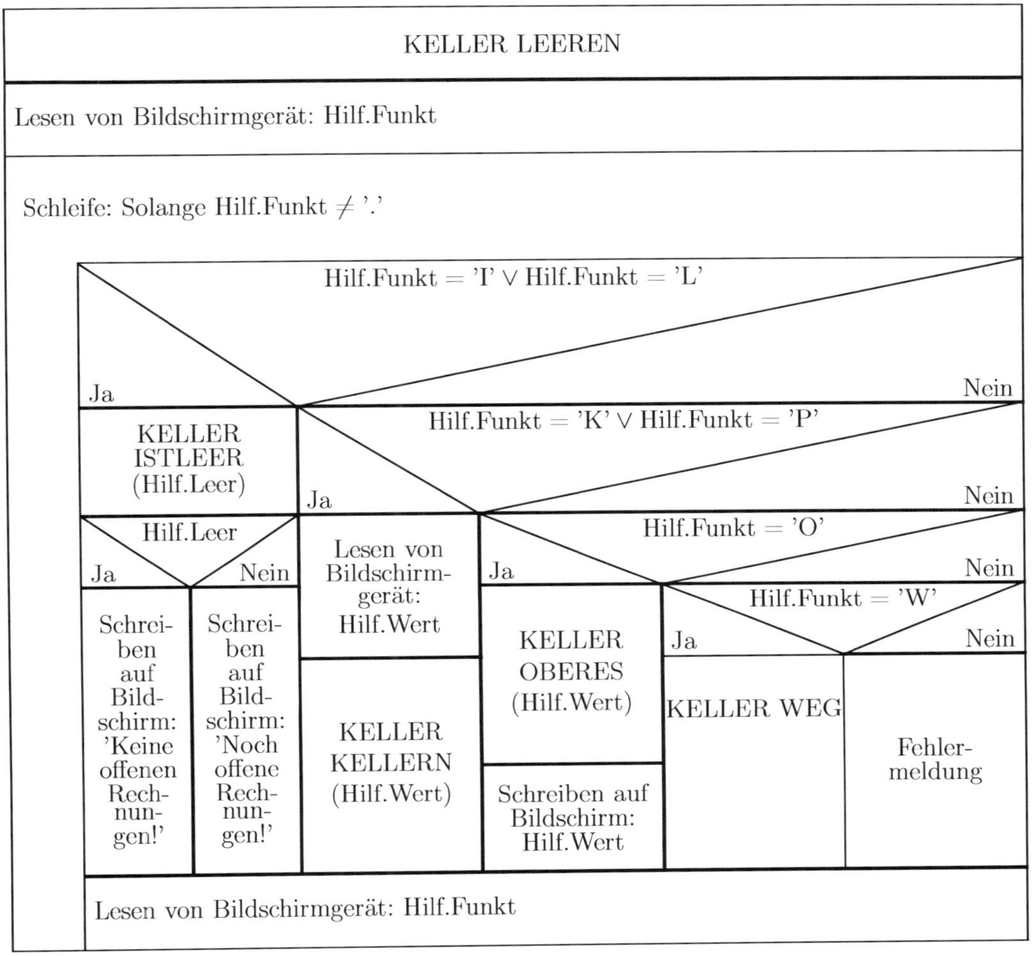

KELLER LEEREN

- Lesen von Bildschirmgerät: Hilf.Funkt
- Schleife: Solange Hilf.Funkt ≠ '.'
  - Hilf.Funkt = 'I' ∨ Hilf.Funkt = 'L'
    - Ja:
      - KELLER ISTLEER (Hilf.Leer)
      - Hilf.Leer
        - Ja: Schreiben auf Bildschirm: 'Keine offenen Rechnungen!'
        - Nein: Schreiben auf Bildschirm: 'Noch offene Rechnungen!'
    - Nein:
      - Hilf.Funkt = 'K' ∨ Hilf.Funkt = 'P'
        - Ja:
          - Lesen von Bildschirmgerät: Hilf.Wert
          - KELLER KELLERN (Hilf.Wert)
        - Nein:
          - Hilf.Funkt = 'O'
            - Ja:
              - KELLER OBERES (Hilf.Wert)
              - Schreiben auf Bildschirm: Hilf.Wert
            - Nein:
              - Hilf.Funkt = 'W'
                - Ja: KELLER WEG
                - Nein: Fehlermeldung
  - Lesen von Bildschirmgerät: Hilf.Funkt

Bild 13.6 — Ineinander geschachtelte einfache Alternativen

13.2.2 Gemeinsame Datenstruktur

Die **konkrete Datenstruktur** eines Kellerspeichers kann beispielsweise eine Datenhierarchie „KellDat“ aus einer Reihung „Inhalt“ und einer skalaren Variablen „Pegel“ sein, welche stets die Anzahl der Elemente im Kellerspeicher, also dessen Pegelstand, enthält. Dies ergibt eine grafische Darstellung wie in Bild 13.7.

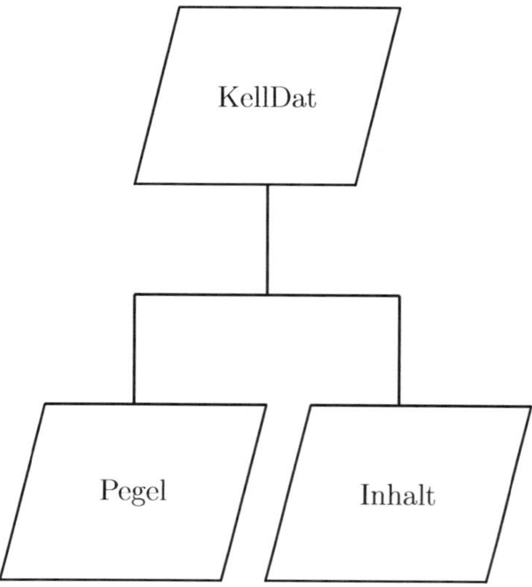

Bild 13.7 — Datenhierarchie: KellDat

Da die Variable „Pegel“ gewissermaßen auf das oberste Element des Kellerspeichers zeigt, indem sie seinen Reihungsindex enthält (siehe Beispiel in Bild 13.8), nennt man sie auch ***Zeiger*** (englisch: *pointer*), hier speziell *Kellerspeicherzeiger* (englisch: *stack pointer*).

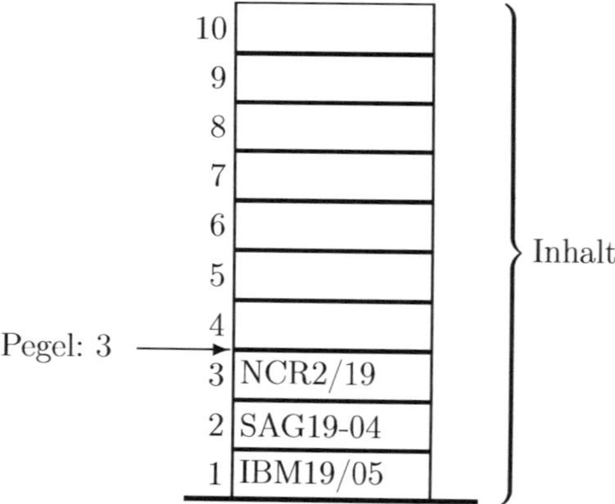

Bild 13.8 — Kellerspeicherzustand (Beispiel)

Entsprechend mögliche **Realisierungen** der Blöcke KELLER LEEREN, KELLER ISTLEER, KELLER KELLERN, KELLER OBERES und KELLER WEG werden im Folgenden vorgestellt. Dabei sei angenommen, dass die konkrete Datenstruktur „KellDat“ jeweils *implizit* als Parameter übergeben wird.

13.2.3 Block KELLER LEEREN

Der **Block KELLER LEEREN** zum Leeren eines Kellers kann aussehen wie der in Bild 13.9.

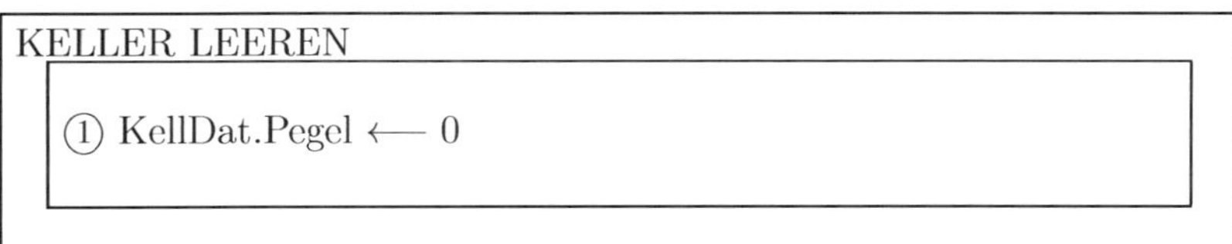

Bild 13.9 — Block: KELLER LEEREN

Es ist Folgendes zu **beachten**:

- Neben der implizit als Parameter übergebenen Datenstruktur „KellDat“ sind keine expliziten Parameter erforderlich.

① Ein Kellerspeicher wird einfach geleert, indem der Zeiger „KellDat.Pegel“ der darstellenden Datenhierarchie „KellDat“ auf 0 (zurück)gesetzt wird.

Wie im Folgenden zu sehen sein wird, greifen die anderen Blöcke nicht lesend auf Elemente der Reihung „Inhalt“ mit Indizes oberhalb des augenblicklichen Wertes des Kellerspeicherzeigers „KellDat.Pegel“ zu. Deshalb ist ein Löschen der Reihung „KellDat.Inhalt“ nicht erforderlich.

13.2.4 Block KELLER ISTLEER

Der Block KELLER ISTLEER zur Überprüfung eines Kellerspeichers auf Leere benötigt neben der implizit als **Parameter** übergebenen Datenhierarchie „KellDat“ einen expliziten Parameter, um kundzutun, ob der Kellerspeicher leer ist. Zur Verdeutlichung möge für diesen einen expliziten Parameter eine Datenhierarchie „Parm“ eingeführt werden, die nur die eine Komponente „IstLeer“ hat. Siehe Bild 13.10.

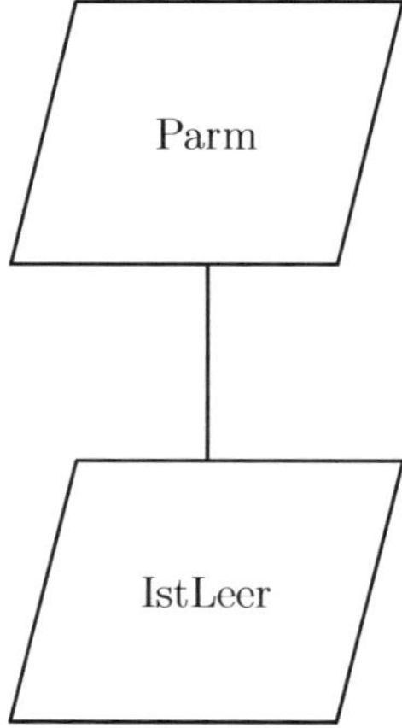

Bild 13.10 — Datenhierarchie: Parm (für Block KELLER ISTLEER)

Der **Block** kann dann aussehen wie der in Bild 13.11.

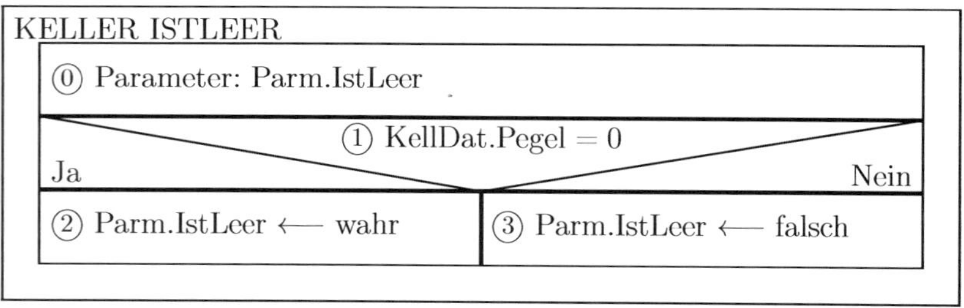

Bild 13.11 — Block: KELLER ISTLEER

Es ist Folgendes zu **beachten**:

⓪ Der Block hat den Parameter „Parm.IstLeer“.

① Genau dann, wenn der Kellerspeicherzeiger „KellDat.Pegel“ der Datenhierarchie „KellDat“ den Inhalt 0 hat,

② soll über diesen Parameter der Wahrheitswert „wahr“,

③ andernfalls der Wahrheitswert „falsch“ zurückgegeben werden.

13.2.5 Block KELLER KELLERN

Der Block KELLER KELLERN zum Einkellern eines Elementes benötigt einen **Parameter**, um zu erfahren, welches Element eingekellert werden soll. Dieser möge „Element“ heißen und wiederum Komponente der Datenhierarchie „Parm“ sein. Diese Datenhierarchie soll lokal zum Block gehören, sodass die Namensgleichheit mit den entsprechenden Datenhierarchien für die anderen Blöcke nicht stört. Siehe Bild 13.12.

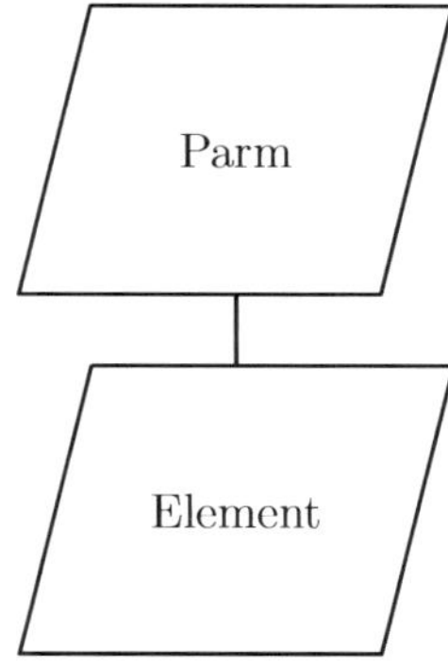

Bild 13.12 — Datenhierarchie: Parm (für Block KELLER KELLERN)

Der **Block** kann dann aussehen wie der in Bild 13.13.

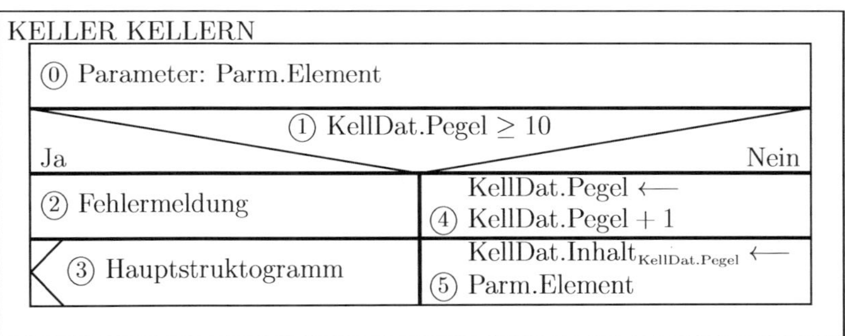

Bild 13.13 — Block: KELLER KELLERN

Es ist Folgendes zu **beachten**:

⓪ Auch dieser Block hat einen Parameter, nämlich „Parm.Element“.

① Wenn der Kellerspeicherzeiger „KellDat.Pegel“ einen Inhalt von 10 oder größer hat, so zeigt dies einen randvollen Kellerspeicher an .

② Es erfolgt dann eine entsprechende Fehlermeldung

③ mit anschließendem Abbruch des Hauptstruktogramms. Dieses neue Struktogrammkonstrukt wird unten näher erläutert.

④ Andernfalls wird der Kellerspeicherzeiger „KellDat.Pegel“ um 1 hochgezählt

⑤ und dem nun obersten Reihungselement $\text{KellDat.Inhalt}_{\text{KellDat.Pegel}}$ der Inhalt des Parameters „Parm.Element“ zugewiesen.

13.2.6 Block KELLER OBERES

Der Block KELLER OBERES zum Abliefern des obersten Elementes benötigt einen expliziten **Parameter**, um mitzuteilen, welches Element oben auf dem Kellerspeicher liegt. Dieser möge wieder „Element“ heißen und Komponente der Datenhierarchie „Parm“ sein. Wieder soll diese Datenhierarchie lokal zum aktuellen Block gehören. Siehe Bild 13.14.

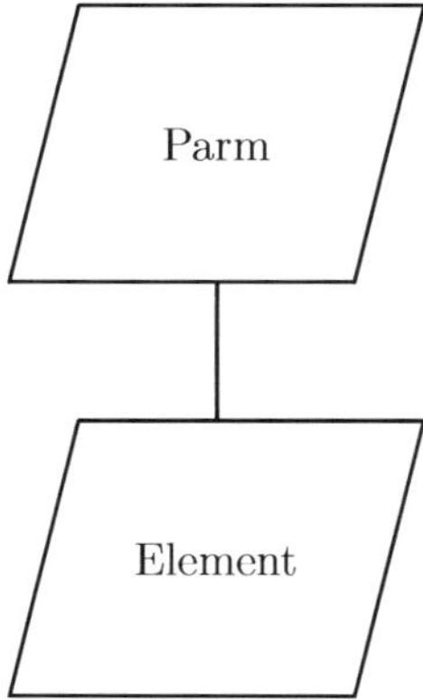

Bild 13.14 — Datenhierarchie: Parm (für Block KELLER OBERES)

Der **Block** kann dann aussehen wie der in Bild 13.15. Es ist Folgendes zu **beachten**:

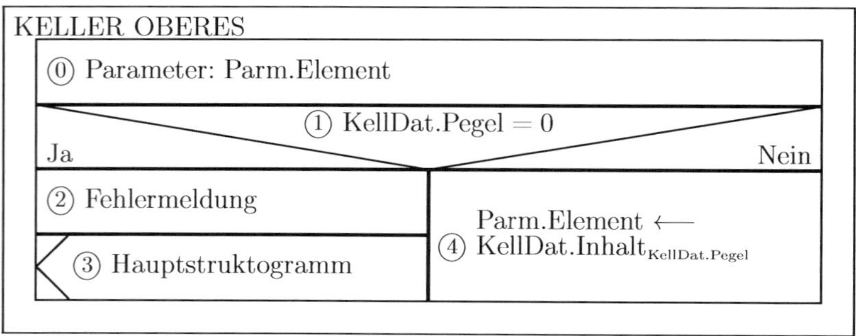

Bild 13.15 — Block: KELLER OBERES

⓪ Auch dieser Block hat einen Parameter „Parm.Element“.

① Wenn der Kellerspeicherzeiger „KellDat.Pegel“ den Inhalt 0 hat, so zeigt dies einen leeren Kellerspeicher an, und folglich kann kein oberes Element zurückgegeben werden.

② Es erfolgt dann eine entsprechende Fehlermeldung

③ mit anschließendem Abbruch des Hauptstruktogramms.

④ Andernfalls wird dem Parameter „Parm.Element“ das Reihungselement mit dem Index des augenblicklichen Kellerspeicherzeigerinhalts zugewiesen.

13.2.7 Block KELLER WEG

Der Block KELLER WEG zum Wegnehmen eines Elementes benötigt neben der implizit als Parameter übergebenen Datenhierarchie „KellDat“ keine expliziten **Parameter**. Er kann aussehen wie der in Bild 13.16. Es ist Folgendes zu **beachten**:

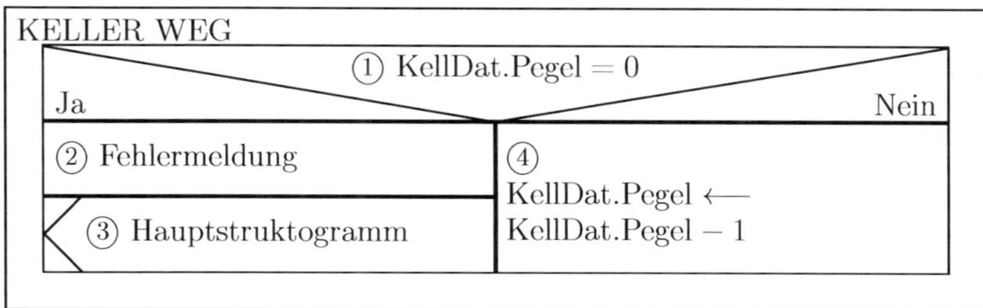

Bild 13.16 — Block: KELLER WEG

① Der Block prüft anfangs, ob der Kellerspeicher leer ist, d. h. der Kellerspeicherzeiger „KellDat.Pegel“ den Inhalt 0 hat.

② Wenn ja, erfolgt eine entsprechende Fehlermeldung

③ mit anschließendem Abbruch.

④ Ansonsten wird der Kellerspeicherzeiger „KellDat.Pegel“ um 1 heruntergezählt.

13.2.8 Abbruchanweisung

Wieder soll das neue Programmkonstrukt, die sogenannte ***Abbruchanweisung***, näher erläutert werden. Laut [23] hat das Sinnbild einer Abbruchanweisung ein allgemeines Aussehen wie in Bild 13.17.

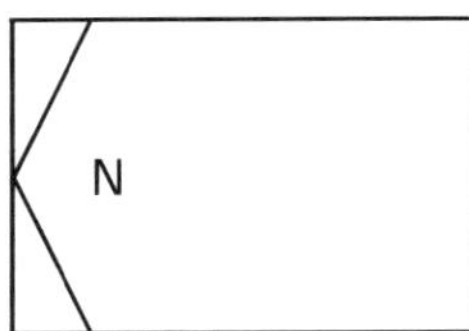

Bild 13.17 — Sinnbild für *Abbruchanweisung*

Das N symbolisiert dabei den Namen des zu verlassenden umfassenderen Konstruktes.

13.3 Implementation

Eine abstrakte Datenstruktur kann in Natural auf verschiedene Arten und Weisen implementiert werden. Unter weitgehender Benutzung der bereits bekannten Techniken kann dies folgenderweise aussehen: Die abstrakte Datenstruktur „Kellerspeicher“ wird durch ein „Gedächtnis“, eine gemeinsame konkrete Datenstruktur namens `KELL_D`, zusammen mit einer Menge von Unterprogrammen realisiert. Das Gedächtnis wird von einem Hauptprogramm `RECH` jedem der Unterprogramme als Parameter heruntergereicht.

Dies ergibt eine **Programmhierarchie** `RECH`, die der Struktogrammhierarchie STAPELN RECHNUNGEN entspricht. Siehe Bild 13.18.

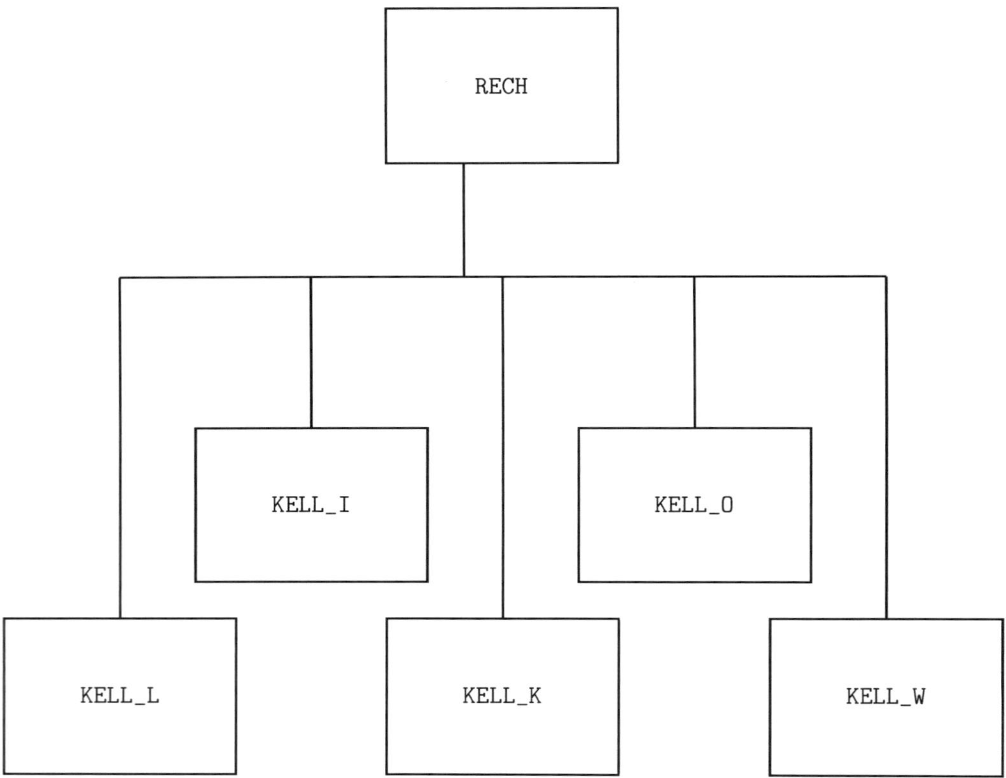

Bild 13.18 — Programmhierarchie mit abstrakter Datenstruktur

Im Gegensatz zu den Struktogrammen muss man sich in NPL für einen **festen Datentyp** der Kellerspeicherelemente entscheiden. Man kann demnach in NPL eine abstrakte Datenstruktur nicht ohne Weiteres für beliebige Datentypen verallgemeinern. Hier möge für die Rechnungs„nummern“ beispielsweise der Datentyp `A20` angewandt werden.

Die Reihung für den Inhalt des Kellerspeichers wird hier *maximal ausgelegt*. Laut Struktogrammen wird ein Pegel von 10 nicht überschritten. Dementsprechend soll die benötigte Reihung dimensioniert werden.

13.3.1 Gemeinsame Datenstruktur

Die Datenhierarchie „KellDat“ soll in eine **PDA** KELL_D, die eine Gruppe KELL_DAT mit den Komponenten PEG und INH enthält, umgesetzt werden.

Siehe Bild 13.19.

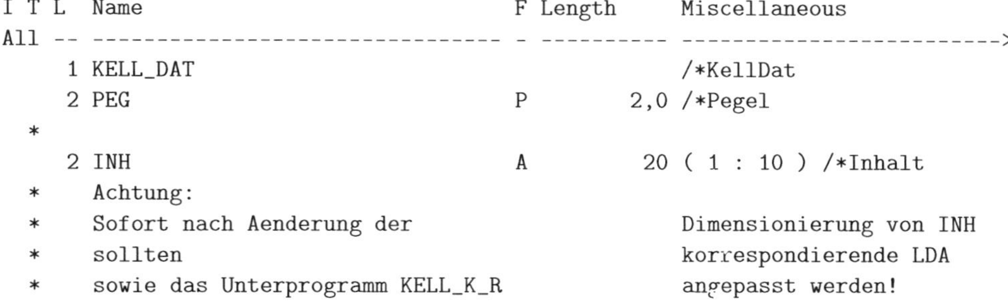

```
I T L  Name                             F Length     Miscellaneous
All -- -------------------------------- - ---------- ------------------------->
     1 KELL_DAT                                      /*KellDat
     2 PEG                              P        2,0 /*Pegel
  *
     2 INH                              A         20 ( 1 : 10 ) /*Inhalt
  *    Achtung:
  *    Sofort nach Aenderung der                     Dimensionierung von INH
  *    sollten                                       korrespondierende LDA
  *    sowie das Unterprogramm KELL_K_R              angepasst werden!
```

Bild 13.19 — Datenvereinbarung: PDA KELL_D

Es ist Folgendes zu **beachten**:

- Leider ist bei der Dimensionierung der Reihung INH die Benutzung einer **symbolischen Konstanten** anstelle des Numerals 10 nicht möglich.
- Zwar ist leicht einzusehen, dass im Gegensatz zu einer LDA eine (symbolische) Konstante in einer PDA, die als Parameterliste benutzt werden soll, keinen Sinn ergibt und sogar zu Widersprüchen führen würde.
- Nützlich wäre aber die Möglichkeit, innerhalb einer PDA (oder auch LDA) eine in einer *anderen LDA* vereinbarte symbolische Konstante zu benutzen.

13.3.2 Unterprogramm KELL_L

Der **Unterprogrammrumpf** KELL_L_R zur Umsetzung des Blocks KELLER LEEREN kann aussehen wie der in Bild 13.20.

```
0010 /*KELLER LEEREN
0020 DEFINE DATA
0030 PARAMETER
0040   USING KELL_D
0050 END-DEFINE
0060 ;
0070 RESET KELL_DAT.PEG ;
0080 END
```

Bild 13.20 — Unterprogrammrumpf: KELL_L_R

Es ist Folgendes zu **beachten**:

Der RESET-Befehl in Zeile 0070 weist KELL_DAT.PEG den Wert 0 zu.

13.3.3 Unterprogramm KELL_I

Die **PDA** KELL_I_P zur Umsetzung der Datenhierarchie „Parm" für den Block KELLER ISTLEER kann aussehen wie die in Bild 13.21.

```
I T L  Name                             F Length     Miscellaneous
All -- -------------------------------- - ---------- ------------------------->
     1 PRM                                           /*Parm
     2 IST_LEER                         L            /*ist leer
```

Bild 13.21 — Datenvereinbarung: PDA KELL_I_P

Der **Unterprogrammrumpf** KELL_I_R zur Umsetzung des Blocks KELLER ISTLEER kann aussehen wie der in Bild 13.22.

```
/*KELLER ISTLEER
DEFINE DATA
PARAMETER
  USING KELL_D
PARAMETER
  USING KELL_I_P
END-DEFINE
;
IF KELL_DAT.PEG <= 0
THEN
  PRM.IST_LEER := TRUE  ;
ELSE
  PRM.IST_LEER := FALSE ;
END-IF ;
END
```

Bild 13.22 — Unterprogrammrumpf: KELL_I_R

Es ist Folgendes zu **beachten**:

Sicherheitshalber werden bei der Prüfung des Kellerspeicherzeigers KELL_DAT.PEG auch negative Werte einbezogen, da sein Datentyp P2,0 nicht automatisch ausschließt, dass jemals ein negativer Inhalt angenommen wird. Man könnte bei einem negativen Inhalt des Kellerspeicherzeigers auch eine Fehlermeldung ausgeben, da in diesem Fall vorher schon ein Fehler aufgetreten sein muss, der eventuell unbemerkt geblieben ist.

13.3.4 Unterprogramm KELL_K

Die **PDA** KELL_K_P zur Umsetzung der Datenhierarchie „Parm" für den Block KELLER KELLERN kann aussehen wie die in Bild 13.23.

Der **Unterprogrammrumpf** KELL_K_R zur Umsetzung des Blocks KELLER KELLERN kann aussehen wie der in Bild 13.24.

Es ist Folgendes zu **beachten**:

```
I T L  Name                             F Length     Miscellaneous
All -- -------------------------------- - ---------- ------------------------>
     1 PRM                                           /*Parm
     2 ELEM                             A         20 /*Element
```

Bild 13.23 — Datenvereinbarung: PDA KELL_K_P

```
0010 /*KELLER KELLERN
0020 DEFINE DATA
0030 PARAMETER
0040   USING KELL_D
0050 PARAMETER
0060   USING KELL_K_P
0070 END-DEFINE
0080 ;
0090 /*Achtung: Vor Aenderung der Ueberpruefung von KELL_DAT.PEG
0100 /*sollten die PDA KELL_D sowie korrespondierende LDA
0110 /*angepasst werden!
0120 IF KELL_DAT.PEG >= 10
0130 THEN
0140   WRITE 'Fehler aus KELL_K: Keller ist schon voll' ;
0150   STOP ;
0160 ELSE
0170   KELL_DAT.PEG           := KELL_DAT.PEG + 1 ;
0180   KELL_DAT.INH ( / PEG ) := PRM.ELEM ;
0190 END-IF ;
0200 END
```

Bild 13.24 — Unterprogrammrumpf: KELL_K_R

Der **Kommentar** in den Zeilen 0090 bis 0110 weist noch einmal auf die gegenseitige Abhängigkeit der Programmbausteine hin. Ein mit einer Anpassung beauftragter *Wartungsprogrammierer* betrachtet nämlich im Gegensatz zum gewissenhaften Leser dieses Buches nicht zwangsläufig alle Programmbausteine in der hier gewählten Reihenfolge. Wenn er sich dann zufällig den Unterprogrammrumpf KELL_K_R zuerst ansieht, könnte er ohne warnenden Kommentar der irrigen Auffassung sein, mit der Anpassung des Unterprogrammrumpfes sei seine Arbeit erledigt.

Wie im Struktogramm wird hier aufgrund der maximalen Auslegung der Reihung INH eine **zusätzliche Prüfung** vor der eigentlichen Verarbeitung durchgeführt: In der Zeile 0120 wird untersucht, ob der Kellerspeicherzeiger PEG bereits den erlaubten Maximalwert (10) erreicht hat. Falls dies der Fall ist, wird durch den WRITE-Befehl in Zeile 0140 eine entsprechende Fehlermeldung ausgegeben und anschließend durch den STOP-Befehl in Zeile 0150 der weitere Lauf des gesamten Programmsystems, also auch des Hauptprogramms, abgebrochen. Letzterer Befehl entspricht der Abbruchanweisung aus den Struktogrammen.

Zwar könnte man in Zeile 0120 an Stelle des **Numerals** 10 eine symbolische Konstante benutzen. Da eine solche aber sowieso nicht bei der Vereinbarung der PDA KELL_D benutzt werden kann, darf man getrost resignieren und hier ganz auf symbolische Konstanten verzichten.

13.3.5 Unterprogramm KELL_O

Die **PDA** KELL_O_P zur Umsetzung der Datenhierarchie „Parm“ für den Block KELLER OBERES kann aussehen wie die in Bild 13.25.

```
I T L  Name                             F Length     Miscellaneous
All -- -------------------------------- - ---------- ------------------------->
     1 PRM                                           /*Parm
     2 ELEM                             A         20 /*Element
```

Bild 13.25 — Datenvereinbarung: PDA KELL_O_P

Der **Unterprogrammrumpf** KELL_O_R zur Umsetzung des Blocks KELLER OBERES kann aussehen wie der in Bild 13.26.

```
/*KELLER OBERES
DEFINE DATA
PARAMETER
  USING KELL_D
PARAMETER
  USING KELL_O_P
END-DEFINE
;
IF KELL_DAT.PEG <= 0
THEN
  WRITE 'Fehler aus KELL_O: Keller ist leer' ;
  STOP ;
ELSE
  PRM.ELEM := KELL_DAT.INH ( / PEG ) ;
END-IF ;
END
```

Bild 13.26 — Unterprogrammrumpf: KELL_O_R

13.3.6 Unterprogramm KELL_W

Der **Unterprogrammrumpf** KELL_W_R zur Umsetzung des Blocks KELLER WEG kann aussehen wie der in Bild 13.27.

```
0010 /*KELLER WEG
0020 DEFINE DATA
0030 PARAMETER
0040   USING KELL_D
0050 END-DEFINE
0060 ;
0070 IF KELL_DAT.PEG <= 0
0080 THEN
0090   WRITE 'Fehler aus KELL_W: Keller ist schon leer' ;
0100   STOP ;
0110 ELSE
0120   KELL_DAT.PEG := KELL_DAT.PEG - 1 ;
0130 END-IF ;
0140 END
```

Bild 13.27 — Unterprogrammrumpf: KELL_W_R

Sicherheitshalber wird auch wieder geprüft, ob der Kellerspeicherzeiger KELL_DAT.PEG negativ ist (Zeile 0070).

13.3.7 Hauptprogramm

Für die Umsetzung der Datenhierarchie „Hilf" für das Hauptstruktogramm STAPELN RECHNUNGEN wird eine **LDA** RECH_H vereinbart. Diese enthält eine entsprechende Gruppe HLF mit Hilfsdaten. Siehe Bild 13.28.

```
I T L  Name                             F Length     Miscellaneous
All -- -------------------------------- - ---------- ------------------------->
     1 HLF                                           /*Hilf
     2 FKT                              A          1 /*Funkt
     2 LEER                             L            /*Leer
     2 WERT                             A         20 /*Wert
```

Bild 13.28 — Datenvereinbarung: LDA RECH_H

Der **Hauptprogrammrumpf** `RECH_R` zur Umsetzung des Hauptstruktogramms STAPELN RECHNUNGEN kann aussehen wie der in Bild 13.29.

```
0010 /*STAPELN RECHNUNGEN
0020 DEFINE DATA
0030 LOCAL
0040   USING KELL_D
0050 LOCAL
0060   USING RECH_H
0070 END-DEFINE
0080 ;
0090 CALLNAT 'KELL_L_R' KELL_DAT ;
0100 /*
0110 INPUT 'Funktion:' HLF.FKT ;
0120 SCHLEIF.                                              /*Schleife:
0130 REPEAT WHILE HLF.FKT NE '.' ;
0140   DECIDE ON FIRST VALUES OF HLF.FKT
0150     VALUES 'I' , 'L' ;
0160       CALLNAT 'KELL_I_R' KELL_DAT HLF.LEER ;
0170       IF HLF.LEER
0180       THEN
0190         WRITE 'Es gibt keine offene Rechnung' ;
0200       ELSE
0210         WRITE 'Es gibt noch offene Rechnungen' ;
0220       END-IF ;
0230     VALUES 'K' , 'P' ;
0240       INPUT 'Obenauf zu legende Rechnung:' HLF.WERT ;
0250       CALLNAT 'KELL_K_R' KELL_DAT HLF.WERT ;
0260     VALUES 'O' ;
0270       CALLNAT 'KELL_O_R' KELL_DAT HLF.WERT ;
0280       WRITE 'Oberste Rechnung:' HLF.WERT ;
0290     VALUES 'W' ;
0300       CALLNAT 'KELL_W_R' KELL_DAT ;
0310     NONE VALUES ;
0320       WRITE 'Fehler: ungültiger Funktionscode' ;
0330   END-DECIDE ;
0340   INPUT 'Funktion:' HLF.FKT ;
0350 END-REPEAT ;
0360 END
```

Bild 13.29 — Hauptprogrammrumpf: `RECH_R`

Es ist Folgendes zu **beachten**:

In den Zeilen `0030` und `0040` ist die Bekanntgabe einer **PDA (`KELL_D`) in der Rolle einer LDA** zu beobachten. Diese Möglichkeit erspart die zusätzliche Erzeugung einer LDA mit der Struktur der PDA. Ferner beachte man, wie die mehrfache Alternative aus dem Struktogramm in eine `DECIDE`-Anweisung (Zeilen `0140` bis `0330`) umgesetzt wird. Die Syntax und Semantik dieser Anweisung wird später in diesem Kapitel erklärt.

13.4 Test

1. **Am Anfang** soll der Nagel mit den offenen Rechnungen leer sein. Deshalb möge der Kellerspeicher zunächst auf Leere getestet werden (Funktionscode `I` oder `L`). Die **Antwort** des Programms sollte aussagen, dass es keine offenen Rechnungen gibt, d. h. dass der Kellerspeicher leer ist.

2. **Dann** möge die Rechnung IBM19/05 ins Haus flattern und auf dem Nagel für die unbezahlten Rechnungen aufgespießt werden. Entsprechend soll mit dem Funktionscode `K` bzw. `P` die Rechnungsnummer `IBM19/05` eingekellert werden.

3. Ein **neuer Test** auf Leere (wieder mit dem Funktionscode `I` oder `L`) sollte jetzt besagen, dass es offene Rechnungen gibt, d. h. dass der Kellerspeicher nicht leer ist.

4. Als **oberstes Element** (Funktionscode `O`) sollte die gerade eingekellerte Rechnungsnummer `IBM19/05` zurückgeliefert werden.

5. Nach **Wegnehmen** (Funktionscode `W`) des obersten Elementes (`IBM19/05`) wegen Überprüfung der Rechnung sollte nach Funktionscode `I` wieder die Leere des Kellerspeichers (keine offenen Rechnungen) angezeigt werden.

6. **Nach erneutem Kellern** (Funktionscode `K` oder `P`) der Rechnungsnummer `IBM19/05` und diesmal auch der Rechnungsnummer `SAG19-04` sollte die Funktion `O` die `SAG19-04` als oberstes Element anzeigen.

   Die Rechnungsnummern der Testfälle haben bewusst unterschiedliche Formate, da dies auch in der Realität so ist: Nur selten kann man seinen Lieferanten einen einheitlichen Aufbau von Rechnungs- und anderen Nummern aufzwingen.

7. **Nach Wegnehmen** des zuletzt eingekellerten Elementes (Funktionscode `W`) sollte die Funktion `O` wieder die Rechnungsnummer `IBM19/05` als oberstes Element zurückgeben.

8. **Nach nochmaligem Wegnehmen** des obersten Elementes (Funktionscode `W`) und anschließendem Versuch, das oberste Element (Funktionscode `O`) anzeigen zu lassen, sollte das Programmsystem eine entsprechende Fehlermeldung ausgeben.

13.5 Syntax und Semantik

In diesem Abschnitt werden die neuen Sprachkonstrukte `DECIDE`-***Anweisung*** und `STOP`-***Befehl*** definiert.

13.5.1 DECIDE-Anweisung

Eine **DECIDE-Anweisung** dient zur Darstellung einer mehrfachen Alternative. Sie entspricht in der hier vorgestellten Form von der Semantik her weitgehend den CASE-Anweisungen anderer Programmiersprachen, allerdings ohne die oft anzutreffende Einschränkung, dass der Wertebereich der steuernden Variablen recht klein sein muss.

Eine DECIDE-Anweisung wird mit den reservierten Wörtern DECIDE ON FIRST VALUES OF eingeleitet. Darauf folgt der Name der steuernden Variablen. Im Rumpf der Anweisung gibt es eine Folge von Zuordnungen. Dabei wird jeweils – eingeleitet durch das reservierte Wort VALUES – einer Liste von Werten in Form von logischen, arithmetischen oder Textausdrücken eine Anweisungsfolge zugeordnet.

Schließlich wird durch die Klausel NONE VALUES eine Anweisungsfolge auch dem Fall zugeordnet, dass die steuernde Variable keinen der angegebenen Werte enthält.

Abgeschlossen wird die Anweisung durch die Symbole END-DECIDE ;.

Siehe Bild 13.30.

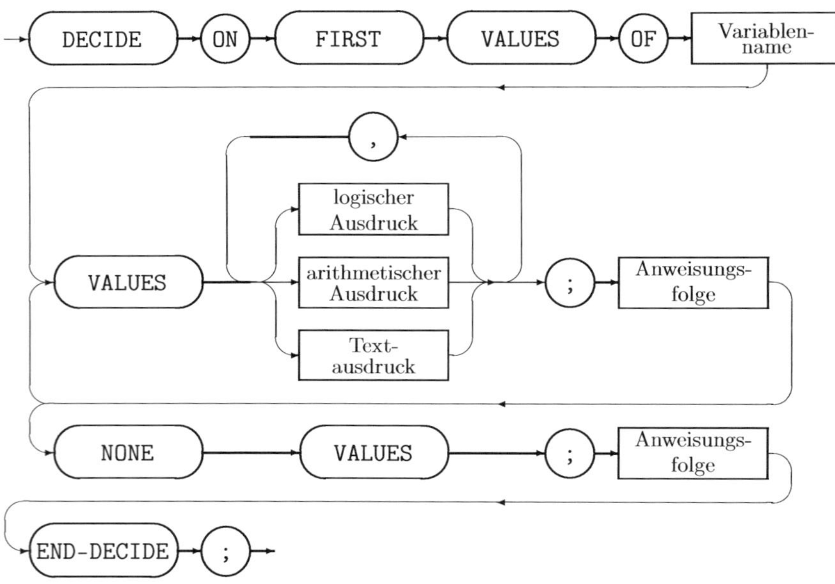

Bild 13.30 — Syntaxdiagramm für DECIDE-*Anweisung* (vereinfacht)

T Es gilt leider noch die **Zusatzregel**, dass die Ausdrücke hinter dem reservierten Wort VALUES jeweils auf Variablen und Konstanten beschränkt sind.

Für **Beispiele** siehe Tabelle 13.1.

Das **erste Beispiel** ist übrigens nicht als ernsthaftes Vorbild empfohlen, denn zur Auswertung einer logischen Variablen SCHALT hätte auch eine einfache IF-Anweisung genügt.

Entsprechendes gilt für das zweite Beispiel, da auch dort nur zwei Fälle zu unterscheiden sind. Die Vorteile der DECIDE-Anweisungen liegen ja gerade in der Vereinfachung (Verbesserung der Übersichtlichkeit) bei mehreren zu unterscheidenden Fällen.

Tabelle 13.1 — Beispiele für DECIDE-*Anweisung*

Nr	richtig	falsch	Erläuterung des falschen Beispiels

1	`DECIDE ON`
	`FIRST VALUES OF SCHALT`
	`VALUES FALSE ;`
	`WRITE 'aus' ;`
	`NONE VALUES ;`
	`WRITE 'an' ;`
	`END-DECIDE ;`
		`DECIDE ON`
		`FIRST VALUES OF SCHALT`
		`/*`
		`/*`
		`/*`
		`/*`
		`END-DECIDE ;`
			Rumpf darf nicht leer sein.

2	`DECIDE ON`
	`FIRST VALUES OF TAG`
	`VALUES MONTAG ;`
	`WRITE 'Montagsauto' ;`
	`NONE VALUES ;`
	`IGNORE ;`
	`END-DECIDE ;`
		`DECIDE ON`
		`FIRST VALUES OF TAG`
		`VALUES MONTAG ;`
		`WRITE 'Montagsauto' ;`
		`/*`
		`/*`
		`END-DECIDE ;`
			Klausel darf nicht fehlen.

3	`DECIDE ON`
	`FIRST VALUES OF STUNDE`
	`VALUES 7 ;`
	`WRITE 'Frühstück' ;`
	`VALUES 13 ;`
	`WRITE 'Mittagessen' ;`
	`VALUES 19 ;`
	`WRITE 'Abendessen' ;`
	`NONE VALUES ;`
	`WRITE 'fasten' ;`
	`END-DECIDE ;`
		`DECIDE ON`
		`FIRST VALUES OF STUNDE`
		`VALUES 7 ;`
		`WRITE 'Frühstück' ;`
		`VALUES 7 + 6 ;`
		`WRITE 'Mittagessen' ;`
		`VALUES 7 + 6 + 6 ;`
		`WRITE 'Abendessen' ;`
		`NONE VALUES ;`
		`WRITE 'fasten' ;`
		`END-DECIDE ;`
			Nur Konstanten und Variablen!

4	`DECIDE ON`
	`FIRST VALUES OF MONAT`
	`VALUES 2 ;`
	`WRITE '28/29 Tage' ;`
	`VALUES 4 , 6 , 9 , 11 ;`
	`WRITE '30 Tage' ;`
	`NONE VALUES ;`
	`WRITE '31 Tage' ;`
	`END-DECIDE ;`
		`DECIDE`
		`FIRST VALUES OF MONAT`
		`VALUES 2 ;`
		`WRITE '28/29 Tage' ;`
		`VALUES 4 , 6 , 9 , 11 ;`
		`WRITE '30 Tage' ;`
		`NONE VALUES ;`
		`WRITE '31 Tage' ;`
		`END-DECIDE ;`
			`ON` fehlt.

5	`DECIDE ON`
	`FIRST VALUES OF MONAT`
	`VALUES 2 ;`
	`WRITE '28/29 Tage' ;`
	`VALUES 4 , 6 , 9 , 11 ;`
	`WRITE '30 Tage' ;`
	`NONE VALUES ;`
	`WRITE '31 Tage' ;`
	`END-DECIDE ;`
		`DECIDE ON`
		`FIRST VALUES OF MONAT`
		`VALUES 2 ;`
		`WRITE '28/29 Tage' ;`
		`VALUES 4,6,9,11 ;`
		`WRITE '30 Tage' ;`
		`NONE VALUES ;`
		`WRITE '31 Tage' ;`
		`END-DECIDE ;`
			Trennzeichen!

Exkurs

Auch hier soll die **Semantik** des neuen Sprachkonstruktes definiert werden.

Eine DECIDE-Anweisung möge eine allgemeine Gestalt haben wie die in Bild 13.31.

```
DECIDE ON FIRST VALUES OF v
  VALUES w11 , w12 , ... , w1m1 ;
    Anweisungen1
  VALUES w21 , w22 , ... , w2m2 ;
    Anweisungen2
  :
  VALUES wn1 , wn2 , ... , wnmn ;
    Anweisungenn
  NONE VALUES ;
    Anweisungenn+1
END-DECIDE ;
```

Bild 13.31 — Allgemeine Gestalt von DECIDE-*Anweisung*

Diese DECIDE-Anweisung hat nun **dieselbe Semantik** wie die IF-Anweisung in Bild 13.32.

```
IF v = w11 OR v = w12 OR ... OR v = w1m1
THEN
  Anweisungen1
ELSE
  IF v = w21 OR v = w22 OR ... OR v = w2m2
  THEN
    Anweisungen2
  ELSE
    .
      .
        .
        IF v = wn1 OR v = wn2 OR ... OR v = wnmn
        THEN
          Anweisungenn
        ELSE
          Anweisungenn+1
        END-IF ;
        .
      .
    .
  END-IF ;
END-IF ;
```

Bild 13.32 — Semantik für DECIDE-*Anweisung*

13.5.2 STOP-Befehl

Ein STOP-**Befehl** dient zum Abbruch des gerade ablaufenden Hauptprogramms. Er besteht einfach aus dem reservierten Wort STOP und einem Semikolon (;). Siehe Bild 13.33.

Bild 13.33 — Syntaxdiagramm für STOP-*Befehl*

Für **Beispiele** siehe Tabelle 13.2.

Tabelle 13.2 — Beispiele für STOP-*Befehl*

Nr	richtig	falsch	Erläuterung des falschen Beispiels
1	STOP ;	STOPP ;	Deutsche Schreibweise ist verboten.
2	STOP ;	STOP	Abschließendes Semikolon (;) fehlt.

13.6 Übungen

13.6.1 Silospeicher

Entwickeln Sie bitte ein Programmsystem zur Unterstützung einer sehr einfachen Form der **Auftragsverwaltung**: Es soll Buch geführt werden über noch nicht bearbeitete Aufträge. Die Aufträge sollen strikt in der Reihenfolge des Eingangs abgearbeitet werden. Da eine verhältnismäßig schnelle Abwicklung angenommen werden soll, sei die Länge der *Warteschlange* auf 10 unbearbeitete Aufträge begrenzt.

Für den angegebenen Zweck kann man gut eine abstrakte Datenstruktur gebrauchen, welche die Organisation vieler Getreidesilos widerspiegelt. Dort hat man zu jedem Zeitpunkt nur direkten Zugriff zum oben und zum unten liegenden Getreide. So kann man von unten eine Schicht Getreide wegnehmen oder auf das oben liegende Getreide eine neue Schicht schütten. Dadurch ist sichergestellt, dass das zuerst eingelagerte Getreide zuerst verbraucht wird. Dies ist auch notwendig, da Getreide im Gegensatz zu Kohlen leicht verdirbt. Man kann ferner den ganzen Getreidesilo leeren sowie untersuchen, ob der Getreidesilo gerade leer ist. Aufgrund dieser Charakteristik nennt man derart funktionierende abstrakte Datenstrukturen *Silospeicher* (englisch: *pushup storage* oder *queue*) oder auch *FIFO-Speicher* (Abkürzung von ***First In*** – ***First Out***, englisch für *zuerst herein – zuerst hinaus*). Bei einer Anwendung auf Warteschlangen gilt demnach das folgende Prinzip: Wer zuerst kommt, mahlt zuerst, d. h. wer zuerst ankommt, wird auch zuerst bedient. Beispiel: Warteschlange vor einer Kinokasse. Der Besucher, der zuerst ankommt, erhält (normalerweise) auch zuerst seine Eintrittskarte.

Auch diese Datenstruktur wird – ähnlich wie der Kellerspeicher – in der IT für viele Zwecke benutzt und ist ebenfalls wegen ihrer verhältnismäßigen Einfachheit gleichzeitig das zweite Lieblingsbeispiel der Informatikliteratur über das Thema *Datenabstraktion*.

13.6.2 Blockgrafik für die Türme von Hanoi

Stellen Sie bitte alle Spielzüge der Türme von Hanoi durch **Blockgrafiken** auf dem Bildschirm dar. Hinweise: Führen Sie bei der Ermittlung der Spielzüge genau Buch über alle 3 Türme, d. h. über die Scheiben auf allen 3 Stäbchen. Stellen Sie die 3 Türme dar, indem Sie 3 Kellerspeichergedächtnisse vereinbaren. Dazu können Sie mit dem Kommando `EDIT PARAMETER KELL_D` die PDA `KELL_D` des Kellerspeicherbeispiels in den Arbeitsbereich des Datenbereichseditors holen. Ändern Sie den Datentyp der Reihung `INH` auf `P1,0` (für die Scheibennummern) und geben Sie das Kommando `STOW KELLH`. Schalten Sie im Editor mit dem Kommando `SET TYPE L` den Typ des Datenbereichs auf LDA um. Ändern Sie nun den Namen der Gruppe `KELL_DAT` auf `KELL_DAT1` und geben das Kommando `STOW KELLH_D1`. Verfahren Sie entsprechend für die anderen beiden Kellerspeicher. Fügen Sie weiterhin der abstrakten Datenstruktur „Kellerspeicher“ eine Operation DRUCKEN hinzu, die einen Kellerspeicher als Stapel aus Scheiben mit passenden Durchmessern ausgibt.

13.6.3 UPN-Taschenrechner

Simulieren Sie bitte einen **Taschenrechner**, der nach dem Prinzip der UPN (Abkürzung von *U*mgekehrte *P*olnische *N*otation) arbeitet. Solche Rechner führen intern einen Kellerspeicher für die Rechenoperanden. Realisieren Sie bitte die folgenden Operationen:

Löschen: Löschen des Kellerspeichers.

Kellern: Einkellern eines Operanden.

Addieren: Addieren der beiden obersten Elemente des Kellerspeichers, Wegnehmen dieser Elemente und Einkellern des Ergebnisses.

Subtrahieren, Multiplizieren und Dividieren: Analog zu Addieren.

Nach jeder Operation sollte gegebenenfalls das oberste Element des Kellerspeichers angezeigt werden.

Teil V

Dialogführung und Datenbankzugriffe

Inhalt

14 Dialogführung über Bildschirmgerät

In den vorausgegangenen Kapiteln haben die Programme ihre **Masken** schlicht durch `INPUT`-Befehle erzeugt.

Dies war dort hinreichend komfortabel, da an die **Gestaltung** der Masken keine hohen Ansprüche gestellt wurden und sie deshalb verhältnismäßig einfach waren.

In der Praxis sollen jedoch oft **aufwendige Formulare** simuliert werden. Für diesen Zweck sind spezielle Editoren nützlich, die es dem Software-Entwickler gestatten, die geometrische Anordnung von Maskenfeldern mit Hilfe entsprechend angeordneter Kommandos *direkt* einzugeben, und die stets diese Anordnung geometrisch richtig anzeigen. Eine derartige Arbeitsweise wird auch *WYSIWYG* (Abkürzung von ***W**hat **y**ou **s**ee **i**s **w**hat **y**ou **g**et.*, englisch für *Was Du siehst, ist das, was Du bekommst.*) genannt.

Ein – wieder im weitesten Sinne syntaxorientierter – **WYSIWYG-Editor** für Masken wird in diesem Kapitel vorgestellt.

Der Zusammenhang mit den zahlreichen bereits bekannten Masken des Programmiersystems ist der folgende: Dessen Masken wurden höchstwahrscheinlich ebenfalls mit Hilfe des Maskeneditors entwickelt. Eventuell wurden inzwischen sogar die Masken des Maskeneditors mit ihm selbst entwickelt!

14.1 Problem

Es sei die Aufgabe gestellt, ein **Personalinformationssystem** für die deutsche Niederlassung eines multinationalen Unternehmens vorzubereiten. Dazu sollen zunächst (personenbezogene) Daten über Mitarbeiter – im Folgenden auch *Attribute* der Mitarbeiter genannt – lediglich vom Bildschirmgerät eingelesen und auf formale Richtigkeit geprüft werden. Die zu erhebenden Attribute seien: Personalnummer, Nachname, Vorname, Geburtsdatum, Geschlecht und Familienstand. Das soll natürlich nur für dieses sehr kleine, künstliche Beispiel gelten. In der Realität ist der Hunger auf Daten größer. Meist werden sehr viel mehr Attribute behandelt.

Für das kleine Beispielproblem sei angenommen, dass die Attribute bisher in einem **Formular** laut Bild 14.1 erfasst worden sind. Dieses Formular soll so gut wie möglich auf dem

Personaldaten Prüfung

Personalnummer
D6418

Nachname	Vorname	Geburtsdatum
See	*Kuno*	*17.11.45*

Geschlecht	Familienstand
männlich	*verheiratet*

Bild 14.1 — Vorbildformular für Personaldatenprüfung

Bildschirm nachempfunden werden.

Für die Prüfung auf **formale Richtigkeit** mögen in Zukunft die folgenden Regeln gelten:

- Jede Personal„nummer" soll mit einem großen „D" (Abkürzung von ***Deutsch***) als Nationalitätskennzeichen beginnen.
- Als Geschlechtsangaben seien lediglich 'F' (Abkürzung von ***f**emale*, englisch für *weiblich*) und 'M' (Abkürzung von ***m**ale*, englisch für *männlich*) zulässig.
- Als Familienstandsangaben seien lediglich 'M' (Abkürzung von ***m**arried*, englisch für *verheiratet*) und 'S' (Abkürzung von ***s**ingle*, englisch für *ledig*) zulässig.

14.2 Entwurf

Das Hauptstruktogramm zur Lösung des Problems möge PRÜFEN PERSON heißen. Dieses veranlasst das Einlesen und die Plausibilitätsprüfung der Daten. Dabei delegiert es das Einlesen an einen Block ANZEIGEN PERS-MASKE. Die Plausibilitätsprüfung wird einem Block PRÜFEN ALLE PERSONALDATEN übertragen.

Um eine einheitliche Behandlung sicherzustellen, werden die eigentlichen Prüfungen wiederum in Blöcke PRÜFEN PERSONALNUMMER, PRÜFEN GESCHLECHT und PRÜFEN FAMILIENSTAND ausgelagert.

Wie sinnvoll dies ist, lässt sich leicht einsehen: Das Rad – sprich: die notwendigerweise *einheitlichen* Prüfungen – sollten nicht in jedem betroffenen Struktogramm neu erfunden werden.

Die Aufrufbeziehung der Struktogramme untereinander wird hier wieder durch eine **Struktogrammhierarchie** dargestellt. Siehe Bild 14.2.

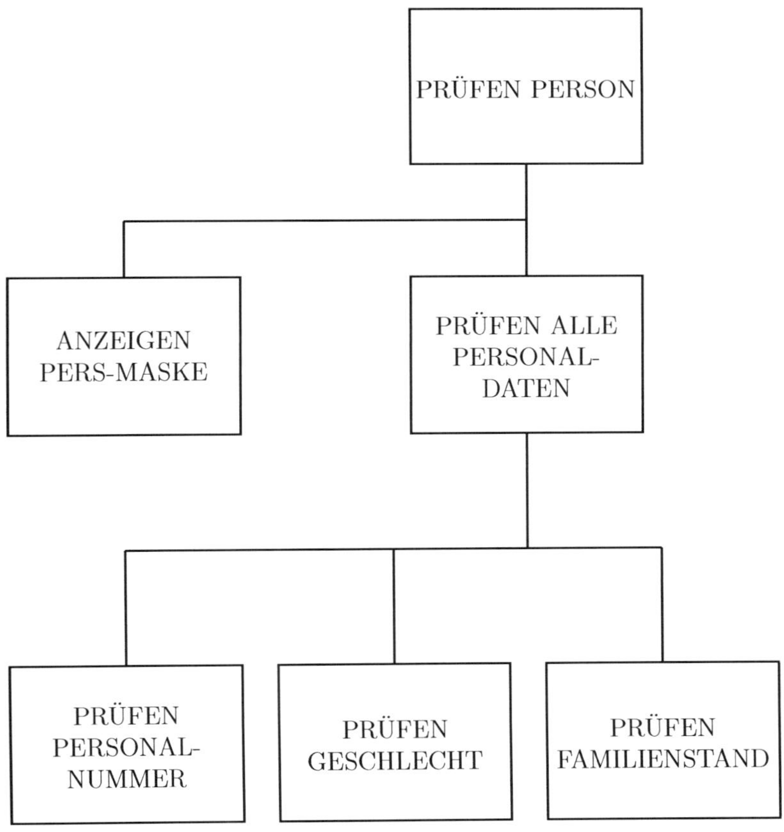

Bild 14.2 — Mehrstufige Struktogrammhierarchie

14.2.1 Hauptstruktogramm

Zunächst sollen wieder die im Hauptstruktogramm PRÜFEN PERSON benötigten **Daten** festgestellt werden. Diesmal wird auf jeden Fall eine Hilfsvariable zur Aufnahme des Ergebnisses der Plausibilitätsprüfung gebraucht. Zur Verdeutlichung möge auch für diese Hilfsvariable eine Datenhierarchie „Hilf" eingeführt werden, die nur die eine Komponente „IrgendeinFehler" hat. Siehe Bild 14.3.

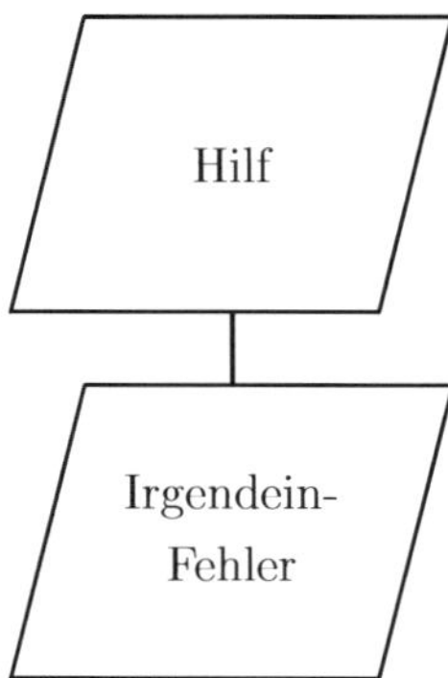

Bild 14.3 — Datenhierarchie: Hilf (für Hauptstruktogramm PRÜFEN PERSON)

Ferner sind selbstverständlich auch Variablen für die **Maskenfelder** erforderlich. Der besseren Übersicht halber wird für alle Maskenfelder eine separate Datenhierarchie „Maske" (zusätzlich zur Datenhierarchie „Hilf" für allgemeine Hilfsdaten) definiert. Um das gleiche Formularschema (die gleiche Maske) nicht nur für das *Prüfen*, sondern auch für zukünftige Funktionen, wie z. B. das *Einfügen* von Personaldaten in eine Datenbank, benutzen zu können, wird eine Variable „Maske.Funktion" eingeführt. Damit lässt sich im Folgenden die Titelzeile der Maske variabel gestalten. Siehe Bild 14.4.

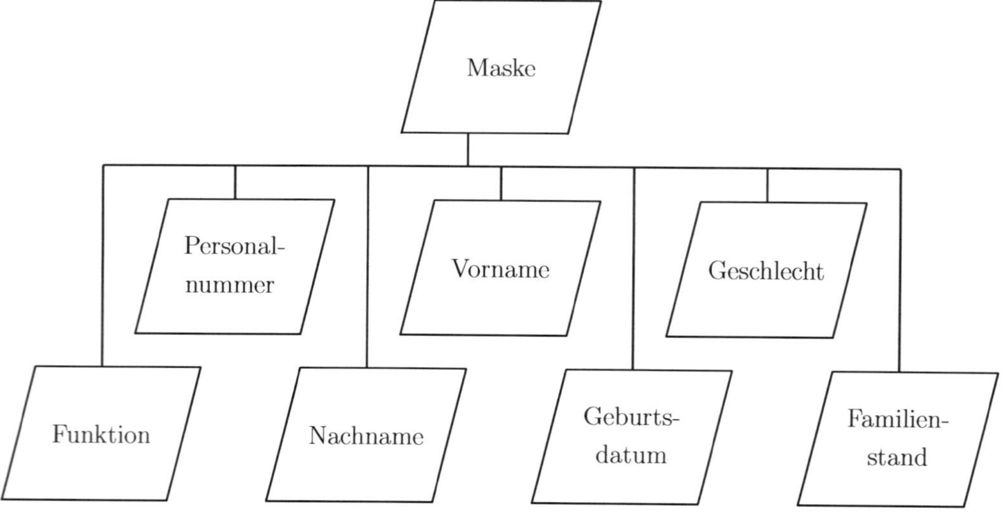

Bild 14.4 — Datenhierarchie: Maske

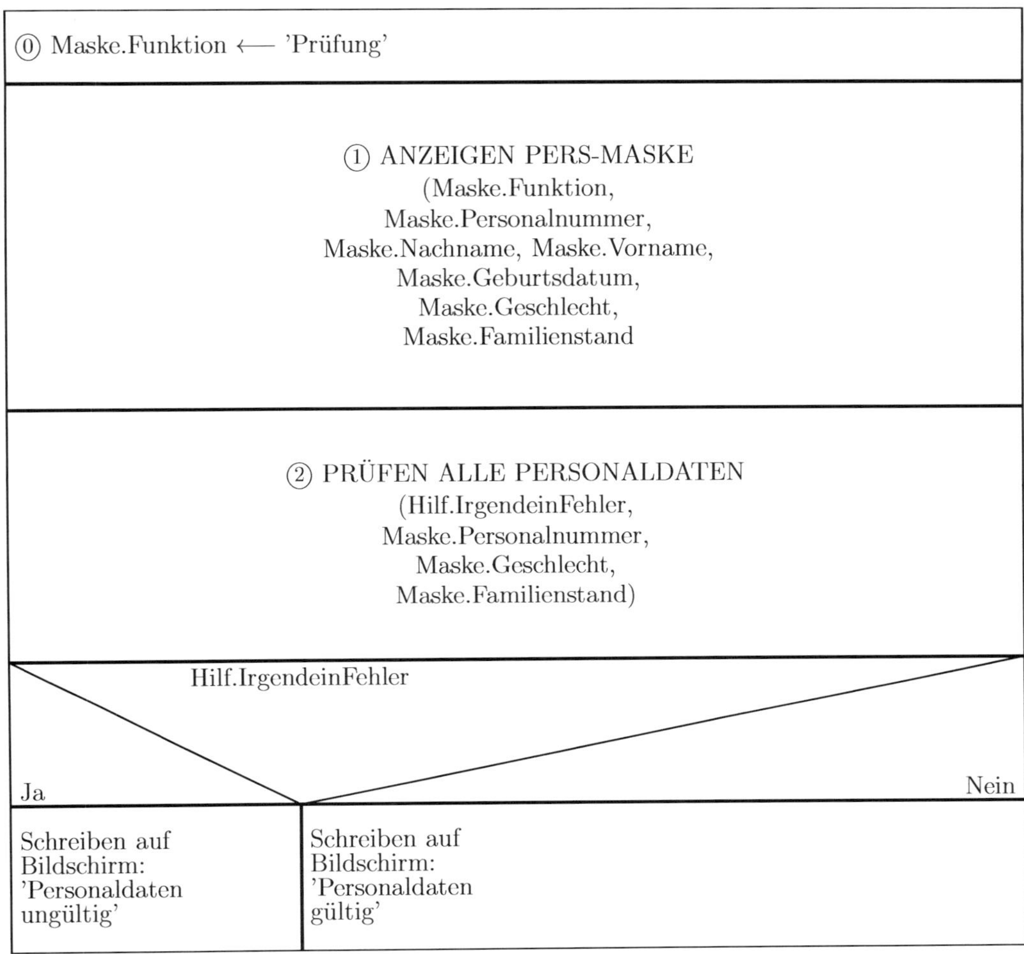

Bild 14.5 — Hauptstruktogramm: PRÜFEN PERSON

Das **Hauptstruktogramm** kann dann aussehen wie das in Bild 14.5.

Es ist Folgendes zu **beachten**:

⓪ Der Variablen „Maske.Funktion" wird der Text 'Prüfung' zugewiesen.

① Die erforderlichen Daten werden durch Aufruf des Blocks ANZEIGEN PERS-MASKE vom Bildschirmgerät eingelesen.

② Darauf folgt eine Prüfung aller der Attribute, die besonderen Regeln unterworfen sind.

Dies geschieht durch Aufruf des Blocks PRÜFEN ALLE PERSONALDATEN.

Laut Abschnitt 14.1 gibt es für die Attribute „Nachname", „Vorname" und „Geburtsdatum" keine besonderen Vorschriften.

Dementsprechend brauchen sie nicht dem Block übergeben zu werden.

14.2.2 Block ANZEIGEN PERS-MASKE

Der Block ANZEIGEN PERS-MASKE zur Anzeige einer Maske für Personaldaten benötigt einen Parameter für ein *auszugebendes* Datum („Funktion“) sowie sechs Parameter für die *einzulesenden* Daten. Diese mögen Komponenten der Datenhierarchie „Maske“ sein, welche nicht nur zufällig gleich der Datenhierarchie „Maske“ für das Hauptstruktogramm ist. Wieder soll diese Datenhierarchie lokal zum aktuellen Block gehören. Siehe Bild 14.6.

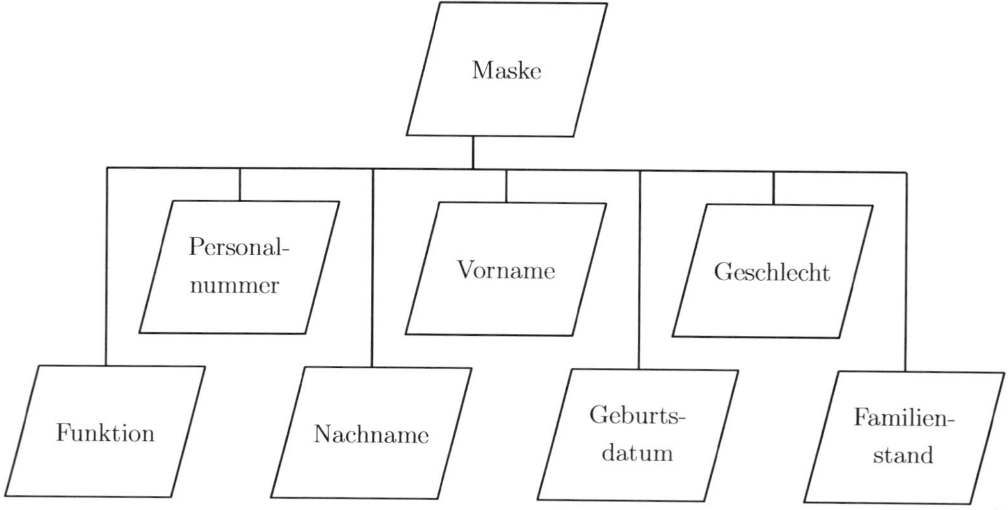

Bild 14.6 — Datenhierarchie: Maske (für Block ANZEIGEN PERS-MASKE)

Der **Block** kann dann aussehen wie der in Bild 14.7.

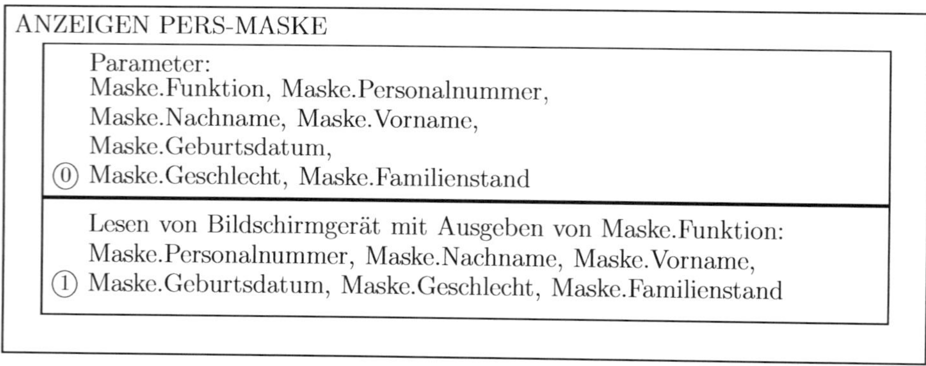

Bild 14.7 — Block: ANZEIGEN PERS-MASKE

Es ist Folgendes zu **beachten**:

- Wie alle Struktogramme konzentriert sich auch dieses auf die Verarbeitungslogik. Der Entwurf der benötigten Maske erfolgt demnach *nicht* an dieser Stelle.

① Die Komponente „Maske.Funktion“ soll lediglich *ausgegeben* werden, wohingegen in alle anderen Komponenten der Datenhierarchie „Maske“ Werte *einzulesen* sind.

14.2.3 Block PRÜFEN ALLE PERSONALDATEN

Der Block PRÜFEN ALLE PERSONALDATEN zur Plausibilitätsprüfung aller Personaldaten mit besonderen Formvorschriften benötigt einen **Parameter**, um mitteilen zu können, ob diese Daten formal korrekt sind, sowie 3 weitere Parameter für die zu überprüfenden Daten. Alle Parameter mögen Komponenten der Datenhierarchie „Parm“ sein. Wieder soll diese Datenhierarchie lokal zum aktuellen Block gehören. Siehe Bild 14.8.

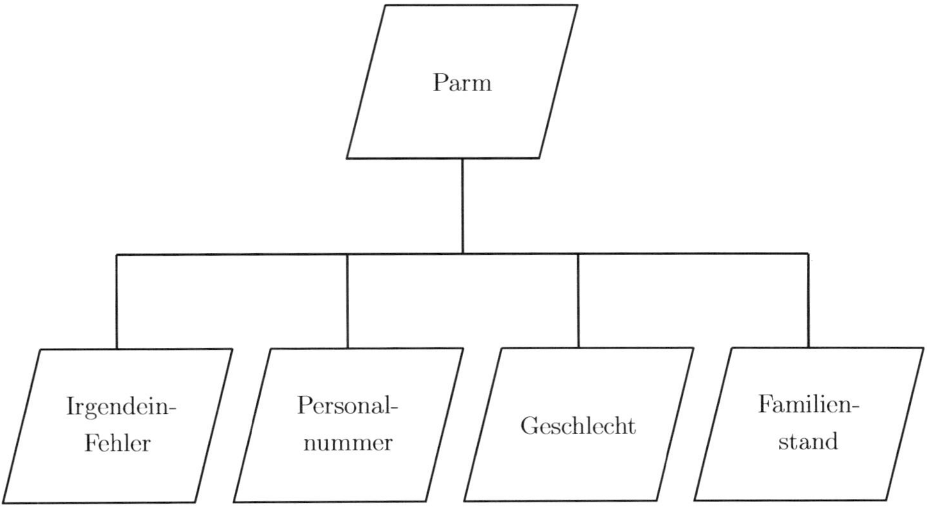

Bild 14.8 — Datenhierarchie: Parm (für Block PRÜFEN ALLE PERSONALDATEN)

Als aktueller Parameter für die Aufrufe der Blöcke, die für die einzelnen Plausibilitätsprüfungen zuständig sind, wird noch eine **Hilfsvariable** „Fehler“ zur Signalisierung eines einzelnen Fehlers benötigt. Auch hier soll für diese Hilfsvariable eine Datenhierarchie „Hilf“ definiert werden. Siehe Bild 14.9.

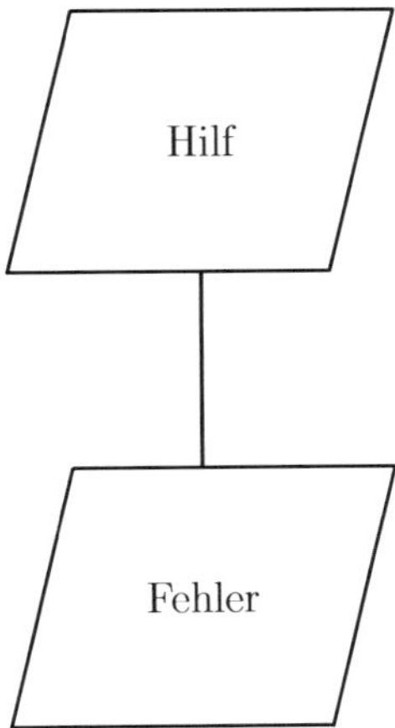

Bild 14.9 — Datenhierarchie: Hilf (für Block PRÜFEN ALLE PERSONALDATEN)

Der **Block** kann dann aussehen wie der in Bild 14.10.

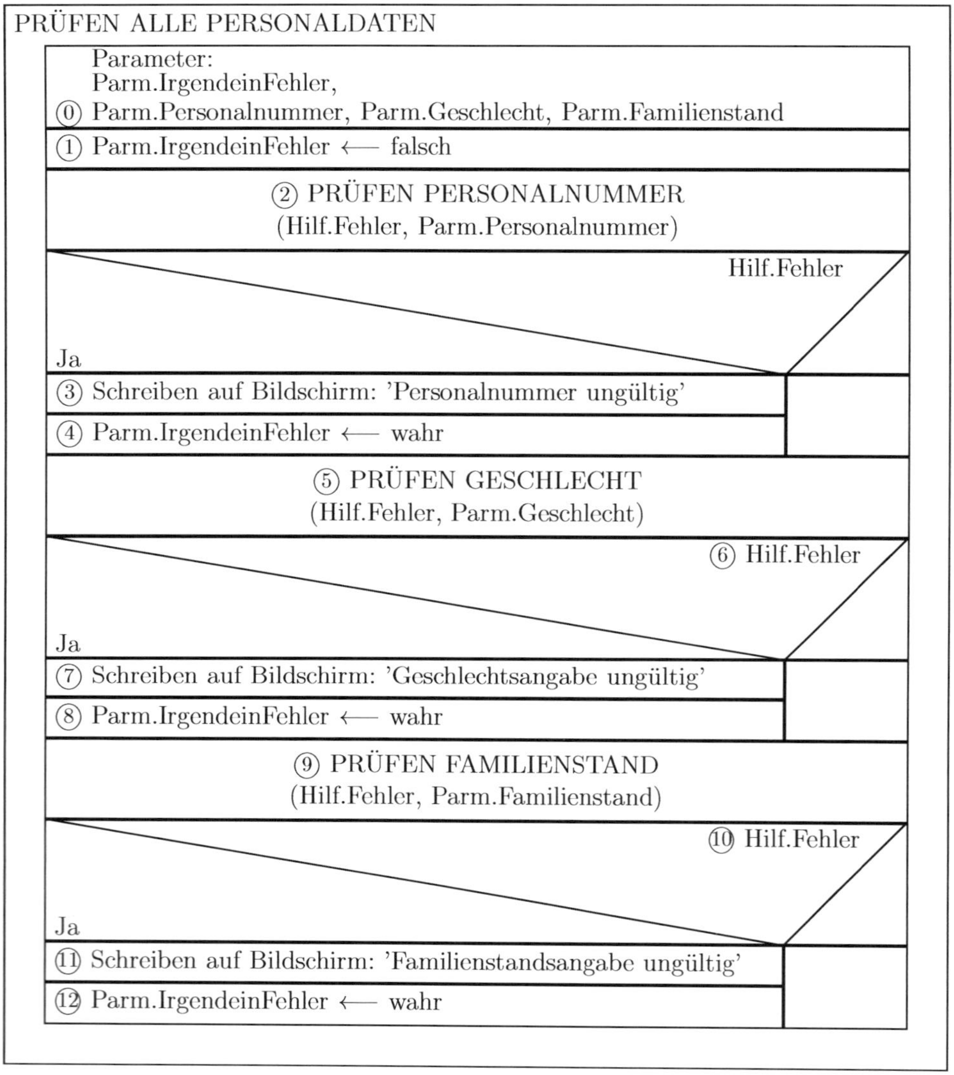

PRÜFEN ALLE PERSONALDATEN

⓪ Parameter:
Parm.IrgendeinFehler,
Parm.Personalnummer, Parm.Geschlecht, Parm.Familienstand

① Parm.IrgendeinFehler ⟵ falsch

② PRÜFEN PERSONALNUMMER
(Hilf.Fehler, Parm.Personalnummer)

Hilf.Fehler

Ja

③ Schreiben auf Bildschirm: 'Personalnummer ungültig'

④ Parm.IrgendeinFehler ⟵ wahr

⑤ PRÜFEN GESCHLECHT
(Hilf.Fehler, Parm.Geschlecht)

⑥ Hilf.Fehler

Ja

⑦ Schreiben auf Bildschirm: 'Geschlechtsangabe ungültig'

⑧ Parm.IrgendeinFehler ⟵ wahr

⑨ PRÜFEN FAMILIENSTAND
(Hilf.Fehler, Parm.Familienstand)

⑩ Hilf.Fehler

Ja

⑪ Schreiben auf Bildschirm: 'Familienstandsangabe ungültig'

⑫ Parm.IrgendeinFehler ⟵ wahr

Bild 14.10 — Block: PRÜFEN ALLE PERSONALDATEN

Es ist Folgendes zu **beachten**:

- Dieser Block veranlasst eine Reihe von *Plausibilitätsprüfungen*, die hier zum größten Teil eigentlich eher Prüfungen auf formale Korrektheit als auf Plausibilität sind.
- Die aufgerufenen Blöcke bekommen stets einen ersten aktuellen Parameter „Hilf.Fehler" hinuntergereicht, über den genau dann der Wahrheitswert „wahr" zurückgegeben wird, wenn der/die folgende(n) Parameter formal falschen Inhalt hat/haben. Mögliche Realisierungen der Blöcke PRÜFEN PERSONALNUMMER, PRÜFEN GESCHLECHT und PRÜFEN FAMILIENSTAND werden im Folgenden vorgestellt.

14.2.4 Block PRÜFEN PERSONALNUMMER

Der Block PRÜFEN PERSONALNUMMER zur Plausibilitätsprüfung einer Personalnummer benötigt einen **Parameter**, um mitteilen zu können, ob diese formal korrekt ist, sowie einen Parameter für die zu überprüfende Personalnummer. Diese zwei formalen Parameter mögen Komponenten der Datenhierarchie „Parm" sein. Wieder soll diese Datenhierarchie lokal zum aktuellen Block gehören. Siehe Bild 14.11.

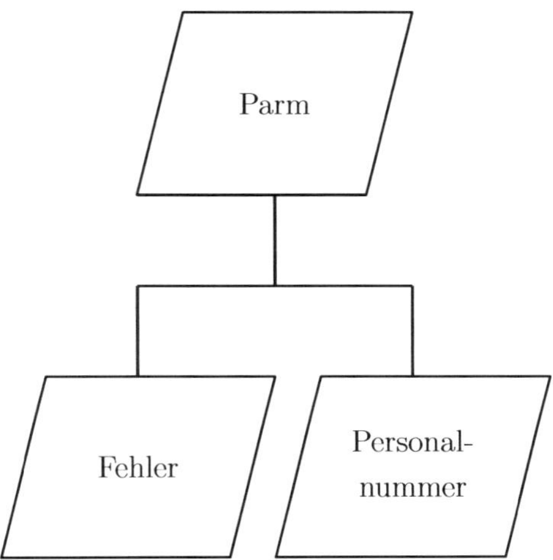

Bild 14.11 — Datenhierarchie: Parm (für Block PRÜFEN PERSONALNUMMER)

Der **Block** kann dann aussehen wie der in Bild 14.12. Es ist Folgendes zu **beachten**:

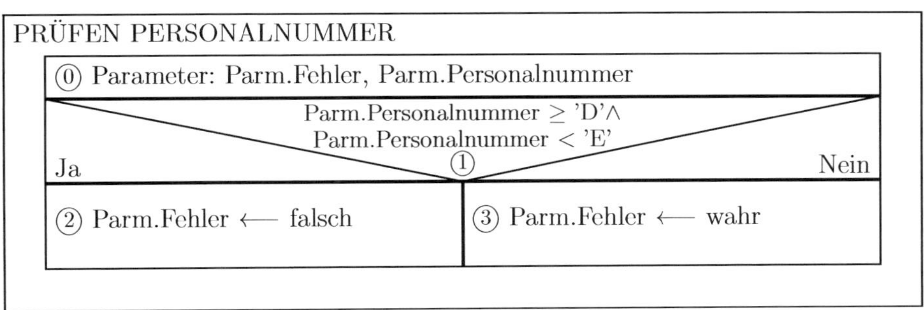

Bild 14.12 — Block: PRÜFEN PERSONALNUMMER

- ⓪ Der Block hat zwei Parameter „Parm.Fehler" und „Parm.Personalnummer".
- ① Wenn der Parameter „Parm.Personalnummer" lexikografisch größer oder gleich 'D' und echt kleiner als 'E' ist,
- ② so ist die geltende Regel erfüllt; und über den Parameter „Parm.Fehler" wird der Wahrheitswert „falsch" zurückgegeben.
- ③ Andernfalls wird dem Parameter „Parm.Fehler" der Wahrheitswert „wahr" zugewiesen und damit ein Fehler signalisiert.

14.2.5 Block PRÜFEN GESCHLECHT

Der Block PRÜFEN GESCHLECHT zur Prüfung einer Geschlechtsangabe benötigt einen **Parameter**, um mitteilen zu können, ob diese formal korrekt ist, sowie einen weiteren Parameter für die zu überprüfende Geschlechtsangabe. Diese zwei formalen Parameter mögen Komponenten der Datenhierarchie „Parm“ sein. Wieder soll diese Datenhierarchie lokal zum aktuellen Block gehören. Siehe Bild 14.13.

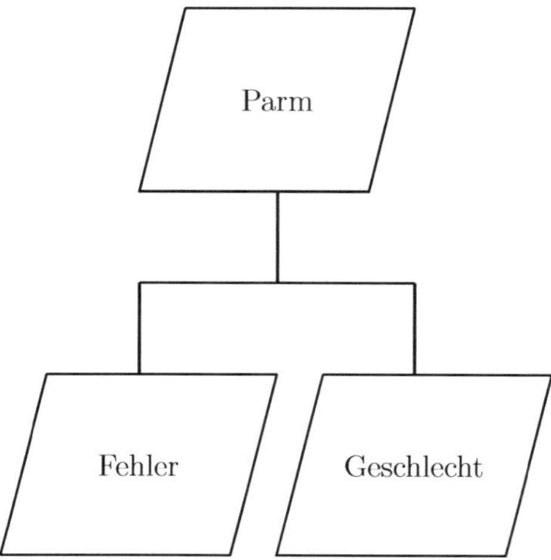

Bild 14.13 — Datenhierarchie: Parm (für Block PRÜFEN GESCHLECHT)

Der **Block** kann dann aussehen wie der in Bild 14.14. Es ist Folgendes zu **beachten**:

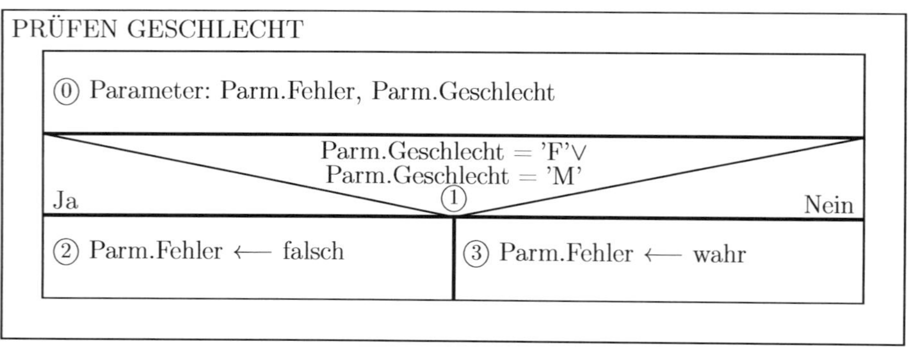

Bild 14.14 — Block: PRÜFEN GESCHLECHT

⓪ Der Block hat zwei Parameter, nämlich „Parm.Fehler“ und „Parm.Geschlecht“.

① Wenn der Parameter „Parm.Geschlecht“ den Inhalt 'F' oder 'M' hat,

② so ist die gegebene Regel erfüllt, und über den Parameter „Parm.Fehler“ wird der Wahrheitswert „falsch“ zurückgegeben.

③ Andernfalls wird dem Parameter „Parm.Fehler“ der Wahrheitswert „wahr“ zugewiesen.

14.2.6 Block PRÜFEN FAMILIENSTAND

Der Block PRÜFEN FAMILIENSTAND zur Prüfung einer Familienstandsangabe benötigt einen **Parameter**, um mitteilen zu können, ob diese formal korrekt ist, sowie einen weiteren Parameter für die zu überprüfende Familienstandsangabe. Diese zwei formalen Parameter mögen Komponenten der Datenhierarchie „Parm“ sein. Wieder soll diese Datenhierarchie lokal zum aktuellen Block gehören. Siehe Bild 14.15.

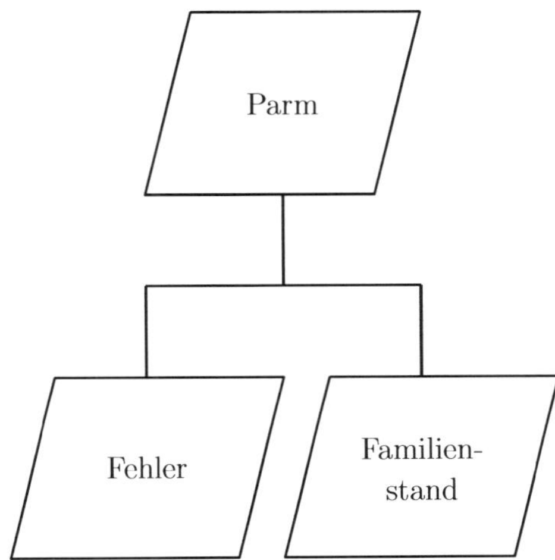

Bild 14.15 — Datenhierarchie: Parm (für Block PRÜFEN FAMILIENSTAND)

Der **Block** kann dann aussehen wie der in Bild 14.16. Es ist Folgendes zu **beachten**:

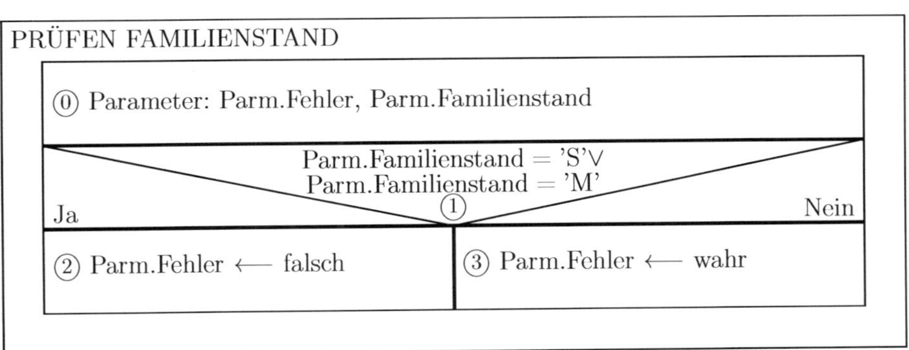

Bild 14.16 — Block: PRÜFEN FAMILIENSTAND

⓪ Der Block hat zwei Parameter, nämlich „Parm.Fehler“ und „Parm.Familienstand“.

① Wenn der Parameter „Parm.Familienstand“ den Inhalt 'S' oder 'M' hat,

② so ist die obige Regel erfüllt, und über den Parameter „Parm.Fehler“ wird der Wahrheitswert „falsch“ zurückgegeben.

③ Andernfalls wird dem Parameter „Parm.Fehler“ der Wahrheitswert „wahr“ zugewiesen.

14.3 Implementation

In Analogie zur Struktogrammhierarchie ergibt sich beispielsweise eine **Programmhierarchie** wie in Bild 14.17.

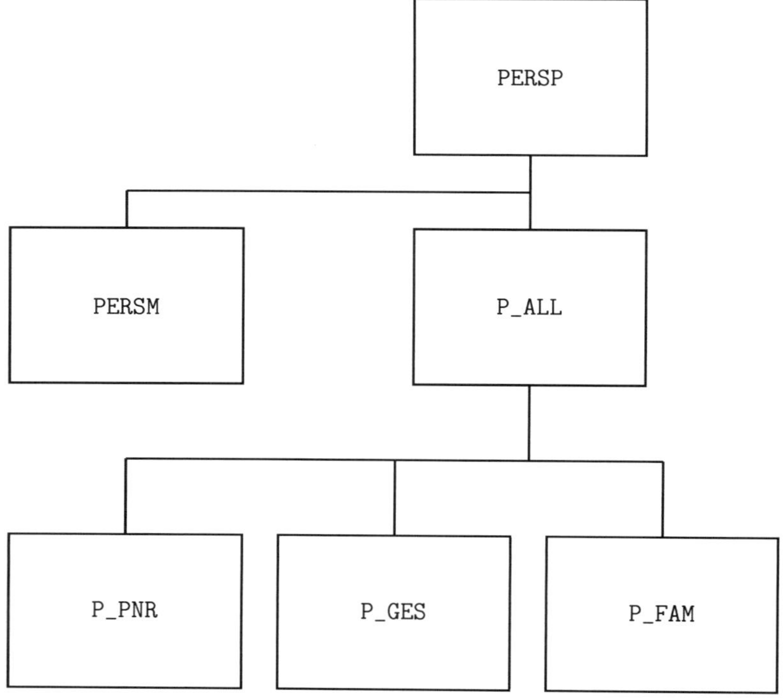

Bild 14.17 — Mehrstufige Programmhierarchie DIN 66 001 – PH

Es ist Folgendes zu **beachten**:

- Ein Hauptprogramm `PERSP` setzt das Hauptstruktogramm PRÜFEN PERSON um.
- Eine von `PERSP` aufgerufene Maske `PERSM` setzt den Block ANZEIGEN PERS-MASKE um.
- Ein von `PERSP` aufgerufenes Unterprogramm `P_ALL` setzt den Block PRÜFEN ALLE PERSONALDATEN um.
- Ein von `P_ALL` aufgerufenes Unterprogramm `P_PNR` setzt den Block PRÜFEN PERSONALNUMMER um.
- Ein von `P_ALL` aufgerufenes Unterprogramm `P_GES` setzt den Block PRÜFEN GESCHLECHT um.
- Ein von `P_ALL` aufgerufenes Unterprogramm `P_FAM` setzt den Block PRÜFEN FAMILIENSTAND um.

Im Folgenden werden wie gewohnt die Unterprogramme – einschließlich Maske – vor dem Hauptprogramm abgefasst, und dabei jeweils die Datenbereiche vor den Rümpfen.

14.3.1 Unterprogramm P_PNR

Die **PDA** P_PNR_P zur Umsetzung der Datenhierarchie „Parm“ für den Block PRÜFEN PERSONALNUMMER kann aussehen wie die in Bild 14.18.

```
I T L  Name                             F Length     Miscellaneous
All -- -------------------------------- - ---------- ------------------------->
  *    Parameter fuer P_PNR_R
     1 PRM                                           /*Parm
     2 FEHL                             L            /*Fehler
  *    FALSE=kein Fehler (OK)
  *    TRUE =      Fehler
     2 PERSNR                           A          8 /*Personalnummer
```

Bild 14.18 — Datenvereinbarung: PDA P_PNR_P

Der **Unterprogrammrumpf** P_PNR_R zur Umsetzung des Blocks PRÜFEN PERSONALNUMMER kann dann aussehen wie der in Bild 14.19.

```
/*PRUEFEN PERSONALNUMMER
DEFINE DATA
PARAMETER
  USING P_PNR_P
END-DEFINE ;
IF PRM.PERSNR >= 'D' AND PRM.PERSNR < 'E'
THEN
  PRM.FEHL := FALSE ;
ELSE
  PRM.FEHL := TRUE  ;
END-IF ;
END
```

Bild 14.19 — Unterprogrammrumpf: P_PNR_R

14.3.2 Unterprogramm P_GES

Die **PDA** P_GES_P zur Umsetzung der Datenhierarchie „Parm“ für den Block PRÜFEN GESCHLECHT kann aussehen wie die in Bild 14.20.

```
I T L  Name                             F Length     Miscellaneous
All -- -------------------------------- - ---------- ------------------------->
  *    Parameter fuer P_GES_R
     1 PRM                                           /*Parm
     2 FEHL                             L            /*Fehler
  *    FALSE=kein Fehler (OK)
  *    TRUE =      Fehler
     2 GESCHL                           A          1 /*Geschlecht
```

Bild 14.20 — Datenvereinbarung: PDA P_GES_P

Der **Unterprogrammrumpf** `P_GES_R` zur Umsetzung des Blocks PRÜFEN GESCHLECHT kann dann aussehen wie der in Bild 14.21.

```
/*PRUEFEN GESCHLECHT
DEFINE DATA
PARAMETER
  USING P_GES_P
END-DEFINE
;
IF PRM.GESCHL = 'F' OR PRM.GESCHL = 'M'
THEN
  PRM.FEHL := FALSE ;
ELSE
  PRM.FEHL := TRUE  ;
END-IF ;
END
```

Bild 14.21 — Unterprogrammrumpf: `P_GES_R`

14.3.3 Unterprogramm `P_FAM`

Die **PDA** `P_FAM_P` zur Umsetzung der Datenhierarchie „Parm" für den Block PRÜFEN FAMILIENSTAND kann aussehen wie die in Bild 14.22.

```
I T L  Name                             F Length     Miscellaneous
All -- -------------------------------- - ---------- ------------------------->
  *    Parameter fuer P_FAM_R
     1 PRM                                           /*Parm
     2 FEHL                             L            /*Fehler
  *    FALSE=kein Fehler (OK)
  *    TRUE =     Fehler
     2 FAMST                            A          1 /*Familienstand
```

Bild 14.22 — Datenvereinbarung: PDA `P_FAM_P`

Der **Unterprogrammrumpf** `P_FAM_R` zur Umsetzung des Blocks PRÜFEN FAMILIENSTAND kann dann aussehen wie der in Bild 14.23.

14.3.4 Unterprogramm `P_ALL`

Die **PDA** `P_ALL_P` zur Umsetzung der Datenhierarchie „Parm" für den Block PRÜFEN ALLE PERSONALDATEN kann aussehen wie die in Bild 14.24.

Die **LDA** `P_ALL_H` zur Umsetzung der Datenhierarchie „Hilf" für den Block PRÜFEN ALLE PERSONALDATEN kann aussehen wie die in Bild 14.25.

Der **Unterprogrammrumpf** `P_ALL_R` zur Umsetzung des Blocks PRÜFEN ALLE PERSONALDATEN kann dann aussehen wie der in Bild 14.26.

```
0010 /*PRUEFEN FAMILIENSTAND
0020 DEFINE DATA
0030 PARAMETER USING P_FAM_P
0040 END-DEFINE ;
0050 IF PRM.FAMST = 'S' OR PRM.FAMST = 'M'
0060 THEN
0070   PRM.FEHL := FALSE ;
0080 ELSE
0090   PRM.FEHL := TRUE  ;
0100 END-IF ;
0110 END
```

Bild 14.23 — Unterprogrammrumpf: P_FAM_R

```
I T L  Name                             F Length     Miscellaneous
All -- -------------------------------- - ---------- ------------------------->
  *    Parameter fuer P_ALL_R
     1 PRM                                           /*Parm
     2 FEHL                             L            /*Fehler
     2 PERSNR                           A          8 /*Personalnummer
     2 GESCHL                           A          1 /*Geschlecht
     2 FAMST                            A          1 /*Familienstand
```

Bild 14.24 — Datenvereinbarung: PDA P_ALL_P

```
I T L  Name                             F Length     Miscellaneous
All -- -------------------------------- - ---------- ------------------------->
     1 HLF                                           /*Hilf
     2 FEHL                             L            /*Fehler
```

Bild 14.25 — Datenvereinbarung: LDA P_ALL_H

```
0010 /*PRUEFEN ALLE PERSONALDATEN
0020 DEFINE DATA
0030 PARAMETER USING P_ALL_P
0040 LOCAL     USING P_ALL_H
0050 END-DEFINE ;
0060 PRM.FEHL := FALSE ;
0070 CALLNAT 'P_PNR_R' HLF.FEHL PRM.PERSNR ;
0080 IF HLF.FEHL THEN
0090   PRM.FEHL := TRUE ; WRITE 'Personalnummer ungültig' ;
0100 END-IF ;
0110 CALLNAT 'P_GES_R' HLF.FEHL PRM.GESCHL ;
0120 IF HLF.FEHL THEN
0130   PRM.FEHL := TRUE ; WRITE 'Geschlechtsangabe ungültig' ;
0140 END-IF ;
0150 CALLNAT 'P_FAM_R' HLF.FEHL PRM.FAMST ;
0160 IF HLF.FEHL THEN
0170   PRM.FEHL := TRUE ; WRITE 'Familienstand ungültig' ;
0180 END-IF ;
0190 END
```

Bild 14.26 — Unterprogrammrumpf: P_ALL_R

14.3.5 Maske

Nun steht die Aufgabe an, den Block ANZEIGEN PERS-MASKE in eine Bildschirmmaske umzusetzen. Diese möge den Namen PERSM bekommen. Wie bei einem SUBPROGRAM, so gibt es auch bei einer Maske eine Schnittstelle, d. h. die Folge ihrer Maskenfelder, und gewissermaßen einen *Rumpf*, der die eigentliche Gestalt enthält.

Zunächst steht die Schnittstelle, d. h. die Folge der zu berücksichtigen Maskenfelder, im Vordergrund. Die **PDA** PERSM_P zur Umsetzung der Datenhierarchie „Maske" kann aussehen wie die in Bild 14.27.

```
I T L  Name                             F Length     Miscellaneous
All -- -------------------------------- - ---------- ------------------------->
     1 MSK                                           /*Maske
     2 FUNKT                            A         10 /*Funktion
     2 PERSNR                           A          8 /*Personalnummer
     2 NAME_NACH                        A         20 /*Nachname
     2 NAME_VOR                         A         20 /*Vorname
     2 GEB_DATUM                        D            /*Geburtsdatum
     2 GESCHL                           A          1 /*Geschlecht
     2 FAMST                            A          1 /*Familienstand
```

Bild 14.27 — Datenvereinbarung: PDA PERSM_P

In dieser gibt es ein neues Format:
GEB_DATUM bekommt das Format D (Abkürzung von Date, englisch für „Datum"). Dies ist speziell für Kalenderdaten vorgesehen und ermöglicht mannigfaltige, für den Anwendungsprogrammierer komfortable, „eingebaute" Datumsoperationen.

Nun ist der der **Rumpf** PERSM_R **der Maske** zu erzeugen. Dafür sieht Natural einen **Programmbausteintyp** MAP (englisch für *Maske*) vor, der die direkte Abfassung von Masken erlaubt. Der entsprechende Editor kann mit dem Kommando EDIT MAP aufgerufen werden. Daraufhin meldet sich der NATURAL MAP EDITOR (englisch für Natural-*Maskeneditor*) mit seinem Hauptmenü. Siehe Bild 14.28. Darin kann nun im Feld Code .. der Funktionscode I (Abkürzung von Initialize new Map, englisch für *Initialisiere neue Maske*) eingegeben werden. Das Feld Name .. wird gleich mit dem Namen der zu erstellenden Maske (PERSM_R) versorgt. Siehe nochmals Bild 14.28.[1]

Daraufhin erscheint eine Maske mit dem „doppelt gemoppelten" Titel Define Map Settings for MAP (englisch für *Lege Maskeneinstellungen für MASKE fest*). Siehe Bild 14.29.

Darin werden viele **technische Parameter** wie z. B. Page Size (englisch für *Seitengröße*, d. h. *Anzahl Zeilen in der Maske*) oder Line Size (englisch für *Zeilengröße*, d. h. *Anzahl Spalten in der Maske = Anzahl Zeichen je Zeile*) angezeigt.

Im Besonderen gibt es links oben eine Tabelle mit gültigen Delimiters (englisch für *Begrenzungszeichen*). Diese Begrenzungszeichen werden im Folgenden zur Festlegung des Modus eines Maskenfeldes dienen.

Dabei gibt die **Spalte** Cls (Abkürzung von Class, englisch für *Klasse*) die gewünschte Ein-/Ausgabeklasse, d. h. Transportrichtung von Maskenfeldern, an:

[1] Ab Version 9 ist hier der *Map-Editor* von NaturalONE vorgesehen.

```
19:28:21              ***** NATURAL MAP EDITOR *****              21.03.2019
User SCHLUTER                   - Edit Map -                 Library UEBNG_1

                   Code    Function
                   ----    ---------------------------------
                    D      Field and Variable Definitions
                    E      Edit Map
                    I      Initialize new Map
                    H      Initialize a new Help Map
                    M      Maintenance of Profiles & Devices
                    S      Save Map
                    T      Test Map
                    W      Stow Map
                    ?      Help
                    .      Exit



             Code .. I      Name .. PERSM_R_       Profile .. SYSPROF_

Command ===>
Enter-PF1---PF2---PF3---PF4---PF5---PF6---PF7---PF8---PF9---PF10--PF11--PF12---
      Help        Exit  Test  Edit

MA    A                                                                  19/037
```

Bild 14.28 — Initialisieren einer neuen Maske

```
19:29:28                  Define Map Settings for MAP                 21.03.2019

 Delimiters            Format                        Context
 ---------             --------------                -------------
 Cls Att CD  Del       Page Size ...... 23           Device Check .... ________
  T   D      BLANK     Line Size ...... 79           WRITE Statement   _
  T   I      ?         Column Shift ... 0 (0/1)      INPUT Statement   X
  A   D      _         Layout ......... ________     HELP  ____________________
  A   I      )          dynamic ....... N (Y/N)       as field default N (Y/N)
  A   N      ^         Zero Print ..... N (Y/N)
  M   D      &         Case Default ... UC (UC/LC)
  M   I      :         Manual Skip .... N (Y/N)      Automatic Rule Rank  1
  O   D      +         Decimal Char ... ,            Profile Name .... SYSPROF
  O   I      (         Standard Keys .. N (Y/N)
                       Justification .. L (L/R)      Filler Characters
                       Print Mode ..... __           ------------
                                                     Optional, Partial ....
                       Control Var .... ________     Required, Partial ....
                                                     Optional, Complete ...
                                                     Required, Complete ...

Enter-PF1---PF2---PF3---PF4---PF5---PF6---PF7---PF8---PF9---PF10--PF11--PF12---
      Help        Exit                                                 Let

MA    A                                                                  05/041
```

Bild 14.29 — Überprüfen der Maskeneinstellungen

- T Abkürzung von Text *constant*, englisch für *Textkonstante*: stets reines Ausgabefeld
- A Abkürzung von A*ccept*, englisch für *annehmen*: reines Eingabefeld
- M Abkürzung von M*odifiable output field*, englisch für *modifizierbares Ausgabefeld*: kombiniertes Ein-/Ausgabefeld
- O Abkürzung von O*utput field*, englisch für *Ausgabefeld*: reines Ausgabefeld

Die **Spalte** Att (Abkürzung von Att*ribute*, englisch für *Attribut*) gibt die gewünschte Art der Ein-/Ausgabe an:

- D Abkürzung von D*efault*, englisch für *Standard*: Normalanzeige
- I Abkürzung von I*ntensified*, englisch für *intensiviert*: besonders hell leuchtende oder sogar farbig hervorgehobene Darstellung, u. a. abhängig vom verwendeten Bildschirmgerät
- N Abkürzung von N*on-display*, englisch für *nicht anzeigen*: verdeckte Darstellung, z. B. für geheime Kennwörter

Die **Spalte** Del (Abkürzung von Del*imiter*) gibt dann das anzuwendende Begrenzungszeichen an: Eine normal angezeigte Textkonstante wird beispielsweise einfach mit einem Leerzeichen (symbolisiert durch BLANK) eingeleitet, ein intensiviertes Ausgabefeld hingegen durch eine runde Klammer links (().

Diese Einstellungen könnten jetzt bei Bedarf durch einfaches Überschreiben geändert werden. Dies soll hier jedoch nicht geschehen, da sie normalen Ansprüchen genügen.

Nach Weiterblättern erhält man eine Maske des Maskeneditors, die für die **Gestaltung** von (weiteren) Masken zuständig ist. Siehe Bild 14.30. Darin sind im oberen Teil als Gedächtnisstütze noch einmal die gültigen **Begrenzungszeichen** angezeigt, wobei verwirrenderweise BLANK durch Blnk ersetzt ist. Darunter befindet sich ein „Lineal", das ein Abzählen der Spalten erleichtern soll. Um die Parameter aus der PDA PERSM_P übernehmen zu können, gibt man das Kommando A PERSM_P hinter Ob oben links ein. Das A steht dabei für *Parameter Data Area*: Das P ist ja bereits für P*rogram* vergeben gewesen!

Daraufhin blendet der Maskeneditor die ersten 6 signifikanten Zeilen aus PERSM_P oben links verkürzt ein (jeweils laufende Nummer, Bezeichner und Datentyp). Siehe Bild 14.31. Nun können die **Parameter** aus PERSM_P durch Eingabe ihrer laufenden Nummer referenziert werden, um so Maskenfelder an den gewünschten Stellen zu bilden. Vor die laufende Nummer muss stets das passende Begrenzungszeichen für den Modus des Maskenfeldes gesetzt werden. Für das Feld FUNKT wird dabei das Pluszeichen (+) benutzt. Das Zeichen kennzeichnet gemäß Tabelle der Begrenzungszeichen den Modus O D (Abkürzung von O*utput* D*isplayed*, englisch für *ausgegeben, (normal) angezeigt*). Dies bedeutet konkret, dass das jeweilige Feld ein reines Ausgabefeld mit normaler Darstellung ist. Für alle weiteren Felder wird stets der Doppelpunkt (:) benutzt. Das Zeichen kennzeichnet den Modus M I (Abkürzung von M*odifiable* I*ntensified*, englisch für *modifizierbar, intensiviert*). Dies bedeutet konkret, dass das jeweilige Feld ein *überschreibbares* Ein-/Ausgabefeld mit intensivierter Darstellung ist.

Gleichzeitig wird durch das Kommando + 6 in der Liste der eingeblendeten Parameter aus der PDA PERSM_P weitergeblättert. Man gewöhne sich an, hinter der Zahl sicherheitshalber ein Leerzeichen einzugeben, damit z. B. nicht um 62 vorgeblättert wird, falls einmal der Name der PDA an der 2. Position die Ziffer 2 enthält. Siehe noch einmal Bild 14.31.

```
Ob :A PERSM_P                                   Ob D CLS ATT  DEL      CLS ATT  DEL
.                                               .     T   D   Blnk      T   I    ?
.                                               .     A   D   _         A   I    )
.                                               .     A   N   ^         M   D    &
.                                               .     M   I   :         O   D    +
.                                               .     O   I   (
.                                               .
001    --010---+----+----+---030---+----+----+---050---+----+----+---070---+----




Enter-PF1---PF2---PF3---PF4---PF5---PF6---PF7---PF8---PF9---PF10--PF11--PF12---
      Help  Mset  Exit  Test  Edit  --    -     +     Full  <     >     Let

MA    A                                                                  01/005
```

Bild 14.30 — Maskengestaltungsmaske

```
Ob :+ 6 RSM_P                                   Ob D CLS ATT  DEL      CLS ATT  DEL
. MSK                                   *1      .     T   D   Blnk      T   I    ?
1 FUNKT                                 A10     .     A   D   _         A   I    )
2 PERSNR                                A8      .     A   N   ^         M   D    &
3 NAME_NACH                             A20     .     M   I   :         O   D    +
4 NAME_VOR                              A20     .     O   I   (
5 GEB_DATUM                             D       .
001    --010---+----+----+---030---+----+----+---050---+----+----+---070---+----
                           Personaldaten  +1
 Personalnr
:2

 Nachname                  Vorname                  Geburtsdatum
:3                        :4                       :5



Enter-PF1---PF2---PF3---PF4---PF5---PF6---PF7---PF8---PF9---PF10--PF11--PF12---
      Help  Mset  Exit  Test  Edit  --    -     +     Full  <     >     Let

MA    A                                                                  01/005
```

Bild 14.31 — Maskengestaltungsmaske mit eingeblendeten Parametern

Der Maskeneditor **übersetzt** nun automatisch die Parameterreferenzen in explizite Felder auf der abzufassenden Maske. Siehe Bild 14.32.

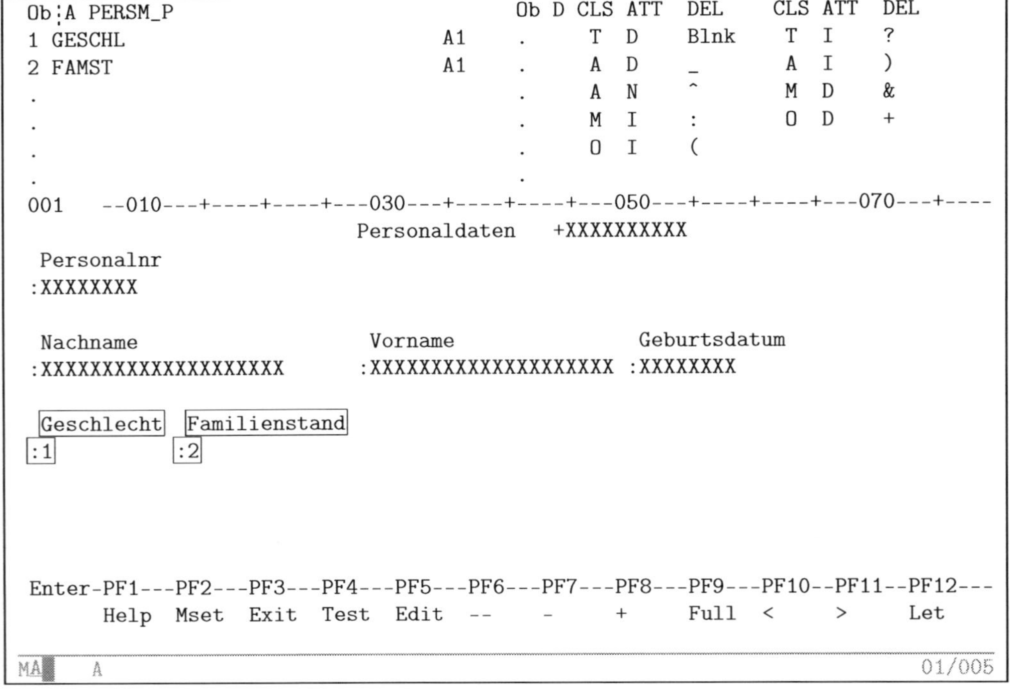

Bild 14.32 — Maskengestaltungsmaske mit expliziten Feldern

Auf diese kann der Leser auch gleich die restlichen Parameter aus der PDA platzieren.

Damit ist die **Gestaltung fertig**. Siehe Bild 14.33.

Nun kann die Edierung durch Eingabe eines Punktes (`.`) hinter `Ob` beendet werden.

Daraufhin meldet sich wieder das Hauptmenü des Maskeneditors mit der Meldung `Editing completed successfully.` (englisch für *Edierung erfolgreich abgeschlossen.*). Siehe Bild 14.34.

Wenn jetzt gemäß Bild 14.34 der **Funktionscode** `T` (Abkürzung von `Test Map`, englisch für *Überprüfe Maske*) eingegeben wird, kann die Maskengestaltung auf Richtigkeit überprüft werden.

Man spricht hier von einem *Moduleinzeltest* im Gegensatz zu einem *Integrationstest*, da ein einzelner Programmbaustein getestet wird.

Normalerweise muss man zum Testen etwa eines Unterprogramms ein Hauptprogramm, einen sogenannten *Testtreiber* schreiben. Für den einfachen Vorab-Test einer Maske ist dies jedoch nicht erforderlich: Der Maskeneditor selbst übernimmt die Rolle des Testtreibers.

```
Ob .  PERSM_P                               Ob D CLS ATT  DEL    CLS ATT  DEL
1 GESCHL                            A1      .     T   D   Blnk    T   I    ?
2 FAMST                             A1      .     A   D   _       A   I    )
.                                           .     A   N   ^       M   D    &
.                                           .     M   I   :       O   D    +
.                                           .     O   I   (
.                                           .
001    --010---+----+----+---030---+----+----+---050---+----+----+---070---+----
                           Personaldaten    +XXXXXXXXXX
 Personalnr
:XXXXXXXX

 Nachname                   Vorname              Geburtsdatum
:XXXXXXXXXXXXXXXXXXXX      :XXXXXXXXXXXXXXXXXXXX :XXXXXXXX

 Geschlecht  Familienstand
:X           :X




Enter-PF1---PF2---PF3---PF4---PF5---PF6---PF7---PF8---PF9---PF10--PF11--PF12---
      Help  Mset  Exit  Test  Edit  --    -     +     Full  <     >     Let
MA     A                                                                 01/005
```

Bild 14.33 — Fertige Maskengestaltung

```
19:34:21                ***** NATURAL MAP EDITOR *****                21.03.2019
User SCHLUTER                       - Edit Map -                Library UEBNG_1

                          Code    Function
                          ----    ---------------------------------
                           D      Field and Variable Definitions
                           E      Edit Map
                           I      Initialize new Map
                           H      Initialize a new Help Map
                           M      Maintenance of Profiles & Devices
                           S      Save Map
                           T      Test Map
                           W      Stow Map
                           ?      Help
                           .      Exit



                    Code .. T     Name .. PERSM_R_       Profile .. SYSPROF_

Command ===>
Enter-PF1---PF2---PF3---PF4---PF5---PF6---PF7---PF8---PF9---PF10--PF11--PF12---
      Help        Exit  Test  Edit
Editing completed successfully.
MA     A                                                                 19/023
```

Bild 14.34 — Testen einer Maske

Die **Maske** erscheint nun im Prinzip so, als wenn sie von einem Anwendungsprogramm aufgerufen worden wäre. Siehe Bild 14.35. Dabei kann der Maskeneditor im Gegensatz zu

```
                           Personaldaten
 Personalnr
 D6418

 Nachname                   Vorname                Geburtsdatum
 See                        Kuno                   17.11.45

 Geschlecht  Familienstand
 M           M

 MA   A                                                   03/003
```

Bild 14.35 — Testmaske

Anwendungsprogrammen weder Aus- noch Ein-/Ausgabefelder versorgen. Deshalb erscheint oben in der Mitte hinter `Personaldaten` keine Funktionsbezeichnung (z. B. `Prüfung`). Jedoch ist der Leser herzlich eingeladen, die Ein-/Ausgabefelder mit Werten zu füllen. Darstellungen von Kalenderdaten sind dabei abhängig von den Parametern, die für den Natural-Job gelten. Der 17. November 1945 muss z. B. im internationalen Format (`45-11-17`) oder stattdessen im „deutschen Format" (`17.11.45`) eingegeben werden. Selbstverständlich kann man weitreichenden Einfluss auf die externe Darstellung von Kalenderdaten nehmen. Dies würde jedoch den Rahmen dieser Einführung sprengen. Man versuche zunächst das „deutsche Format".

Nach **Verabschiedung der Testmaske** kann es geschehen, dass der Maskeneditor die Fehlermeldung `PERSM_R 0044 NAT1145 Input does not match edit mask YY-MM-DD.` (englisch für *Eingabe passt nicht zur Editiermaske JJ-MM-TT.*) ausgibt. Siehe Bild 14.36. Dann

```
                           Personaldaten
 Personalnr
 D6418

 Nachname                   Vorname                Geburtsdatum
 See                        Kuno                   45-11-17

 Geschlecht  Familienstand
 M           M

 PERSM_R  0044 NAT1145 Input does not match edit mask YY-MM-DD.
 MA   A                                                   06/052
```

Bild 14.36 — Testmaske mit Beanstandung der Eingabe

gebe man das Geburtsdatum in der gewünschten Form ein, im Beispiel `45-11-17`, und schicke die Testmaske erneut ab. Nun kommt der Maskeneditor (hoffentlich) mit der Meldung `Test was successful!` (englisch für *Test war erfolgreich!*) zurück. Siehe Bild 14.37. Schließlich sollte die Maske durch Eingabe des **Funktionscodes** `W` (Abkürzung von `Stow Map`) in Quell- und Zielprogrammform gespeichert werden.

Daraufhin meldet sich das Hauptmenü des Maskeneditors mit der Meldung `STOW command executed successfully.` (englisch für `STOW`-*Kommando erfolgreich ausgeführt.*). Siehe Bild 14.38. Dieser kann nun durch Eingabe des Funktionscodes *Punkt* (`.`) verlassen werden.

```
19:37:21                  ***** NATURAL MAP EDITOR *****                21.03.2019
User SCHLUTER                      - Edit Map -                   Library UEBNG_1

                       Code    Function
                       ----    ---------------------------------
                        D      Field and Variable Definitions
                        E      Edit Map
                        I      Initialize new Map
                        H      Initialize a new Help Map
                        M      Maintenance of Profiles & Devices
                        S      Save Map
                        T      Test Map
                        W      Stow Map
                        ?      Help
                        .      Exit


                 Code .. W     Name .. PERSM_R_       Profile .. SYSPROF_

Command ===>
Enter-PF1---PF2---PF3---PF4---PF5---PF6---PF7---PF8---PF9---PF10--PF11--PF12---
      Help        Exit  Test  Edit
Test was successful!
MA    A                                                                  19/023
```

Bild 14.37 — Kompilieren einer Maske

```
19:38:28                  ***** NATURAL MAP EDITOR *****                21.03.2019
User SCHLUTER                      - Edit Map -                   Library UEBNG_1

                       Code    Function
                       ----    ---------------------------------
                        D      Field and Variable Definitions
                        E      Edit Map
                        I      Initialize new Map
                        H      Initialize a new Help Map
                        M      Maintenance of Profiles & Devices
                        S      Save Map
                        T      Test Map
                        W      Stow Map
                        ?      Help
                        .      Exit


                 Code .. .     Name .. PERSM_R_       Profile .. SYSPROF_

Command ===>
Enter-PF1---PF2---PF3---PF4---PF5---PF6---PF7---PF8---PF9---PF10--PF11--PF12---
      Help        Exit  Test  Edit
STOW command executed successfully.
MA    A                                                                  19/023
```

Bild 14.38 — Verlassen des Maskeneditors

14.3.6 Hauptprogramm

Zur Umsetzung der Datenhierarchie „Hilf“ für das Hauptstruktogramm wird eine **LDA** PERSP_H vereinbart. Siehe Bild 14.39.

```
I T L  Name                             F Length     Miscellaneous
All -- -------------------------------- - ---------- ------------------------->
    1 HLF                                            /*Hilf
    2 IRGENDEIN_FEHLER                  L            /*IrgendeinFehler
```

Bild 14.39 — Datenvereinbarung: LDA PERSP_H

Der **Hauptprogrammrumpf** PERSP_R kann dann aussehen wie der in Bild 14.40.

```
0010 /*PRUEFEN PERSON
0020 DEFINE DATA
0030 LOCAL
0040   USING PERSM_P
0050 LOCAL
0060   USING PERSP_H
0070 END-DEFINE
0080 ;
0090 MSK.FUNKT := 'Prüfung' ;
0100 /*
0110 INPUT USING MAP 'PERSM_R' ;
0120 /*
0130 CALLNAT 'P_ALL_R'
0140   HLF.IRGENDEIN_FEHLER
0150   MSK.PERSNR
0160   MSK.GESCHL
0170   MSK.FAMST
0180   ;
0190 IF HLF.IRGENDEIN_FEHLER
0200 THEN
0210   WRITE 'Personaldaten ungültig' ;
0220 ELSE
0230   WRITE 'Personaldaten gültig'   ;
0240 END-IF ;
0250 END
```

Bild 14.40 — Hauptprogrammrumpf: FERSP_R

Es ist folgendes zu beachten:

- In den Zeilen 0030 und 0040 ist wieder die **Vereinbarung einer PDA** (PERSM_P) **in der Rolle einer LDA** zu beobachten.
- Neu ist in Zeile 0110 der Befehl INPUT USING MAP 'PERSM_R' ; Mit diesem Befehl wird die externe Maske PERSM_R aufgerufen, ähnlich einem Subprogram. Jedoch entfällt im Gegensatz zu einem Subprogram die Nennung der Liste der aktuellen Parameter, da diese hier vom Compiler automatisch ermittelt wird.

14.4 Test

Zunächst möge das Hauptprogramm mit verschiedenen korrekten Daten ausprobiert werden. Es sollte dabei keine Fehlermeldungen geben.

In einem **zweiten Test** gebe man die gleichen Daten ein, jedoch mit einer Personalnummer `6418` an Stelle von `D6418`. Das Programm sollte diesen Eingabefehler bemerken und melden.

Nun wird die eingebaute Datumsprüfung durch Eingabe der Geburtsdaten 29. Februar 1955 und 29. Februar 1960 – jeweils im richtigen Datumsformat – getestet. Das erste, inhaltlich falsche Datum sollte sollte zurückgewiesen werden, ebenso wie formal völlig falsche Daten wie z. B. `1Apr74`.

In einem **weiteren Test** wird eine falsche Geschlechtsangabe `W` gemacht.

Schließlich sollte die Reaktion auf eine falsche Familienstandsangabe `X` getestet werden.

14.5 Syntax und Semantik

In diesem Abschnitt wird die Definition des Sprachkonstruktes `INPUT`-***Befehl*** um die `USING-MAP`-Klausel erweitert.

14.5.1 `INPUT`-Befehl

Ein `INPUT`-**Befehl** wird mit dem reservierten Wort `INPUT` eingeleitet. Darauf folgen für die in diesem Kapitel benutzte Variante die reservierten Wörter `USING` und `MAP` sowie der Name einer Maske in Form einer Textkonstanten.

Für die bereits aus früheren Kapiteln bekannte Variante folgt auf das reservierte Wort `INPUT` eine dem `WRITE`-Befehl ähnliche Konstruktion.

Abgeschlossen wird auch dieser Befehl in jedem Fall durch ein Semikolon (`;`). Siehe Bild 14.41.

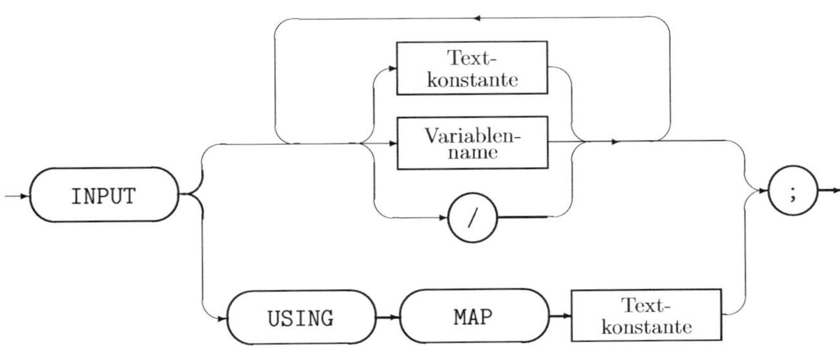

Bild 14.41 — Syntaxdiagramm für `INPUT`-*Befehl* (vereinfacht)

Für **Beispiele** siehe Tabelle 14.1.

Tabelle 14.1 — Beispiele für `INPUT`-*Befehl*

Nr	richtig	falsch	Erläuterung des falschen Beispiels
1	`INPUT USING MAP 'M' ;`	`USING MAP 'M' ;`	Reserviertes Wort `INPUT` fehlt.
2	`INPUT HLF.FELD ;`	`INPUT ;`	`INPUT`-Befehl darf nicht nur aus dem reservierten Wort `INPUT` und einem Semikolon (`;`) bestehen.
3	`INPUT / / '5' ;`	`INPUT / / 5 ;`	Numerische Konstante (`5`) ist als Ein-/Ausgabeelement verboten.
4	`INPUT '5' / / / ;`	`INPUT 5 / / / ;`	Numerische Konstante (`5`) ist als Ein-/Ausgabeelement verboten.

14.6 Übungen

14.6.1 Änderung einer Eingabeprüfung

Ändern Sie die Prüfung des Familienstandes bitte so, dass auch 'D' (Abkürzung von ***divorced***, englisch für *geschieden*) und 'W' (Abkürzung von ***widowed***, englisch für *verwitwet*) zulässig sind.

Derartige kleine Anpassungen sind typische erste Bewährungsproben für Neulinge in einem Projekt.

14.6.2 Kraftfahrzeugdaten

Entwickeln Sie bitte analog zu dem in diesem Kapitel vorgestellten Programmsystem zur Prüfung von Personaldaten ein System zur **Prüfung von Kraftfahrzeugdaten**. Die Attribute eines Kraftfahrzeuges seien:

- Amtliches Kennzeichen (alphanumerisch 15-stellig)
- Marke (alphanumerisch 20-stellig)
- Typ (alphanumerisch 20-stellig)
- Farbe (alphanumerisch 10-stellig)

15 Einfügende Datenbankzugriffe

Die bisher in diesem Buch entwickelten Programmsysteme haben stets nur *flüchtige* Daten nach dem **EVA-Prinzip** (Abkürzung von ***E**ingabe* – ***V**erarbeitung* – ***A**usgabe*) behandelt:

E In den meisten Fällen wurden zunächst Daten vom Bildschirmgerät eingelesen.

V Es gab jedoch auf jeden Fall eine Verarbeitung

A sowie die Anzeige von Ergebnissen auf dem Bildschirm.

Die angezeigten Ergebnisse waren aber stets spätestens nach Beendigung des jeweiligen Programms verschwunden.

In der Realität jedoch sollen oft die **Ergebnisse** zu einem späteren Zeitpunkt **wiederverwendet** werden, ohne dass ihre erneute Erfassung mit den daraus resultierenden Arbeitsbelastungen und zusätzlichen Fehlerquellen notwendig ist. Diese Anforderung ist zu erfüllen, indem man die Ergebnisse dauerhaft und *maschinenlesbar* speichert.

Ein ideales Medium für eine derartige Speicherung von Daten ist eine ***Datenbank*** (Abkürzung: **DB**), d. h. eine globale Datenstruktur zur zentralen und einheitlichen Speicherung von Informationen eines bestimmten Gebietes. Formal ist eine DB im wesentlichen eine Menge von sogenannten *DB-Relationen*. Man kann sich eine DB-Relation – so bezeichnet wegen der Analogie zu einer mathematischen Relation – als (oft sehr breite) Tabelle vorstellen. Bild 15.1 zeigt ein Beispiel.

Mitarbeiter

Personal-nummer	Nach-name	Vor-name	Geburts-datum	Ge-schlecht	... ...	Rest-Urlaub	Haupt-Abteilung
D6418	See	Kuno	17.11.1945	männl.	...	2	ZU
D9876	Schlüter	Michael	27.06.1955	männl.	...	1	UB

Bild 15.1 — Beispiel für DB-Relation (Tabellendarstellung)

Jede Spalte der Tabelle (z. B. „Nachname“) entspricht einem ***DB-Attribut***. Die Benennungen aller DB-Attribute sind im Tabellenkopf aufgeführt. Deshalb ist im Gegensatz zu einer „richtigen“ mathematischen Relation eine Vertauschung der Spalten ohne Weiteres möglich.

Eine DB-Relation ist gekennzeichnet durch ein ***DB-Relationsschema***, das man sich als Kopf der Tabelle vorstellen kann.

Ein DB-Relationsschema wird oft in der Kurzform „Mitarbeiter (Personalnummer, Nachname, Vorname, Geburtsdatum, Geschlecht, ..., Rest-Urlaub, Haupt-Abteilung)“ notiert.

Eine genormte Darstellung erfolgt jedoch wieder durch eine Datenhierarchie. Siehe Bild 15.2.

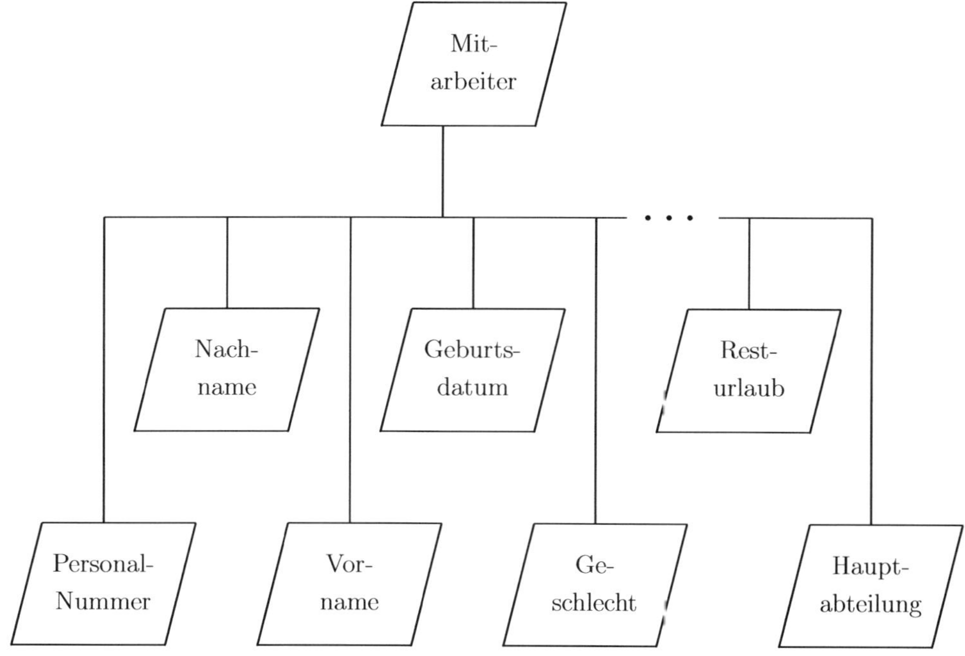

Bild 15.2 — Datenhierarchie: Mitarbeiter

Jede Zeile im Rumpf der Tabelle, z. B. in der Form „(D6418, See, Kuno, 17.11.45, männl., ..., ZU)" notiert, nennt man analog zu einem mathematischen Tupel ein ***DB-Tupel***[1].

Die Menge aller DB-Tupel, die sich zu einem bestimmten Zeitpunkt in einer DB-Relation befinden, wird als ***DB-Relationszustand*** der DB-Relation bezeichnet. Einen DB-Relationszustand kann man sich demnach als augenblicklichen Inhalt der entsprechenden Tabelle vorstellen.

In vielen Fällen sollte – teilweise aus Gründen des Datenschutzes – nicht ein gesamtes DB-Relationsschema, sondern nur ein Ausschnitt daraus, zur Verfügung gestellt werden. Eine Abteilung, die beispielsweise für die Verwaltung der Mitarbeiterparkplätze zuständig ist, soll i. Allg. eben *keine* Sicht etwa auf Gehaltsdaten haben. Ein solcher Ausschnitt eines DB-Relationsschemas wird als ***DB-Relationssicht*** (englisch: *View*) bezeichnet.

Ein Beispiel wäre eine DB-Relationssicht „Mitarbeiter-Grunddaten (Personalnummer, Nachname, Vorname, Geburtsdatum, Geschlecht, Familienstand)", die in der Darstellung als Datenhierarchie aussieht wie die in Bild 15.3.

Im Grenzfall kann eine DB-Relationssicht selbstverständlich auch ein gesamtes DB-Relationsschema umfassen.

[1] Hinweis für Theoretiker: Man fasst heute ein DB-Tupel lieber als Abbildung aus einer Menge von DB-Attributbenennungen in die Vereinigung der DB-Attributwertebereiche auf, um die Vertauschbarkeit der Tabellenspalten zu betonen. Beispiel: {Personalnummer → D6418, Nachname → See, Vorname → Kuno, Geburtsdatum → 17.11.45, Geschlecht → männl., ..., Rest-Urlaub → 2, Haupt-Abteilung → ZU}. Eine DB-„Relation" wäre demnach eher eine Menge solcher Abbildungen.

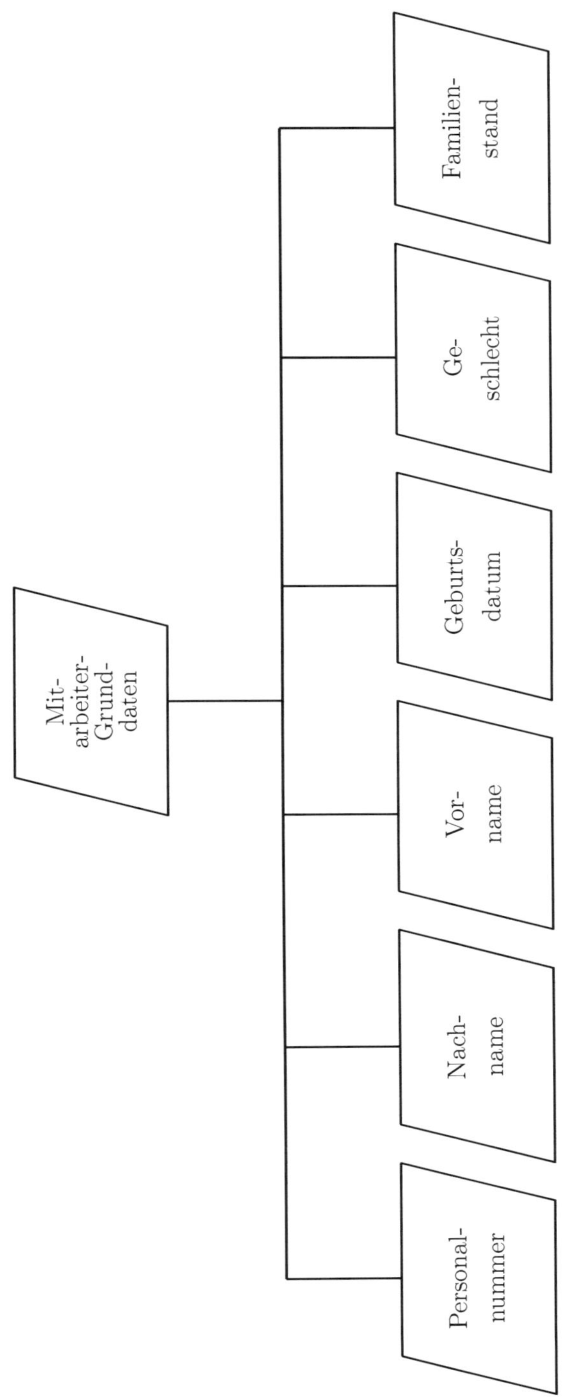

Bild 15.3 — Datenhierarchie: Mitarbeiter-Grunddaten

Den Übergang von einem gesamten DB-Relationsschema auf eine DB-Relationssicht nennt man ***Projektion***. Das Beispiel in Bild 15.4 zeigt, wie die Tabellenspalten, die nicht in der jeweiligen DB-Relationssicht aufgeführt sind, buchstäblich im Dunkeln liegen.

Der Begriff *View* ist übrigens etwas schillernd: In manchen Datenbankverwaltungssystemen – nicht Adabas – kann ein View auch – *virtuelle* – Attribute enthalten, die über das gesamte DB-Relationsschema hinausgehen. Beispielsweise wird in einer DB-Relation physisch eine Temperatur in der Einheit Kelvin gespeichert. Angeboten werden jedoch zusätzlich Attribute, welche die Temperatur in Grad Celsius und Fahrenheit liefern.

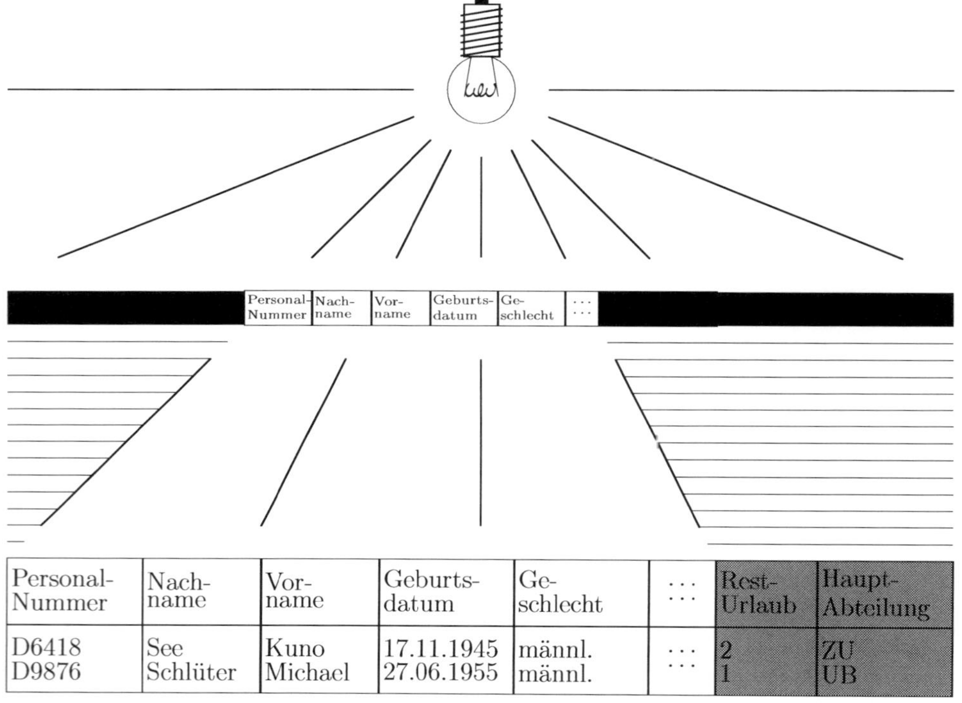

Personal-Nummer	Nach-name	Vor-name	Geburts-datum	Ge-schlecht	...	Rest-Urlaub	Haupt-Abteilung
D6418 D9876	See Schlüter	Kuno Michael	17.11.1945 27.06.1955	männl. männl.	... ...	2 1	ZU UB

Bild 15.4 — Projektion

15.1 Problem

Es sei die Aufgabe gestellt, das in Kapitel 14 begonnene Personalinformationssystem zu erweitern. Die Erfassung und Prüfung von Daten über einen neuen Mitarbeiter war doch eher eine „Fingerübung". Dieser soll jetzt die **dauerhafte Speicherung** in einer DB-Relation folgen. Das Wiederfinden, Löschen und (sonstige) Ändern von Daten in einer DB wird hingegen in Kapitel 16 dargestellt.

Es sei angenommen, dass eine geeignete Demo-DB-Relation bereits zur Verfügung steht. Derartige Demo-DB-Relationen werden gewöhnlich vom Hersteller des Programmiersystems für Ausbildungszwecke mitgeliefert. Solche beispielhaften DB-Relationen erheben nicht notwendigerweise den Anspruch, besonders gut für reale betriebliche Informationssysteme geeignet zu sein.

15.2 Entwurf

Es möge ein Hauptstruktogramm namens EINFÜGEN PERSON angelegt werden. Durch dieses werden die Daten eingelesen, auf Plausibilität geprüft, gegebenenfalls konvertiert und schließlich in eine DB-Relation „Mitarbeiter“ mit der DB-Relationssicht „Mitarbeiter-Grunddaten“ eingefügt.

Das Hauptstruktogramm kann sich auf dieselben Blöcke stützen wie bereits in Kapitel 14. Die Aufrufbeziehung der Struktogramme untereinander soll hier wieder durch eine **Struktogrammhierarchie** dargestellt werden. Diese ähnelt nicht von ungefähr der Struktogrammhierarchie aus Kapitel 14. Siehe Bild 15.5.

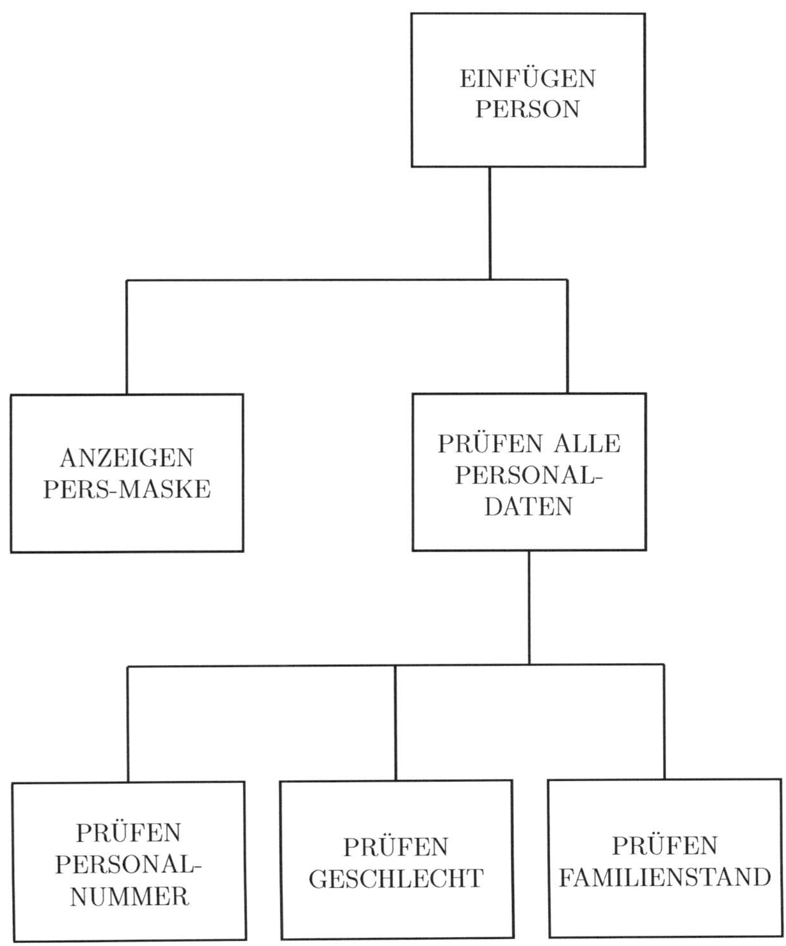

Bild 15.5 — Struktogrammhierarchie: EINFÜGEN PERSON

Für die **Hilfsdaten** des Hauptstruktogramms EINFÜGEN PERSON kann die Datenhierarchie „Hilf" des Hauptstruktogramms PRÜFEN PERSON aus Kapitel 14 übernommen werden.

Die für die DB-Relationssicht erforderliche **Datenhierarchie „Mitarbeiter-Grunddaten"** wurde bereits zu Beginn dieses Kapitels vorgestellt.

Das **Hauptstruktogramm EINFÜGEN PERSON** kann dann aussehen wie das in Bild 15.6.

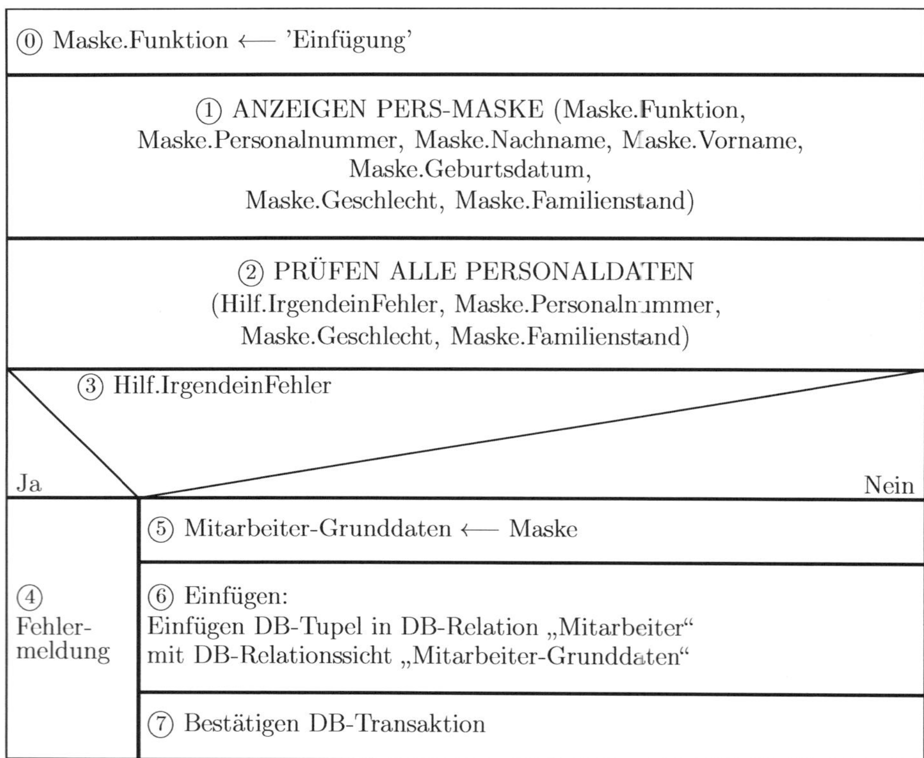

Bild 15.6 — Hauptstruktogramm: EINFÜGEN PERSON

Es ist Folgendes zu **beachten**:

⓪ Zunächst wird dafür gesorgt, dass die Erfassungsmaske den Untertitel 'Einfügung' anzeigt.

③ Im Falle irgendeines Fehlers

④ wird auf den Bildschirm eine entsprechende Fehlermeldung geschrieben.

⑤ Andernfalls werden die Inhalte der Maskenvariablen in einen Puffer für die DB-Relationssicht „Mitarbeiter-Grunddaten" übertragen.

⑥ Anschließend werden die erfassten Daten als DB-Tupel in die DB-Relation „Mitarbeiter" eingefügt.

⑦ Nun kann die Speicherung der Daten durch Bestätigen der aktuellen DB-Transaktion dauerhaft gemacht werden. Eine DB-Transaktion ist dabei eine Folge von Änderungen des DB-Zustandes, die ihn von einem in einen anderen konsistenten Zustand überführen sollen. In diesem Fall besteht die Folge der Änderungen aus nur einem Element, nämlich dem Einfügen eines DB-Tupels.

Besser als am Fallbeispiel dieses Kapitels lässt sich die sogenannte ***Transaktionslogik*** an einem anderen Beispiel erläutern. Angenommen, im Buchungssystem einer Fluggesellschaft sollen ein Zubringer- und ein Anschlussflug gebucht werden. Dann ist dem Fluggast i. Allg. wenig gedient, wenn für ihn zwar der Zubringerflug fest gebucht wird, er aber keinen Platz im Anschlussflug bekommt. Der umgekehrte Fall mit gebuchtem Anschlussflug und nicht gebuchtem Zubringerflug ist auch nicht günstiger. In einem solchen Fall würde man erst nach *beiden* erfolgreichen Buchungen durch ein Bestätigen der DB-Transaktion die Gesamtbuchung abschließen. Ähnlich sollte man mit den jeweils zwei Buchungen bei Anwendung der *Doppelten Buchführung* verfahren.

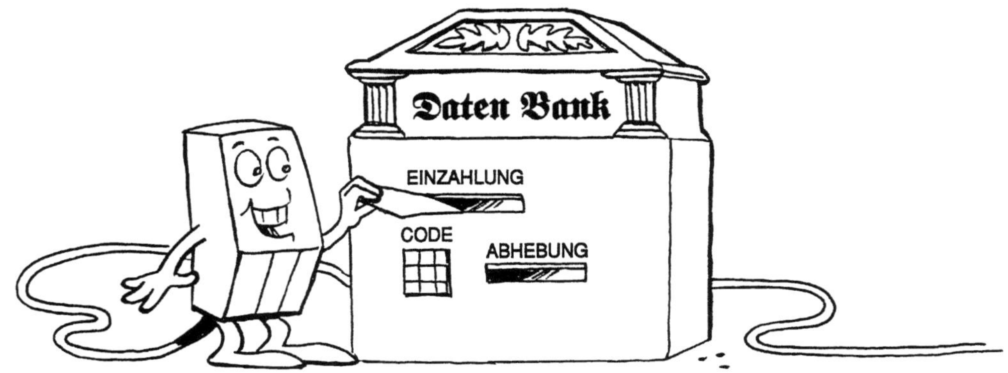

15.3 Implementation

In Analogie zur Struktogrammhierarchie ergibt sich beispielsweise eine **Programmhierarchie** wie in Bild 15.7.

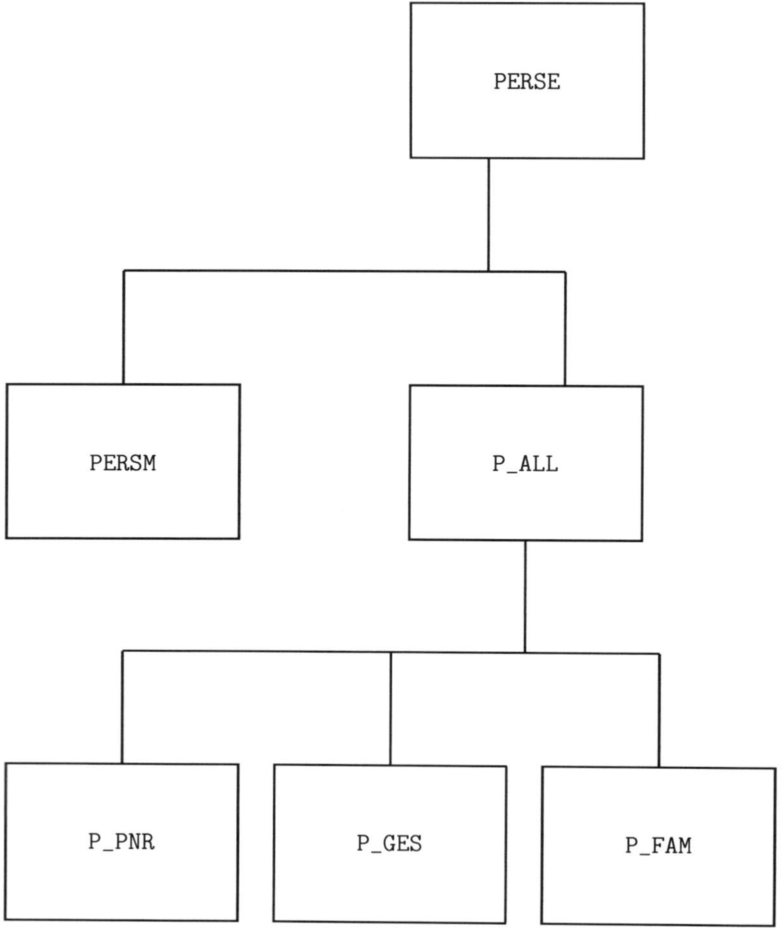

Bild 15.7 — Programmhierarchie DIN 66 001 – PH: PERSE

Es ist Folgendes zu **beachten**:

- Ein Hauptprogramm PERSE setzt das Hauptstruktogramm EINFÜGEN PERSON um.
- Für die restlichen Analogien zwischen Struktogrammen und Programmbausteinen siehe Kapitel 14.

Auch in diesem Kapitel werden im Folgenden die Datenbereiche vor dem Rumpf abgefasst.

Die **LDA** `PERSE_H` zur Umsetzung der Datenhierarchie „Hilf" für das Hauptstruktogramm EINFÜGEN PERSON kann aussehen wie die in Bild 15.8.

```
I T L  Name                             F Length     Miscellaneous
All -- -------------------------------- - ---------- ------------------------->
     1 HLF                                           /*Hilf
     2 IRGENDEIN_FEHLER                 L            /*IrgendeinFehler
```

Bild 15.8 — Datenvereinbarung: LDA `PERSE_H`

Um die DB-Relationssicht „Mitarbeiter-Grunddaten" des DB-Relationsschemas „Mitarbeiter" aus dem Hauptstruktogramm umzusetzen, soll jetzt aus dem vom Hersteller mitgelieferten DB-Relationsschema, dessen Name normalerweise mit `EMPLOYEE` beginnt, eine **DB-Relationssicht** `MITARBEITER_GRUND` erzeugt werden.

Dazu schaue man zunächst nach, ob tatsächlich ein passendes DB-Relationsschema verfügbar ist und wie es aussieht. Dies geschieht mit Hilfe des **Systemkommandos** `LIST VIEW EMPLOYEE*` (englisch wörtlich für *Liste alle Sichten auf, die mit* `EMPLOYEE` *anfangen.*). Falls daraufhin eine Fehlermeldung erscheint, muss ein passendes DB-Relationsschema zusammen mit der dazugehörigen DB-Relation erst noch bereitgestellt werden. Vorher kann man nicht weitermachen. Für solche Arbeiten ist normalerweise der DBA (Abkürzung von ***D**ata**B**ase **A**dministrator*, englisch für *Datenbankverwalter*) zuständig. Dementsprechend bitte man ihn um den Gefallen und wiederhole das obige Kommando, sobald er fertig ist.

Daraufhin wird eine Übersicht der entsprechenden Sichten angezeigt, wie z. B. in Bild 15.9.

```
20:09:35                  ***** NATURAL LIST COMMAND *****            21.03.2019
User SCHLUTER                      - LIST DDMs -                Library UEBNG_1

Cmd DDM Name                               DBID  FNR  Date      Time     User ID  A
--- EMPLOYEE*_______________________       *____ *___ *________ *_______ *_______ *
LS  EMPLOYEES                              20000  164 20121207  0749132  RKE      U




                                                                    1 DDMs found
End of List.
Command ===>
Enter-PF1---PF2---PF3---PF4---PF5---PF6---PF7---PF8---PF9---PF10--PF11--PF12---
      Help  Print Exit                 --    -     +     ++               Canc
MA    A                                                                   05/006
```

Bild 15.9 — Übersicht DB-Relationsschemata

In dieser kann durch Eingabe eines Kurzkommandos `LS` (Abkürzung von ***L**ist **S**hort*, englisch für *Liste kurz*) in Spalte `Cmd` die Ausgabe des Schemas in Kurzform bewirkt werden.

Dies geschieht nun. Siehe Bild 15.10.

```
20:10:21               ***** NATURAL LIST COMMAND *****              21.03.2019
User SCHLUTER                 - List DDM EMPLOYEES -             Library UEBNG_1

DDM DBID 20000  DDM FNR 164   VSAM Name          Default Sequence     Page   1

T L  DB  Name                             F Leng  S D Remark
- -  --  -------------------------------- - ----  - - ------------------------
  1  AA  PERSONNEL-ID                     A    8    D
G 1  AB  FULL-NAME
  2  AC  FIRST-NAME                       A   20  N
  2  AD  MIDDLE-I                         A    1  N
  2  AE  NAME                             A   20    D
  1  AD  MIDDLE-NAME                      A   20  N
  1  AF  MAR-STAT                         A    1  F
  1  AG  SEX                              A    1  F
  1  AH  BIRTH                            D    6    D
  1  AH  N@BIRTH                          I    2    D
G 1  A1  FULL-ADDRESS
M 2  AI  ADDRESS-LINE                     A   20  N
  2  AJ  CITY                             A   20  N D
Top of List.
Command ===> .
Enter-PF1---PF2---PF3---PF4---PF5---PF6---PF7---PF8---PF9---PF10--PF11--PF12---
      Help  Print Exit  Long        --    -     +     ++                 Canc
MA    A                                                                  22/015
```

Bild 15.10 — Anzeige eines DB-Relationsschemas

Auf der Anzeigemaske sind oben Zeilen mit einigen technischen Daten zu sehen, die hier nicht zu interessieren brauchen.

Darunter kommt der interessante Teil, nämlich eine **Tabelle** mit Angaben zu den einzelnen DB-Attributen.

Die hier interessierenden Spalten sind bereits alle von den Datenbereichseditoren her bekannt. Lediglich steht im Tabellenkopf die Abkürzung `Leng` statt der bekannten Langform `Length`. Von den gezeigten **DB-Attributen** sind nur die mit einer Entsprechung im Entwurf von Interesse: `PERSONNEL-ID` (Abkürzung von `PERSONNEL` `ID`*entification*, englisch für *Personalnummer*), `FIRST-NAME` (englisch für *Vorname*), `NAME` (englisch für *Name*), `MAR-STAT` (Abkürzung von `MAR`*ital* `STAT`*us*, englisch für *Familienstand*), `SEX` (englisch für *Geschlecht*) und `BIRTH` (englisch für *Geburt(sdatum)*).

Dabei fällt gleich beim ersten DB-Attribut, nämlich `PERSONNEL-ID`, auf, dass es wegen des Mittestrichs (-) nicht der in diesem Buch eingeführten **Syntax** für Bezeichner genügt. Es bleibt zu hoffen, dass in Zukunft Zeichen, die auch für arithmetische Operatoren Verwendung finden wie z. B. Plus (+), Minus (-) oder Mal (*), prinzipiell in Bezeichnern verboten werden. Noch bedenklicher ist allerdings, dass es ein DB-Attribut (`NAME`) gibt, dessen Bezeichner ☞ gleich einem reservierten Wort ist! Beim Entwurf eigener DB-Relationsschemata sollte man derartige Bezeichner nicht benutzen, um mögliche Mehrdeutigkeiten von vornherein zu vermeiden.

Gelegentliche Einträge `G`, `M` und `P` in Spalte `T` weisen auf `G`*ruppen*, `M`*ultiple Felder* (1-dimensionale Reihungen) und `P`*eriodengruppen* (2-dimensionale Reihungen) hin, brauchen im Augenblick jedoch nicht zu interessieren, da sie kein laut Entwurf zu übernehmendes DB-Attribut direkt betreffen. Da mit `BIRTH` auch das letzte interessierende DB-Attribut angezeigt worden ist, kann die Anzeige durch Eingabe des Kommandos *Punkt* (.) abgeschlossen werden. Siehe nochmals Bild 15.10.

Nun kann mit dem Systemkommando `EDIT LOCAL` der **LDA-Editor** aufgerufen werden, um eine DB-Relationssicht auf `EMPLOYEES` zu erstellen. Siehe Bild 15.11.

```
20:11:28                  ***** NATURAL *****                21.03.2019
User SCHLUTER                - Main Menu -                Library UEBNG_1

                     Function

                   _ Development Functions
                   _ Development Environment Settings
                   _ Maintenance and Transfer Utilities
                   _ Debugging and Monitoring Utilities
                   _ Example Libraries
                   _ Other Products
                   _ Help
                   _ Exit Natural Session

Command ===> EDIT LOCAL
Enter-PF1---PF2---PF3---PF4---PF5---PF6---PF7---PF8---PF9---PF10--PF11--PF12---
      Help        Exit                                                 Canc
MA    A                                                              07/018
```

Bild 15.11 — Direkte formatfreie Anwahl eines Editors

Dieser sollte sich nun wie erwartet melden. Siehe Bild 15.12. Falls der Arbeitsbereich des Editors nicht leer sein sollte, möge man das Systemkommando `CLEAR` benutzen. Der Arbeitsbereich des Editors sollte für dieses Beispiel jedenfalls leer sein. Im LDA-Editor gibt man in der ersten Zeile des Tabellenrumpfes das **Datenbereichs-Kommando** `.V(EMPLOYEES)` ein. `V` (Abkürzung von *View*, englisch für *Sicht*) ist dabei ein Kommando, welches in allen Datenbereichseditoren außer dem PDA-Editor benutzbar ist. Zwar kann man im PDA-Editor das Kommando ungestraft eingeben. Jedoch erhält man dann beim Versuch, die DB-Relationssicht zu kompilieren, die Fehlermeldung `NAT0166 Invalid variable definition in DEFINE DATA statement.` (englisch für *Ungültige Variablen-Definition in DEFINE-DATA-Vereinbarung.*).

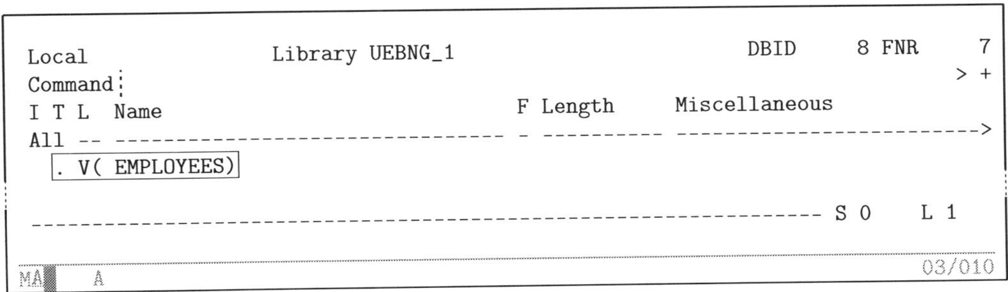
```
Local                Library UEBNG_1                       DBID     8 FNR     7
Command                                                                     > +
I T L  Name                              F Length    Miscellaneous
All -- -------------------------------- - ---------- ------------------------->
  . V( EMPLOYEES)

----------------------------------------------------------------- S 0     L 1

MA    A                                                              03/010
```

Bild 15.12 — Aufruf DB-Relationssicht in Datenbereichseditor

Es erscheint nun eine **Auswahlmaske** mit einem Aufbau, der dem LDA-Editor ähnelt, und einem Inhalt, der dem gerade eben betrachteten Ergebnis des `LIST-VIEW`-Kommandos entspricht. Siehe Bild 15.13. Oben in der Meldungszeile steht `SYSGDA 4461: Mark fields to`

```
SYSGDA 4461: Mark fields to incorporate into data area.
Local               Library UEBNG_1                          DBID     8 FNR     7
View EMPLOYEES
I T L  Name                             F Length     Miscellaneous
- - -- -------------------------------- - ---------- -------------------------
X   2  PERSONNEL-ID                     A          8
  *    CNNNNNNN
  *    C=COUNTRY
  G 2  FULL-NAME
X   3  FIRST-NAME                       A         20
    3  MIDDLE-I                         A          1
X   3  NAME                             A         20
    2  MIDDLE-NAME                      A         20
X   2  MAR-STAT                         A          1
  *    M=MARRIED
  *    S=SINGLE
  *    D=DIVORCED
  *    W=WIDOWED
X   2  SEX                              A          1
X   2  BIRTH                            D
.   2  N@BIRTH                          I          2
  G 2  FULL-ADDRESS
- - -- -------------------------------- - ---------- -------------------------

MA     A                                                                06/002
```

Bild 15.13 — Auswahl von DB-Attributen aus einem DB-Relationsschema

`incorporate into data area.` (englisch für *Markiere die Felder, die in den Datenbereich übernommen werden sollen.*). In dieser Auswahlmaske kann dementsprechend lediglich in der ersten Spalte `I` des Tabellenrumpfes eine Eingabe erfolgen. Jedes DB-Attribut, das in die DB-Relationssicht übernommen werden soll, wird **markiert**, d. h. mit einem `X` angekreuzt. Dies trifft auf die bereits identifizierten DB-Attribute `PERSONNEL-ID`, `FIRST-NAME`, `NAME`, `MAR-STAT`, `SEX` und `BIRTH` zu. Da alle benötigten DB-Attribute ausgewählt worden sind, kann unten in Spalte `I` ein Punkt (`.`) eingegeben werden. Damit wird die Auswahl beendet.

Sodann zeigt der **LDA-Editor** die Erfolgsmeldung `SYSGDA 4462: 6 field(s) of view EMPLOYEES included.` (englisch für *6 Feld(er) von Sicht* `EMPLOYEES` *übernommen.*)[2]. Siehe Bild 15.14. Damit ist ein neuer Verbund entstanden. Allerdings kennzeichnet das `V` in Spalte `T` den Verbund speziell als **DB-Relationssicht**. Dieser Verbund hatte den vorläufigen Namen `EMPLOYEES-VIEW`. Da es sich bei der erzeugten DB-Relationssicht um eine Umsetzung der Datenhierarchie „Mitarbeiter-Grunddaten" handeln soll, bekommt sie entsprechend dem Entwurf den Namen `MITARBEITER_GRUND` anstelle der (fast) nichtssagenden Vorbesetzung `EMPLOYEES-VIEW`.

[2] Obwohl oder gerade weil `EMPLOYEES` in Fehlermeldungen als `FILE DESCRIPTION` (englisch für *Dateibeschreibung*) und jetzt in der Meldung plötzlich verwirrenderweise als `view` (englisch für *Sicht*) bezeichnet wird, soll hier weiterhin die Benennung *DB-Relationsschema* benutzt werden.

```
SYSGDA 4462: 6 field(s) of view EMPLOYEES included.
Local                Library UEBNG_1                        DBID     8 FNR      7
Command                                                                       > +
I T L  Name                            F Length     Miscellaneous
All -- -------------------------------- - ---------- ------------------------->
  V  1 MITARBEITER_GRUND                            EMPLOYEES
     2 PERSONNEL-ID                    A          8 /* CNNNNNNN
     2 FIRST-NAME                      A         20 /* FIRST/CHRISTIAN NAME
     2 NAME                            A         20 /* SURNAME/FAMILY NAME
     2 MAR-STAT                        A          1 /* M=MARRIED
     2 SEX                             A          1
     2 BIRTH                           D            /* BIRTH-DATE (YYYY-MM-DD)

 ----------------------------------------------------------------- S 7     L 1

MA      A                                                                03/010
```

Bild 15.14 — LDA mit DB-Relationssicht auf DB-Relationsschema

Mit dem Systemkommando `STOW PERSG_S` wird der Verbund als LDA `PERSG_S` in Quell- und Zielprogrammform erzeugt. Siehe Bild 15.15.

```
Local                Library UEBNG_1                        DBID     8 FNR      7
Command STOW PERSG_S                                                          > +
I T L  Name                            F Length     Miscellaneous
All -- -------------------------------- - ---------- ------------------------->
  V  1 MITARBEITER_GRUND                            EMPLOYEES
     2 PERSONNEL-ID                    A          8 /* CNNNNNNN
     2 FIRST-NAME                      A         20 /* FIRST/CHRISTIAN NAME
     2 NAME                            A         20 /* SURNAME/FAMILY NAME
     2 MAR-STAT                        A          1 /* M=MARRIED
     2 SEX                             A          1
     2 BIRTH                           D            /* BIRTH-DATE (YYYY-MM-DD)

 ----------------------------------------------------------------- S 7     L 1

MA      A                                                                03/010
```

Bild 15.15 — LDA mit DB-Relationssicht auf DB-Relationsschema – kompilieren

Der **Hauptprogrammrumpf** PERSE_R zur Umsetzung des Hauptstruktogramms „EINFÜGEN PERSON“ kann dann aussehen wie der in Bild 15.16. Es ist Folgendes zu **beachten**:

```
0010 /*EINFUEGEN PERSON
0020 DEFINE DATA
0030 LOCAL
0040   USING PERSM_P
0050 LOCAL
0060   USING PERSG_S
0070 LOCAL
0080   USING PERSE_H
0090 END-DEFINE
0100 ;
0110 MSK.FUNKT := 'Einfügung' ;
0120 INPUT USING MAP 'PERSM_R' ;
0130 CALLNAT 'P_ALL_R'
0140   HLF.IRGENDEIN_FEHLER
0150   MSK.PERSNR
0160   MSK.GESCHL
0170   MSK.FAMST
0180   ;
0190 IF HLF.IRGENDEIN_FEHLER
0200 THEN
0210   WRITE 'Keine Einfügung wegen Eingabefehler' ;
0220 ELSE
0230   MITARBEITER_GRUND.PERSONNEL-ID  := MSK.PERSNR ;
0240   MITARBEITER_GRUND.NAME          := MSK.NAME_NACH ;
0250   MITARBEITER_GRUND.FIRST-NAME    := MSK.NAME_VOR ;
0260   MITARBEITER_GRUND.MAR-STAT      := MSK.FAMST ;
0270   MITARBEITER_GRUND.SEX           := MSK.GESCHL ;
0280   MITARBEITER_GRUND.BIRTH         := MSK.GEB_DATUM ;
0290   EIN.                                    /*einfuegen:
0300   STORE RECORD IN FILE MITARBEITER_GRUND ;
0310 END-IF ;
0320 END OF TRANSACTION ;
0330 END
```

Bild 15.16 — Hauptprogrammrumpf: PERSE_R

- In den Zeilen 0230 bis 0280 wird durch attributweise Zuweisungen des Verbundes MSK an MITARBEITER_GRUND der Inhalt der Maske in die DB-Relationssicht übertragen.
- Der Befehl EIN. STORE RECORD IN FILE MITARGEITER_GRUND ; (englisch für *Speichere Satz in Datei* MITARBEITER_GRUND) in den Zeilen 0290 und 0300 bewirkt die Einfügung in die DB.
- Der Befehl END OF TRANSACTION ; (englisch für *Ende der Transaktion*) in Zeile 0320 setzt die entsprechende Bestätigungs-Verarbeitung aus dem Hauptstruktogramm um. Er ist erforderlich, um die DB-Transaktion abzuschließen, d. h. für eine (vorläufig) endgültige Speicherung zu sorgen.

15.4 Test

Man **teste** das Hauptprogramm mit den Daten mehr oder weniger bedeutender Persönlichkeiten in Anlehnung an Tabelle 15.1. Es sollte dabei keine Fehlermeldungen geben.

Man sei sich der Unvollkommenheit des Tests bewusst, da ja noch nicht kontrolliert werden kann, ob die DB-Tupel auch tatsächlich in die DB eingefügt worden sind. Dies ist durch lesenden Zugriff auf die DB möglich. Das dafür notwendige Rüstzeug wird allerdings erst im nächsten Kapitel vermittelt.

15.5 Syntax und Semantik

In diesem Abschnitt werden die neuen Sprachkonstrukte `STORE`-***Befehl*** und `END-OF-TRANSACTION`-***Befehl*** definiert. Zwei Klauseln, die in `STORE`-Befehlen vorkommen können, nämlich die `PASSWORD`-***Klausel*** und die `CIPHER`-***Klausel***, werden vorher definiert.

15.5.1 PASSWORD-Klausel

Aus Datenschutzgründen kann der DBA eine DB-Relation mit sensiblen Daten durch ein zusätzliches Kennwort schützen. Jede Anweisung für einen Zugriff auf eine derart geschützte DB-Relation muss dann eine `PASSWORD`-**Klausel** enthalten.

Diese Klausel wird mit dem reservierten Wort `PASSWORD` eingeleitet. Darauf folgt das Symbol *Gleichheitszeichen* (=) sowie ein Kennwort in Form eines Textausdrucks.

Siehe Bild 15.17.

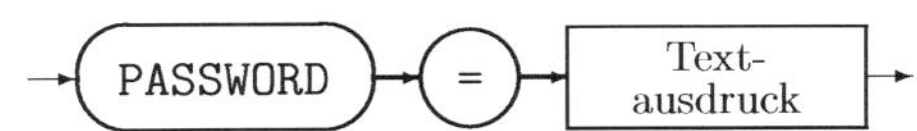

Bild 15.17 — Syntaxdiagramm für `PASSWORD`-*Klausel* (vereinfacht)

Für **Beispiele** siehe Tabelle 15.1.

Tabelle 15.1 — Beispiele für `PASSWORD`-*Klausel*

Nr	richtig	falsch	Erläuterung des falschen Beispiels
1	`PASSWORD = 'GEHEIM'`	`= 'GEHEIM'`	Reserviertes Wort `PASSWORD` fehlt.
2	`PASSWORD = HLF.P ( / 2 )`	`PASSWORD HLF.P ( / 2 )`	Symbol *Gleichheitszeichen* (=) fehlt.

Beispiel Nr. 1 zeigt, wie man es eigentlich *nicht* machen sollte:

Aus Datenschutzgründen sollten Kennwörter nicht in Quellprogrammen als Literale erscheinen, sondern vor dem ersten DB-Zugriff vom Anwender abgefragt und in einer Hilfsvariablen gespeichert oder aus ausreichend geschützten Dateien übernommen werden.

15.5.2 CIPHER-Klausel

Aus Datenschutzgründen kann der DBA eine DB-Relation, die besonders sensible Daten enthält, mit einem zusätzlichen Chiffriercode belegen, um ein kryptografisches Ver- bzw. Entschlüsseln bei jedem DB-Zugriff auf diese DB-Relation zu erzwingen.

Jede Anweisung für einen Zugriff auf eine derart geschützte DB-Relation muss dann eine **CIPHER-Klausel** enthalten.

Diese Klausel wird mit dem reservierten Wort `CIPHER` eingeleitet. Darauf folgt das Symbol *Gleichheitszeichen* (=) sowie ein Chiffriercode in Form eines arithmetischen Ausdrucks, der eine genau 8-stellige Zahl ohne Nachkommastellen abliefert.

Siehe Bild 15.18.

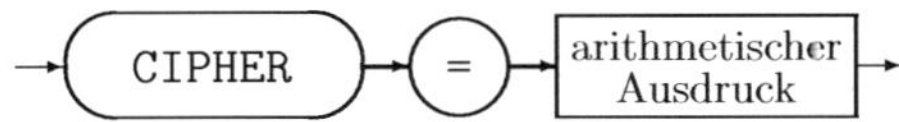

Bild 15.18 — Syntaxdiagramm für `CIPHER`-*Klausel* (vereinfacht)

Es gibt noch die **Zusatzregel**, dass der arithmetische Ausdruck auf eine Konstante oder eine Variable beschränkt ist.

Wenn er aus einer Konstanten besteht, so muss diese eine genau 8-stellige Ziffernfolge, gern auch mit führenden Nullen, sein.

Wenn er aus einer Variablen besteht, so muss diese vom Format `N` sein. Dieses leistet das Gleiche wie das Format `P`, kostet nur ungefähr den doppelten Speicherplatz. Der Datentyp muss nun genau `N8` bzw. `N8,0` sein. Beispielsweise sind weder `N7` noch `N9` noch `N6,2` noch `P8` erlaubt.

Für **Beispiele** siehe Tabelle 15.2.

Tabelle 15.2 — Beispiele für `CIPHER`-*Klausel*

Nr	richtig	falsch	Erläuterung des falschen Beispiels
1	`CIPHER = 00000000`	`CIPHER`	Reserviertes Wort `CIPHER` reicht nicht.
2	`CIPHER = 12345678`	`CIPHER =`	Chiffriercode fehlt.
3	`CIPHER = 87654321`	`CIPHER 87654321`	Gleichheitszeichen (=) fehlt.
4	`CIPHER = 87654321`	`CIPHER = '87654321'`	Chiffriercode darf kein Text sein.
5	`CIPHER = 00000123`	`CIPHER = 123`	Chiffriercode ist zu kurz.
6	`CIPHER = 12345678`	`CIPHER = 123456789`	Chiffriercode ist zu lang.
7	`CIPHER = 12345678`	`CIPHER = 123456,78`	Nachkommastellen sind hier verboten.
8	`CIPHER = CHIFFRE`	`CIPHER CHIFFRE`	Gleichheitszeichen (=) fehlt.
9	`CIPHER = HLF.CHIFF`	`CIPHER HLF.CHIFF`	Gleichheitszeichen (=) fehlt.

Manche Beispiele zeigen wieder, wie man es eigentlich *nicht* machen sollte:

- Auch Chiffriercodes sollten nicht in Quellprogrammen als Literale erscheinen.
- Chiffriercodes sollten nicht leicht zu erraten sein wie z. B. `00000000` oder `12345678`.

15.5.3 STORE-Befehl

Ein **STORE-Befehl** wird mit einer Marke eingeleitet. Darauf folgen die reservierten Wörter STORE, RECORD, IN und FILE sowie der Name einer DB-Relationssicht in Form eines Bezeichners. Eine PASSWORD-Klausel und/oder eine CIPHER-Klausel können sich anschließen. Beendet wird auch dieser Befehl durch ein Semikolon (;).

Siehe Bild 15.19.

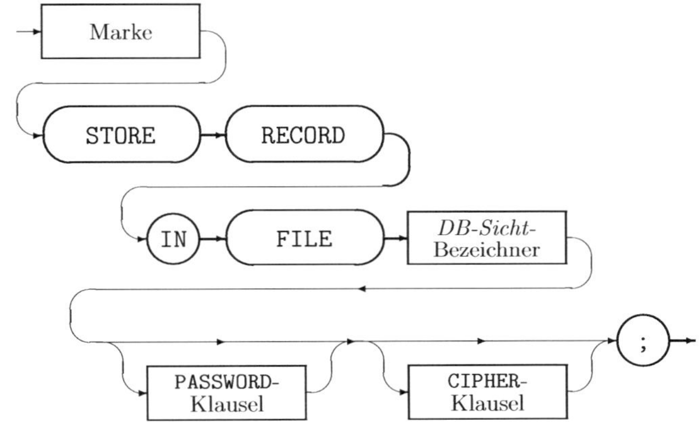

Bild 15.19 — Syntaxdiagramm für STORE-*Befehl* (vereinfacht)

Für **Beispiele** siehe Tabelle 15.3.

Tabelle 15.3 — Beispiele für STORE-*Befehl*

Nr	richtig	falsch	Erläuterung des falschen Beispiels
1	SPEICHERN. STORE RECORD IN FILE PRODUKTE ;	STORE RECORD IN FILE PRODUKTE ;	Marke erwartet.
2	EIN_KFZ. STORE RECORD IN FILE AUTOS ;	EIN_KFZ. STORE RECORD IN AUTOS ;	Wortsymbol FILE fehlt.
3	NEUZUGANG. STORE RECORD IN FILE PERSONAL PASSWORD = 'Xa9' ;	NEUZUGANG. STORE RECORD IN FILE PERSONAL PASSWORT = 'Xa9' ;	PASSWORD erwartet
4	EIN_BEHANDLUNG. STORE RECORD IN FILE KRANK_AKT PASSWORD = KENN CIPHER = CHIFFRE ;	EIN_BEHANDLUNG. STORE RECORD IN FILE KRANK_AKT PASSWORD = KENN CIPHER = 4987456 ;	Genau 8 Ziffern erwartet.

15.5.4 END-OF-TRANSACTION-Befehl

Ein `END-OF-TRANSACTION`-**Befehl** wird mit dem reservierten Wort `END` eingeleitet. Darauf folgen die reservierten Wörter `OF` und `TRANSACTION` sowie ein Semikolon (;). Siehe Bild 15.20.

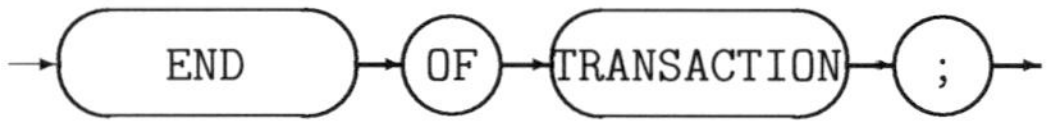

Bild 15.20 — Syntaxdiagramm für `END-OF-TRANSACTION`-*Befehl*

Für **Beispiele** siehe Tabelle 15.4.

Tabelle 15.4 — Beispiele für `END-OF-TRANSACTION`-*Befehl*

Nr	richtig	falsch	Erläuterung des falschen Beispiels
1	`END OF TRANSACTION ;`	`OF TRANSACTION ;`	Reserviertes Wort `END` fehlt.
2	`END OF TRANSACTION ;`	`TRANSACTION ;`	Reservierte Wörter `END` und `OF` fehlen.

Nach den Erläuterungen zum Hauptstruktogramm EINFÜGEN PERSON müsste man annehmen, dass aus Konsistenzgründen vor Beendigung der anstehenden DB-Transaktion durch einen `END-OF-TRANSACTION`-Befehl alle Änderungen des DB-Zustands für die Umwelt unsichtbar sind. Dies ist jedoch mindestens bei Verwendung von Adabas als Datenbank-Verwaltungssystem nicht der Fall: Alle Änderungen des DB-Zustands werden sofort wirksam, damit auch für andere Anwender derselben Adabas-Datenbank und damit auch für andere Natural-Jobs sichtbar, können jedoch bis zum nächsten Transaktionsende durch einen `BACKOUT-TRANSACTION`-Befehl auf einfache Weise rückgängig gemacht werden. Ein Vorhangeln von einem konsistenten DB-Zustand zu einem nachfolgenden bedarf demnach weiterer Vorkehrungen in den NPL-Programmen.

15.6 Übungen

15.6.1 Zugriffsschutz

Bitten Sie Ihren DBA, die DB-Relation `EMPLOYEES` mit einem **Kennwort** zu belegen. Wenn er damit fertig ist, erweitern Sie bitte das in diesem Kapitel entwickelte Programmsystem um die Eingabe eines Kennwortes vom Bildschirmgerät und seine Verwendung beim Einfügen eines DB-Tupels in die DB (`PASSWORD`-Klausel im `STORE`-Befehl).

15.6.2 Kraftfahrzeugdaten

Entwickeln Sie bitte aus der Lösung der Übungsaufgabe 14.6.2 ein System zum **Einfügen von Kraftfahrzeugdaten** in die DB. Benutzen Sie dazu die entsprechende vom Hersteller mitgelieferte Demo-DB-Relation, deren Name höchstwahrscheinlich mit `VEHICLE` beginnt.

16 Weitere Datenbankzugriffe

Nachdem im vorigen Kapitel 15 das Einfügen von Daten in eine DB-Relation behandelt wurde, wird in diesem Kapitel 16 gezeigt, wie man die Früchte dieser Vorarbeit erntet, d. h. derart gespeicherte **Daten** in einer DB **wiederfindet**.

16.1 Problem

Es sei die Aufgabe gestellt, das in Kapitel 15 fortgesetzte **Personalinformationssystem** nochmals zu **erweitern**. Den Funktionen zur Prüfung und Einfügung von Personaldaten in eine DB-Relation sind jetzt Funktionen zum Wiederfinden solcher Daten hinzuzufügen. Als Suchkriterium soll dabei sowohl das Attribut „Personalnummer“ als auch das Attribut „Nachname“ dienen. Für beide Attribute ist jeweils eine Intervallunter- und -obergrenze vom Bildschirmgerät einzulesen. Auf jeden Fall sollen die diesen Kriterien genügenden DB-Tupel angezeigt werden. Der anwendende Sachbearbeiter kann dann für jedes angezeigte DB-Tupel entscheiden, ob zusätzlich zur Anzeige nichts geschehen soll, ob er die angezeigten Felder mit neuen Inhalten überschreibt und damit die Personaldaten in der DB ändert oder ob er das angezeigte DB-Tupel löscht.

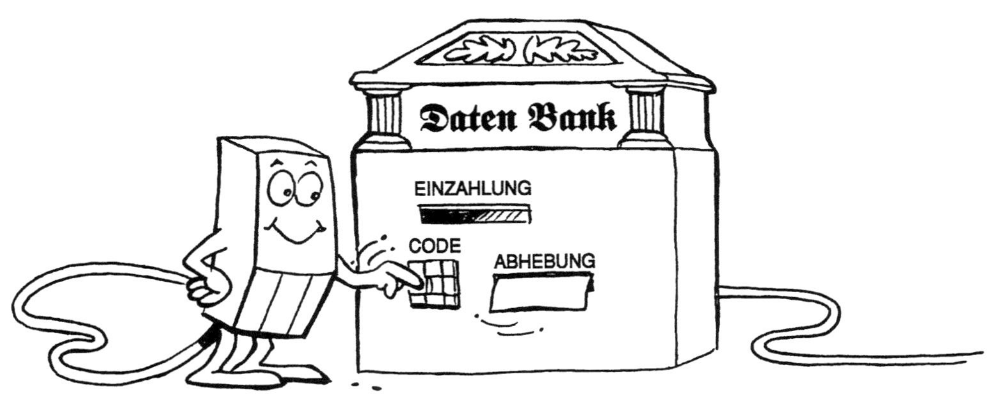

16.2 Entwurf

Für das Einfügen von Personaldaten kann weiterhin das in Kapitel 15 entwickelte Programmsystem zuständig bleiben.

Dieses Kapitel 16 konzentriert sich dementsprechend auf die neu hinzugekommenen Funktionen.

Um diese zu realisieren, wird ein Hauptstruktogramm namens FINDEN PERSON angelegt. Diesem Hauptstruktogramm sollen die Blöcke aus den beiden vorigen Kapiteln zur Verfügung stehen.

Die Aufrufbeziehung der Struktogramme untereinander wird hier wieder durch eine **Struktogrammhierarchie** dargestellt. Diese ähnelt der Struktogrammhierarchie aus Kapitel 15. Lediglich der Name des Hauptstruktogramms ist anders. Siehe Bild 16.1.

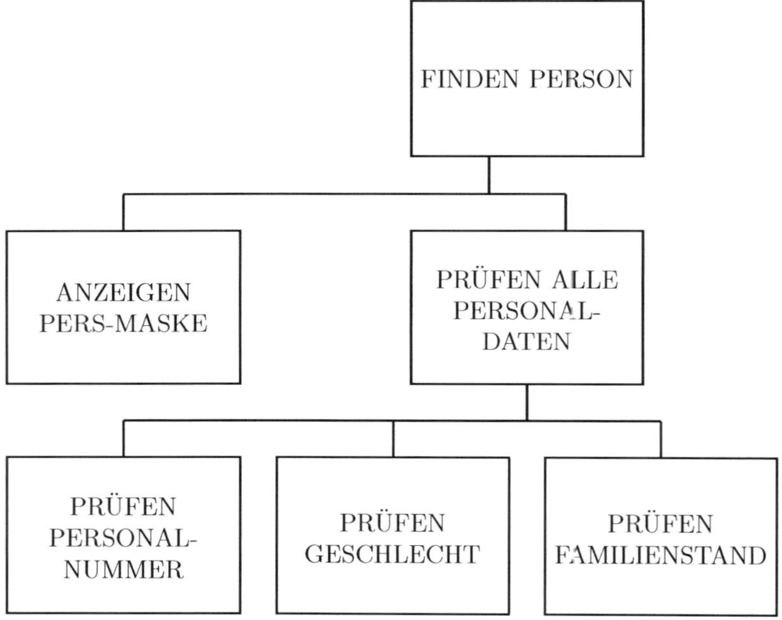

Bild 16.1 — Struktogrammhierarchie: FINDEN PERSON

16.2.1 Datenhierarchie

Im zu entwickelnden Hauptstruktogramm FINDEN PERSON werden **Hilfsvariablen** für die gewünschten Intervallunter- und -obergrenzen der Attribute „Personalnummer“ und „Nachname“ benötigt, ferner ein Funktionscode, mit dem der anwendende Sachbearbeiter angibt, was mit dem angezeigten DB-Tupel zu geschehen hat, sowie die bereits bekannte Variable für die Signalisierung eines Eingabefehlers.

Die benötigten Hilfsdaten werden hier wieder durch eine **Datenhierarchie** DIN 66 001 – DH „Hilf“ dargestellt. Siehe Bild 16.2.

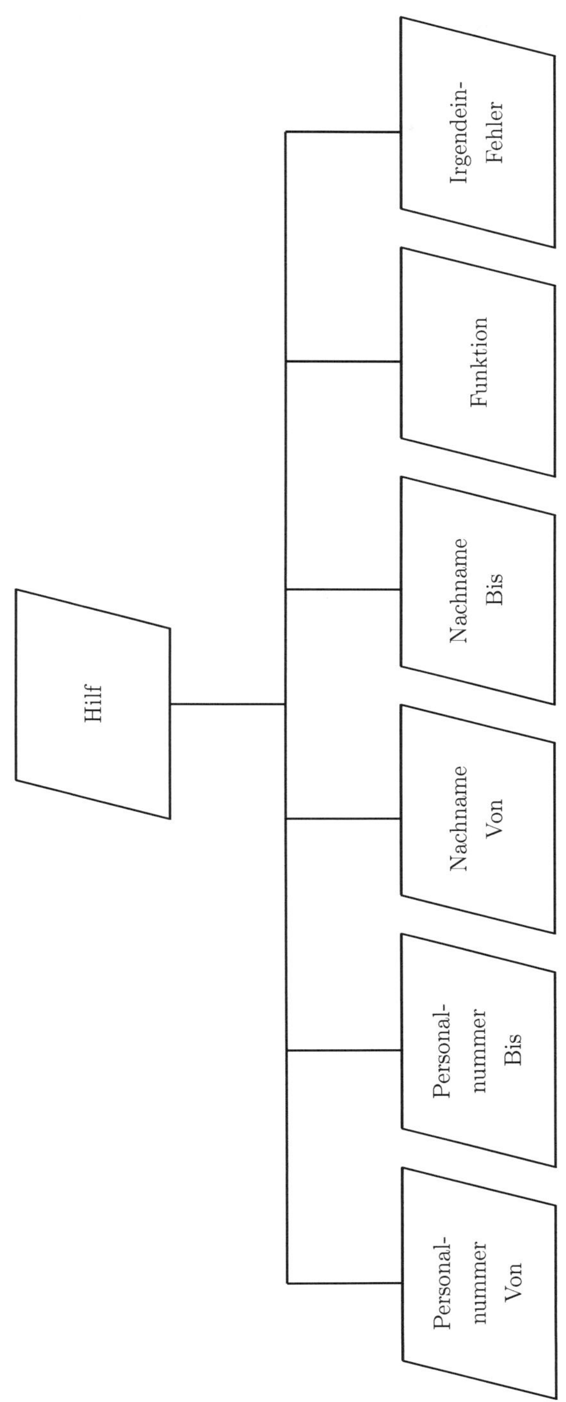

Bild 16.2 — Datenhierarchie: Hilf (für Hauptstruktogramm FINDEN PERSON)

Lesen von Bildschirmgerät:
Hilf.PersonalnummerVon , Hilf.NachnameVon ,
① Hilf.PersonalnummerBis , Hilf.NachnameBis

② Maske.Funktion ⟵ 'Anzeige'

③ Finden in DB-Relationssicht Mitarbeiter-Grunddaten *irgendein* DB-Tupel mit:
Personalnummer ≥ Hilf.PersonalnummerVon ∧
Personalnummer ≤ Hilf.PersonalnummerBis ∧
Nachname ≥ Hilf.NachnameVon ∧
Nachname ≤ Hilf.NachnameBis

④ Schleife: Solange DB-Tupel gemäß Kriterium vorhanden

⑤ Maske ⟵ Mitarbeiter-Grunddaten

⑥ ANZEIGEN PERS-MASKE (Maske.Funktion, ...)

⑦ Lesen von Bildschirmgerät: Hilf.Funktion

⑧ Hilf.Funktion

= ' ' | = 'L' | = 'A' | SONST

⑨ nichts tun

⑩ Löschen augenblickliches DB-Tupel

⑪ PRÜFEN ALLE PERSONALDATEN
(Hilf.IrgendeinFehler,
Maske.Personalnummer,
Maske.Geschlecht,
Maske.Familienstand)

⑫ Hilf.IrgendeinFehler

Ja | Nein

⑬ Fehlermeldung

⑭ Mitarbeiter-Grunddaten ⟵ Maske

⑮ Überschreiben augenblickliches DB-Tupel durch Inhalt von Mitarbeiter-Grunddaten

⑯ Fehlermeldung

⑰ Bestätigen DB-Transaktion

⑱ Finden in Relationssicht Mitarbeiter-Grunddaten *weiteres* DB-Tupel mit:
Personalnummer ≥ Hilf.PersonalnummerVon ∧
Personalnummer ≤ Hilf.PersonalnummerBis ∧
Nachname ≥ Hilf.NachnameVon ∧
Nachname ≤ Hilf.NachnameBis

Bild 16.3 — Hauptstruktogramm: FINDEN PERSON

16.2.2 Struktogramm

Das **Hauptstruktogramm FINDEN PERSON** kann dann aussehen wie das in Bild 16.3. Es ist Folgendes zu **beachten**:

① Zunächst wird ein Personalnummer- und ein Nachname-Intervall eingelesen.

② Die Maske zur Anzeige der Personaldaten bekommt den Untertitel 'Anzeige'.

③ Daraufhin wird versucht, über die DB-Relationssicht „Mitarbeiter-Grunddaten" irgendein beliebiges DB-Tupel zu finden, dessen Attributwerte für Personalnummer und Nachname sich innerhalb der anfangs eingelesenen Intervallgrenzen befinden. Dies bedeutet konkret, dass der Inhalt des DB-Attributs „Personalnummer" größer oder gleich dem Inhalt der Hilfsvariablen „Hilf.PersonalnummerVon" sein soll. Weiterhin soll er kleiner oder gleich dem Inhalt der Hilfsvariablen „Hilf.PersonalnummerBis" sein. Entsprechendes gilt für das DB-Attribut „Nachname".

④ Sodann werden in einer Wiederholung mit vorausgehender Bedingungsprüfung die entsprechenden DB-Tupel von der Datenbank verarbeitet. Solange ein DB-Tupel gemäß den gegebenen Kriterien vorhanden ist, wird der Rumpf der Wiederholung ausgeführt.

⑤ In dieser Wiederholung werden zunächst die Daten des gerade gefundenen DB-Tupels aus der DB-Relationssicht „Mitarbeiter-Grunddaten" in die Datenhierarchie „Maske" übertragen. Aus Platzgründen stellt auch dieses Struktogramm die Zuweisungen nicht komponentenweise dar.

⑥ Durch Aufruf des Blocks ANZEIGEN PERS-MASKE zeigt das Bildschirmgerät die Datenhierarchie „Maske" an. Auch hier erscheint die aktuelle Parameterliste nur in verkürzter Form.

⑦ Dann folgt die Eingabe eines Funktionscodes vom Bildschirmgerät, welcher aussagt, was mit dem augenblicklichen DB-Tupel geschehen soll.

⑧ Zur Auswahl stehen laut mehrfacher Alternative die Funktionscodes:

⑨ ' ' (für keine weitere Aktion),

⑩ 'L' (für das Löschen des augenblicklichen DB-Tupels) und

⑪ 'A' (für das Ändern des augenblicklichen DB-Tupels). Im letzteren Fall werden die Daten wie beim Einfügen auf Plausibilität geprüft, da ja anzunehmen ist, dass die Maskenfelder vorher mit neuen Werten überschrieben worden sind.

⑫ Im Falle irgendeines Eingabefehlers

⑬ erscheint auf dem Bildschirm eine entsprechende Fehlermeldung.

⑭ Andernfalls wird die DB-Relationssicht „Mitarbeiter-Grunddaten" durch den Inhalt der Datenhierarchie „Maske" überschrieben. Auch hier gibt es wieder im Wesentlichen eine komponentenweise Zuweisung. Ausgenommen von der Zuweisung soll dabei die Datenhierarchiekomponente „Maske.Funktion" sein. Für diese gibt es aber auch gar keine entsprechende Komponente in der DB-Relationssicht.

⑮ Anschließend werden Attribute des augenblicklichen DB-Tupels *in der DB* durch den Inhalt der entsprechenden Attribute seiner DB-Relationssicht „Mitarbeiter-Grunddaten" überschrieben. Attribute, die nicht in der DB-Relationssicht enthalten sind, bleiben dabei unverändert.

⑯ Nach Eingabe eines *ungültigen* Funktionscodes erscheint jedoch eine entsprechende Fehlermeldung auf dem Bildschirm.

⑰ Auf jeden Fall soll die DB-Transaktion bestätigt werden.

⑱ Direkt vor dem Ende der Wiederholung wird versucht, ein weiteres, bisher noch nicht behandeltes, DB-Tupel mit ansonsten den gleichen Kriterien wie in ③ zu finden. Damit hat sich der Kreis zur Abarbeitung aller DB-Tupel mit vorgegebenen Eigenschaften geschlossen.

16.3 Implementation

In Analogie zur Struktogrammhierarchie ergibt sich beispielsweise eine **Programmhierarchie** wie in Bild 16.4.

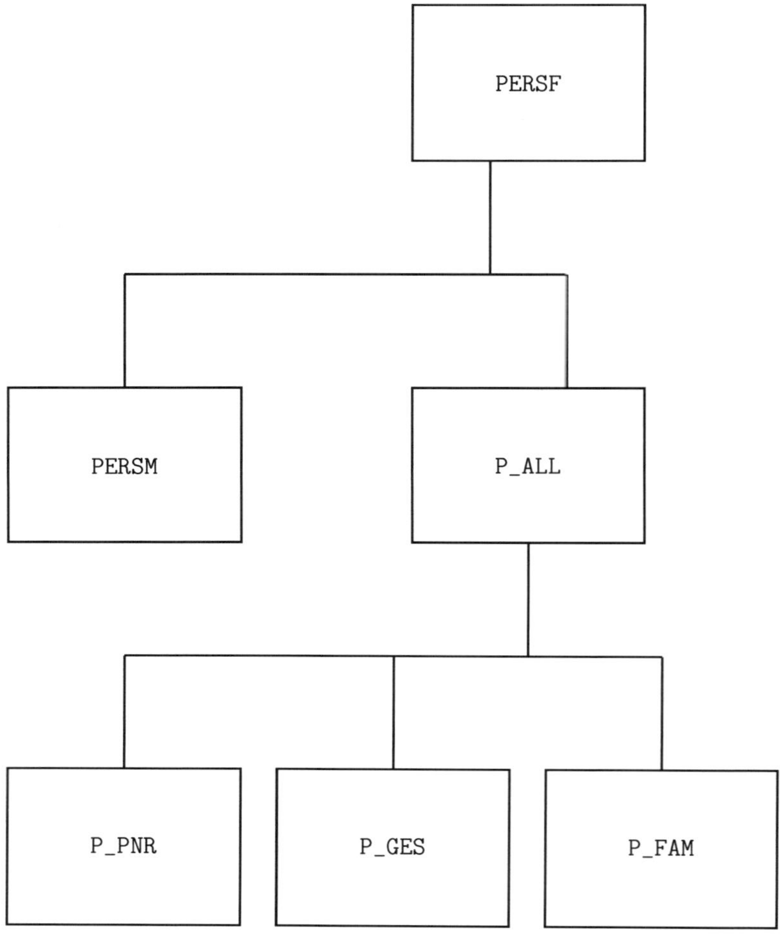

Bild 16.4 — Programmhierarchie DIN 66 001 – PH: `PERSF`

Es ist Folgendes zu **beachten**:

- Ein Hauptprogramm `PERSF` setzt das Hauptstruktogramm FINDEN PERSON um.
- Für die restlichen Beziehungen zwischen Struktogrammen und Programmen siehe Kapitel 15.

16.3.1 Datenvereinbarung

Zur Umsetzung der Datenhierarchie „Hilf“ für das Hauptstruktogramm wird eine **LDA** PERSF_H für das Hauptprogramm vereinbart. Siehe Bild 16.5.

```
I T L  Name                             F Length     Miscellaneous
All -- -------------------------------- - ---------- ------------------------->
      1 HLF                                          /*Hilf
      2 FUNKT                           A          1 /*Funktion
      2 IRGENDEIN_FEHLER                L            /*IrgendeinFehler
      2 PERSNR_VON                      A          8 /*Personalnummer Von
      2 PERSNR_BIS                      A          8 /*Personalnummer Bis
      2 NAM_NACH_VON                    A         20 /*Nachname Von
      2 NAM_NACH_BIS                    A         20 /*Nachname Bis
```

Bild 16.5 — Datenvereinbarung: LDA PERSF_H

16.3.2 Rumpf

Der **Hauptprogrammrumpf** PERSF_R zur Umsetzung des Hauptstruktogramms kann dann aussehen wie der in Bild 16.6.

```
/*FINDEN PERSON
DEFINE DATA
LOCAL USING PERSM_P
LOCAL USING PERSG_S
LOCAL USING PERSF_H
END-DEFINE ;
INPUT '    ' 'Pers.-Nr'      ' ' 'Nachname'
  /    'von' HLF.PERSNR_VON ' ' HLF.NAM_NACH_VON
  /    'bis' HLF.PERSNR_BIS ' ' HLF.NAM_NACH_BIS ;
MSK.FUNKT := 'Anzeige' ;
SCHLEIF.             /*Schleife:
FIND ALL RECORDS IN FILE MITARBEITER_GRUND
  WITH PERSONNEL-ID >= HLF.PERSNR_VON
  AND  PERSONNEL-ID <= HLF.PERSNR_BIS
  AND  NAME         >= HLF.NAM_NACH_VON
  AND  NAME         <= HLF.NAM_NACH_BIS ;
  MSK.PERSNR     := MITARBEITER_GRUND.PERSONNEL-ID ;
  MSK.NAME_NACH  := MITARBEITER_GRUND.NAME         ;
  MSK.NAME_VOR   := MITARBEITER_GRUND.FIRST-NAME   ;
  MSK.FAMST      := MITARBEITER_GRUND.MAR-STAT     ;
  MSK.GESCHL     := MITARBEITER_GRUND.SEX          ;
  MSK.GEB_DATUM  := MITARBEITER_GRUND.BIRTH        ;
  INPUT USING MAP 'PERSM_R' ;
  INPUT 'Funktion ('' ''=Lassen, L=Löschen, A=Ändern):' HLF.FUNKT ;
  DECIDE ON FIRST VALUES OF HLF.FUNKT
    VALUES ' ' ;
      IGNORE ;
    VALUES 'L' ;
      DELETE RECORD IN STATEMENT ( SCHLEIF. ) ;
    VALUES 'A' ;
      CALLNAT 'P_ALL_R'
        HLF.IRGENDEIN_FEHLER
        MSK.PERSNR MSK.GESCHL MSK.FAMST ;
      IF HLF.IRGENDEIN_FEHLER THEN
        WRITE 'Keine Änderung wegen Eingabefehler' ;
      ELSE
        MITARBEITER_GRUND.PERSONNEL-ID  := MSK.PERSNR    ;
        MITARBEITER_GRUND.NAME          := MSK.NAME_NACH ;
        MITARBEITER_GRUND.FIRST-NAME    := MSK.NAME_VOR  ;
        MITARBEITER_GRUND.MAR-STAT      := MSK.FAMST     ;
        MITARBEITER_GRUND.SEX           := MSK.GESCHL    ;
        MITARBEITER_GRUND.BIRTH         := MSK.GEB_DATUM ;
        UPDATE RECORD IN STATEMENT ( SCHLEIF. ) ;
      END-IF ;
    NONE VALUES ;
      WRITE 'ungültiger Funktionscode' ;
  END-DECIDE ;
  END OF TRANSACTION ;
END-FIND ;
END
```

Bild 16.6 — Hauptprogrammrumpf: PERSF_R

Es ist Folgendes zu **beachten**:

- Der Rumpf ist etwas kompakter abgefasst als bisher, um ihn nicht zu lang werden zu lassen.
- Man beachte besonders, wie elegant die Wiederholung mit vorausgehender Bedingungsprüfung aus dem Struktogramm durch eine entsprechende `FIND`-Anweisung (Zeilen `0110` bis `0490`) umgesetzt werden kann. Diese Anweisung sieht im Besonderen vor, dass das Suchkriterium nur einmal, und zwar im Kopf der gebildeten *Prozess-Schleife* (Zeilen `0120` bis `0160`), anzugeben ist.
- In Zeile `0290` steht ein `DELETE`-Befehl, welcher die entsprechende Verarbeitung „Löschen augenblickliches DB-Tupel" aus dem Hauptstruktogramm umsetzt.
- Entsprechend setzt der `UPDATE`-Befehl in Zeile `0430` die Verarbeitung „Überschreiben augenblickliches DB-Tupel ..." aus dem Hauptstruktogramm um.

16.4 Test

Zunächst soll überprüft werden, ob das Programm alle im Abschnitt 15.4 eingefügten DB-Tupel anzeigt. Dazu rufe man durch Erteilung des Systemkommandos `EXECUTE PERSF_R` das Hauptprogramm auf und gebe passende Intervallgrenzen für das Suchkriterium ein. Zu diesem Zweck sollten in der ersten angezeigten Maske in Spalte `Pers.-Nr` in Zeile `von` der Wert `D` und in Zeile `bis` der Wert `E` eingetragen werden. Hingegen ist in Spalte `Nachname` in Zeile `von` der Wert ␣ und in Zeile `bis` der Wert `ZZZZZZZZZZZZZZZZZZZZ` einzutragen. Ein einzelnes `Z` genügt nicht, da es lexikografisch vor z. B. `ZALUSKOWSKY` liegt und man damit nicht notwendigerweise alle Tupel angezeigt bekäme. Nach Verabschiedung dieser ersten Maske sollte das Programm nacheinander alle in Kapitel 15 eingefügten DB-Tupel anzeigen. Dabei verzichte man darauf, irgendwelche Felder zu überschreiben. Wenn das Programm zur Eingabe eines Funktionscodes auffordert, wird stets durch schlichtes Weiterblättern mit der Eingabe-Taste [↲] ein Leerzeichen (␣) eingegeben.

Um die Funktion *Ändern* zu testen, rufe man das Programm nochmals auf und lasse alle DB-Tupel mit Personalnummern von `D` bis `E` und Nachnamen nur von `See` bis `See` suchen. Die Suche sollte genau ein DB-Tupel ergeben. Man überschreibe das mit `Vorname` beschriftete Feld durch `Konrad` und rufe anschließend durch Eingabe des Funktionscodes `A` die Funktion *Ändern* auf. Ein erneuter Aufruf des Programms kann dann der Überprüfung dienen, ob die Änderung tatsächlich durchgeführt wurde.

Schließlich lösche man das eben geänderte DB-Tupel durch Eingabe des Funktionscodes `L` und überprüfe mit einer Wiederholung des ersten Testfalls (Anzeige aller DB-Tupel in den angegebenen Intervallen), ob die Löschung erfolgreich war.

Es sei darauf hingewiesen, dass die gezeigte Vorgehensweise in mancherlei Hinsicht nicht ganz „wasserdicht" war. So wurden bei der Eingabe der von- und bis-Werte Annahmen über die Sortierreihenfolge der Zeichen gemacht, die nicht zutreffen müssen. Beispielsweise kann es passieren, dass man auf einer Anlage des Herstellers Siemens mit einem bis-Wert `ZZZZZZZZZZZZZZZZZZZZ` keinen Nachnamen findet, der mit einem U-Umlaut (`Ü`) beginnt. Überhaupt wird man in realen Systemen spezielle Eingabe-Codes, z. B. für *finde alles*, vorsehen. Weiterhin unterscheidet man zwischen Original-Schreibweise, z. B. `Flößer`, und einer standardisierten Schreibweise, z. B. `FLOESSER`. Letztere findet dann Eingang in Deskriptoren. Derartige Techniken würden allerdings den Rahmen dieser Einführung sprengen.

16.5 Syntax und Semantik

Dieser Abschnitt hat die Definition der neuen Sprachkonstrukte DELETE-***Befehl***, UPDATE-***Befehl*** und FIND-***Anweisung*** zum Ziel. Da das Sprachkonstrukt FIND-*Anweisung* sehr komplex ist, werden vor seiner Definition ein paar Hilfskonstrukte (*Begrenzung* und einige Klauseln) definiert und anschließend in FIND-*Anweisung* referenziert.

Im Folgenden wird des öfteren ein neuer Begriff benutzt, und zwar der des ***Deskriptors***. Ein Deskriptor ist ein DB-Attribut innerhalb eines DB-Relationsschemas, zu dem es einen **Index**, eine sogenannte *Invertierte Liste* gibt. Eine solche Invertierte Liste ordnet jedem Deskriptorwert eine Menge von Referenzen auf diejenigen DB-Tupel zu, in denen das Deskriptorattribut gerade den Deskriptorwert zum Inhalt hat. Diese Technik ermöglicht in vielen Fällen ein relativ schnelles Wiederfinden von DB-Tupeln, z. B. mit Hilfe der WITH-Klausel einer FIND-Anweisung.

Man kann die für eine DB-Relation verfügbaren Deskriptoren herausfinden, indem man beim entsprechenden DB-Relationsschema (siehe z. B. Bild 15.10 auf S. 248) nachsieht, für welche Attribute in Spalte D ein D (Abkürzung von D*escriptor*) eingetragen ist. Dies trifft z. B. im DB-Relationsschema EMPLOYEES auf die Attribute PERSONNEL-ID, NAME, BIRTH oder CITY zu. Die Deskriptoreigenschaft eines Attributes ist übrigens keine Naturkonstante, sondern wird i. Allg. entsprechend seiner zu erwartenden oder tatsächlichen Verwendung vom DBA vergeben. Deskriptoren haben nun einige Sonderrechte, auf welche in den folgenden Abschnitten näher eingegangen wird.

16.5.1 DELETE-Befehl

Ein DELETE-**Befehl** der Form DELETE RECORD IN STATEMENT (*Marke*) ; (englisch für *Lösche Satz in Befehl (Marke);*) dient zum Löschen eines DB-Tupels, das z. B. mit einer FIND-Anweisung ausgewählt worden ist, aus einer DB-Relation.

Der Befehl wird stets mit dem reservierten Wort DELETE eingeleitet. Darauf folgen die reservierten Wörter RECORD, IN und STATEMENT sowie – eingeschlossen in runden Klammern (( )) – der Name einer DB-Zugriffsanweisung, z. B. eines STORE-Befehls oder einer FIND-Anweisung, in Form einer Marke. Diese Referenzierung der DB-Zugriffsanweisung dient der eindeutigen Identifikation des zu löschenden DB-Tupels, z. B. für den Fall, dass es in einem Programm mehrere STORE-Befehle gibt oder dass durch DB-Zugriffsanweisungen gebildete Prozessschleifen geschachtelt sind. Abgeschlossen wird auch dieser Befehl durch ein Semikolon (;). Siehe Bild 16.7.

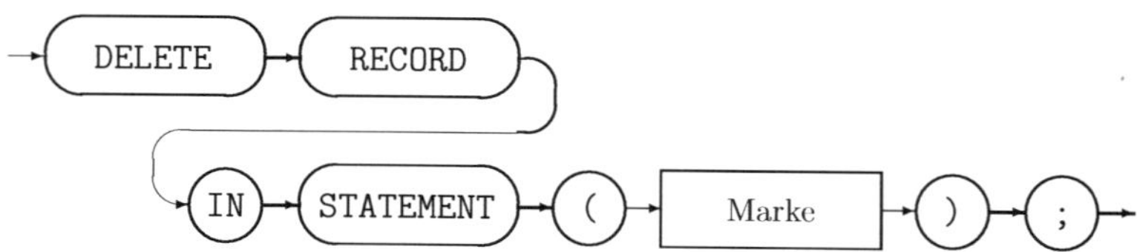

Bild 16.7 — Syntaxdiagramm für DELETE-*Befehl* (vereinfacht)

Für **Beispiele** siehe Tabelle 16.1.

Tabelle 16.1 — Beispiele für DELETE-*Befehl*

Nr	richtig	falsch	Erläuterung des falschen Beispiels
1	DELETE RECORD IN STATEMENT (LES.) ;	RECORD IN STATEMENT (LES.) ;	Reserviertes Wort DELETE fehlt.
2	DELETE RECORD IN STATEMENT (KFZ.) ;	DELETE RECORD IN STATEMENT (KFZ) ;	Auch angewandtes Vorkommen von Marke endet mit Punkt (.).
3	DELETE RECORD IN STATEMENT (KFZ.) ;	DELETE RECORD IN STATEMENT ;	Marke erwartet.

16.5.2 UPDATE-Befehl

Ein **UPDATE-Befehl** der Form UPDATE RECORD IN STATEMENT (*Marke*) ; (englisch für *Ändere Satz in Befehl (Marke);*) dient zum Ändern eines DB-Tupels, das z. B. mit einer FIND-Anweisung ausgewählt worden ist, in einer DB-Relation. Dabei sollten vor Ausführung eines UPDATE-Befehls bereits die nötigen Zuweisungen an die zu ändernden Attribute der verwendeten DB-Relationssicht erfolgt sein.

Ein UPDATE-Befehl wird stets mit dem reservierten Wort UPDATE eingeleitet. Darauf folgen die reservierten Wörter RECORD, IN und STATEMENT sowie – eingeschlossen in runden Klammern (( )) – der Name einer DB-Zugriffsanweisung. Diese Referenzierung der DB-Zugriffsanweisung dient wieder der eindeutigen Identifikation des (zu ändernden) DB-Tupels. Abgeschlossen wird auch dieser Befehl durch ein Semikolon (;). Siehe Bild 16.8.

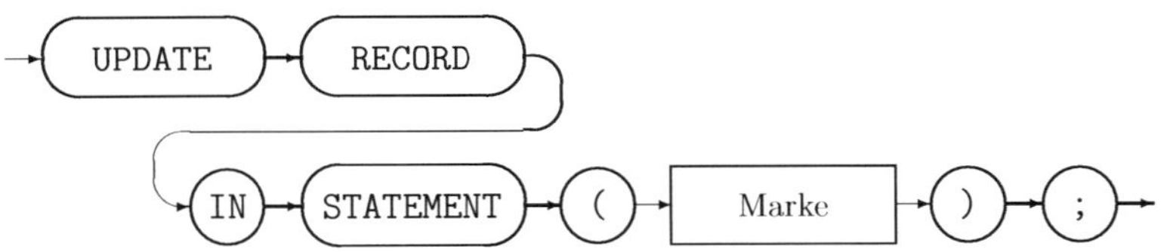

Bild 16.8 — Syntaxdiagramm für UPDATE-*Befehl* (vereinfacht)

Für **Beispiele** siehe Tabelle 16.2.

Tabelle 16.2 — Beispiele für UPDATE-*Befehl*

Nr	richtig	falsch	Erläuterung des falschen Beispiels
1	UPDATE RECORD IN STATEMENT (LES.) ;	RECORD IN STATEMENT (LES.) ;	Reserviertes Wort UPDATE fehlt.
2	UPDATE RECORD IN STATEMENT (KFZ.) ;	UPDATE RECORD IN STATEMENT (KFZ) ;	Auch angewandtes Vorkommen von Marke endet mit Punkt (.).
3	UPDATE RECORD IN STATEMENT (KFZ.) ;	UPDATE RECORD IN STATEMENT ;	Marke erwartet.

16.5.3 SORTED-Klausel

Eine **SORTED-Klausel** der Form SORTED BY *Deskriptor*-Bezeichner [DESCENDING] (englisch für *sortiert nach* Deskriptor-*Bezeichner [absteigend]*) dient zum lexikografischen Sortieren der durch eine FIND-Anweisung ausgewählten DB-Tupel nach einer Liste von Deskriptoren.

Eine SORTED-Klausel wird stets mit den reservierten Wörtern SORTED und BY eingeleitet. Darauf folgt eine nichtleere Liste von *Deskriptor*-Bezeichnern. Schließlich kann ein optionales reserviertes Wort DESCENDING (englisch für *absteigend*) eine absteigende Sortierreihenfolge bewirken. Diese bezieht sich auf **alle** angegebenen *Deskriptor*-Bezeichner. Damit kann leider nicht für jeden Deskriptor *einzeln* festgelegt werden, ob er jeweils auf- oder absteigend in die Sortierung eingehen soll. Siehe Bild 16.9.

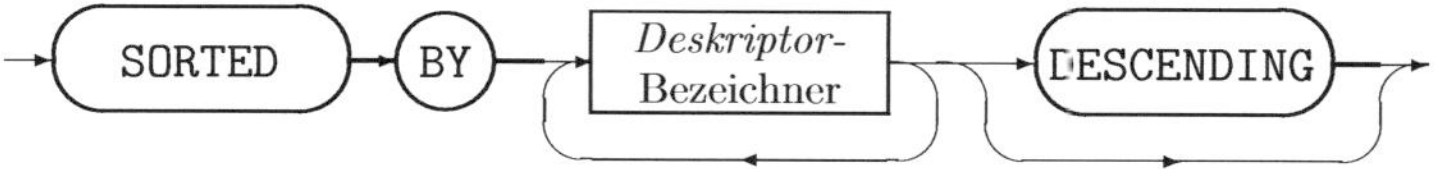

Bild 16.9 — Syntaxdiagramm für SORTED-*Klausel* (vereinfacht)

Es gibt noch eine **zusätzliche Einschränkung**, die besagt, dass die Liste der *Deskriptor*-Bezeichner eine Maximallänge von nur 3 hat.

Man könnte mit diesem Mechanismus also zum Beispiel nach Deskriptoren BIRTH, CITY und NAME sortieren. Eine zusätzliche Sortierung nach Deskriptor PERSONNEL-ID wäre jedoch nicht mehr möglich.

Auch die SORTED-Klausel ist sinngemäß von der bereits auf Seite 97 angesprochenen Problematik **uneinheitlicher Sortierreihenfolgen** betroffen.

Für **Beispiele** siehe Tabelle 16.3.

Tabelle 16.3 — Beispiele für SORTED-*Klausel*

Nr	richtig	falsch	Erläuterung des falschen Beispiels
1	SORTED BY PERSONNEL-ID	BY PERSONNEL-ID	Reserviertes Wort SORTED fehlt.
2	SORTED BY NAME CITY	BY NAME CITY	Reserviertes Wort SORTED fehlt.
3	SORTED BY BIRTH CITY NAME	SORTED BY BIRTH CITY NAME PERSONNEL-ID	Es sind nur maximal 3 Sortierkriterien erlaubt.
4	SORTED BY BIRTH DESCENDING	SORTED BY DESCENDING	Angabe der Deskriptorfolge fehlt.
5	SORTED BY BIRTH	SORTED BY BIRTH ASCENDING	Es gibt keine ausdrückliche Unterklausel ASCENDING (*aufsteigend*).

Anmerkung: Diese Klausel ist nur dann verfügbar, wenn die angesprochene DB vom Datenbank-Verwaltungssystem Adabas oder einem SQL-Datenbank-Verwaltungssystem gehandhabt wird.

16.5.4 RETAIN-Klausel

Eine **RETAIN-Klausel** wird benötigt, wenn die durch eine FIND-Anweisung ausgewählten DB-Tupel nicht sofort verarbeitet werden sollen, sondern wenn für eine weitere Auswertung zunächst Referenzen auf diese Tupel zwischenzuspeichern sind.

Diese Klausel besteht einfach aus den reservierten Wörtern RETAIN und AS sowie einem Textausdruck, welcher die Liste der Referenzen bezeichnet. Siehe Bild 16.10.

Bild 16.10 — Syntaxdiagramm für RETAIN-*Klausel* (vereinfacht)

Eine **Zusatzregel**, die in der Praxis kaum wehtun dürfte, besagt, dass der Textausdruck keinen Text zum Ergebnis haben darf, der länger als 32 Zeichen ist.

Für **Beispiele** siehe Tabelle 16.4.

Tabelle 16.4 — Beispiele für RETAIN-*Klausel*

Nr	richtig	falsch	Erläuterung des falschen Beispiels
1	RETAIN AS 'ALLE'	RETAIN 'ALLE'	Reserviertes Wort AS fehlt.
2	RETAIN AS ' '	RETAIN AS ''	Textkonstante darf nicht leer sein.
3	RETAIN AS A.TAB (/ 3)	RETAIN AS A.TAB (3)	Schrägstrich (/) im Reihungsindex fehlt.

Anmerkung: Diese Klausel ist nur dann verfügbar, wenn die angesprochene DB vom Datenbank-Verwaltungssystem Adabas verwaltet wird.

16.5.5 Begrenzung

Das Sprachkonstrukt **Begrenzung** dient dazu, bei wiederfindendem DB-Zugriff, z. B. durch eine FIND-Anweisung, die Anzahl der zu verarbeitenden DB-Tupel zu begrenzen. Die genaue Bedeutung wird bei den jeweiligen Verwendungen erklärt werden. Eine Begrenzung besteht aus einer runden Klammer links ((), einem arithmetischen Ausdruck und einer runden Klammer rechts ()). Siehe Bild 16.11.

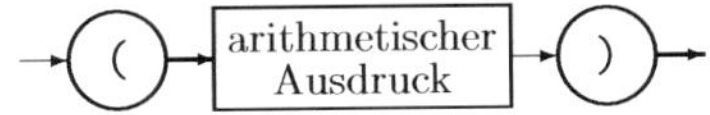

Bild 16.11 — Syntaxdiagramm für *Begrenzung* (vereinfacht)

Dabei gilt die (vernünftige) **Zusatzregel**, dass der arithmetische Ausdruck einen ganzzahligen Wert abliefern muss.

Beispielsweise ist eine Variable vom Datentyp `P1,1` auch dann nicht zulässig, wenn sie den Inhalt `4,0` hat.

Es gibt aber leider die **Einschränkung**, dass zwar komplexe Variablennamen wie z. B. `A.B ( / 3 )`, jedoch keine komplexeren arithmetischen Ausdrücke wie z. B. `2 + 4` zugelassen sind.

Wieder hüte man sich vor eingeklammerten 4-stelligen Numeralen!

Für **Beispiele** siehe Tabelle 16.5.

Tabelle 16.5 — Beispiele für *Begrenzung*

Nr	richtig	falsch	Erläuterung des falschen Beispiels
1	`( 2 )`	`2 )`	Runde Klammer links (() fehlt.
2	`( N )`	`( / N )`	Schrägstrich (/) wie bei Reihungsindizes ist hier verboten.
3	`( 6 )`	`( 2 + 4 )`	Komplexerer arithmetischer Ausdruck (2 + 4) ist verboten.
4	`( A.B ( / 3 ) )`	`( A.B ( / 3 )`	Runde Klammer rechts ()) fehlt.

16.5.6 WITH-Klausel

Eine **`WITH`-Klausel** wird benötigt, um Auswahlkriterien für die Menge der durch eine `FIND`-Anweisung wiederzufindenden DB-Tupel festzulegen.

Diese Klausel besteht aus dem reservierten Wort `WITH`, einer optionalen `LIMIT`-Unterklausel und einem logischen Ausdruck.

Die `LIMIT`-Unterklausel besteht aus dem reservierten Wort `LIMIT` und einer Begrenzung. Siehe Bild 16.12.

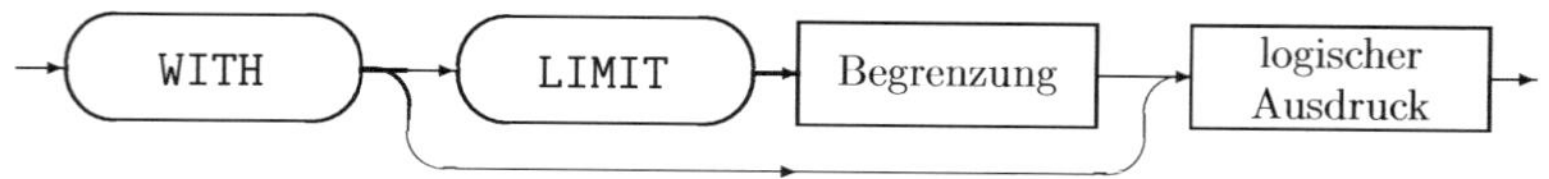

Bild 16.12 — Syntaxdiagramm für `WITH`-*Klausel* (vereinfacht)

Es gilt die **Einschränkung**, dass der logische Ausdruck nur Vergleiche von Deskriptoren mit arithmetischen, logischen und Textausdrücken (je nach den Datentypen der Deskriptoren) enthalten darf. Vergleiche von sonstigen Ausdrücken sind damit verboten.

Es gibt jedoch die **Erweiterung**, dass auch Textausdrücke erlaubt sind. Diese bezeichnen dann Listen von Referenzen auf DB-Tupel. Solche Listen von Referenzen sollten übrigens durch vorherige `FIND`-Anweisungen mit `RETAIN`-Klauseln erzeugt worden sein.

In Anbetracht der obigen **Zusatzregeln** müsste eigentlich eine entsprechende Variante des Sprachkonstruktes *logischer Ausdruck* benutzt werden. Aus Vereinfachungsgründen sei hier jedoch darauf verzichtet.

Die **`LIMIT`-Unterklausel** erzeugt hier einen Programmabbruch mit einem entsprechenden Laufzeitfehler, wenn die Anzahl der tatsächlich durch die `WITH`-Klausel ausgewählten DB-Tupel größer ist, als die Begrenzung vorgibt.

Tabelle 16.6 — Beispiele für `WITH`-*Klausel*

Nr	richtig	falsch	Erläuterung des falschen Beispiels
1	`WITH SCHALT = FALSE`	`WITH`	Logischer Ausdruck fehlt.
2	`WITH SCHALT = TRUE` `OR SCHALT = FALSE`	`WITH TRUE`	Logischer Ausdruck muss Deskriptor enthalten.
3	`WITH 'MENGE'`	`WITH ''`	Textkonstante darf nicht leer sein.
4	`WITH NAME = 'See'` `AND 'MENGE'`	`WITH NAME 'See'` `AND 'MENGE'`	Vergleichsoperator (z. B. =) fehlt.

5	`WITH LIMIT ( 5 )`
	`NAME = 'See' AND`
	`BIRTH > A.GEB`
		`WITH LIMIT ( 3 + 2 )`
		`NAME = 'See' AND`
		`BIRTH > A.GEB`
			Ausdruck (`2 + 3`) in `LIMIT`-Unterklausel ist zu komplex.

Für **Beispiele** siehe Tabelle 16.6.

Man **beachte**, dass Attribute vom Datentyp `L` nicht in Kurzform, z. B. `WITH SCHALTER`, verglichen werden dürfen. Stattdessen muss man `WITH SCHALTER = TRUE` schreiben. Es würde die Konsistenz mit der übrigen Syntax erhöhen, wenn sich dies in Zukunft änderte.

16.5.7 `COUPLED`-Klausel

Die **`COUPLED`-Klausel** erlaubt, durch eine einzige `FIND`-Anweisung DB-Tupel wiederzufinden, die in Beziehung zu DB-Tupeln einer anderen DB-Relation stehen.

Eine `COUPLED`-Klausel wird mit dem reservierten Wort `AND` bzw. `OR` eingeleitet. Darauf folgen die reservierten Wörter `COUPLED`, `TO` und `FILE`, ein *DB-Sicht*-Bezeichner, eine optionale `VIA`-Unterklausel und eine `WITH`-Unterklausel, letztere allerdings ohne `LIMIT`-Unterunterklausel.

Siehe Bild 16.13.

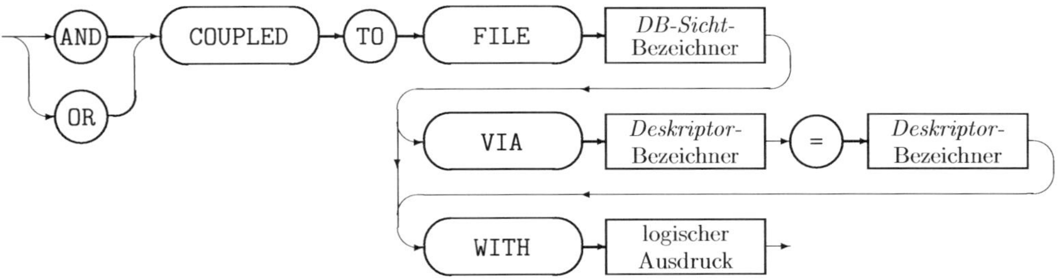

Bild 16.13 — Syntaxdiagramm für `COUPLED`-*Klausel* (vereinfacht)

Für den logischen Ausdruck gilt sinngemäß die Erläuterung der `WITH`-Klausel.

Für **Beispiele** siehe Tabelle 16.7.

Anmerkung: Diese Klausel ist nur dann verfügbar, wenn die angesprochene DB vom Datenbank-Verwaltungssystem Adabas verwaltet wird.

Tabelle 16.7 — Beispiele für COUPLED-*Klausel*

Nr	richtig	falsch	Erläuterung des falschen Beispiels
1	AND COUPLED TO FILE AUTOS WITH MAKE = 'VW'	COUPLED TO FILE AUTOS WITH MAKE = 'VW'	Junktor (AND bzw. OR) fehlt.
2	AND COUPLED TO FILE AUTOS VIA PERSONNEL-ID = PERSONNEL-ID WITH COLOR = 'BEIGE'	AND COUPLED TO FILE AUTOS VIA PERSONNEL-ID = PERSONNEL-ID COLOR = 'BEIGE'	Reserviertes Wort WITH fehlt.

Wenn die VIA-Unterklausel weggelassen wird, müssen alle beteiligten DB-Relationen *physisch gekoppelt* sein. Ob dies so ist, kann beim DBA in Erfahrung gebracht werden. Eine automatische Prüfung auf *physische Kopplung* findet erst statt, wenn man versucht, sein Programm zu testen. Im Falle einer nicht vorhandenen *physischen Kopplung* werden einfach keine DB-Tupel gefunden.

Zur Verdeutlichung der **Semantik** möge das folgende Beispiel dienen:

Gefordert sei die Anzeige der Vornamen aller Mitarbeiter, die Schmidt heißen und einen Volkswagen besitzen. Mit Hilfe einer COUPLED-Klausel kann man diese Aufgabenstellung durch eine FIND-Anweisung wie in Bild 16.14 lösen.

```
SCHLEIF. /*Schleife:
FIND
  ALL RECORDS
  IN FILE MITARBEITER_GRUND
  WITH NAME = 'Schmidt'
  AND COUPLED TO FILE AUTOS WITH MAKE = 'VW'
  ;
  WRITE MITARBEITER_GRUND.FIRST-NAME ;
END-FIND ;
```

Bild 16.14 — FIND-Anweisung mit COUPLED-Klausel

Für die gleiche Funktionalität müsste ohne COUPLED-Klausel eine andere Konstruktion, z. B. die geschachtelte FIND-Anweisung in Bild 16.15, gewählt werden.

16.5.8 WHERE-Klausel

Eine **WHERE-Klausel** kann benutzt werden, wenn die Menge der durch die WITH-Klausel einer FIND-Anweisung ausgewählten DB-Tupel noch weiter eingeschränkt werden soll, besonders im Hinblick auf DB-Attribute, die nicht Deskriptoren sind. Diese Klausel besteht einfach aus dem reservierten Wort WHERE und einem logischen Ausdruck. Siehe Bild 16.16.

Für **Beispiele** siehe Tabelle 16.8. Man **beachte**, dass im Gegensatz zur WITH-Klausel Variablen vom Datentyp L in Kurzform verglichen werden dürfen

```
SCHLEIF_PERS. /*Schleife Personal:
FIND
  ALL RECORDS
  IN FILE MITARBEITER_GRUND
  WITH NAME = 'Schmidt'
  ;
  SCHLEIF_KFZ. /*Schleife KFZ:
  FIND
  ( 1 ) RECORDS
  IN FILE AUTOS
  WITH PERSONNEL-ID = MITARBEITER_GRUND.PERSONNEL-ID AND MAKE = 'VW'
  ;
  WRITE MITARBEITER_GRUND.FIRST-NAME ;
  END-FIND ;
END-FIND ;
```

Bild 16.15 — Bedeutung der FIND-Anweisung

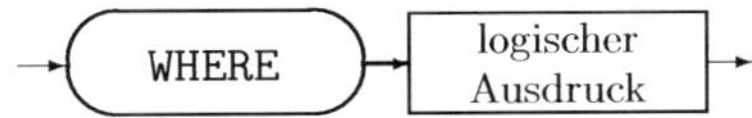

Bild 16.16 — Syntaxdiagramm für WHERE-*Klausel* (vereinfacht)

Tabelle 16.8 — Beispiele für WHERE-*Klausel*

Nr	richtig	falsch	Erläuterung des falschen Beispiels
1	`WHERE SCHALTER`	`WHERE`	Logischer Ausdruck fehlt.
2	`WHERE HLF.I = HLF.J`	`WHERE HLF.I =`	Zweiter Vergleichsoperand fehlt.
3	`WHERE FIRST-NAME = 'Kuno'`	`WHERE FIRST-NAME 'Kuno'`	Vergleichsoperator (=) fehlt.
4	`WHERE FIRST-NAME = 'Kuno'` `AND SEX = GESCHL`	`WHERE FIRST-NAME = 'Kuno'` `SEX = GESCHL`	Junktor (z. B. AND) fehlt.

Diese Klausel ist nach Meinung des Verfassers überflüssig bis schädlich. Stattdessen sollte lieber eine ganz normale IF-Anweisung benutzt werden. Die hat den Vorteil, dass man die Transaktionslogik genauer definieren kann.

16.5.9 FIND-Anweisung

Eine FIND-**Anweisung** dient dazu, eine definierte Menge von DB-Tupeln aus einer DB-Relation wiederzufinden, sinnvollerweise meist für eine weitere Verarbeitung.

Siehe Bild 16.17.

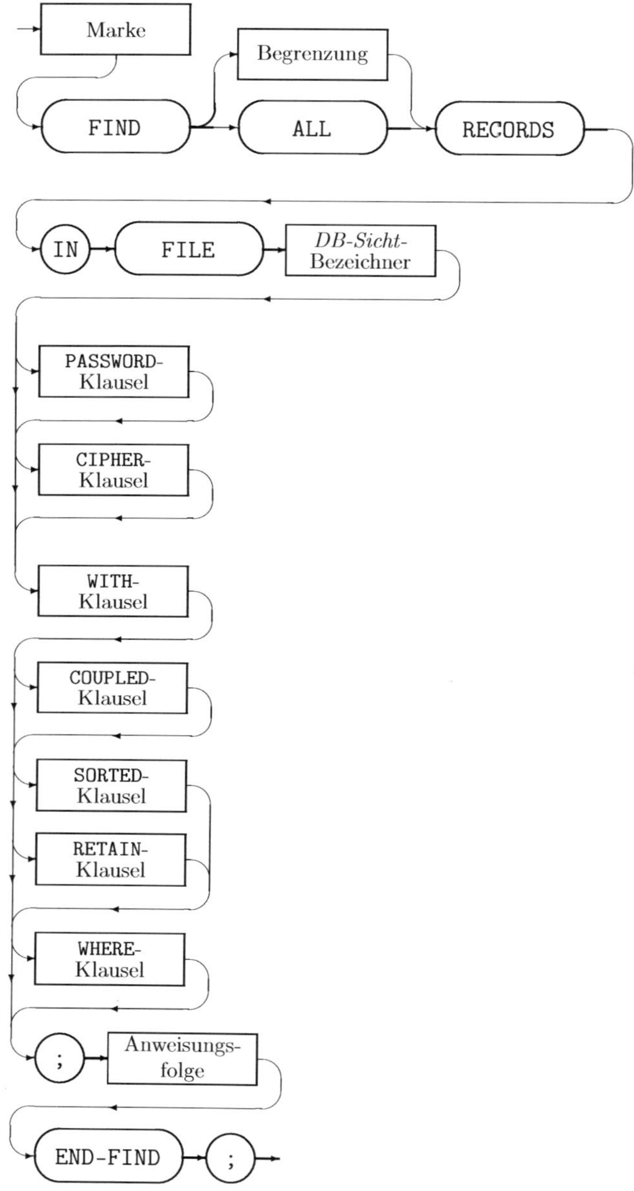

Bild 16.17 — Syntaxdiagramm für FIND-*Anweisung*

Sie wird stets mit einer Marke und dem reservierten Wort FIND eingeleitet und mit einer Reihe von Klauseln fortgesetzt. Dabei schließen sich die SORTED- und die RETAIN-Klausel gegenseitig aus. Dann kommen eine Anweisungsfolge sowie das reservierte Wort `END-FIND`. Abgeschlossen wird auch diese Anweisung durch ein Semikolon (`;`).

Jede `FIND`-Anweisung erzeugt eine **Prozessschleife** und damit einen Vereinbarungsblock, in dem implizit alle Attribute der angeführten DB-Relationssicht vereinbart sind. Somit können innerhalb der verschiedenen Klauseln und der kontrollierten Anweisungsfolge die Attribute direkt angewendet werden, ohne noch einmal irgendwo gesondert vereinbart werden zu müssen.

Ferner gibt es einen großen **Unterschied** in der Bedeutung zwischen der bereits bekannten Begrenzung in der optionalen `LIMIT`-Unterklausel der `WITH`-Klausel und der jetzt eingeführten Begrenzung direkt hinter dem reservierten Wort `FIND`. Hier sorgt die Begrenzung dafür, dass nach der Verarbeitung der entsprechenden Anzahl DB-Tupel die Prozessschleife einfach verlassen wird, ohne dass es einen Laufzeitfehler gibt.

Für **Beispiele** siehe Tabelle 16.9.

Tabelle 16.9 — Beispiele für `FIND`-*Anweisung*

Nr	richtig	falsch	Erläuterung des falschen Beispiels

1	`SCHLEIF.`
	`FIND`
	`  ALL RECORDS`
	`  IN FILE MITARBEITER_GRUND`
	`  WITH NAME >= 'S' ;`
	`END-FIND ;`
		`SCHLEIF.`
		`FIND`
		`  /*`
		`  /*`
		`  WITH NAME >= 'S' ;`
		`END-FIND ;`
			Anfang des Anweisungskopfes fehlt.

2	`SCHLEIF.`
	`FIND`
	`  ALL RECORDS`
	`  IN FILE MITARBEITER_GRUND`
	`  WITH NAME >= 'S'`
	`  ;`
	`  WRITE NAME FIRST-NAME`
	`END-FIND ;`
		`SCHLEIF.`
		`FIND`
		`  ALL RECORDS`
		`  IN FILE MITARBEITER_GRUND`
		`  /*`
		`  ;`
		`  WRITE NAME FIRST-NAME`
		`END-FIND ;`
			`WITH`-Klausel ist Pflicht.

3	`SCHLEIF.`
	`FIND`
	`  ( 8 ) RECORDS`
	`  IN FILE AUTOS`
	`  PASSWORD = KENN`
	`  CIPHER = CHIFFRE`
	`  WITH LIMIT ( 123 )`
	`    MAKE = 'VW'`
	`  SORTED BY COLOR`
	`  WHERE MODEL = 'Jetta'`
	`  ;`
	`  WRITE WEIGHT ;`
	`END-FIND ;`
		`SCHLEIF.`
		`FIND`
		`  ( 8 ) RECORDS`
		`  IN FILE AUTOS`
		`  PASSWORD = KENN`
		`  CIPHER = CHIFFRE`
		`  WITH LIMIT ( 123 )`
		`    MAKE = 'VW'`
		`  SORTED BY COLOR`
		`  WHERE MODEL = 'Jetta'`
		`  ;`
		`  WRITE WEIGHT ;`
		`;`
			Wortsymbol `END-FIND` ist Pflicht.

16.6 Übungen

16.6.1 Gekoppelte DB-Relationen

Bitten Sie Ihren DBA, (wenn noch nötig) die beiden DB-Relationen `EMPLOYEES` und `VEHICLES` **physisch zu koppeln**. Wenn er damit fertig ist, programmieren Sie bitte eine DB-Abfrage mit einer `COUPLED`-Klausel ohne `VIA`-Unterklausel nach dem Muster in Bild 16.14 auf Seite 272.

16.6.2 Kraftfahrzeugdaten

Erweitern Sie bitte die Lösung der Übungsaufgabe 15.6.2 entsprechend dem in diesem Kapitel erweiterten Personalinformationssystem.

Teil VI

Anhänge

Inhalt

A Lösungen

Dieser Anhang liefert Lösungsideen, teilweise auch vollständige Lösungen, zu vielen Übungsaufgaben.

A.1 Einleitung

A.1.1 Begriffe

Die Bezeichnung *DV* ist allgemeiner: Datenverarbeitung lässt sich nicht nur auf der Basis elektronischer, sondern auch anderer, z. B. mechanischer, hydraulischer oder pneumatischer, Prinzipien betreiben. Entsprechend hält der zuständige Normenausschuss im DIN das Attribut *elektronisch* für *unangebracht* [20].

A.1.2 Tätigkeiten

Die entsprechenden ***Tätigkeiten*** sind in etwa die des Hausmeisters und die des Bewohners.

A.2 Hardware

A.2.1 Tatsächliche Hardwarekonfiguration des Programmiersystems

Sie können sich das **Zeichnen des Konfigurationsplans** durch Verwendung einer Zeichenschablone nach [21], Beiblatt 1, erleichtern. Derartige Schablonen werden von diversen Herstellern produziert und sind im Schreibwarenhandel erhältlich. Gelegentlich werden sie auch als Werbegeschenke verteilt.

A.3 Bedienung

A.3.1 Syntax für *Kleinbuchstabe*

Ein **Kleinbuchstabe** ist ein `a` oder ein `b` ... oder ein `z`. Siehe Bild A.1.

Für **Beispiele** siehe Tabelle A.1.

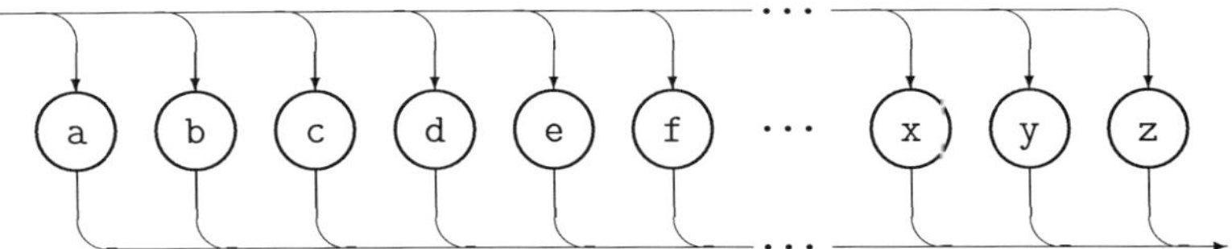

Bild A.1 — Syntaxdiagramm für *Kleinbuchstabe*

Tabelle A.1 — Beispiele für *Kleinbuchstabe*

richtig	falsch	Erläuterung des falschen Beispiels
l	1	Ziffer 1 ist kein Buchstabe.
c	C	Großbuchstaben sind hier verboten.
u	ü	Umlaute sind hier verboten.

Das Gegenbeispiel mit der Ziffer 1 hat einen praktischen Hintergrund: In manchen Schriften kann man nur sehr schwer bis gar nicht einen Unterschied zum Kleinbuchstaben l erkennen. Schwer zu entdeckende Softwarefehler können die Folge sein. Empfehlung: Für die Bearbeitung von Programmbausteinen möglichst Nichtproportionalschriften mit Serifen (*Schreibmaschinenschriften*) in ausreichender Größe verwenden, z. B. Courier 10.

A.3.2 Syntax für *Buchstabe*

Ein **Buchstabe** ist ein Großbuchstabe oder ein Kleinbuchstabe, d. h. ein A oder ein B ... oder ein Z oder ein a oder ein b ... oder ein z. Das entsprechende Syntaxdiagramm kann zweckmäßigerweise aussehen wie das in Bild A.2.

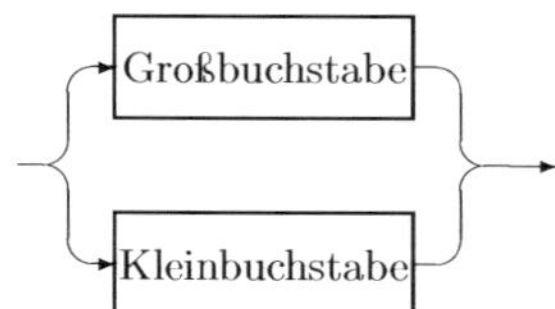

Bild A.2 — Syntaxdiagramm für *Buchstabe*

Für **Beispiele** siehe Tabelle A.2.

Tabelle A.2 — Beispiele für *Buchstabe*

richtig	falsch	Erläuterung des falschen Beispiels
O	0	Ziffer 0 ist kein Buchstabe.
u	ü	Umlaute sind hier verboten.
U	Ü	Umlaute sind hier verboten.

A.3.3 Syntax für *Ziffernfolge*

Eine **Ziffernfolge** ist eine nichtleere Folge von Ziffern. Ein entsprechendes Syntaxdiagramm könnte demnach so aussehen wie das in Bild A.3.

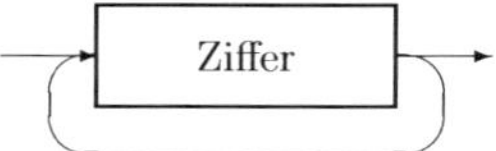

Bild A.3 — Syntaxdiagramm für *Ziffernfolge*

Für **Beispiele** siehe Tabelle A.3.

Tabelle A.3 — Beispiele für *Ziffernfolge*

richtig	falsch	Erläuterung des falschen Beispiels
`0`	␣	Ziffernfolge darf nicht leer sein.
`11`	`XI`	Römische Ziffern (`XI`) sind verboten.
`12345`	`12 345`	Gruppierung durch Leerzeichen (␣) ist verboten.
`12345`	`12.345`	Gruppierung durch Punkt (`.`) ist verboten.
`12345`	`12,345`	Gruppierung durch Komma (`,`) ist verboten.
`000123`	`***123`	Führende Sternchen (`***`) wie zur *Schecksicherung* sind verboten.

A.4 Ein einfaches Programm

A.4.1 Eigenschaften von Textkonstanten

Es ist zu sehen, dass ein `WRITE`-**Befehl** auch mehrere Argumente haben kann. Alle darin enthaltenen Leerzeichen werden ausgegeben.

Die sicherlich sinnvolle Kompatibilität von Natural zu den im Bereich großer Datenverarbeitungsanlagen früher weitverbreiteten Bildschirmgeräten vom Typ IBM 3270 hat eine spezielle Konsequenz: Standardmäßig werden die Argumente auf dem Bildschirm jeweils durch ein zusätzliches Leerzeichen (␣) getrennt. Siehe Bild A.4.

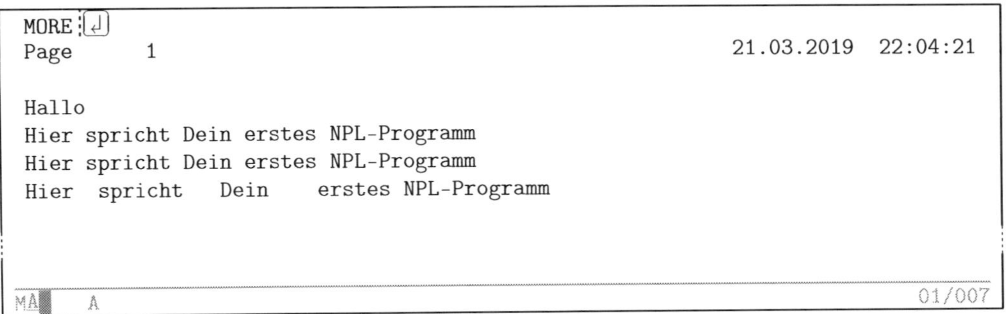

Bild A.4 — Ausgabe mehrerer Textkonstanten

A.4.2 Rahmen für Mehrwertsteuerberechnung

Das **Struktogramm** einer Lösung des skizzierten Problems könnte aussehen wie das in Bild A.5.

Schreiben auf Bildschirm: 'Mehrwertsteuerberechnung' unterstrichen

Bild A.5 — Struktogramm: MEHRWERTSTEUERBERECHNUNG

Das entsprechende **Programm** zur Umsetzung des Struktogramms kann dann aussehen wie das in Bild A.6.

```
0010 /*MEHRWERTSTEUERBERECHNUNG
0020 WRITE 'Mehrwertsteuerberechnung' ;
0030 WRITE '------------------------' ;
0040 END
```

Bild A.6 — Programm: MWST_R

Beim **Test** des Programms erzeugt dieses eine Bildschirmausgabe wie in Bild A.7.

```
MORE :↲
Page        1                                         21.03.2019  22:07:28

Mehrwertsteuerberechnung
------------------------




MA    A                                                             01/007
```

Bild A.7 — Ausgabe von MWST_F.

A.5 Variablen

A.5.1 Benutzung von Textvariablen

Das **Struktogramm** einer Lösung des skizzierten Problems kann aussehen wie das in Bild A.8.

Lesen von Bildschirmgerät: Zeile
Schreiben auf Bildschirm: Zeile

Bild A.8 — Struktogramm: PAPAGEI

Zur Vereinbarung der benötigten **Daten** sollte eine LDA erzeugt werden. Siehe Bild A.9.

```
I T L  Name                              F Length     Miscellaneous
All -- -------------------------------- - ---------- ------------------------->
     1 ZEI                               A         60 /*Zeile
```

Bild A.9 — Datenvereinbarung: LDA `PAPA_H`

Ein **Programm** `PAPA_R` zur Umsetzung des Struktogramms PAPAGEI kann dann aussehen wie das in Bild A.10.

```
/*PAPAGEI
DEFINE DATA
LOCAL
USING PAPA_H
END-DEFINE ;
/*
INPUT   ZEI ;
WRITE   ZEI ;
END
```

Bild A.10 — Programmrumpf: `PAPA_R`

Wenn beim **Test** des Programms ein Text `Dies ist eine Test-Eingabe` eingegeben wird, so erzeugt dieses – kaum verwunderlich – eine Bildschirmausgabe wie in Bild A.11.

```
MORE :↲
Page        1                                          21.03.2019  22:11:35

Dies ist eine Test-Eingabe



MA    A                                                                01/007
```

Bild A.11 — Ausgabe von `PAPA_R`

Lesen von Bildschirmgerät: Zeile
Kurz ⟵ Zeile
Schreiben auf Bildschirm: Zeile, Kurz

Bild A.12 — Struktogramm: PAPAGEI2

Das **Struktogramm** einer Lösung der Zusatzaufgabe kann aussehen wie das in Bild A.12.

Zur Vereinbarung der zusätzlich benötigten **Daten** sollte eine modifizierte LDA verwendet werden. Siehe Bild A.13.

```
I T L  Name                             F Length     Miscellaneous
All -- -------------------------------- - ---------- ------------------------->
     1 ZEI                              A         60 /*Zeile
     1 KRZ                              A         10 /*Kurz
```

Bild A.13 — Datenvereinbarung: LDA `PAPA2_H`

Das **Programm** zur Umsetzung des modifizierten Struktogramms kann dann aussehen wie das in Bild A.14.

```
/*PAPAGEI2
DEFINE DATA
LOCAL
USING PAPA2_H
END-DEFINE ;
/*
INPUT   ZEI ;
KRZ  := ZEI ;
WRITE   ZEI ;
WRITE   KRZ ;
END
```

Bild A.14 — Programmrumpf: `PAPA2_R`

Wenn beim **Test** des Programms wieder ein Text `Dies ist eine Test-Eingabe` eingegeben wird, so erzeugt dieses eine Bildschirmausgabe wie in Bild A.15.

Deutlich zu erkennen ist, dass die Variable `KRZ` einen verkürzten Inhalt der Variablen `ZEI` enthält. Der Inhalt von `ZEI` wurde sozusagen abgeschnitten. Es gibt in derartigen Situationen demnach keine Fehlermeldung wegen einer zu kurzen Empfangsvariablen. Dies ist sicherlich in vielen Fällen bequem. In manchen kann es jedoch zu einem schwer zu entdeckenden Fehlverhalten der Software kommen.

```
MORE :↵
Page      1                                       21.03.2019  22:15:21

Dies ist eine Test-Eingabe
Dies ist e

MA    A                                                        01/007
```

Bild A.15 — Ausgabe von PAPA2_R

A.5.2 Kaufmännische Rundung

Das **Struktogramm** einer Lösung des skizzierten Problems kann aussehen wie das in Bild A.16.

Lesen von Bildschirmgerät: BetragUrsprünglich
BetragGerundet ⟵ BetragUrsprünglich + 0,50
Schreiben auf Bildschirm: BetragUrsprünglich, BetragGerundet

Bild A.16 — Struktogramm: RUNDUNG

Zur Vereinbarung der benötigten **Daten** sollte eine LDA erzeugt werden. Siehe Bild A.17.

```
I T L  Name                            F Length    Miscellaneous
All -- -------------------------------- - ---------- ------------------------->
     1 BETRG_U                         P        6,2 /*BetragUrspruenglich
     1 BETRG_G                         P        6,0 /*BetragGerundet
```

Bild A.17 — Datenvereinbarung: LDA RUND_H

Das **Programm** zur Umsetzung des Struktogramms kann dann aussehen wie das in Bild A.18.

```
0010 /*RUNDUNG
0020 DEFINE DATA
0030 LOCAL
0040 USING RUND_H
0050 END-DEFINE ;
0060 /*
0070 INPUT        BETRG_U ;
0080 BETRG_G  :=  BETRG_U + 0,50 ;
0090 WRITE        BETRG_U BETRG_G ;
0100 END
```

Bild A.18 — Programmrumpf: RUND_R

A.5.3 Programmierung mathematischer Formeln

Das **Struktogramm** einer Lösung des skizzierten Problems kann aussehen wie das in Bild A.19.

Lesen von Bildschirmgerät: Radius
Oberfläche $\longleftarrow 4 \cdot \pi \cdot \text{Radius}^2$
Volumen $\longleftarrow \frac{4}{3} \cdot \pi \cdot \text{Radius}^3$
Schreiben auf Bildschirm: Radius, Oberfläche, Volumen

Bild A.19 — Struktogramm: KUGELBERECHNUNG

Zur Vereinbarung der benötigten **Daten** sollte eine LDA erzeugt werden. Siehe Bild A.20.

```
I T L  Name                             F Length     Miscellaneous
All -- -------------------------------- - ---------- ------------------------->
     1 FLAECHE                          P        4,2 /*Oberflaeche
     1 VOL                              P        4,2 /*Volumen
     1 RAD                              P        1,2 /*Radius
```

Bild A.20 — Datenvereinbarung: LDA KUGEL_H

Ein **Programm** zur Umsetzung des Struktogramms kann dann aussehen wie das in Bild A.21.

```
0010 /*KUGELBERECHNUNG
0020 DEFINE DATA
0030 LOCAL
0040 USING KUGEL_H
0050 END-DEFINE ;
0060 /*
0070 INPUT   RAD ;
0080 FLAECHE := 4,00      * 3,14 * RAD ** 2 ;
0090 VOL     := 4,00 / 3 * 3,14 * RAD ** 3 ;
0100 /*
0110 WRITE 'Kugelberechnung' ;
0120 WRITE '---------------' ;
0130 WRITE 'Radius       :   '  RAD     ;
0140 WRITE 'Oberfläche   :'     FLAECHE ;
0150 WRITE 'Volumen      :'     VOL     ;
0160 END
```

Bild A.21 — Programmrumpf: KUGEL_R

Man kann allerdings bei der Berechnung des Volumens auf die bereits erfolgte Berechnung der Oberfläche zurückgreifen und auf diese Weise die Formel für die Berechnung des Volumens etwas vereinfachen. Das **Struktogramm** kann demnach auch so aussehen wie das in Bild A.22. Ein kleiner Nachteil dieser Technik ist, dass man nun darauf achten muss, nicht ohne

Lesen von Bildschirmgerät: Radius
Oberfläche $\longleftarrow 4 \cdot \pi \cdot \text{Radius}^2$
Volumen $\longleftarrow \frac{\text{Oberfläche}}{3} \cdot \text{Radius}$
Schreiben auf Bildschirm: Radius, Oberfläche, Volumen

Bild A.22 — Struktogramm: KUGELBERECHNUNG (Variante)

Weiteres die Reihenfolge der Berechnungen von Oberfläche und Volumen zu verändern.

Das **Programm** zur Umsetzung dieses Struktogramms kann dann aussehen wie das in Bild A.23. Durch die vereinfachte Berechnung des Volumens `VOL` wird in diesem Fall nicht viel

```
/*KUGELBERECHNUNG
DEFINE DATA
LOCAL
USING KUGEL_H
END-DEFINE ;
/*
INPUT   RAD ;
FLAECHE := 4,00 * 3,14 * RAD * RAD ;
VOL     := FLAECHE / 3 * RAD ;
/*
WRITE 'Kugelberechnung' ;
WRITE '---------------' ;
WRITE 'Radius       :   '  RAD     ;
WRITE 'Oberfläche   :'     FLAECHE ;
WRITE 'Volumen      :'     VOL     ;
END
```

Bild A.23 — Programmrumpf: `KUGEL_R` (Variante)

Rechenzeit gespart. Bei zeitkritischen Anwendungen, in denen solche Berechnungen sehr oft durchgeführt werden, können derartige Einsparungen jedoch entscheidend sein.

Wenn beim **Testen** ein Radius von `1,00` eingegeben wird, sollten beide Varianten ein Ergebnis ganz ähnlich dem in Bild A.24 liefern. Allgemein kann es zwischen beiden Varianten zu Abweichungen in der letzten Stelle hinter dem Radixzeichen kommen.

```
MORE :
Page       1                                             21.03.2019  22:24:28

Kugelberechnung
---------------
Radius      :     1,00
Oberfläche  :    12,56
Volumen     :     4,18











MA    A                                                                01/007
```

Bild A.24 — Ausgabe von KUGEL_R

A.6 Symbolische Konstanten

A.6.1 Auslagerung einer Konstanten

Die **LDA** MATHE kann aussehen wie die in Bild A.25.

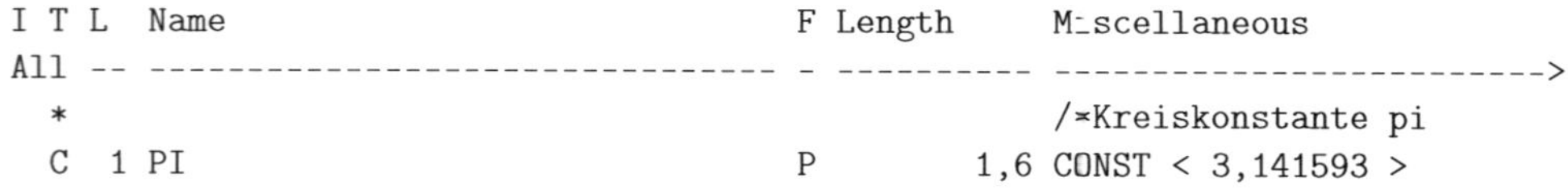

```
I T L  Name                              F Length     Miscellaneous
All -- -------------------------------- - ---------- ------------------------->
  *                                                   /*Kreiskonstante pi
  C  1 PI                                P        1,6 CONST < 3,141593 >
```

Bild A.25 — Datenvereinbarung: LDA MATHE

Wenn die in ihr vereinbarte symbolische Konstante PI an Stelle des Numerals 3,14 verwendet wird, können die Rechenergebnisse nur genauer werden. Es ist grundsätzlich besser, solche Konstanten an zentraler Stelle zu vereinbaren und nicht jedem Anwendungsprogrammierer zu überlassen, einen mehr oder weniger genauen Näherungswert zu verwenden.

A.7 Alternativen

A.7.1 Kaufmännische Rundung

Das **Struktogramm** einer Lösung des skizzierten Problems kann aussehen wie das in Bild A.26.

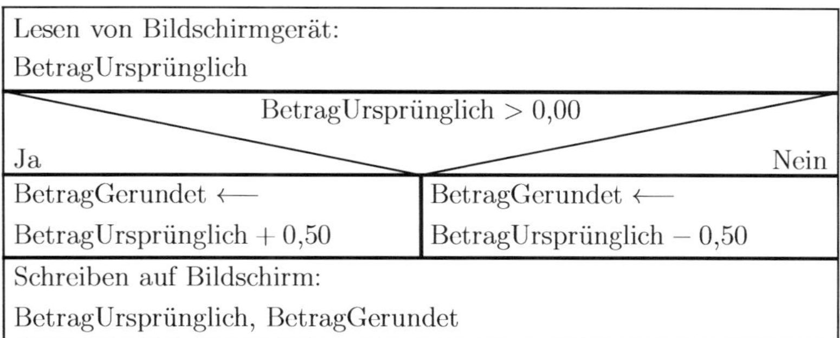

Bild A.26 — Struktogramm: RUNDUNG2

Zur Vereinbarung der benötigten **Daten** kann wieder die LDA `RUND_H` verwendet werden.

Das **Programm** zur Umsetzung des Struktogramms kann dann aussehen wie das in Bild A.27.

```
/*RUNDUNG2
DEFINE DATA
LOCAL
  USING RUND_H
END-DEFINE ;
/*
/*Berechnung
INPUT   BETRG_U ;
IF BETRG_U > 0,00
  THEN
  BETRG_G := BETRG_U + 0,50 ;
ELSE
  BETRG_G := BETRG_U - 0,50 ;
END-IF ;
WRITE   BETRG_U BETRG_G ;
END
```

Bild A.27 — Programmrumpf: `RUND2_R`

A.7.2 Geschachtelte Alternativen

Ein **Struktogramm**, welches die erste Technik der Prüfung im Vorfeld anwendet, kann aussehen wie das in Bild A.28.

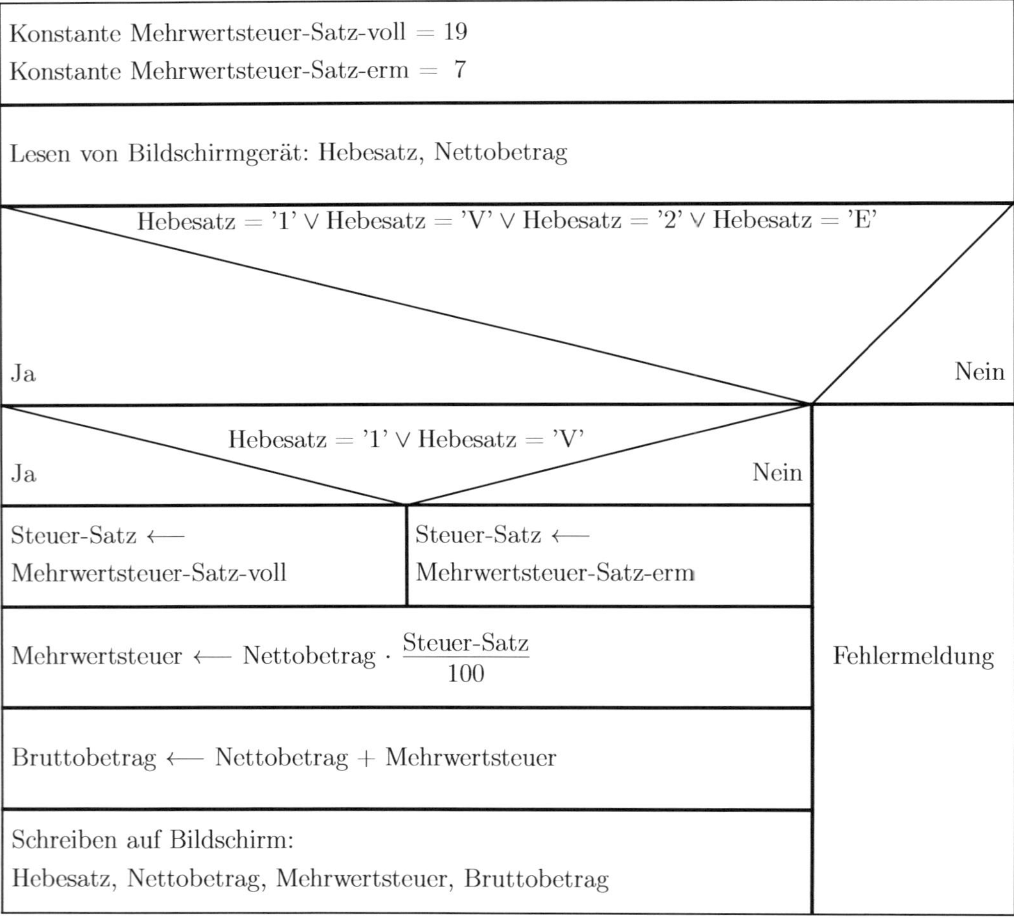

Bild A.28 — Struktogramm: MEHRWERTSTEUERBERECHNUNG (mit Absicherung)

Das Programm zur Umsetzung des Struktogramms kann aussehen wie das in Bild A.29.

```
/*MEHRWERTSTEUERBERECHNUNG
/*Vereinbarungen
DEFINE DATA
LOCAL
  USING STEUERN
LOCAL
  USING MWST_H
END-DEFINE ;
/*Eingabe
INPUT HEBESATZ NETTO ;
/*Verarbeitung
IF   HEBESATZ = '1' OR HEBESATZ = 'V'
  OR HEBESATZ = '2' OR HEBESATZ = 'E'
  THEN
  IF HEBESATZ = '1' OR HEBESATZ = 'V'
    THEN
    STEUER_SATZ := MWST_SATZ_VOLL ;
  ELSE
    STEUER_SATZ := MWST_SATZ_ERM  ;
  END-IF ;
  /*
  MWST   := NETTO * STEUER_SATZ / 100 ;
  BRUTTO := NETTO + MWST ;
  /*Ausgabe
  WRITE
    'Hebesatz    :'  HEBESATZ  /
    'Nettobetrag : '  NETTO     /
    'Mehrwertst. : '  MWST      /
    'Bruttobetrag:'  BRUTTO    ;
ELSE
  WRITE 'Fehler: Hebesatz ungültig!' ;
END-IF ;
END
```

Bild A.29 — Programmrumpf: `MWST_R` (mit Absicherung)

A.7.3 Mehrfache Verarbeitungen

Ein **Struktogramm** zur Lösung des skizzierten Problems kann aussehen wie das in Bild A.30.

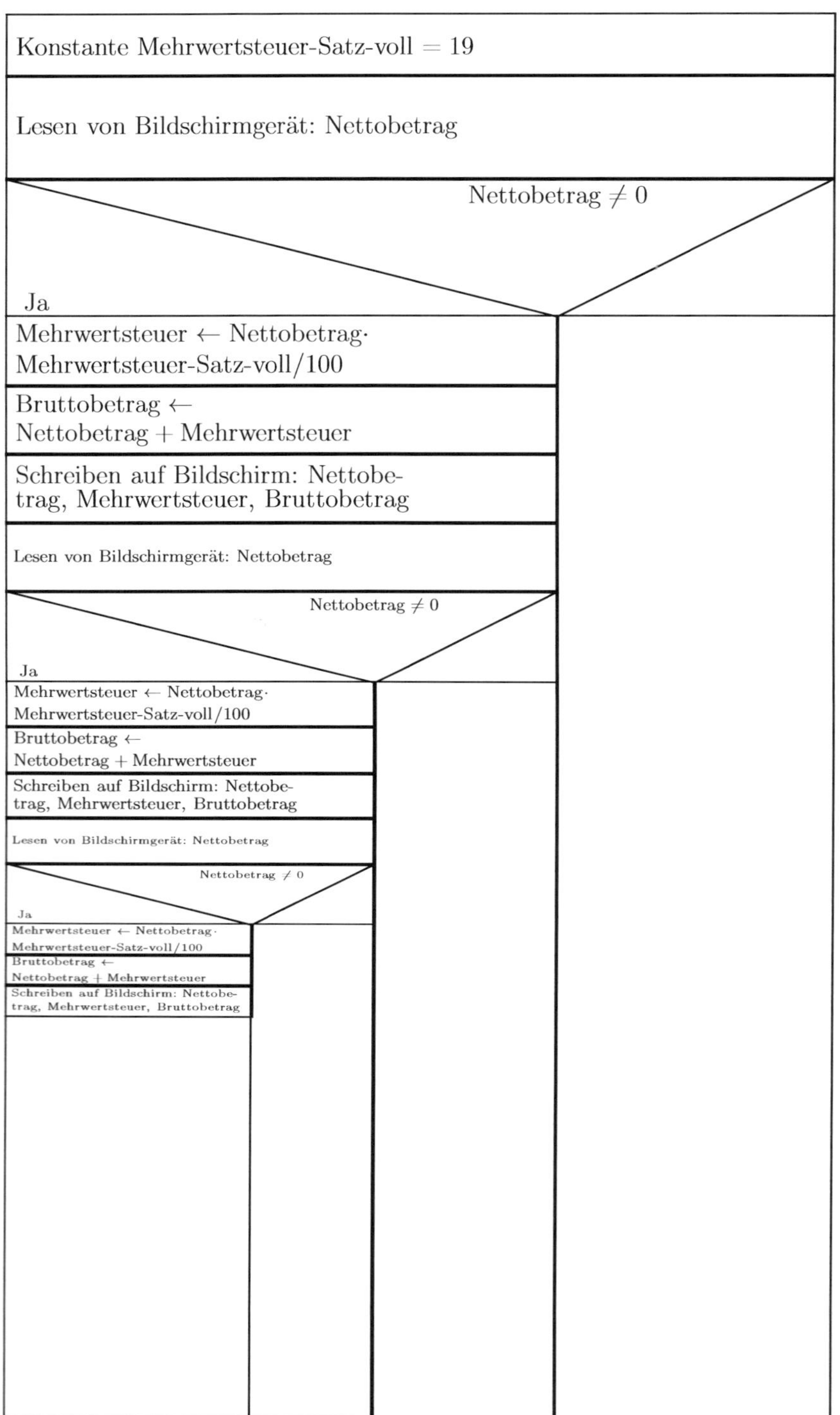

Bild A.30 — Struktogramm: MEHRFACHE MEHRWERTSTEUERBERECHNUNG

Ein **Programm** zur Umsetzung des Struktogramms kann aussehen wie das in Bild A.31.

```
/*MEHRFACHE MEHRWERTSTEUERBERECHNUNG
DEFINE DATA
LOCAL
  USING STEUERN
LOCAL
  USING MWST_H
END-DEFINE ;
/*
INPUT NETTO ;
IF NETTO NE 0
  THEN
  MWST        := NETTO * MWST_SATZ_VOLL / 100 ;
  BRUTTO      := NETTO + MWST ;
  /*Ausgabe
  WRITE
    'Nettobetrag : ' NETTO     /
    'Mehrwertst. : ' MWST      /
    'Bruttobetrag:'  BRUTTO    ;
  /*
  INPUT NETTO ;
  IF NETTO NE 0
    THEN
    MWST        := NETTO * MWST_SATZ_VOLL / 100 ;
    BRUTTO      := NETTO + MWST ;
    /*Ausgabe
    WRITE
      'Nettobetrag : ' NETTO     /
      'Mehrwertst. : ' MWST      /
      'Bruttobetrag:'  BRUTTO    ;
    /*
    INPUT NETTO ;
    IF NETTO NE 0
      THEN
      MWST        := NETTO * MWST_SATZ_VOLL / 100 ;
      BRUTTO      := NETTO + MWST ;
      /*Ausgabe
      WRITE
        'Nettobetrag : ' NETTO     /
        'Mehrwertst. : ' MWST      /
        'Bruttobetrag:'  BRUTTO    ;
    END-IF ;
  END-IF ;
END-IF ;
END
```

Bild A.31 — Programmrumpf: `MWSTM_R`

Deutlich ist zu erkennen, wie aufwendig die Realisierung einer mehrfachen Verarbeitung mit den bisher bekannten Sprachmitteln ist.

A.8 Wiederholungen

A.8.1 Mehrwertsteuertabelle

Ein **Struktogramm** zur Lösung der gestellten Aufgabe kann so aussehen wie das in Bild A.32.

Konstante Mehrwertsteuer-Satz-voll = 19
Schreiben auf Bildschirm: Überschrift
Schreiben auf Bildschirm: Tabellenkopf
i ⟵ 1
Tabellenrumpf: Solange i ≤ 9
Nettobetrag ⟵ i + 0,0
Mehrwertsteuer ⟵ Nettobetrag $\cdot \frac{\text{Mehrwertsteuer-Satz-voll}}{100}$
Zeilenwerte0 ⟵ Mehrwertsteuer
Nettobetrag ⟵ i + 0,1
Mehrwertsteuer ⟵ Nettobetrag $\cdot \frac{\text{Mehrwertsteuer-Satz-voll}}{100}$
Zeilenwerte1 ⟵ Mehrwertsteuer
⋮
Nettobetrag ⟵ i + 0,9
Mehrwertsteuer ⟵ Nettobetrag $\cdot \frac{\text{Mehrwertsteuer-Satz-voll}}{100}$
Zeilenwerte9 ⟵ Mehrwertsteuer
Schreiben auf Bildschirm: i, Zeilenwerte0, . . ., Zeilenwerte9
i ⟵ i + 1

Bild A.32 — Struktogramm: MEHRWERTSTEUERTABELLE

Eine LDA für die Vereinbarung der laut Struktogramm benötigten **Daten** kann aussehen wie die in Bild A.33.

Der **Programmrumpf** zur Umsetzung des Struktogramms kann aussehen wie der in Bild A.34. Deutlich ist zu erkennen, wie schreibaufwendig diese Lösung ist. Auch eine andere Technik, wie z. B. eine innere Wiederholung mit einer Zählvariablen j, die von 0 bis 9 läuft, und einer tief geschachtelten Alternative für die Zuweisung an die „richtige“ Variable Zeilenwerte$j$, hätte da nicht viel bewirkt.

```
I T L  Name                            F Length     Miscellaneous
All -- -------------------------------- - ---------- ------------------------->
     1 I                               P        2,0 /*i
     1 NETTO                           P        1,1 /*Nettobetrag
     1 MWST                            P        1,3 /*Mehrwertsteuer
     1 WERTE0                          P        1,3 /*Zeilenwerte0
⋮ ⋮  ⋮ ⋮                               ⋮          ⋮ ⋮
     1 WERTE9                          P        1,3 /*Zeilenwerte9
```

Bild A.33 — Datenvereinbarung: LDA MWSTT_H

```
/*MEHRWERTSTEUERTABELLE
/*Vereinbarungen
DEFINE DATA
LOCAL
  USING STEUERN
LOCAL
  USING MWSTT_H
END-DEFINE ;
/*
/*schreiben auf Bildschirm: Ueberschrift
WRITE
  'Mehrwertsteuertabelle' /
  '---------------------' / ;
WRITE 'Netto' / '  +  '
  ' 0,000' ' 0,100' ' 0,200' ' 0,300' ' 0,400'
  ' 0,500' ' 0,600' ' 0,700' ' 0,800' ' 0,900' / ;
I := 1 ;
TAB_RUMPF.                                              /*Tabellenrumpf:
REPEAT  WHILE  I <= 9 ;
  /*
  NETTO          := I + 0,0 ;
  MWST           := NETTO * MWST_SATZ  / 100 ;
  WERTE0         := MWST ;
⋮ ⋮
  /*
  NETTO          := I + 0,9 ;
  MWST           := NETTO * MWST_SATZ  / 100 ;
  WERTE9         := MWST ;
  /*
  /*schreiben auf Bildschrim
  WRITE   I ' '
    WERTE0 WERTE1 WERTE2 WERTE3 WERTE4
    WERTE5 WERTE6 WERTE7 WERTE8 WERTE9 ;
  I := I + 1 ;
END-REPEAT ;
END
```

Bild A.34 — Programmrumpf: MWSTT_R

A.9 Reihungen

A.9.1 Primzahltabelle

Ein **Struktogramm** zur Lösung der gestellten Aufgabe kann so aussehen wie das in Bild A.35.

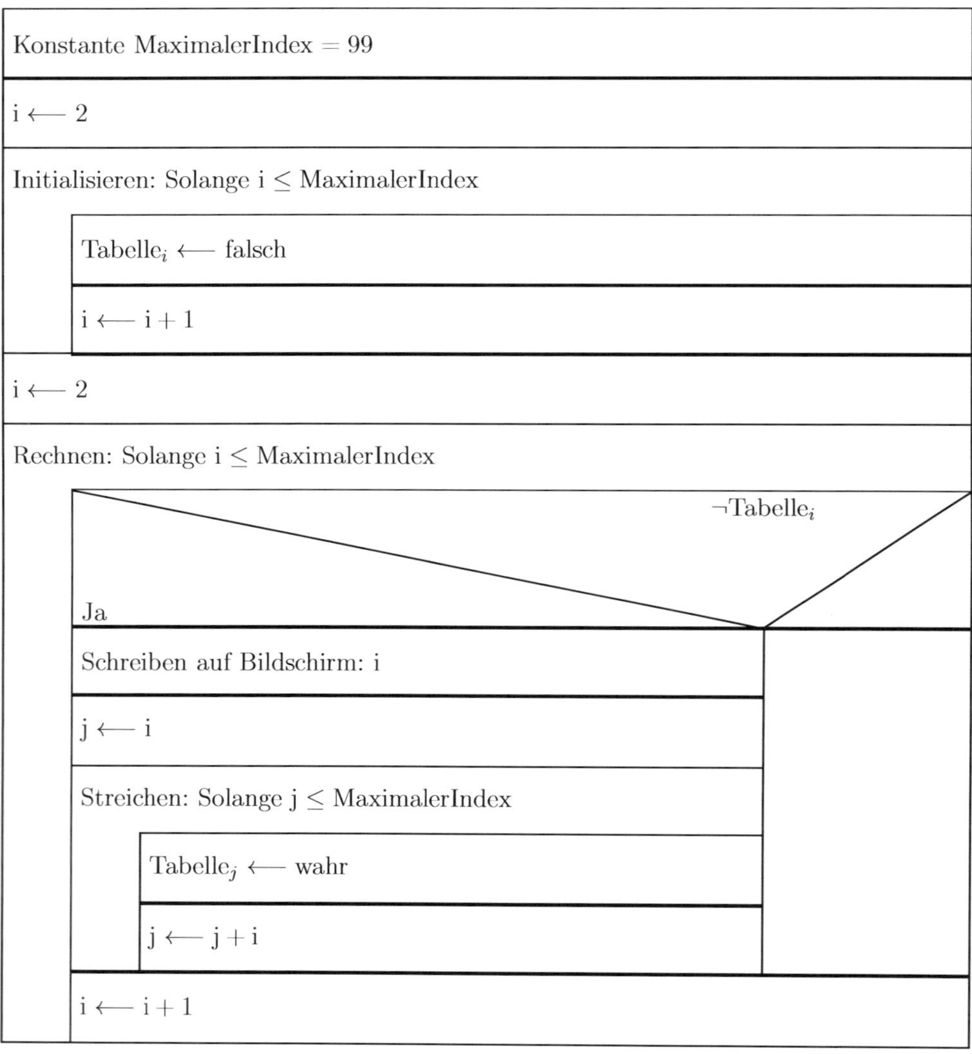

Bild A.35 — Struktogramm: SIEB DES ERATOSTHENES

Eine LDA für die Vereinbarung der laut Struktogramm benötigten **Daten** kann aussehen wie die in Bild A.36.

```
I T L  Name                             F Length     Miscellaneous
All -- -------------------------------- - ---------- ------------------------->
  C  1 MAXIND                           P        2,0 CONST < 99 > /*Max.Index
     1 I                                P        3,0 /*i
     1 J                                P        3,0 /*j
     1 TAB                              L            ( 2 : MAXIND ) /*Tabelle
```

Bild A.36 — Datenvereinbarung: LDA `ERA_H`

Der **Programmrumpf** zur Umsetzung des Struktogramms kann aussehen wie der in Bild A.37.

```
/*SIEB DES ERATOSTHENES
DEFINE DATA
LOCAL
  USING ERA_H
END-DEFINE ;
/*
I := 2 ;
INI.                                                  /*initialisieren:
REPEAT WHILE I <= MAXIND ;
  TAB ( / I ) := FALSE ;
  I := I + 1 ;
END-REPEAT ;
/*
I := 2 ;
RECH.                                                 /*rechnen:
REPEAT WHILE I <= MAXIND ;
  IF NOT TAB ( / I )
    THEN
    WRITE I ;
    J := I ;
    STR.                                              /*streichen:
    REPEAT WHILE J <= MAXIND ;
      TAB ( / J ) := TRUE ;
      J := J + I ;
    END-REPEAT ;
  END-IF ;
  I := I + 1 ;
END-REPEAT ;
END
```

Bild A.37 — Programmrumpf: `ERA_R`

A.9.2 Matrixmultiplikation

Ein **Struktogramm** zur Lösung der gestellten Aufgabe kann so aussehen wie das in Bild A.38.

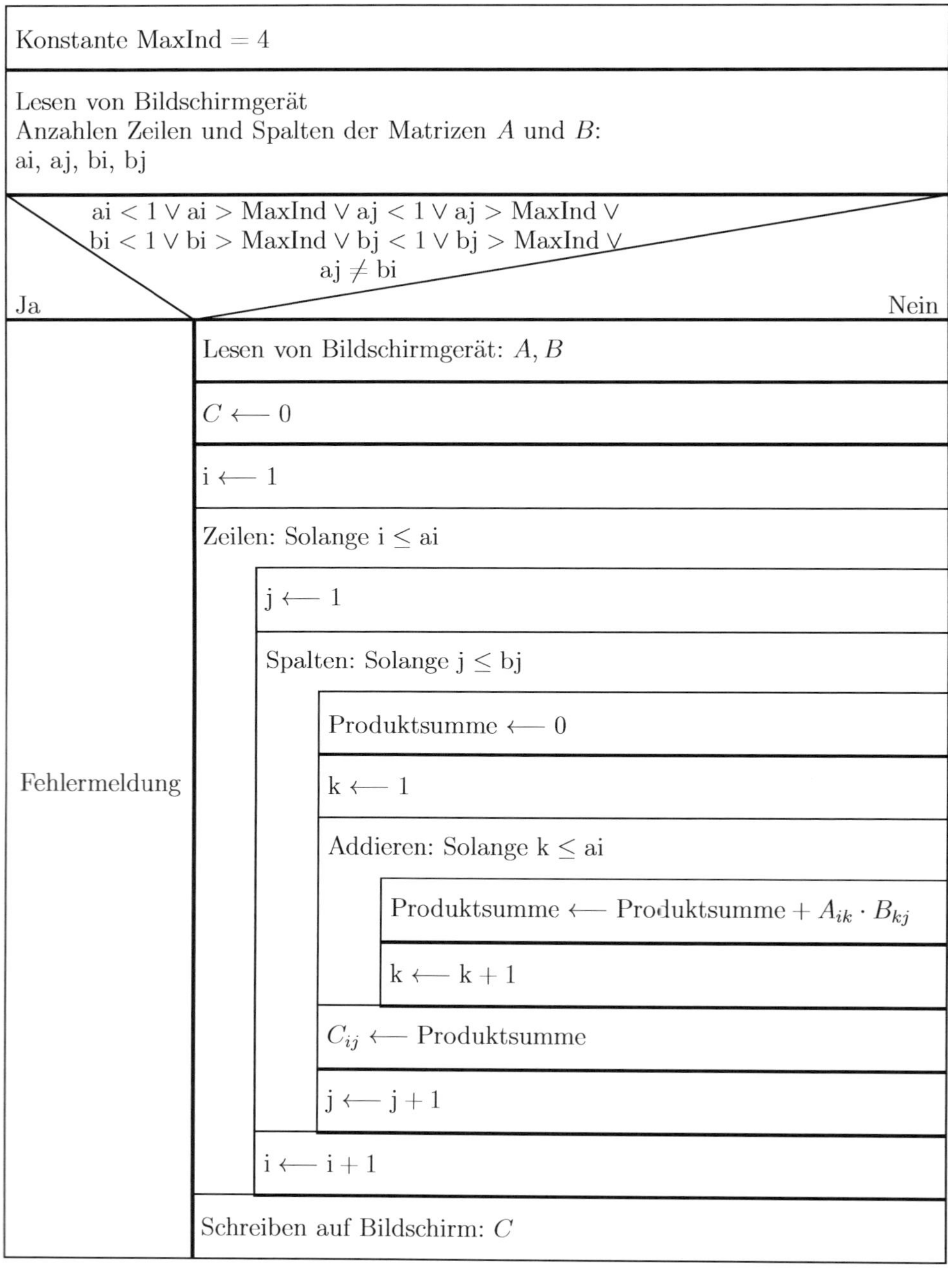

Bild A.38 — Struktogramm: MATRIXMULTIPLIKATION

Eine LDA für die Vereinbarung der laut Struktogramm benötigten **Daten** kann aussehen wie die in Bild A.39.

```
I T L  Name                            F Length     Miscellaneous
All -- -------------------------------- - ---------- ------------------------->
  C  1 MAX_IND                         P        2,0 CONST < 4 > /*MaxInd
*
     1 A                               F          4 (1 : MAX_IND, 1 : MAX_IND)
     1 B                               F          4 (1 : MAX_IND, 1 : MAX_IND)
     1 C                               F          4 (1 : MAX_IND, 1 : MAX_IND)
*
     1 SUMME                           F          4 /*Produktsumme
*
     1 I                               P        1,0 /*i
     1 J                               P        1,0 /*j
     1 K                               P        1,0 /*k
*
     1 AI                              P        1,0 /*ai
     1 AJ                              P        1,0 /*aj
     1 BI                              P        1,0 /*bi
     1 BJ                              P        1,0 /*bj
```

Bild A.39 — Datenvereinbarung: LDA `MAT_H`

Ein **Programmrumpf** zur Umsetzung des Struktogramms kann aussehen wie der in Bild A.40.

```
/*MATRIXMULTIPLIKATION
DEFINE DATA
LOCAL USING MAT_H
END-DEFINE ;
/*
INPUT
  'Anzahl Zeilen Matrix A:' AI 'Anzahl Spalten Matrix A:' AJ /
  'Anzahl Zeilen Matrix B:' BI 'Anzahl Spalten Matrix B:' BJ ;
IF   AI < 1 OR AI > MAX_IND OR AJ < 1 OR AJ > MAX_IND
  OR BI < 1 OR BI > MAX_IND OR BJ < 1 OR BJ > MAX_IND
  OR AJ NE BI
  THEN
  WRITE 'Fehler: Matrix-Ausdehnungen ungültig!' ;
ELSE
  INPUT
    A ( / 1 , * ) /
    A ( / 2 , * ) /
    A ( / 3 , * ) /
    A ( / 4 , * ) / /
    B ( / 1 , * ) /
    B ( / 2 , * ) /
    B ( / 3 , * ) /
    B ( / 4 , * ) ;
  /*
  C ( / * , * ) := ,0E+00 ;
  I := 1 ;
  ZEIL.                                         /*Zeilen:
  REPEAT WHILE I <= AI ;
    J := 1 ;
    SPAL.                                       /*Spalten:
    REPEAT WHILE J <= BJ ;
      SUMME := ,0E+00 ;
      K := 1 ;
      ADDI.                                     /*Addieren:
      REPEAT WHILE K <= AI ;
        SUMME := SUMME +   A ( / I , K )  *  B ( / K , J ) ;
        K := K + 1 ;
      END-REPEAT ;
      C ( / I , J ) := SUMME ;
      J := J + 1 ;
    END-REPEAT ;
    I := I + 1 ;
  END-REPEAT ;
  WRITE
    C ( / 1 , * ) /
    C ( / 2 , * ) /
    C ( / 3 , * ) /
    C ( / 4 , * ) ;
END-IF ;
END
```

Bild A.40 — Programmrumpf: MAT_R

A.10 Verbunde

A.10.1 Syntax für INPUT-*Befehl*

Ein **INPUT-Befehl** wird mit dem reservierten Wort INPUT eingeleitet. Darauf folgt eine dem WRITE-Befehl ähnliche Konstruktion.

Abgeschlossen wird auch dieser Befehl durch ein Semikolon (;). Siehe Bild A.41.

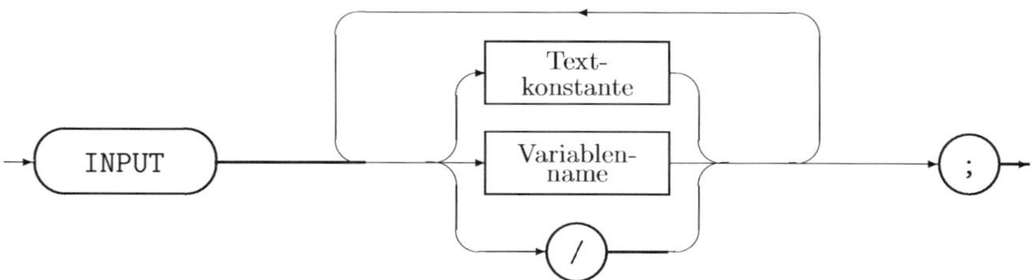

Bild A.41 — Syntaxdiagramm für INPUT-*Befehl* (vereinfacht)

Es gilt die **Zusatzregel**, dass neben eventuellen Zeilenvorschubzeichen (/) mindestens ein „richtiges“ Ein-/Ausgabeelement angegeben sein muss. Die Berücksichtigung dieser eigentlich überflüssigen Regel hätte das Syntaxdiagramm unnötig kompliziert gemacht. Deshalb wurde sie darin nicht dargestellt.

Inkonsequent ist, dass zwar Textkonstanten, jedoch keine Konstanten anderer Datentypen als Ausgabeelemente zulässig sind.

Für **Beispiele** siehe Tabelle A.4.

Tabelle A.4 — Beispiele für INPUT-*Befehl*

richtig	falsch	Erläuterung des falschen Beispiels
INPUT HLF.FELD ;	INPUT ;	INPUT-Befehl darf nicht nur aus dem reservierten Wort INPUT und einem Semikolon (;) bestehen.
INPUT / / '5' ;	INPUT / / 5 ;	Numerische Konstante (5) ist als Ein-/Ausgabeelement verboten.
INPUT '5' / / / ;	INPUT 5 / / / ;	Numerische Konstante (5) ist als Ein-/Ausgabeelement verboten.

Die Schrägstriche (/ / /) im letzten Beispiel sind zwar syntaktisch richtig, jedoch überflüssig, da ein INPUT-Befehl sowieso stets einen ganzen Bildschirm anzeigt und notfalls mit Leerzeilen auffüllt.

A.11 Prozeduren

A.11.1 Sortierprozedur

Benutzen Sie als Sortieralgorithmus sowohl den *Bubblesort* als auch den *Quicksort*. Finden Sie unter Hinzuziehung öffentlicher Quellen heraus, wie diese Algorithmen arbeiten.

A.12 Rekursive Prozeduren

A.12.1 Anzahl Züge für Türme von Hanoi

Es sind $2^n - 1$ Züge erforderlich. Für den **Beweis** dieses Lemmas können Sie das Prinzip der vollständigen Induktion benutzen.

A.12.2 Fakultätsfunktion

Zur Lösung der gestellten Aufgabe kann ein **System** aus einem Hauptstruktogramm namens TESTEN FAKULTÄT und einem von diesem aufgerufenen Block mit dem Namen FAKULTÄT entwickelt werden.

Dieser Sachverhalt soll hier wieder durch eine **Struktogrammhierarchie** dargestellt werden. Siehe Bild A.42.

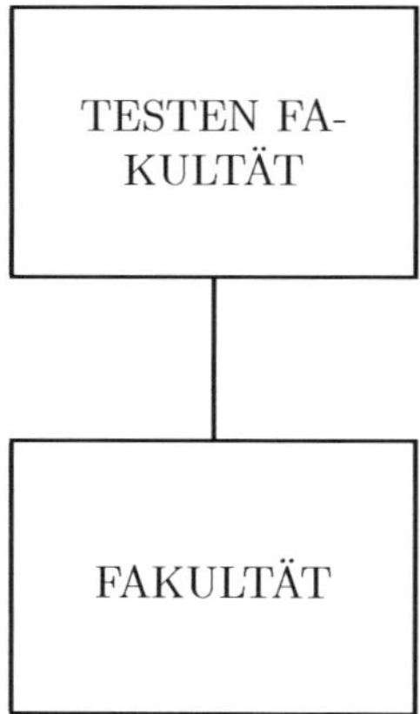

Bild A.42 — Struktogrammhierarchie: TESTEN FAKULTÄT

Für das Hauptstruktogramm kann man zwei **Hilfsvariablen** „i" und „i-Fakultät" gebrauchen, die zu einer Datenhierarchie „Hilf" zusammengefasst sein mögen. Siehe Bild A.43.

Das **Hauptstruktogramm**

kann dann so aussehen wie das in Bild A.44.

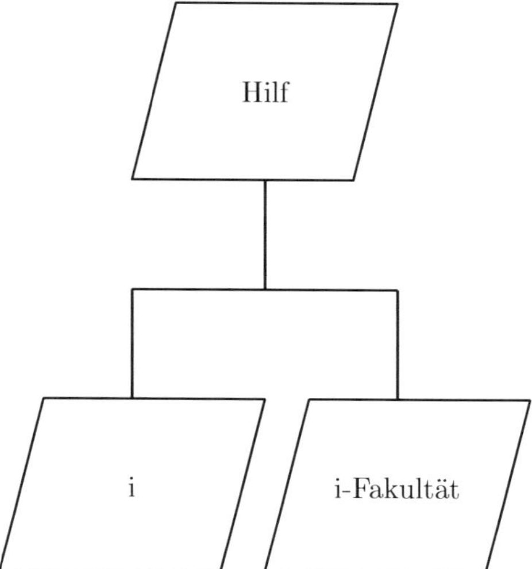

Bild A.43 — Datenhierarchie: Hilf (für Hauptstruktogramm TESTEN FAKULTÄT)

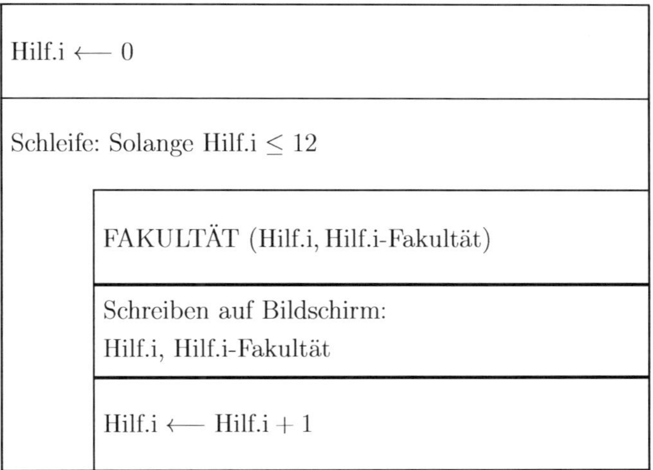

Bild A.44 — Hauptstruktogramm: TESTEN FAKULTÄT

Das Hauptstruktogramm ruft den Block FAKULTÄT mit zwei aktuellen Parametern auf. Entsprechend hat der Block zwei **formale Parameter**, die zu einer Datenhierarchie „Parm" zusammengefasst sein mögen. Siehe Bild A.45.

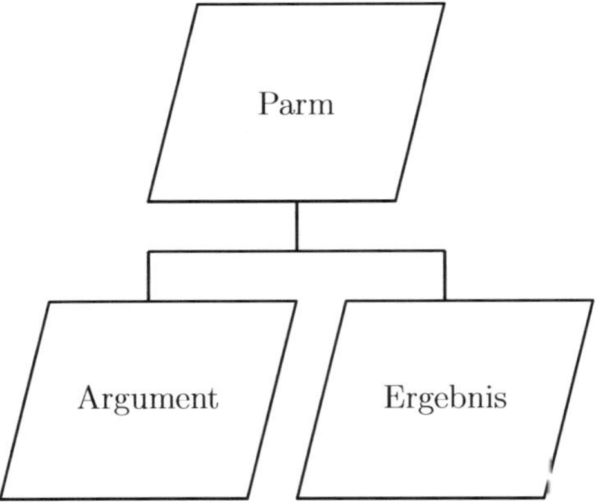

Bild A.45 — Datenhierarchie: Parm (für Block FAKULTÄT)

Ferner kann man gut eine **Hilfsvariable** „Zwischenergebnis" gebrauchen. Zur Verdeutlichung möge auch für diese eine Hilfsvariable eine Datenhierarchie „Hilf" eingeführt werden, die nur die eine Komponente „Zwischenergebnis" hat. Siehe Bild A.46.

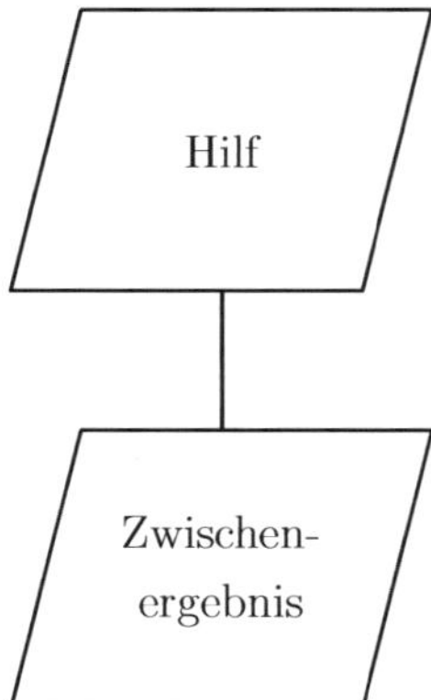

Bild A.46 — Datenhierarchie: Hilf (für Block FAKULTÄT)

Der **Block** kann dann so aussehen wie der in Bild A.47.

Analog zur Struktogrammhierarchie soll ein Hauptprogramm `FAKT` ein Unterprogramm `FAK` aufrufen. Dies ergibt eine **Programmhierarchie** wie in Bild A.48.

Eine **PDA** zur Umsetzung der Datenhierarchie „Parm" für den Block kann so aussehen wie die in Bild A.49.

Eine **LDA** zur Umsetzung der Datenhierarchie „Hilf" für den Block kann so aussehen wie die in Bild A.50. Sie enthält zusätzlich eine **Hilfsvariable** `AM1`, da in `CALLNAT`-Befehlen keine komplexen Ausdrücke als aktuelle Parameter erlaubt sind.

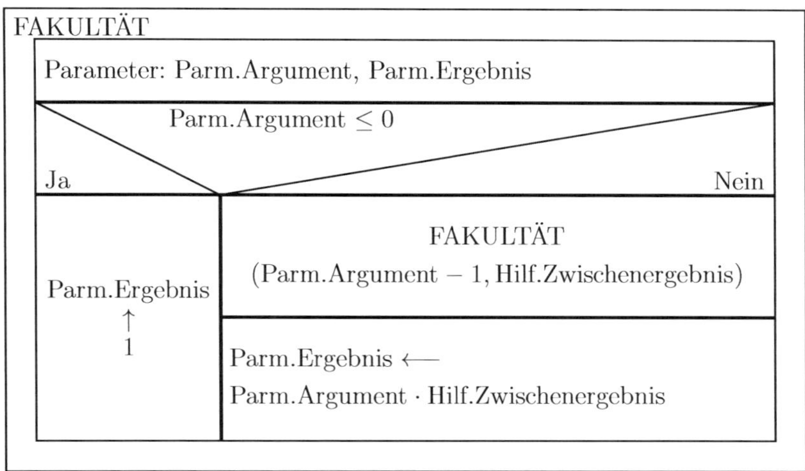

Bild A.47 — Block: FAKULTÄT

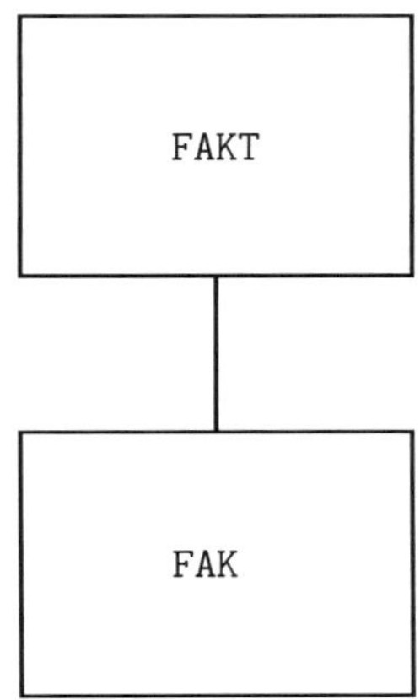

Bild A.48 — Programmhierarchie DIN 66001 – PH: FAKT

```
I T L  Name                              F Length     Miscellaneous
All -- -------------------------------- - ---------- ------------------------->
  *    Parameter fuer FAK_R
     1 PRM                                            /*Parm
     2 ARG                               I          1 /*Argument
     2 ERG                               I          4 /*Ergebnis
```

Bild A.49 — Datenvereinbarung: PDA FAK_P

```
I T L  Name                              F Length     Miscellaneous
All -- -------------------------------- - ---------- ------------------------->
     1 HLF                                            /*Hilf
     2 ZWI                               I          4 /*Zwischenergebnis
     2 AM1                               I          1 /*Arg - 1
```

Bild A.50 — Datenvereinbarung: LDA FAK_H

Der **Unterprogrammrumpf** `FAK_R` zur Umsetzung des Blocks FAKULTÄT kann dann aussehen wie der in Bild A.51.

```
/*FAKULTAET
DEFINE DATA
PARAMETER
  USING FAK_P
LOCAL
  USING FAK_H
END-DEFINE ;
/*
IF PRM.ARG LE 0
THEN
  PRM.ERG := 1 ;
ELSE
  HLF.AM1 := PRM.ARG -     1    ;
  CALLNAT 'FAK_R'   HLF.AM1   HLF.ZWI ;
  PRM.ERG := PRM.ARG * HLF.ZWI ;
END-IF ;
END
```

Bild A.51 — Unterprogrammrumpf: `FAK_R`

Eine **LDA** zur Umsetzung der Datenhierarchie „Hilf" für das Hauptstruktogramm kann so aussehen wie die in Bild A.52.

```
I T L  Name                             F Length     Miscellaneous
All -- -------------------------------- - ---------- ------------------------->
     1 HLF                                           /*Hilf
     2 I                                I          1 /*i
     2 I_FAK                            I          4 /*i-Fakultaet
```

Bild A.52 — Datenvereinbarung: LDA `FAKT_H`

Der **Hauptprogrammrumpf** `FAKT_R` zur Umsetzung des Hauptstruktogramms TESTEN FAKULTÄT kann dann aussehen wie der in Abbildung A.53.

```
/*TESTEN FAKULTAET
DEFINE DATA
LOCAL
  USING FAKT_H
END-DEFINE ;
/*
HLF.I := 0 ;
SCHLEIF.                                            /*Schleife:
REPEAT WHILE HLF.I <= 12 ;
  CALLNAT 'FAK_R' HLF.I        HLF.I_FAK ;
  WRITE   'n:'    HLF.I 'n!:' HLF.I_FAK ;
  HLF.I := HLF.I + 1 ;
END-REPEAT ;
END
```

Bild A.53 — Hauptprogrammrumpf: `FAKT_R`

B Reservierte Wörter

Dieser Anhang enthält eine Liste der **reservierten Wörter** von NPL.

Während andere gewiss nicht minder mächtige Programmiersprachen mit verhältnismäßig wenigen reservierten Wörtern auskommen (Ada z. B. mit 73), hat NPL mittlerweile deren über 700. Dieser Umfang erklärt sich zum größten Teil aus dem früheren Ansatz, NPL der natürlichen (englischen) Sprache anzugleichen, um auch Sachbearbeitern aus Fachabteilungen die *selbstständige* Lösung von Problemen mit Hilfe von NPL zu erleichtern. Auf diese Weise sollte zur Milderung der *Softwarekrise* beigetragen werden.

Inzwischen hat sich allerdings die Erkenntnis durchgesetzt, dass für den genannten Zweck eher menüorientierte Programmiersysteme wie z. B. Super Natural geeignet sind.

Der Verfasser rät dringend vom Versuch ab, reservierte Wörter als Bezeichner für selbst vereinbarte Daten oder Prozeduren zu verwenden, auch wenn der Compiler solche Versuche bedauerlicherweise nicht immer zurückweist.

Derartige Bezeichner können zwar in manchen Anweisungen „durchgehen“. Wenn man jedoch gezwungen ist, die Software zu ändern, kann es mit den geänderten Anweisungen böse Überraschungen geben.

Da es hier um die bloße Vermeidung von Namenskonflikten geht, sind Kommandoschlüsselwörter von Natural (z. B. `STOW`) bewusst nicht aufgenommen, es sei denn, sie sind gleichzeitig reservierte Wörter von NPL (z. B. `LOCAL`).

Es folgt die **Liste** der im obigen Sinne reservierten Wörter.

A

A-AVER
A-MAX
A-MIN
A-NAVER
A-NCOUNT
A-NMIN
A-SUM
ABS
ABSOLUTE
ACCEPT
ACTION
ACTIVATION
AD
ADD
AFTER
AL
ALARM
ALL
ALPHA
ALPHABETICALLY
AND
ANY
APPL
APPLICATION
ARRAY
AS
ASC
ASCENDING
ASSIGN
ASSIGNING
ASYNC
AT
ATN
ATT
ATTRIBUTES
AUTH
AUTHORIZATION
AUTO
AVER
AVG

B

BACKOUT
BACKWARD
BASE
BEFORE
BETWEEN
BLOCK
BOT
BOTTOM
BREAK
BROWSE
BUT
BX
BY

C

CABINET
CALL
CALLDBPROC
CALLING
CALLNAT
CAP
CAPTIONED
CASE
CC
CD

CDID
CF
CHAR
CHARLENGTH
CHARPOSITION
CHILD
CIPH
CIPHER
CLASS
CLOSE
CLR
COALESCE
CODEPAGE
COMMAND
COMMIT
COMPOSE
COMPRESS
COMPUTE
CONCAT
CONDITION
CONST
CONSTANT
CONTEXT
CONTROL
CONVERSATION
COPIES
COPY
COS
COUNT
COUPLED
CREATE
CS
CURRENT
CURSOR
CV

D

DATA
DATAAREA
DATE
DAY
DAYS
DC
DECIDE
DECIMAL
DEFINE
DEFINITION
DELETE
DELIMITED
DELIMITER
DELIMITERS
DESC
DESCENDING
DIALOG
DIALOG-ID
DIGITS
DIRECTION
DISABLED
DISP
DISPLAY
DISTINCT
DIVIDE
DL
DLOGOFF
DLOGON
DNATIVE
DNRET
DO
DOCUMENT
DOEND
DOWNLOAD
DU
DY
DYNAMIC

E

EDITED
EJ
EJECT
ELSE
EM
ENCODED
END
END-ALL
END-BEFORE
END-BREAK
END-BROWSE
END-CLASS
END-DECIDE
END-DEFINE
END-ENDDATA
END-ENDFILE
END-ENDPAGE
END-ERROR
END-FILE
END-FIND
END-FOR
END-FUNCTION
END-HISTOGRAM
END-IF
END-INTERFACE
END-LOOP
END-METHOD
END-NOREC
END-PARAMETERS
END-PARSE
END-PROCESS
END-PROPERTY
END-PROTOTYPE
END-READ
END-REPEAT
END-RESULT
END-SELECT
END-SORT
END-START
END-SUBROUTINE
END-TOPPAGE
END-WORK
ENDHOC
ENDING
ENTER
ENTIRE
ENTR
EQ
EQUAL
ERASE
ERROR
ERRORS
ES
ESCAPE
EVEN
EVENT
EVERY
EXAMINE
EXCEPT
EXISTS
EXIT
EXP
EXPAND
EXPORT
EXTERNAL
EXTRACTING

F

FALSE
FC
FETCH
FIELD
FIELDS
FILE
FILL
FILLER
FINAL
FIND
FIRST
FL
FLOAT
FOR
FORM
FORMAT
FORMATTED
FORMATTING
FORMS
FORWARD
FOUND
FRAC
FRAMED
FROM
FS
FULL
FUNCTION
FUNCTIONS

G

GC
GE
GEN
GENERATED
GET
GFID
GIVE
GIVING
GLOBAL
GLOBALS
GREATER
GT
GUI

H

HANDLE
HAVING

HC
HD
HE
HEADER
HEX
HISTOGRAM
HOLD
HORIZ
HORIZONTALLY
HOUR
HOURS
HW

I

IA
IC
ID
IDENTICAL
IF
IGNORE
IM
IMMEDIATE
IMPORT
IN
INC
INCCONT
INCDIC
INCDIR
INCLUDE
INCLUDED
INCLUDING
INCMAC
INDEPENDENT
INDEX
INDEXED
INDICATOR
INIT
INITIAL
INNER
INPUT
INSENSITIVE
INSERT
INT
INTEGER
INTERCEPTED
INTERFACE
INTERFACE4
INTERMEDIATE
INTERSECT
INTO
INVERTED
INVESTIGATE
IP
IS
ISN

J

JOIN
JUST
JUSTIFIED

K

KD
KEEP
KEY
KEYS

L

LANGUAGE
LAST
LC
LE
LEAVE
LEAVING
LEFT
LENGTH
LESS
LEVEL
LIB
LIBPW
LIBRARY
LIBRARY-PASSWORD
LIKE
LIMIT
LINDICATOR
LINES
LISTED
LOCAL
LOCKS
LOG
LOG-LS
LOG-PS
LOGICAL
LOOP
LOWER
LS
LT

M

MACROAREA
MAP
MARK
MASK
MAX
MC
MCG
MESSAGES
METHOD
MGID
MICROSECOND
MIN
MINUTE
MODAL
MODIFIED
MODULE
MONTH
MORE
MOVE
MOVING
MP
MS
MT
MULTI-FETCH
MULTIPLY

N

NAME
NAMED
NAMESPACE
NATIVE
NAVER
NC
NCOUNT
NE
NEWPAGE
NL
NMIN
NO
NODE
NOHDR
NONE
NORMALIZE
NORMALIZED
NOT
NOTIT
NOTITLE
NULL
NULL-HANDLE
NUMBER
NUMERIC

O

OBJECT
OBTAIN
OCCURRENCES
OF
OFF
OFFSET
OLD
ON
ONCE
ONLY
OPEN
OPTIMIZE
OPTIONAL
OPTIONS
OR
ORDER
OUTER
OUTPUT

P

PA1
PA2
PA3
PACKAGESET
PAGE
PARAMETER
PARAMETERS
PARENT
PARSE
PASS
PASSW
PASSWORD
PATH
PATTERN
PC
PD
PEN
PERFORM
PF1
PF10

PF11
PF12
PF13
PF14
PF15
PF16
PF17
PF18
PF19
PF2
PF20
PF21
PF22
PF23
PF24
PF25
PF26
PF27
PF28
PF29
PF3
PF30
PF31
PF32
PF33
PF34
PF35
PF36
PF37
PF38
PF39
PF4
PF40
PF41
PF42
PF43
PF44
PF45
PF46
PF47
PF48
PF49
PF5
PF50
PF51
PF52
PF53
PF54
PF55
PF56
PF57
PF58
PF59
PF6
PF60
PF61
PF62
PF63
PF64
PF65
PF66
PF67
PF68
PF69
PF7
PF70
PF71
PF72
PF73
PF74
PF75
PF76
PF77
PF78
PF79
PF8
PF80
PF81
PF82
PF83
PF84
PF85
PF86
PF87
PF88
PF89
PF9
PF90
PF91
PF92
PF93
PF94
PF95
PF96
PF97
PF98
PF99
PGDN
PGM
PGUP
PHYSICAL
PM
POLICY
POS
POSITION
PREFIX
PRINT
PRINTER
PROCESS
PROCESSING
PROFILE
PROGRAM
PROPERTY
PROTOTYPE
PRTY
PS
PT
PW

Q

QUARTER
QUERYNO

R

RD
READ
READONLY
REC
RECORD
RECORDS
RECURSIVELY
REDEFINE
REDUCE
REFERENCED
REFERENCING
REINPUT
REJECT
REL
RELATION
RELATIONSHIP
RELEASE
REMAINDER
REPEAT
REPLACE
REPORT
REPORTER
REPOSITION
REQUEST
REQUIRED
RESET
RESETTING
RESIZE
RESPONSE
RESTORE
RESULT
RET
RETAIN
RETAINED
RETRY
RETURN
RETURNS
REVERSED
RG
RIGHT
ROLLBACK
ROUNDED
ROUTINE
ROW
ROWS
RR
RS
RULEVAR
RUN

S

SA
SAME
SCAN
SCREEN
SCROLL
SECOND
SELECT
SELECTION
SEND
SENSITIVE
SEPARATE
SEQUENCE
SERVER
SET
SETS
SETTIME
SF

SG
SGN
SHORT
SHOW
SIN
SINGLE
SIZE
SKIP
SL
SM
SOME
SORT
SORTED
SORTKEY
SOUND
SPACE
SPECIFIED
SQL
SQLID
SQRT
STACK
START
STARTING
STATEMENT
STATIC
STATUS
STEP
STOP
STORE
SUBPROGRAM
SUBPROGRAMS
SUBROUTINE
SUBSTR
SUBSTRING
SUBTRACT
SUM
SUPPRESS
SUPPRESSED
SUSPEND
SYMBOL
SYNC
SYSTEM

T

TAN
TC
TERMINATE
TEXT
TEXTAREA
TEXTVARIABLE
THAN
THEM
THEN
THRU
TIME
TIMESTAMP
TIMEZONE
TITLE
TO
TOP
TOTAL
TP
TR
TRAILER
TRANSACTION
TRANSFER
TRANSLATE
TREQ
TRUE
TS
TYPE
TYPES

U

UC
UNDERLINED
UNION
UNIQUE
UNKNOWN
UNTIL
UPDATE
UPLOAD
UPPER
UR
USED
USER
USING

V

VAL
VALUE
VALUES
VARGRAPHIC
VARIABLE
VARIABLES
VERT
VERTICALLY
VIA
VIEW

W

WASTE
WH
WHEN
WHERE
WHILE
WINDOW
WITH
WITH_CTE
WORK
WRITE

X

XML

Y

YEAR

Z

ZD
ZP

C Systemkommandos

Dieser Anhang enthält eine Liste der **Systemkommandos** von Natural. Für deren offizielle Dokumentation siehe [54].

Es gibt zwei Typen von Systemkommandos, die allerdings in [54] nicht unterschieden werden: 

- Kommandos, die direkt von der Natural-*Shell* (englisch für *Kommandointerpretierer*) abgearbeitet werden. Diese sind in der Liste unten durch jeweils mindestens eine Unterstreichung gekennzeichnet.
- Kommandos, die schlicht durch Programme des jeweiligen Namens realisiert sind, welche sich i. Allg. in der Systembibliothek `SYSTEM` befinden. Diese sind in der Liste unten nicht unterstrichen.

Jede teilweise Unterstreichung kennzeichnet eine mögliche Abkürzung.

Im Gegensatz zu [54] sind sind auch früher unterstützte Systemkommandos aufgeführt, auf welche die Shell aus Kompatibilitätsgründen aber immer noch reagiert, wenn auch nur mit Fehlermeldungen wie z. B. `NAT0998 Internal error ADHOC/CREATE NOT SUPPORTED` (englisch für *Interner Fehler ADHOC/CREATE nicht unterstützt.*) Diese ehemaligen Kommandos können also weiterhin Probleme bereiten. Es handelt sich um `ADHOC`, `CMS`, `CREATE`, `GRAPHICS` und `PURGE`.

Die unten aufgeführten Kommandos und ihre Abkürzungen sollten nicht als Namen von Hauptprogrammen benutzt werden. 

- Wenn es einen Namenskonflikt mit einem direkt von der Shell abgearbeiteten Systemkommando, z. B. `CHECK` gibt, kann man das Programm nur mit einem `EXECUTE`-Kommando aufrufen. Ein Aufruf mit dem schlichten Programmnamen ist aber Voraussetzung, um dem Programm in derselben Zeile Daten mitzugeben, die es dann mit einem `INPUT`-Befehl abholen kann. 
- Wenn es hingegen einen Namenskonflikt mit einem schlichten Systemprogramm, z. B. `BUS` zur Ausgabe von *Buffer-Pool-Statistiken* gibt, kann man zwar zunächst ungestraft ein eigenes Hauptprogramm namens `BUS` anlegen und auch ohne `EXECUTE`-Kommando aufrufen. Beispiel: `BUS Linie4`. Damit wäre aber das Systemprogramm `BUS` nicht mehr direkt erreichbar. Und wenn die Sicherheitseinstellungen die Angabe einer Bibliothek in einem `EXECUTE`-Kommando verbieten, funktioniert noch nicht einmal das Kommando `EXECUTE BUS SYSTEM`, mit dem man es direkt adressieren könnte. 

A
ADHOC
AIV

B
BUS

C
CATALL
CATALOG
CHECK
CLEAR
CMS
COMPOPT
CREATE

D
DELETE
DUMP

E
EDIT
EDT
EXECUTE

F
FIN

G
GLOBALS
GRAPHICS

H
HELP

I
INPL

K
KEY

L
LAST
LASTMSG
LIST
LISTDBRM
LISTSQL
LISTSQLB
LOGOFF
LOGON

M
MAIL
MAINMENU

N
NATQVS
NOCOPT
NOCSHOW
NOCSTAT

P
PROFILE
PROFILER
PURGE

R
RDC
READ
RENAME
RENUMBER
RETURN
ROUTINES
RPCERR
RUN

S
SAVE
SCAN
SCRATCH
SETUP
SHOWDBS
SHOWSU
SQLDIAG
SQLERR
STOW
STRUCT
SYSADA
SYSAPI
SYSBPM
SYSCP
SYSDB2
SYSDDM
SYSEDT
SYSERR
SYSEXT
SYSEXV
SYSFILE
SYSMAIN
SYSNCP
SYSOBJH
SYSPARM
SYSPROD
SYSPROF
SYSRPC
SYSTP

T
TECH
TEST

U
UNCATALOG
UNLOCK
UPDATE

X
XREF

Z
ZIIP

D Syntaxdiagramme

Dieser Anhang enthält die Syntaxdiagramme der in diesem Buch behandelten Untermenge von NPL in *Bottom-up*-Reihenfolge. Wenn im Hauptteil ein Syntaxdiagramm zunächst vereinfacht dargestellt und später verfeinert worden ist, so ist in diesem Anhang lediglich die verfeinerte Version enthalten.

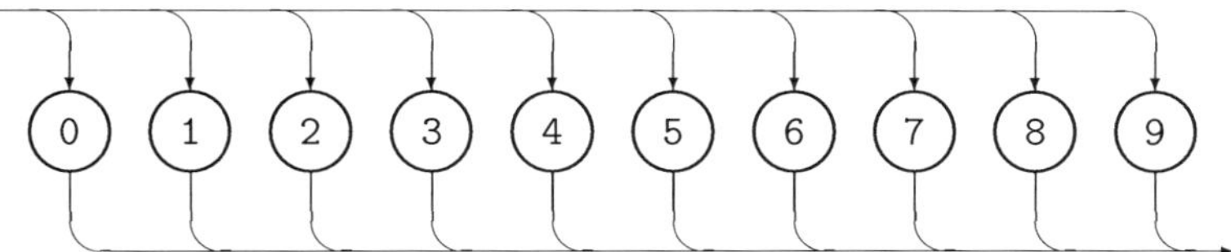

Syntaxdiagramm für *Ziffer*

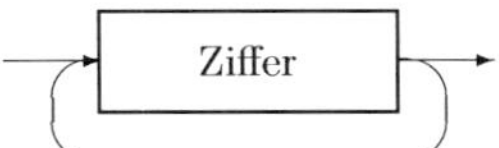

Syntaxdiagramm für *Ziffernfolge*

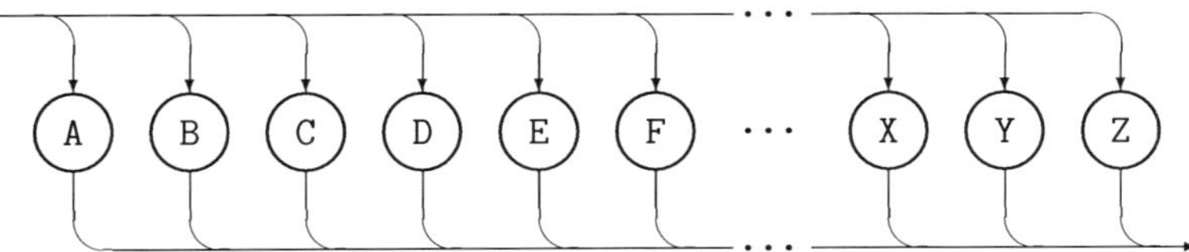

Syntaxdiagramm für *Großbuchstabe*

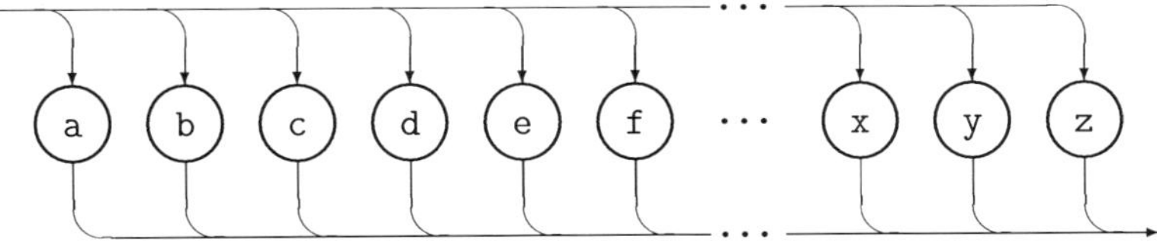

Syntaxdiagramm für *Kleinbuchstabe*

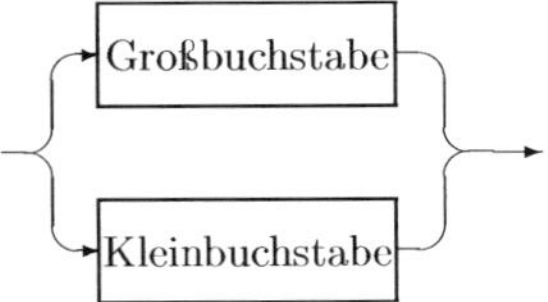

Syntaxdiagramm für *Buchstabe*

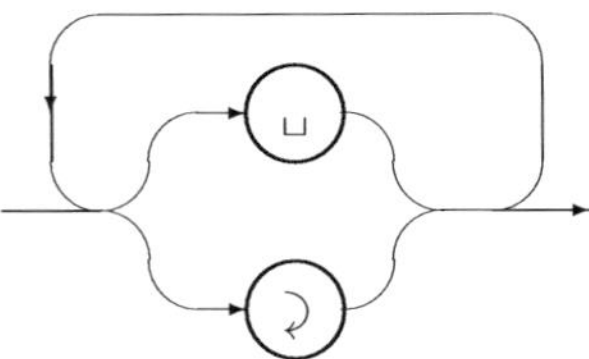

Syntaxdiagramm für *Trennzeichen*

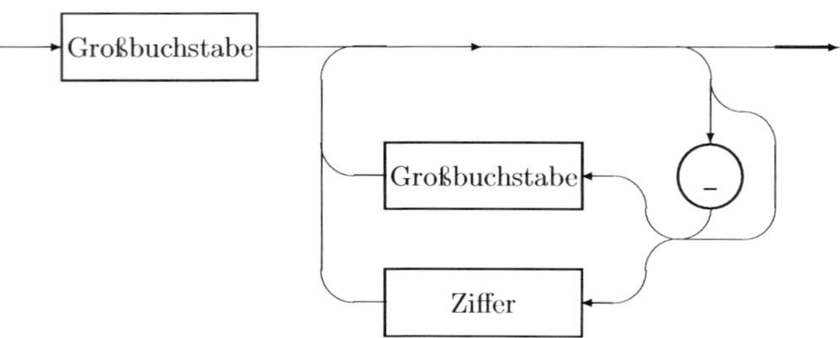

Syntaxdiagramm für *Bezeichner* (vereinfacht)

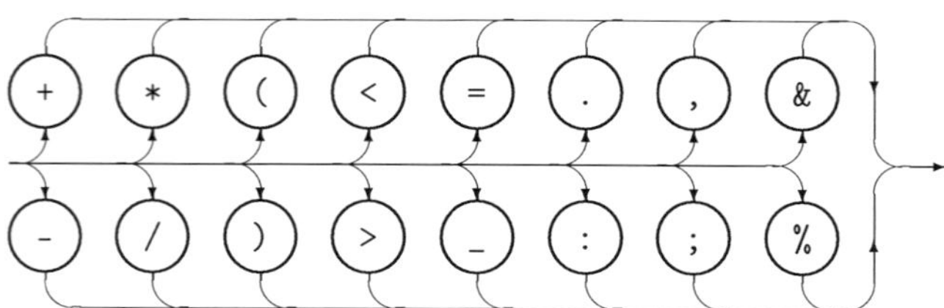

Syntaxdiagramm für *Sonderzeichen*

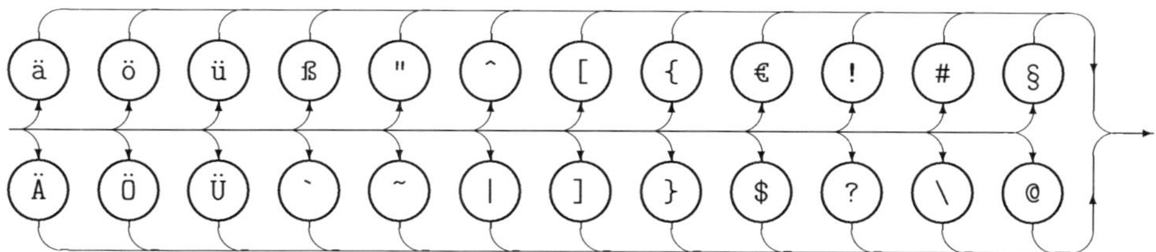

Syntaxdiagramm für *anderes Sonderzeichen*

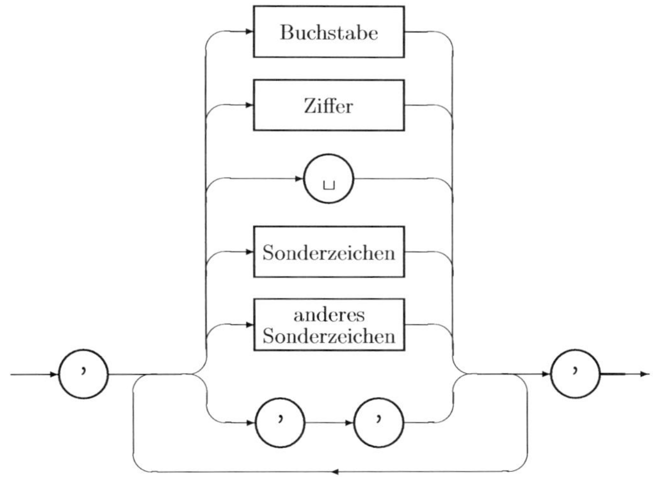

Syntaxdiagramm für *Textkonstante*

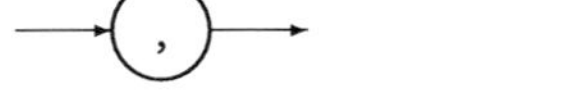

Syntaxdiagramm für *Radixzeichen*

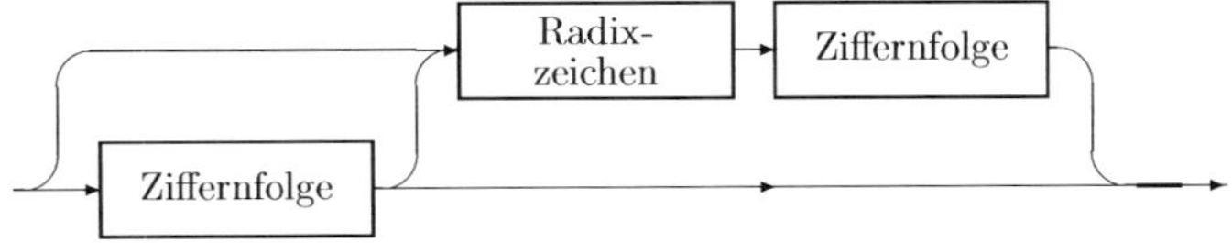

Syntaxdiagramm für *Festkommazahl* (vereinfacht)

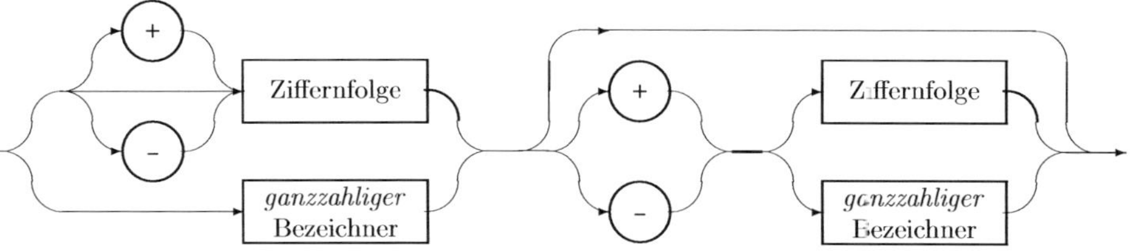

Syntaxdiagramm für *Indexausdruck*

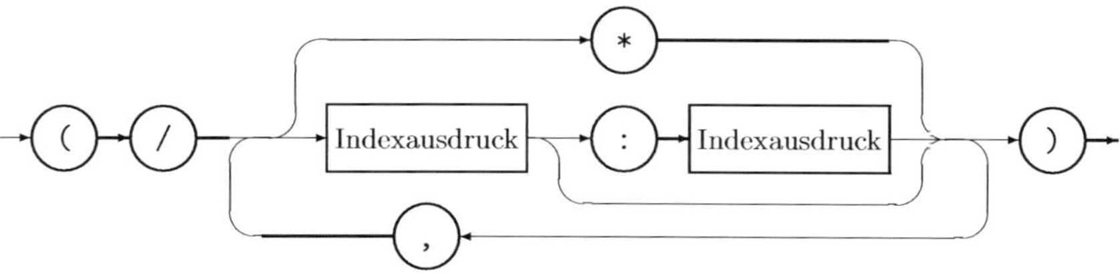

Syntaxdiagramm für *Indizes*

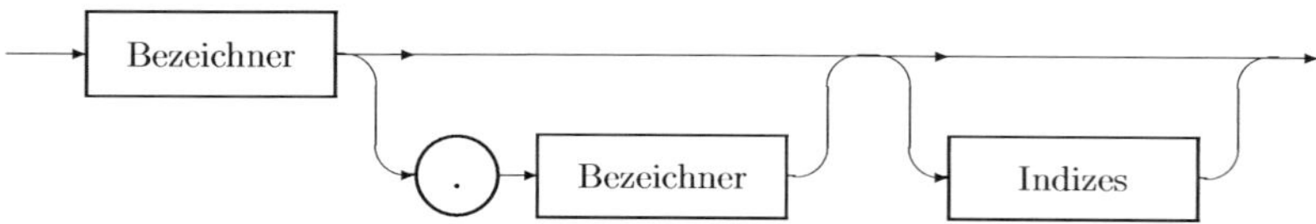

Syntaxdiagramm für *Variablenname*

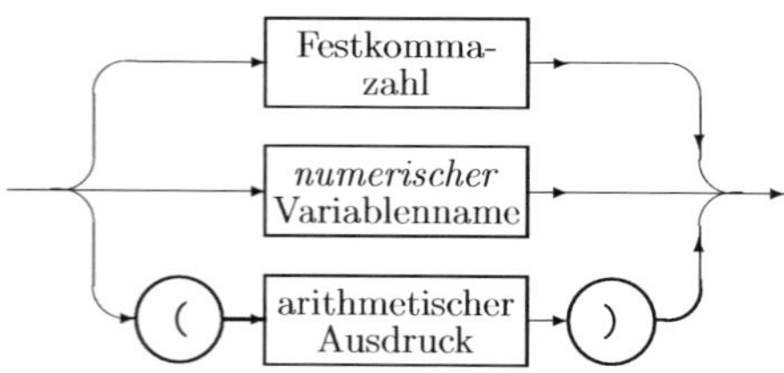

Syntaxdiagramm für *Elementarausdruck*

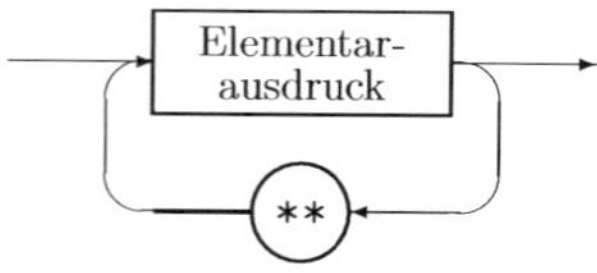

Syntaxdiagramm für *arithmetischer Faktor*

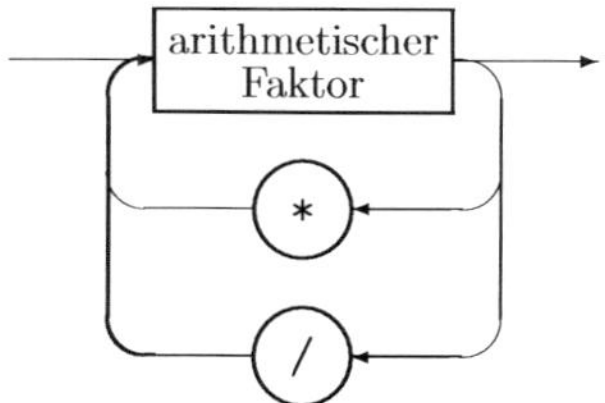

Syntaxdiagramm für *arithmetischer Term*

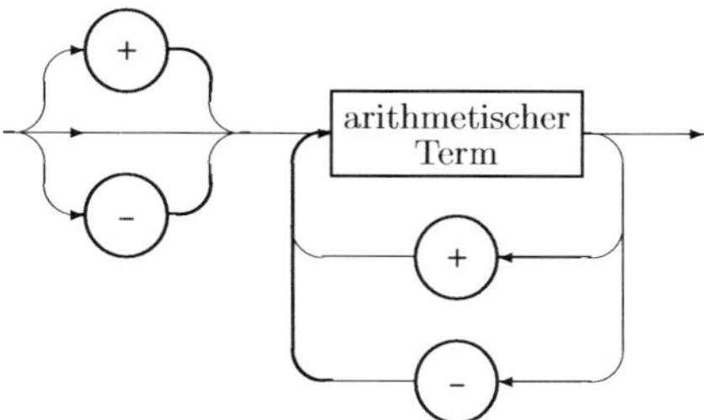

Syntaxdiagramm für *arithmetischer Ausdruck*

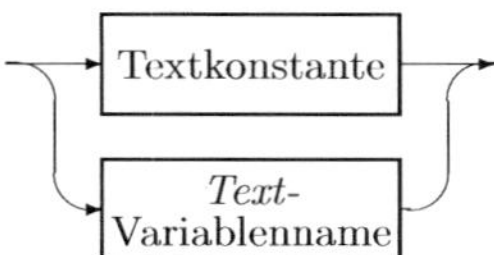

Syntaxdiagramm für *Textausdruck*

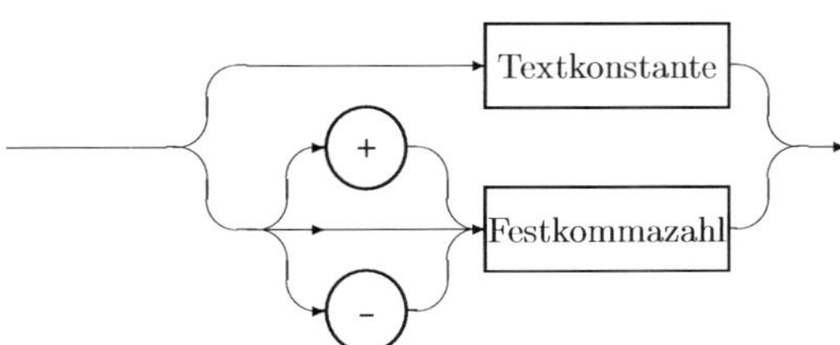

Syntaxdiagramm für *Wertspezifikation* (vereinfacht)

Syntaxdiagramm für *geklammerte Wertspezifikation* (vereinfacht)

Syntaxdiagramm für *logische Konstante*

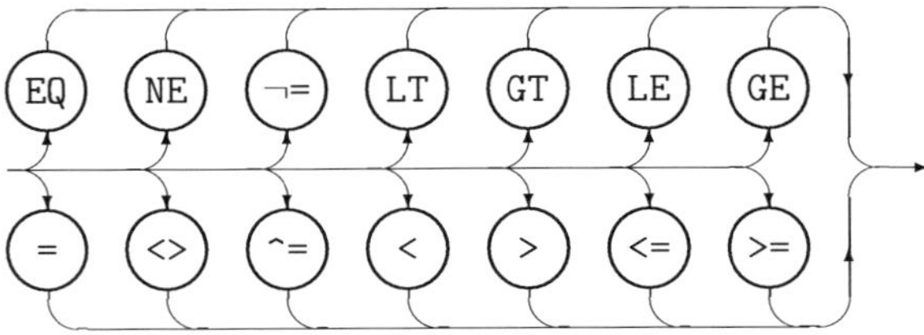

Syntaxdiagramm für *Vergleichsoperator*

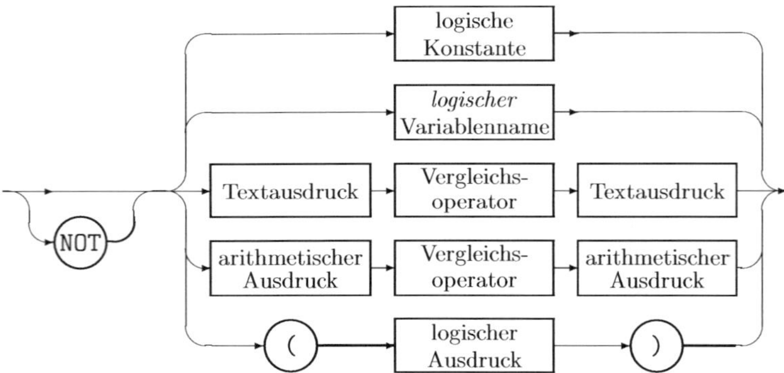

Syntaxdiagramm für *logischer Faktor* (vereinfacht)

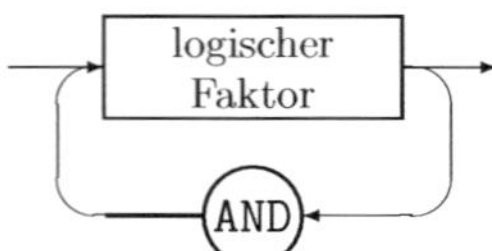

Syntaxdiagramm für *logischer Term*

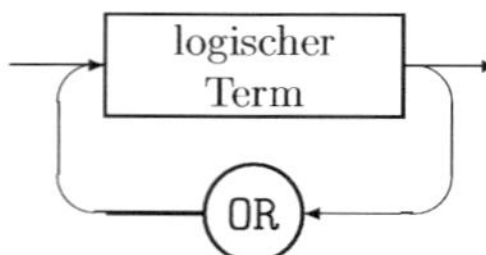

Syntaxdiagramm für *logischer Ausdruck* (vereinfacht)

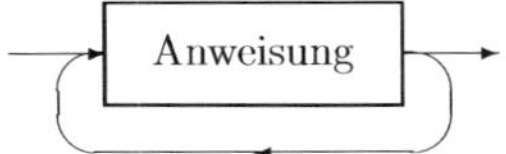

Syntaxdiagramm für *Anweisungsfolge*

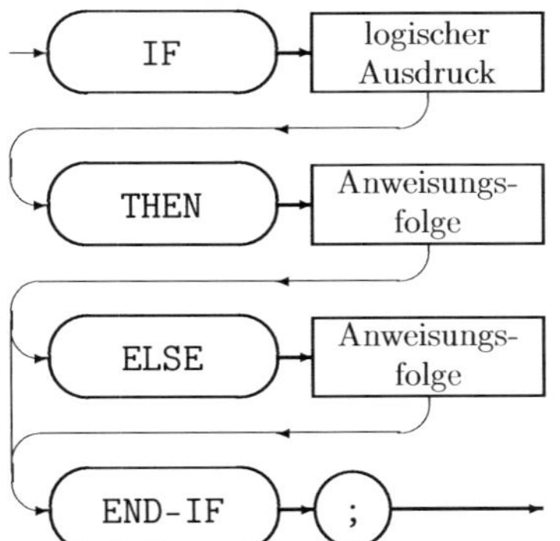

Syntaxdiagramm für `IF`-*Anweisung*

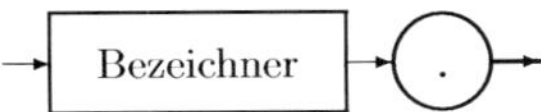

Syntaxdiagramm für *Marke*

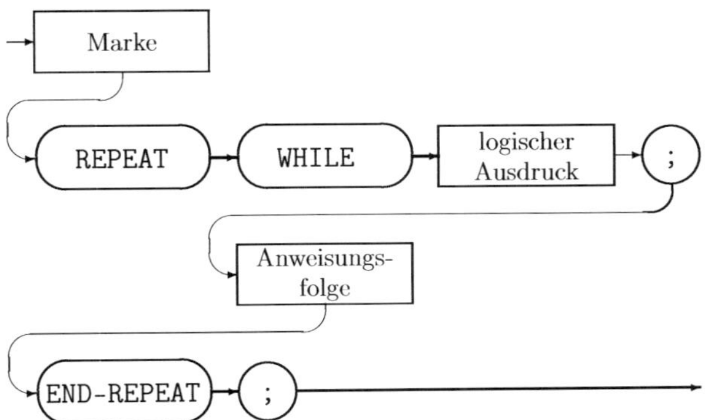

Syntaxdiagramm für `REPEAT-WHILE`-*Anweisung*

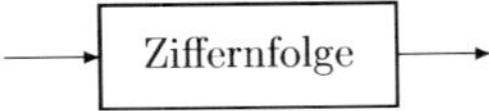

Syntaxdiagramm für *Stufennummer*

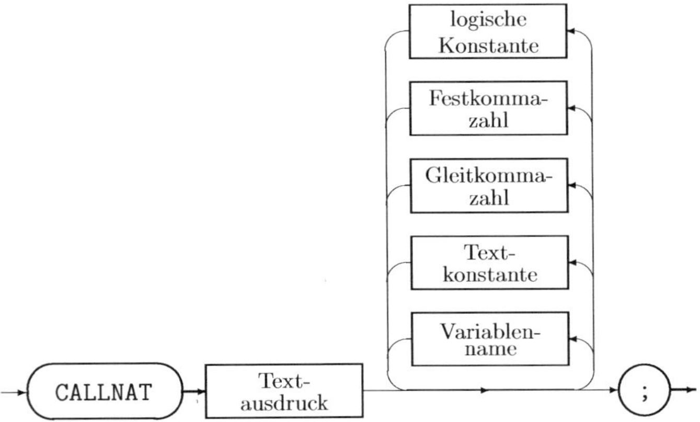

Syntaxdiagramm für `CALLNAT`-*Befehl*

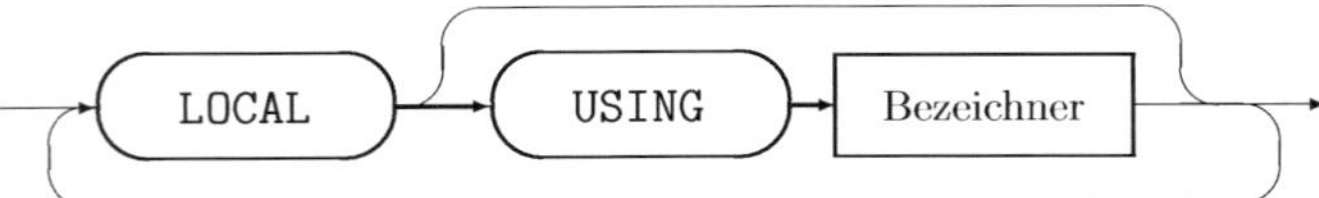

Syntaxdiagramm für *Hilfsdaten-Vereinbarung* (vereinfacht)

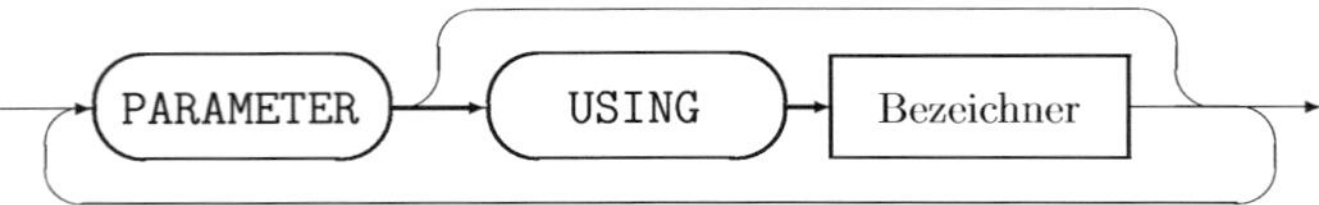

Syntaxdiagramm für *Parameter-Vereinbarung* (vereinfacht)

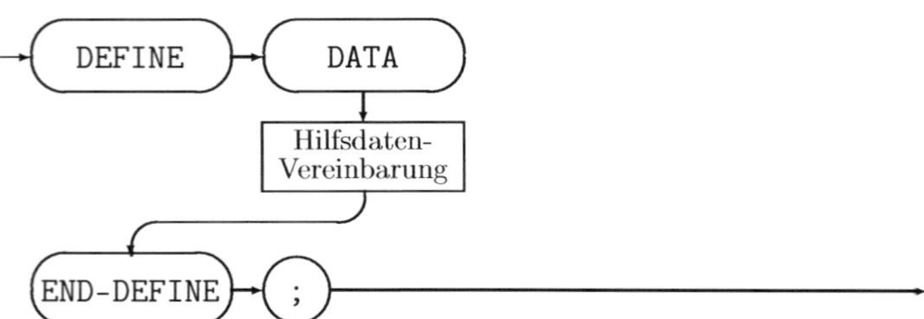

Syntaxdiagramm für *Hauptprogramm*-`DEFINE-DATA`-*Vereinbarung* (vereinfacht)

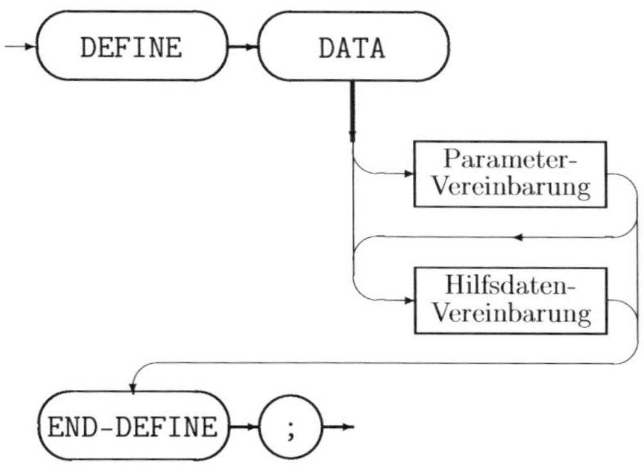

Syntaxdiagramm für *Unterprogramm*-DEFINE-DATA-*Vereinbarung* (vereinfacht)

Syntaxdiagramm für STOP-*Befehl*

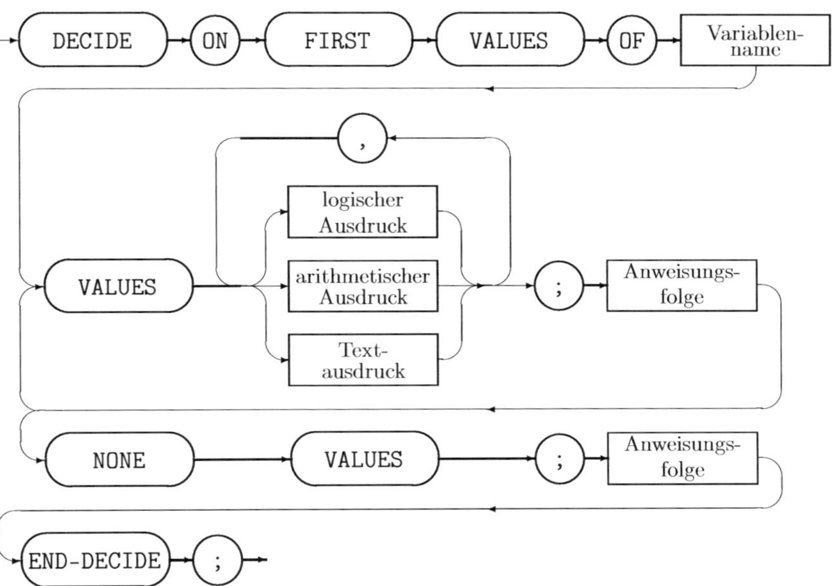

Syntaxdiagramm für DECIDE-*Anweisung* (vereinfacht)

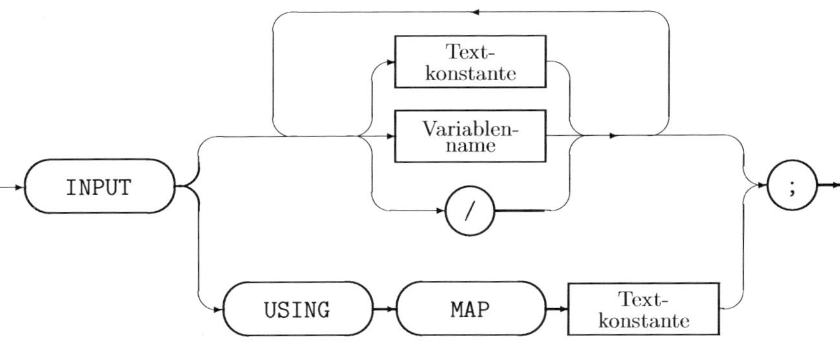

Syntaxdiagramm für `INPUT`-*Befehl* (vereinfacht)

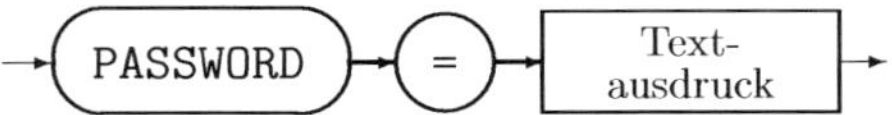

Syntaxdiagramm für `PASSWORD`-*Klausel* (vereinfacht)

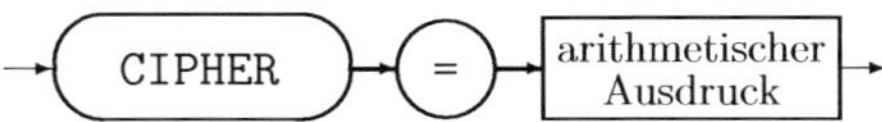

Syntaxdiagramm für `CIPHER`-*Klausel* (vereinfacht)

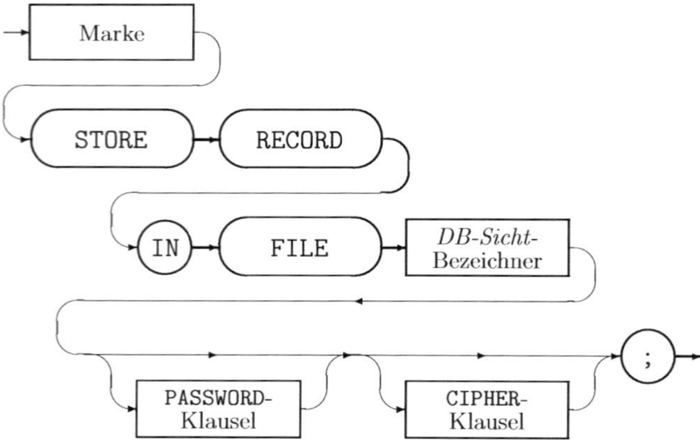

Syntaxdiagramm für `STORE`-*Befehl* (vereinfacht)

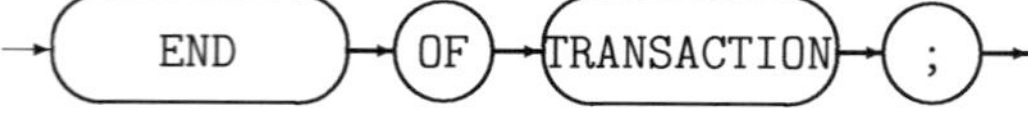

Syntaxdiagramm für `END-OF-TRANSACTION`-*Befehl*

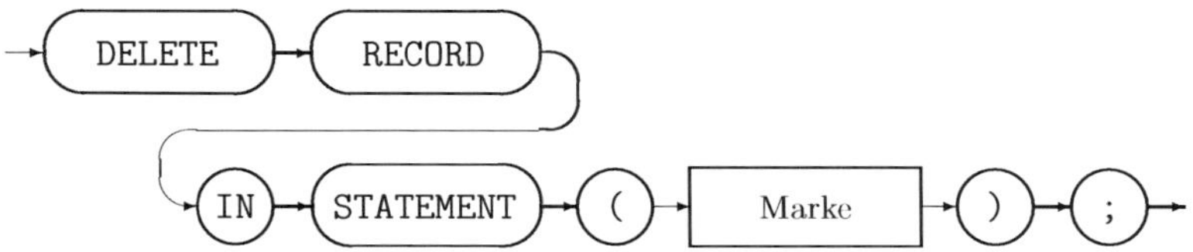

Syntaxdiagramm für `DELETE`-*Befehl* (vereinfacht)

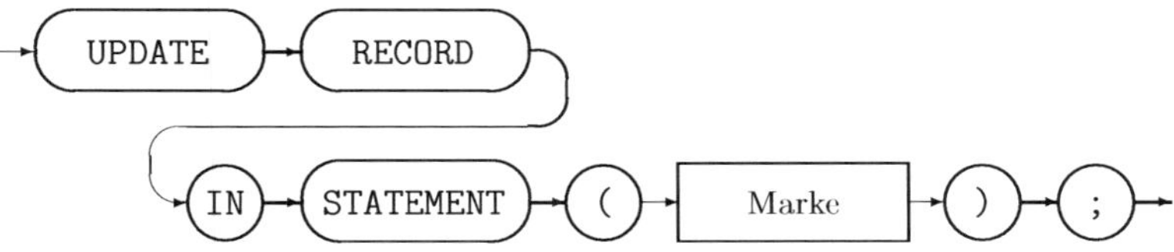

Syntaxdiagramm für `UPDATE`-*Befehl* (vereinfacht)

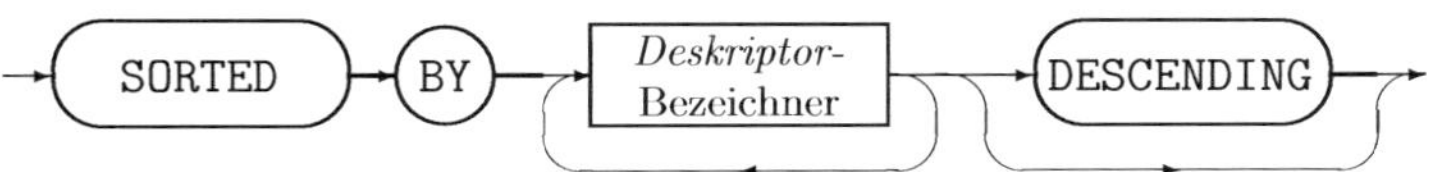

Syntaxdiagramm für `SORTED`-*Klausel* (vereinfacht)

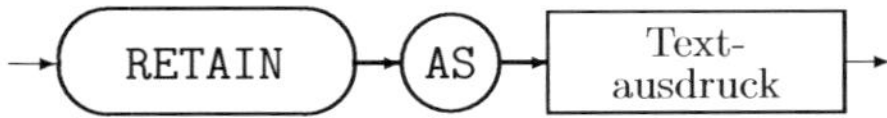

Syntaxdiagramm für `RETAIN`-*Klausel* (vereinfacht)

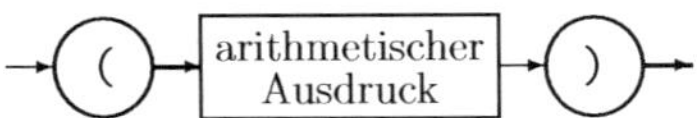

Syntaxdiagramm für *Begrenzung* (vereinfacht)

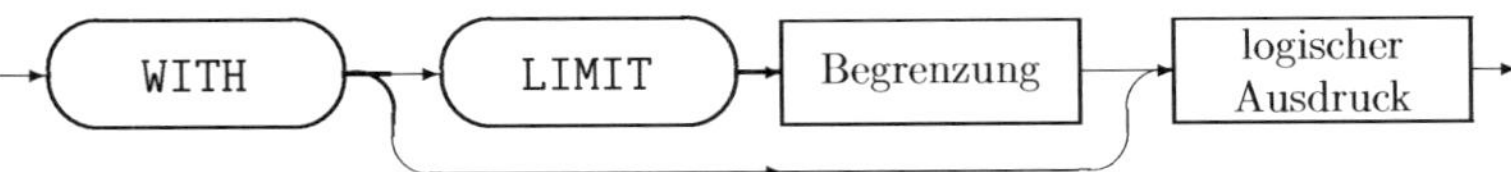

Syntaxdiagramm für `WITH`-*Klausel* (vereinfacht)

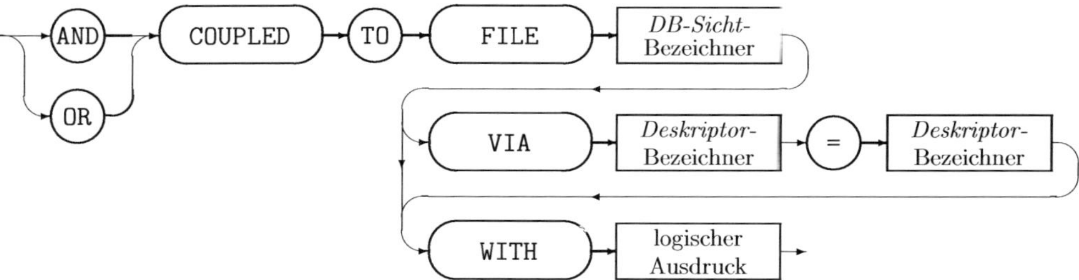

Syntaxdiagramm für COUPLED-*Klausel* (vereinfacht)

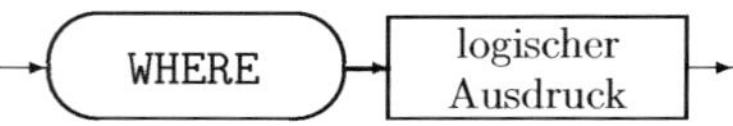

Syntaxdiagramm für WHERE-*Klausel* (vereinfacht)

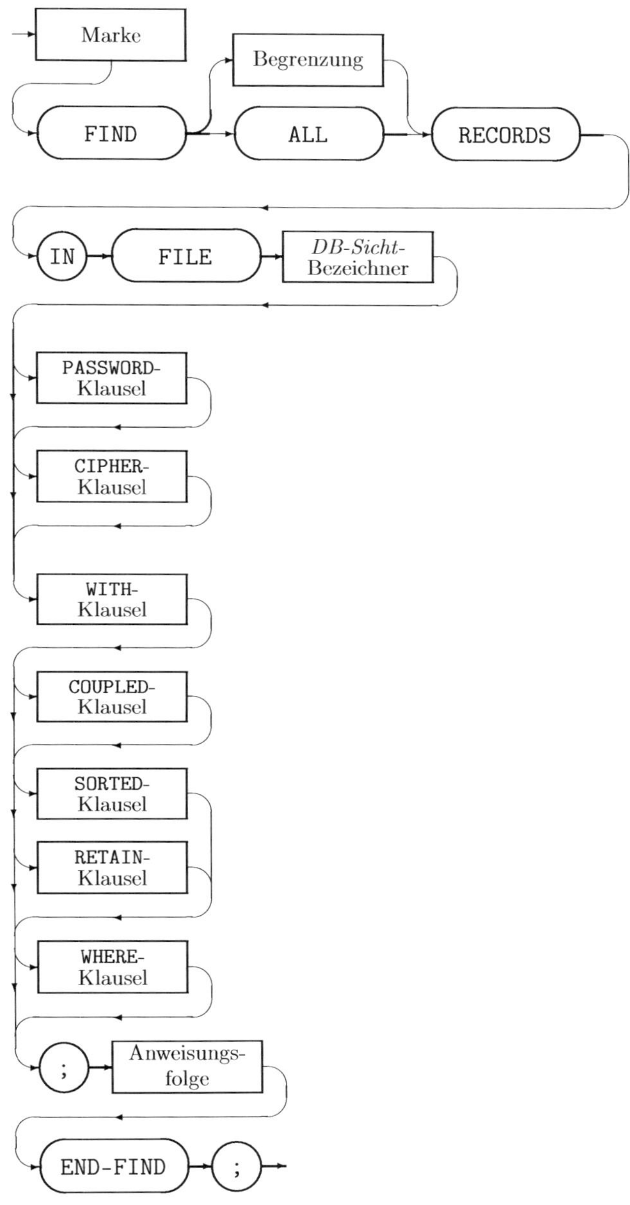

Syntaxdiagramm für `FIND`-*Anweisung*

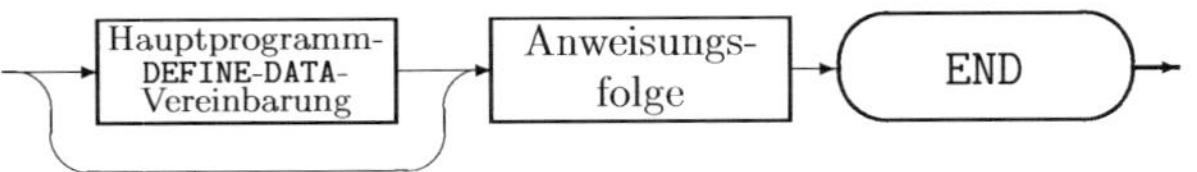

Syntaxdiagramm für *Hauptprogramm-Rumpf*

E Glossar

Dieser Anhang erklärt Begriffe und Abkürzungen, die im Buch Verwendung finden. Für allgemeine Begriffe sei jedoch auch auf die Fachliteratur verwiesen, besonders auf [26] sowie die einschlägigen DIN-Normen wie z. B. [20].

Verweise auf an anderer Stelle in diesem Glossar definierte Begriffe werden durch einen Pfeil (→) dargestellt.

Ada: Ada, benannt nach Ada Augusta Lady of Lovelace, ist eine Familie von nicht-maschinenorientierten Programmiersprachen. Bekannte Versionen sind Ada 83, Ada 95, Ada 2005 und Ada 2012, wobei die Zahlen auf das jeweilige Erscheinungsjahr hinweisen.

Adabas: Adabas bedeutet *A*daptierbares *Da*ten*ba*nk*s*ystem. Adabas ist eine Familie von Datenbankverwaltungssystemen vom Hersteller → SAG.

ALGOL: ALGOL bedeutet *Algo*rithmic *L*anguage, englisch für *algorithmische Sprache*. ALGOL ist eine frühe Familie von nicht-maschinenorientierten Programmiersprachen, die einen großen Einfluss auf das Design fast aller späteren Sprachen hatte. Bekannte Vertreter sind ALGOL 60 und ALGOL 68, wobei die Zahlen auf das jeweilige Erscheinungsjahr hinweisen.

ANSI: ANSI bedeutet *A*merican *N*ational *S*tandards *I*nstitute, englisch für *Amerikanisches National-Normen-Institut*. ANSI ist aber auch der Spitzname eines auf ASCII beruhenden 8-Bit-Codes mit 256 Zeichen (*Codepage Windows-1252*). Dieser wurde als Standard-Code für die Betriebssystemfamilie Windows™ eingeführt.

Anweisung: Anweisung ist eine Arbeitsvorschrift. Siehe auch [20], Teil 4.

ASCII: ASCII bedeutet *A*merican *S*tandard *C*ode for *I*nformation *I*nterchange, englisch für *Amerikanischer Standardcode für Informationsaustausch*. Dieser Code ist im Vergleich zum → EBCDIC genormt. Sein Einsatz kann jedoch aufgrund des relativ kleinen Vorrats von nur 128 Zeichen Probleme verursachen, z. B. bei der Darstellung nationaler Sonderzeichen wie etwa Umlaute. Ein auf ASCII beruhender 8-Bit-Code mit 256 Zeichen (*Codepage 850*) war der Standard-Code der frühen PC-Betriebssysteme (PC-DOS bzw. MS-DOS), deutsche Variante. Er wurde etwas ungenau als *ASCII* bezeichnet.

BASIC: BASIC bedeutet *B*eginner's *A*ll-purpose *S*ymbolic *I*nstruction *C*ode, englisch für *Symbolischer Allzweck-Instruktionscode für den Anfänger*. BASIC ist eine frühe Familie von nicht-maschinenorientierten Programmiersprachen. Ursprünglich waren die verfügbaren Konstrukte und Datentypen nur rudimentär. Neuere Versionen, etwa VB (*V*isual *B*asic), verfügen hingegen über eine Vielzahl von sprachlichen Ausdrucksmöglichkeiten.

BCD: BCD bedeutet *B*inary *C*oded *D*ecimal, englisch für „binär codierte Dezimalzahl“. BCD ist eine auch heute noch – besonders im Großrechnerbereich bei Anwendung von *Dezimalarithmetik* – weitverbreitete Codierung von Zahlen. Vorteile sind die – besonders bei kommerziellen Anwendungen – unproblematische Darstellung etwa von Geldbeträgen und der geringe Konvertierungsaufwand zwischen einer Rechen- und einer Ein-/Ausgabe-Darstellung. Letzterer Vorteil hat angesichts der heutzutage verfügbaren Rechenleistungen allerdings stark an Bedeutung verloren.

Befehl: Befehl ist eine elementare → Anweisung, die keine kürzeren → Anweisungen enthält. Siehe auch [20], Teil 4.

Bibliothek: Bibliothek ist hier abweichend von der üblichen Bedeutung ein Speicherbereich für die → Software eines Projektes oder Teilprojektes.

Bildschirmgerät: Bildschirmgerät ist eine Funktionseinheit mit einem Bildschirm und einer Eingabeeinheit. Siehe auch [22], Teil 1.

COBOL: COBOL bedeutet *Co*mmon *B*usiness *O*riented *L*anguage, englisch für „Allgemeine geschäftsorientierte Sprache“. COBOL ist eine frühe Familie von nicht-maschinenorientierten, geschäftsorientierten Programmiersprachen für kommerzielle und besonders kaufmännische Anwendungsprogrammierung, die ab 1960 entwickelt wurde und einen großen Einfluss auf das Design von späteren geschäftsorientierten Programmiersprachen, auch → NPL, hatte.

Datenbank: Datenbank ist eine (globale) Datenstruktur zur zentralen und einheitlichen Speicherung von Informationen eines bestimmten Gebietes.

Datenbankverwaltungssystem: Datenbankverwaltungssystem ist ein Betriebssoftwaresystem zur Verwaltung einer → Datenbank. Es unterstützt beispielsweise bei der Einrichtung eines Datenbankschemas und bei der Bearbeitung von Abfragen.

Datenbereich: Datenbereich ist eine von → Natural unterstützte Programmbausteintypklasse ausschließlich für → Datenvereinbarungen.

Datenbereichseditor: Datenbereichseditor ist ein Editor für → Datenbereiche.

Datenvereinbarung: Datenvereinbarung ist eine → Vereinbarung von Daten.

DBMS: DBMS bedeutet *D*ata*b*ase *M*anagement *S*ystem, englisch für→ DBVS.

DBVS: DBVS bedeutet → *D*aten*b*ank*v*erwaltungs*s*ystem.

DEC: DEC bedeutet *D*igital *E*quipment *C*orporation. DEC war ein bedeutender → Hardware- und → Software-Hersteller. Dieser wurde vom Hersteller Compaq und dieser wiederum von HP aufgekauft.

DIN: DIN bedeutet *D*eutsches *I*nstitut für *N*ormung e. V.

DV: DV bedeutet *D*aten*v*erarbeitung.

EBCDIC: EBCDIC bedeutet *E*xtended → *BCD I*nterchange *C*ode, englisch für „Erweiterter BCD-Austauschcode“. EBCDIC hat zwar einen umfangreicheren Zeichensatz (256 Zeichen) als etwa → ASCII, ist jedoch nicht genormt, sodass es sogar bei → Hardware- und → Software-Komponenten, die vom selben Hersteller stammen, einigen „Wildwuchs“ geben kann. EBCDIC wird auch heute noch, besonders im Großrechnerbereich, oft eingesetzt.

FORTRAN: FORTRAN bedeutet *For*mula *Tran*slation, englisch für „Formelübersetzung". FORTRAN ist eine frühe Familie von nicht-maschinenorientierten, technisch/wissenschaftlich orientierten Programmiersprachen, die einen großen Einfluss auf das Design von späteren Programmiersprachen wie z. B. → ALGOL hatte. Bekannte Vertreter sind FORTRAN II, FORTRAN IV, FORTRAN 66 und FORTRAN 77, wobei die Zahlen (aus arabischen Ziffern) auf das jeweilige Erscheinungsjahr hinweisen.

Funktions-Taste: Funktions-Taste ist eine Taste auf einer Tastatur, welche im wahrsten Sinne des Wortes eine Funktion „auf Knopfdruck" auslöst.

GDA: GDA bedeutet *G*lobal *D*ata *A*rea, englisch für „Bereich globaler Daten": → Datenbereich für globale Daten eines Programmsystems.

generisch: Generisch bedeutet „in allgemeingültigem Sinne gebraucht"; hier besonders: datentypunabhängig.

Hardware: Hardware ist englisch wörtlich für „harte Ware": Apparative Ausstattung eines Datenverarbeitungssystems, sozusagen „das Blech". Siehe auch [20], Teil 1.

Hardwarekonfiguration: Hardwarekonfiguration ist die → Konfiguration von → Hardware.

IBM: IBM bedeutet *I*nternational *B*usiness *M*achines Corporation. IBM ist ein bedeutender → Hardware- und → Software-Hersteller.

Internet: Internet ist ein weltweites Netzwerk zum Austausch von Daten aller Art.

IT: IT bedeutet *I*nformations*t*echnologie.

Konfiguration: Konfiguration ist eine bestimmte Zusammenstellung von Komponenten eines Systems.

Konfigurationsplan: Konfigurationsplan ist eine grafische Darstellung nach [21] der → Konfiguration einer Datenverarbeitungsanlage.

LDA: LDA bedeutet *L*ocal *D*ata *A*rea, englisch für „Bereich lokaler Daten": → Datenbereich für lokale (Hilfs-) Daten.

Library: Library ist englisch für → „Bibliothek"

Map: Map ist englisch für „(Bildschirm-) Maske".

Natural: Natural ist englisch für „natürlich" und der Name eines → Programmiersystems der 4. Generation vom → Software-Hersteller → SAG.

NPL: NPL bedeutet → *N*atural *P*rogramming *L*anguage, englisch für „natürliche Programmiersprache".

PDA: PDA bedeutet *P*arameter *D*ata *A*rea, englisch für „Parameter-Datenbereich": → Datenbereich für (formale und aktuelle) Parameter, z. B. eines → Subprogram.

Programmbausteinnetz: Programmbausteinnetz ist eine grafische Darstellung der Beziehungen zwischen den Programmbausteinen eines Programmsystems.

Programmiersystem: Programmiersystem ist ein System aus → Hardware und → Software einschließlich Programmiersprachen, welches dazu dient, (weitere) → Software zu entwickeln. Siehe auch [20], Teil 4.

Programmkonstrukt: Programmkonstrukt ist nach [24] ein abgeschlossener Zweig und besteht aus einem Steuerungsteil und einem oder mehreren Verarbeitungsteilen.

Programmrumpfeditor: Programmrumpfeditor ist ein Editor für Programm-→ Rümpfe.

PSE: PSE bedeutet *P*rogramming *S*upport *E*nvironment, englisch wörtlich für „Programmierunterstützungsumgebung". Eine derartige Umgebung hilft bei der Bearbeitung und beim Testen von → Software.

rekursiv: Rekursiv ist die Eigenschaft eines Objektes, direkt oder indirekt auf sich selbst Bezug nehmen zu können, z. B. ein Syntaxdiagramm oder ein Unterprogramm.

Reporting Mode: Reporting Mode ist englisch für „Berichts-Modus": → Sprachmodus von → NPL für relativ kleine Programme.

Rumpf: Rumpf ist hier ein Programmbaustein, der → Anweisungen, jedoch keine → Datenvereinbarungen, sondern höchstens Verweise auf solche enthalten kann.

SAG: SAG bedeutet *S*oftware *AG*.

Semantik: Semantik ist die Menge der Bedeutungsregeln einer (Programmier-) Sprache im Gegensatz zu ihrer → Syntax.

Software: Software ist englisch wörtlich für „weiche Ware": Programme und Dokumentation für Datenverarbeitungssysteme im Gegensatz zur → Hardware. Siehe auch [20], Teil 1.

Sprachmodus: Sprachmodus ist die Variante einer Programmiersprache.

SQL: SQL bedeutet *S*tructured *Q*ery *L*anguage, englisch für „Strukturierte Abfrage-Sprache": Programmiersprache zur bequemen Handhabung von Datenbanken.

SQL-DBVS: SQL-DBVS ist ein Datenbankverwaltungssystem, welches die Sprache → SQL „versteht". Seit geraumer Zeit versteht auch Adabas SQL-Anweisungen zusätzlich zu seinen proprietären Anweisungen.

Struktogrammnetz: Struktogrammnetz ist die grafische Darstellung der Beziehungen zwischen den Struktogrammen eines Struktogrammsystems.

Structured Mode: Structured Mode ist englisch für „strukturierter Modus": → Sprachmodus von → NPL für große, komplexe Programme.

Subprogram: Subprogram ist englisch für „Unterprogramm": Ein von → Natural unterstützter Prozedurtyp mit expliziten formalen Parametern.

Syntax: Syntax ist die Grammatik einer (Programmier-) Sprache, d. h. die Menge ihrer Aufbauregeln im Gegensatz zu ihrer → Semantik.

Syntaxdiagramm: Syntaxdiagramm ist die grafische Darstellungsform für eine → Syntax.

UCS: UCS bedeutet *U*niversal *C*haracter *S*et, englisch für „Universeller Zeichensatz": Ein von → Unicode vorgesehener Zeichensatz zur Darstellung einer Vielzahl von Zeichen.

Unicode: Unicode ist ein internationaler Standard für die Codierung von Zeichen. Er hat zum Ziel, *sämtliche* nationale Sonderzeichen handhabbar zu machen und nicht nur kleine Teilmengen wie z. B. bei → ASCII.

UTF: UTF bedeutet → *U*CS *T*ransformation *F*ormat, englisch für „→ UCS Umwandlungsformat": Eine Familie von Codierungen für → Unicode-Zeichen.

UTF-8: UTF-8 ist ein Mitglied der → UTF-Codierungs-Familie. Diese Codierung ist in den ersten 128 Zeichen kompatibel mit → ASCII.

UTF-16: UTF-16 ist ein Mitglied der → UTF-Codierungs-Familie. Diese Codierung ist nicht kompatibel mit → ASCII.

Vereinbarung: Vereinbarung ist eine Festlegung über Sprachelemente, die in → Anweisungen auftreten können. Siehe auch [20], Teil 4.

Zeilenkommando: Zeilenkommando ist ein Editorkommando, das direkt auf einer Zeile eines → Datenbereichs oder eines → Rumpfes eingegeben wird.

Literatur

[1] Abelson, H.; Sussmann, G. J.:
Struktur und Interpretation von Computerprogrammen.
Berlin, Heidelberg, New York: Springer-Verlag 2001

[2] Bauer, F. L.; Goos, G.:
Informatik 1 – Eine einführende Übersicht.
Berlin, Heidelberg, New York: Springer-Verlag 1991

[3] Bauer, F. L.; Goos, G.:
Informatik 2 – Eine einführende Übersicht.
Berlin, Heidelberg, New York: Springer-Verlag 1992

[4] Bauer, F. L.; Wössner, H.:
Algorithmische Sprache und Programmentwicklung.
Berlin, Heidelberg, New York: Springer-Verlag 1984

[5] Becker, G.:
Softwarezuverlässigkeit.
Berlin, New York: Walter de Gruyter & Co. 1989

[6] Berlekamp, E. R.; Conway, J. H.; Guy, R. K.:
Gewinnen. Strategien für mathematische Spiele (4 Bände).
Braunschweig, Wiesbaden: Vieweg & Sohn Verlagsgesellschaft mbH 1985–1986

[7] Bundesministerium der Justiz und für Verbraucherschutz (Hrsg.):
Gesetze im Internet: Einkommensteuergesetz (EStG): IV. Tarif: § 32a Einkommensteuertarif.
`https://www.gesetze-im-internet.de/estg/__32a.html`.
Berlin: Bundesministerium der Justiz und für Verbraucherschutz 2015

[8] Bolkart, W.:
Programmiersprachen der vierten und fünften Generation.
Hamburg, New York: McGraw-Hill Book Company GmbH 1987

[9] Bonin, H.:
Software-Konstruktion mit LISP.
Berlin, New York: Walter de Gruyter & Co. 1991

[10] Boss, A.; Schlüter, M.:
Ein Modell zur Simulation des Lohnsteueraufkommens in der Bundesrepublik Deutschland.
Kieler Arbeitspapiere *1984*, Heft 207, S. 1–23 (1984)

[11] Boss, A.; Schlüter, M.:
Ohne Steuerentlastung wird es kein kräftiges Wachstum der Wirtschaft geben.
Das Handelsblatt, Heft 03./04.07.1984, (1984)

[12] Brügge, B.; Dutoit, A.:
Objektorientierte Softwaretechnik mit UML, Entwurfsmustern und Java.
München: Pearson BAFöG-Ausgabe 2006

[13] Conway, J. H.:
Über Zahlen und Spiele.
Braunschweig, Wiesbaden: Vieweg & Sohn Verlagsgesellschaft mbH 1983

[14] Dewey, M. (Hrsg.):
Library of Congress. A.L.A. Catalog.
Washington: Government Printing Office 1904

[15] Dijkstra, E. W.:
Goto Statement Considered Harmful.
Communications of the ACM *11*, Heft 3, S. 147–148 (1968)

[16] Dijkstra, E. W.:
Methodik des Programmierens.
Bonn: Addison-Wesley Verlag (Deutschland) GmbH 1985

[17] DIN (Hrsg.):
Begriffe der Informationstechnik: Normen (Informationstechnik 1).
Berlin, Köln: Beuth Verlag GmbH 1989

[18] DIN (Hrsg.):
Software-Entwicklung, Programmierung, Dokumentation: Normen (Informationstechnik 4).
Berlin, Köln: Beuth Verlag GmbH 1989

[19] DIN, NI (Hrsg.):
DIN 5007-1 (Ordnen von Schriftzeichenfolgen – Teil 1: Allgemeine Regeln für die Aufbereitung (ABC-Regeln)).
Berlin, Köln: Beuth Verlag GmbH 2005

[20] DIN, NI (Hrsg.):
DIN 44 300 (Informationsverarbeitung – Begriffe).
Berlin, Köln: Beuth Verlag GmbH 1988

[21] DIN, NI (Hrsg.):
DIN 66 001 (Informationsverarbeitung – Sinnbilder und ihre Anwendung).
Berlin, Köln: Beuth Verlag GmbH 1983

[22] DIN, NI (Hrsg.):
DIN 66 233 (Bildschirmarbeitsplätze – Begriffe).
Berlin, Köln: Beuth Verlag GmbH 1983

[23] DIN, NI (Hrsg.):
DIN 66 261 (Informationsverarbeitung – Sinnbilder für Struktogramme nach Nassi-Shneiderman).
Berlin, Köln: Beuth Verlag GmbH 1985

[24] DIN, NI (Hrsg.):
DIN 66 262 (Informationsverarbeitung – Programmkonstrukte zur Bildung von Programmen mit abgeschlossenen Zweigen).
Berlin, Köln: Beuth Verlag GmbH 1985

[25] DIN, NI (Hrsg.):
DIN 66 268 (Informationsverarbeitung – Programmiersprache Ada).
Berlin, Köln: Beuth Verlag GmbH 1988

[26] Engesser, H. (Hrsg.):
Duden „Informatik“: ein Sachlexikon für Studium und Praxis.
Mannheim, Wien, Zürich: Dudenverlag (Bibliographisches Institut) 1989

[27] Felleisen, M.; Findler, R. B.; Flatt, M.; Krishnamurthi, S.:
How to design programs.
Cambridge: MIT 2001

[28] Gardner, M.:
Mathematical Games.
Scientific American *223*, Heft 4, S. 120–123 (1970)

[29] Gerken, W.:
Grundlagen systematischer Programmentwicklung.
Mannheim, Wien, Zürich: B.I.-Wissenschaftsverlag 1985

[30] Ghezzi, C.; Jazayeri, M.; Mandrioli, D.:
Fundamentals of Software Engineering.
Upper Saddle River: Prentice Hall 2003

[31] Henke, K.; Wuttke, H.-D.:
Schaltsysteme.
München: Pearson Studium 2002

[32] Herrmann, P.:
Rechnerarchitektur.
Wiesbaden: Springer Vieweg 2011

[33] Hillier, F. S.; Liebermann, G. J.:
Introduction to Operations Research.
Hamburg, New York: McGraw-Hill Book Company GmbH 2008

[34] Hoffmann, U.:
Einführung in systemnahe Programmierung: Anwenderprogramme und Datenstrukturen.
Berlin, New York: Walter de Gruyter & Co. 1991

[35] Horowitz, E.:
Fundamentals of Programming Languages.
Berlin, Heidelberg, New York: Springer-Verlag 1984

[36] Hotz, G.:
Einführung in die Informatik.
Stuttgart: B. G. Teubner 1990

[37] Kimm, R.; Koch, W.; Simonsmeier, W.; Tontsch, F.:
Einführung in Software Engineering.
Berlin, New York: Walter de Gruyter & Co. 1979

[38] Klaeren, H.; Sperber, M.:
Die Macht der Abstraktion.
Stuttgart: B. G. Teubner 2007

[39] Klar, R.:
Digitale Rechenautomaten.
Berlin, New York: Walter de Gruyter & Co. 1983

[40] Knuth, D. E.:
The Art of Computer Programming (4 Bände).
Reading, Massachusetts: Addison-Wesley Professional 2011

[41] Kurose, J. F.; Ross, K. W.:
Computernetzwerke: Der Top-Down-Ansatz.
München: Pearson Studium 2008

[42] Lagemann, K.:
Rechnerstrukturen.
Berlin, New York: Springer-Verlag 1987

[43] Matthiessen, G.:
Logik für Software-Ingenieure.
Berlin, New York: Walter de Gruyter & Co. 1991

[44] Merzenich, W.; Zeidler, C.:
Informatik für Ingenieure.
Stuttgart: B. G. Teubner 1997

[45] Nassi, I.; Shneiderman, B.:
Flowchart Techniques for Structured Programming.
SIGPLAN *8*, Heft 8, S. 12–26 (1973)

[46] NWB-Redaktion (Hrsg.):
Wichtige Steuergesetze mit Durchführungsverordnungen.
Herne, Berlin: Verlag Neue Wirtschaftsbriefe 1989

[47] Puttkamer, E. (Hrsg.):
Wie funktioniert das? Der Computer.
Mannheim, Wien, Zürich: Meyers Lexikonverlag 1990

[48] Reussner, R.; Hasselbring, W. (Hrsg.):
Handbuch der Software-Architektur.
Heidelbert: dpunkt.verlag 2008

[49] SAG (Hrsg.):
`https://empower.softwareag.com`.
Darmstadt: SAG (Software AG), letzter Zugriff 29. 10. 2018

[50] SAG (Hrsg.):
In [49]: Adabas for Mainframes: Version 8.4.2 (October 2017).
Darmstadt: SAG (Software AG), letzter Zugriff 29. 10. 2018

[51] SAG (Hrsg.):
In [49]: Natural for Mainframes.Version 9.1.1 (October 2018).
Darmstadt: SAG (Software AG), letzter Zugriff 29. 10. 2018

[52] SAG (Hrsg.):
Natural Messages and Codes.
In [51]: Administration: Messages and Codes.
Darmstadt: SAG (Software AG), letzter Zugriff 29. 10. 2018

[53] SAG (Hrsg.):
Natural Leitfaden zur Programmierung.
In [51]: Sprache: Leitfaden zur Programmierung.
Darmstadt: SAG (Software AG), letzter Zugriff 29. 10. 2018

[54] SAG (Hrsg.):
Natural Systemkommandos.
In [51]: Entwicklungsumgebung: Systemkommandos.
Darmstadt: SAG (Software AG), letzter Zugriff 29. 10. 2018

[55] SAG (Hrsg.):
Natural Statements.
In [51]: Sprache: Statements.
Darmstadt: SAG (Software AG), letzter Zugriff 29. 10. 2018

[56] SAG (Hrsg.):
Natural Operations.
In [51]: Administration: Operations.
Darmstadt: SAG (Software AG), letzter Zugriff 29. 10. 2018

[57] SAG (Hrsg.):
Natural Utilities.
In [51]: Entwicklungsumgebung: Utilities.
Darmstadt: SAG (Software AG), letzter Zugriff 29. 10. 2018

[58] Samelson, K.; Bauer, F. L.:
Sequentielle Formelübersetzung.
Elektronische Rechenanlagen *1*, S. 176–182 (1959)

[59] Scheer, A.-W.:
Wirtschaftsinformatik: Referenzmodelle für industrielle Geschäftsprozesse.
Berlin, Heidelberg, New York: Springer-Verlag 1997

[60] Scheu, S.:
Effiziente NATURAL-Programmierung.
Stuttgart: Vieweg + Teubner 1995

[61] Schlageter, G.; Stucky, W.:
Datenbanksysteme: Konzepte und Modelle.
Stuttgart: B. G. Teubner 1983

[62] Schlüter, M.:
On the REPEAT Statement.
SIMULA NEWSLETTER *14*, Heft 1, S. 3–6 (1985)

[63] Schlüter, M.:
Abstract Data Type Generators and their Implementation in SIMULA. In: PROCEEDINGS of the Fourteenth SIMULA User's Conference, 27th–29th August 1986, S. 85–99.
Oslo: ASU Asscociation of SIMULA Users 1986

[64] Schlüter, M.:
Einführung in die Programmierung mit NATURAL.
Berlin, New York: Walter de Gruyter 1993

[65] Schneider, H.-J. (Hrsg.):
Lexikon der Informatik und Datenverarbeitung.
München, Wien: R. Oldenbourg Verlag 1998

[66] Sommerville, I.:
Software Engineering, 9/E.
Upper Saddle River: Pearson Education 2011

[67] Stetter, F.:
Softwaretechnologie.
Mannheim, Wien, Zürich: B.I.-Wissenschaftsverlag 1984

[68] Taylor, R. N.; Medvidovic, N.; Dashofy, E. M.:
Software Architecture: Foundations, Theory and Practice.
Hoboken: John Wiley & Sons 2003

[69] Ullman, J. D.:
Principles of Database Systems.
New York: CSP Computer Science Press 1982

[70] Vetter, M.:
Aufbau betrieblicher Informationssysteme.
Stuttgart: B. G. Teubner 1998

[71] Whitesitt, J. E.:
Boolesche Algebra und ihre Anwendungen.
Braunschweig, Wiesbaden: Vieweg & Sohn Verlagsgesellschaft mbH 1973

[72] Winkler, J. F. H.; Nievergelt, J.:
Wie soll die Fakultätsfunktion programmiert werden?
Informatik-Spektrum *12*, S. 220–221 (1989)

[73] Wirth, N.:
Program Development by Stepwise Refinement.
Communications of the ACM *14*, S. 221–227 (1971)

[74] Zuse, H.:
Software Complexity: Measures and Methods.
Berlin, New York: Walter de Gruyter & Co. 1991

Stichwörter